BIBLIOTHÈQUE
DE PHILOSOPHIE CONTEMPORAINE

LA RAISON PURE ET LES ANTINOMIES

ESSAI CRITIQUE SUR LA PHILOSOPHIE KANTIENNE

PAR

F. EVELLIN
Inspecteur général honoraire de l'Instruction publique.

PARIS
FÉLIX ALCAN, ÉDITEUR
LIBRAIRIES FÉLIX ALCAN ET GUILLAUMIN RÉUNIES
108, BOULEVARD SAINT-GERMAIN, 108

1907

LA RAISON PURE

ET LES ANTINOMIES

DU MÊME AUTEUR :

Infini et Quantité; Paris, Félix Alcan, 1880.

Quid de rebus vel corporeis vel incorporeis senserit Boscowich, id.

La Pensée et le Réel, Revue Philosophique, Mars 1889; Paris, Félix Alcan.

De la possibilité d'une méthode dans les problèmes du réel, ibid., 1889, 1891.

Le mouvement et les partisans des indivisibles, Revue de Métaphysique et de Morale, juillet 1893.

La divisibilité dans la grandeur, ibid., mars 1894.

De l'Émotion dans l'enseignement de la morale à l'école primaire, deux rapports à l'Académie de Paris.

Philosophie et Mathématique : l'Infini nouveau, Revue philosophique, (1898-1901), 4 articles.

L'Infini nouveau et le théorème de P. du Bois-Reymond, ibid., févr. 1902.

Pour la Raison pure, ou les conflits de l'Imagination et de la Raison, Paris, Félix Alcan, 1901.

LA RAISON PURE

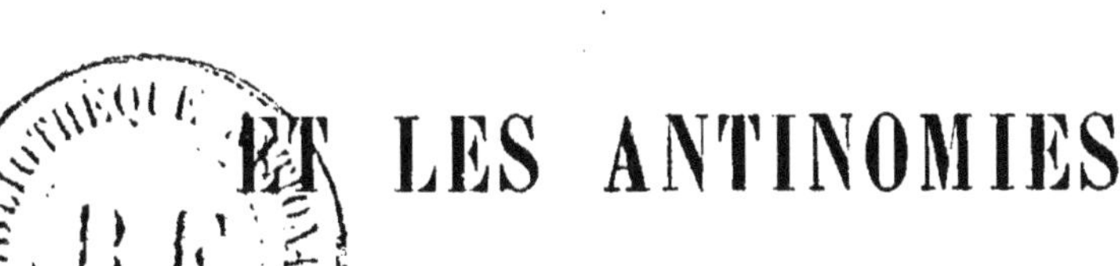

ET LES ANTINOMIES

ESSAI CRITIQUE SUR LA PHILOSOPHIE KANTIENNE

PAR

F. EVELLIN

Inspecteur général honoraire de l'Instruction publique

PARIS

FÉLIX ALCAN, ÉDITEUR

LIBRAIRIES FÉLIX ALCAN ET GUILLAUMIN RÉUNIES

108, BOULEVARD SAINT-GERMAIN, 108

1907

LA RAISON PURE

ET LES ANTINOMIES

INTRODUCTION

Le problème que nous nous posons ici n'est rien moins que celui de savoir si la raison pure n'est pas une fonction de l'esprit divisée en elle-même et vouée sans espérance à la contradiction et à l'erreur.

On peut le craindre, car la spéculation philosophique a été et est encore le champ de bataille des systèmes. Tous s'y sont rencontrés à leur heure sans qu'aucun ait réussi à s'imposer longtemps et à prévaloir.

D'ailleurs l'antinomie existe ; c'est sans doute que, hors du sensible, la pensée est impuissante ; livrée à elle-même, elle ne peut qu'osciller entre le « pour » et le « contre », le « oui » et le « non ».

Voilà ce que, bien avant l'auteur de la Critique et les thèses de la dialectique transcendantale, avaient cru pouvoir affirmer nombre d'éminents esprits. Zénon d'Elée, Pyrrhon, Œnesidème, Sextus, aux temps anciens, Bayle, Hume et tant d'autres dans l'âge moderne, s'étaient efforcés d'établir que la raison, ce privilège de la vie humaine, n'est, en théorie pure, qu'un pouvoir sans portée et un moyen de connaissance trompeur.

Pourtant, en dépit de ces subtils penseurs, la cause de la pensée pure ne nous paraissait pas perdue encore ; nous ne pouvions nous résigner à croire que le monde sensible fût devenu, grâce à la science, un monde d'ordre et de lumière, alors que le monde rationnel semblait condamné à demeurer pour toujours celui des obscurités et du doute.

Il nous parut donc indispensable de nous faire sur un point de doctrine aussi important une foi raisonnée, et nous nous résolûmes à un examen nouveau et approfondi des antinomies kantiennes.

C'est le résultat de cet examen que nous venons en toute conviction d'apporter ici.

Mais avant d'entrer dans le détail des discussions et des preuves, nous croyons utile, sinon nécessaire, d'esquisser tout de suite l'essai de solution qui est le nôtre. Ce n'est qu'en marquant d'abord et avec précision le but à atteindre que nous permettrons au lecteur de suivre en son développement continu l'idée directrice de ce travail.

Cette idée, la voici en quelques mots :

Nous ne saurions croire, comme l'a cru Kant, qu'il existe un nombre déterminé d'antinomies ; les quatre antinomies que ce philosophe énumère ne sont, on le prouvera, que les cas particuliers d'une antinomie fondamentale qui pénètre et explique toutes les autres.

Cette antinomie s'impose, parce qu'elle a sa raison profonde dans le mécanisme même de la connaissance et que dès lors il serait impossible qu'elle fît défaut.

Tel est le résultat d'une première analyse ; mais il est clair que cette analyse ne nous fournit qu'une moitié de solution ; il faut aller plus loin, il faut savoir si l'antinomie en qui se résolvent toutes les autres *se résout elle-même*.

Nous n'en doutons pas, et l'on pourra facilement s'en convaincre.

Quels sont, en effet, les deux termes que met en présence l'antinomie fondamentale ? Le *sensible* d'une part, le *réel* de l'autre.

Or, on ne peut supprimer ni l'un ni l'autre puisqu'ils s'imposent tous deux à titre de faits ; il faut donc, pour sauvegarder l'unité nécessaire à toute conception d'ensemble, subordonner l'un à l'autre ; et celui qui prime, c'est le réel sans doute, puisqu'il explique le sensible sans que le sensible puisse l'expliquer.

Ainsi deux moments successifs nous conduisent à la solution cherchée : l'un part de la multiplicité des antinomies pour aboutir à une antinomie qu'on dirait irréductible ; l'autre part de cette antinomie même pour aboutir non à l'unité, mais à la priorité nécessaire et à la supériorité du réel.

Quel est, maintenant, le pouvoir mental qui nous met en rapport avec le réel, et franchissant l'obstacle du sensible, affirme, à l'aide d'une dialectique qui lui est propre, la vivante réalité de l'action ? L'analyse le dégagera peu à peu : c'est la raison pure. Oui, c'est elle qui, dans le chemin dont nous avons marqué les étapes, dissipe les malentendus et écarte les contradictions. Il se trouve ainsi que la faculté qu'on accuse généralement de compliquer le problème, parce qu'elle tient compte de toutes ses données, aplanit au contraire les voies et fait tomber devant elle les obstacles.

Le but que nous poursuivons apparaît maintenant en pleine clarté : nous croyons fermement que dans la lutte engagée depuis tant de siècles entre le sensible et le rationnel, c'est le rationnel qui doit l'emporter. Aussi, à l'heure qu'il est, n'est-ce plus la critique de la raison, mais son apologie qu'il faudrait faire.

Et la raison elle-même la fera (1).

Voici comment :

Il semble à première vue qu'une certaine pluralité de métaphysiques soit possible. On s'aperçoit, à y regarder de près, qu'il n'en est rien ; une seule défie l'antinomie ; une seule explique la contradiction essentielle

(1) *Infini et Quantité*. Conclusion, p. 271.

qui semble avoir pénétré au cœur des choses ; c'est celle-là même que la raison appuie de son autorité parce qu'elle y fait descendre l'intelligibilité et l'harmonie.

Et, pour la définir d'un mot, nous dirions que c'est *le dualisme du noumène et du phénomène sous une unité qui domine leurs séries parallèles et les explique.*

Ainsi, répétons-le, et ainsi seulement, pourront trouver une raison d'être les deux points de vue contradictoires du *dedans* et du *dehors*, de *l'action* et de *l'état*, du *noumène et du phénomène* : ainsi seulement l'ordre succédera au chaos.

Sans doute, en chaque antinomie, une métaphysique rivale, l'idéalisme, rendrait compte de l'un des termes ainsi accouplés, mais ne réusirait pas à expliquer l'autre ; son pouvoir explicatif ne serait que partiel, il lui faudrait laisser en dehors de sa sphère une partie des données que toute métaphysique doit concilier.

Voilà quelques-unes des considérations dont s'est inspirée la présente étude. Un mot seulement sur la forme que nous lui avons donnée. Nous suivrons la trace de Kant ; nous allons donc, dans l'ordre adopté par lui, étudier les quatre antinomies qu'il a soumises lui-même à son examen et dont il nous faut, à notre tour, si j'ose dire, faire le siège en règle.

Nous voudrons savoir, à propos de chacune d'elles, si elle a été correctement posée ; si, correctement posée, elle peut se résoudre ; si résolue enfin, elle ouvre des aperçus nouveaux à la pensée. Nous nous demanderons alors si, lorsqu'on passe d'une antinomie à une autre, ces aperçus ne viennent pas se ranger comme d'eux-mêmes autour d'un principe unique d'explication.

Abordons la première antinomie ; elle a pour objet la grandeur considérée dans la possibilité de ses accroissements successifs et pose le problème tant de fois agité de l'infini.

PREMIÈRE ANTINOMIE

LE FINI ET L'INFINI

I

Thèse et antithèse, pensée pure et pensée sensible.

L'énoncé de l'antinomie est le suivant :

THÈSE :

« *Le monde a un commencement dans le temps ; il est limité dans l'espace.* »

ANTITHÈSE :

« *Le monde n'a ni commencement dans le temps, ni limite dans l'espace ; mais il est infini dans le temps comme dans l'espace.* »

La preuve de la thèse nous paraît décisive : qu'on en juge.

Supposez, dit Kant ou à peu près, que le monde soit sans commencement dans le temps, l'événement actuel n'est possible que si l'on suppose derrière lui, dans la durée, une série infinie de phénomènes, mais ce qui est infini n'aboutit pas, et dès lors l'événement actuel ne peut plus venir. Or il est venu. Il faut donc que l'hypothèse que l'on a faite soit fausse, et par suite que la série des phénomènes commence.

Telle est, en son esprit, l'argumentation du philosophe. Supposons, à présent, que le monde soit sans limites dans l'espace ; on ne pourra le concevoir que par la synthèse successive de ses parties, et, pour faire la synthèse de parties infinies en nombre, un temps infini serait nécessaire. Un agrégat infini de choses réelles ne peut donc être considéré comme un tout donné, et le monde est renfermé dans des bornes.

Dans les deux cas, il est aisé de le voir, la preuve se laisse aisément ramener à l'impossibilité de regarder comme *achevé* un tout *inachevable*.

Les raisons invoquées en faveur de l'antithèse sont plus complexes, et, on le verra, bien autrement discutables.

L'hypothèse, cette fois, c'est que le monde commence. S'il commence, ce ne peut être que dans le temps, et il faut alors qu'existe, avant le monde, un temps vide et homogène où nulle partie ne contient, de préférence à une autre, la raison suffisante d'un commencement. Qu'en résultera-t-il ? C'est que le commencement devra reculer, de moment en moment, dans un passé de plus en plus lointain, jusqu'à l'infini où il perdra sa réalité et son nom.

D'autre part, vous voulez que le monde soit limité dans l'espace ; c'est dire qu'un espace vide l'enveloppe ; mais un espace vide n'est rien, et ce qui n'est limité par rien est sans limites.

On ajoute que, dans l'hypothèse d'une limite spatiale, il y a rapport du monde à rien, ce qui est absurde.

Quelle est, sous cette courte esquisse, la pensée de Kant ? Maintes fois il l'a exprimée, et l'on peut dire que c'est l'âme même de son œuvre. La raison, si fière qu'elle soit de ses hautes vues théoriques, ne saurait, sans se blesser elle-même, se détacher tout à fait du phénomène, et couper le fil qui la relie au sensible. Vise-t-elle le transcendant, veut-elle atteindre, contrairement à la loi de sa nature, l'absolu de l'être, elle se condamne à d'humiliants démentis, elle s'inflige la honte d'affirmer, à la fois et dans une même discussion, le pour et le contre, impuissante qu'elle est à faire triompher une solution plutôt qu'une autre dans l'examen de problèmes qui la dépassent.

Si telle est la vérité, toute connaissance du réel devient

impossible, et, le réel écarté, il ne nous reste, semble-t-il, qu'une issue, celle du scepticisme métaphysique, qu'on peut appeler le scepticisme tout court. Renfermons-nous alors, sans arrière-pensée ni regret, dans l'étude du phénomène et de ses lois.

Mais la Critique peut-elle victorieusement soutenir l'étrange gageure qu'elle a faite? Est-il vrai, pour nous fixer dans le problème actuel, que la raison appuie de considérants aussi décisifs les deux thèses de la finité et de l'infinité du monde?

La question qui domine tout le débat est celle de savoir si, dans l'antinomie, elle intervient seule. Il serait injuste de la rendre responsable d'arguments qu'une autre faculté mettrait sous son nom.

Or, il suffit de parcourir avec quelque attention le texte de Kant pour voir s'accuser, derrière les deux modes d'argumentation opposés, une dualité évidente de fonctions. La lutte est très nettement engagée entre deux pouvoirs ennemis l'un de l'autre qui, partout et à tout propos, se gênent et se heurtent. D'un côté, la *pensée rationnelle* qui vise l'être en soi et se donne pour objet la réalité elle-même; de l'autre, la *pensée sensible* qui vit dans le phénomène, et, bien qu'elle puisse plus ou moins s'en dégager, ne le perd jamais de vue complètement.

Il est relativement aisé de décrire la pensée sensible, parce que c'est avec elle que nous vivons le plus souvent; orientée vers l'intuition, on peut dire que son rôle se dessine nettement dès le début. Elle nous trompe à la fois et elle nous aide : spéculativement, elle nous trompe, puisqu'elle dissimule la réalité sous l'apparence; pratiquement, elle nous aide, puisqu'elle nous entretient, non de l'être en soi, qui ne saurait intéresser la vie active, mais des multiples rapports de l'être en soi avec nous.

Quelle est, maintenant, dans la région du sensible, qui est la sienne, l'œuvre de la pensée empirique? Les faits sont devant elle, multiples, confondus. Elle les débrouille; puis elle groupe, elle associe, parce qu'il faut prévoir; autre intérêt, et majeur, qui lui ouvre le champ de la science avec ses recherches sans fin d'antécédents et de conditions.

Telle est, d'un mot, la vie de la pensée dans le phénomène. Il est clair, pour qui observe, qu'elle ne se meut qu'en surface, cherchant partout l'antécédent qu'elle prend pour la cause, et se refusant à pénétrer en profondeur dans le réel. Ainsi se forme peu à peu chez elle une habitude qui, en se consolidant, devient un élément même de sa nature. Il lui faut l'au-delà, l'au-delà quand même et toujours, et comme la nature semble ne jamais se lasser de fournir à ses recherches, elle croit aisément que les séries qu'elle descend ou qu'elle remonte et qui lui paraissent interminables, sont réellement et par elles-mêmes sans fin.

De bonne heure, on le voit, et à la suite de la répétition du même acte, apparaît dans l'intelligence l'idée de l'infini, idée confuse et obscure, qui se prête à des traductions diverses, et qu'il nous faudra débrouiller et éclaircir.

Mais poursuivons. Du phénomène d'où elle est partie, la pensée sensible monte peu à peu à la région des concepts qui ne sont, après tout, que des phénomènes effacés. A cette hauteur, sa faculté d'*association* se double d'un autre pouvoir ; elle se fait *constructive ;* c'est qu'alors le milieu où elle se déploie est celui du géomètre, et que rien, dans le cadre spécial où elle projette formes et figures, ne gêne la mobilité de conceptions qu'elle croit réaliser dès qu'elle les esquisse.

Associer toujours, *construire* avec la persuasion qu'elle crée, voilà, sans doute, l'origine des deux erreurs fondamentales de la pensée empirique. La première des deux fonctions crée et acclimate peu à peu une idée vague d'infini dans l'intelligence ; l'autre conduit facilement à croire que la nature obéit à notre ordre, et que le monde des réalités où nous vivons ressemble, jusqu'à se confondre avec lui, au monde idéal des géomètres qu'une conception de l'esprit peut enfanter.

Passant d'un pôle à l'autre de l'esprit, tournons-nous maintenant vers la pensée pure, et essayons de mettre en lumière le but qu'elle se propose et la méthode qu'elle y ajuste. Le but, qu'il lui soit ou non donné de l'atteindre, est le réel ; mais le réel ne saurait tomber sous le sens, car ce qui se voit n'est et ne peut être qu'apparence. A supposer même que fût possible une intuition d'ordre supérieur, une intuition, non plus sensible, mais rationnelle, elle ne laisserait point intact l'absolu qu'elle cherche ; elle y ferait pénétrer, à son insu, quelque chose d'étranger à sa nature, quelque chose de subjectif et d'humain, et pour cela même l'absolu disparaîtrait de nouveau sous le relatif. Voilà ce que Kant a compris, ce que toute la philosophie a entrevu de bonne heure. Mais, d'autre part, sans communication directe avec l'absolu, que pouvons-nous dire de l'absolu, et quel moyen employer pour le connaître ? Il semble que le dilemme soit sans issue et le problème insoluble.

Il peut être résolu pourtant et, en dépit d'hésitations et de tâtonnements répétés, par la raison elle-même. J'ajoute que la méthode inspirée par elle s'est affirmée, sans qu'on s'en soit rendu compte, dans les philosophies les plus hautes, et y a laissé sa trace sous la forme de conclusions généralement acceptées et de résultats durables. Quelle est donc cette méthode et comment la définir ?

Je dirai, d'un mot, sans espérer, en une première esquisse, donner à ma pensée toute la netteté désirable, que la raison ne se propose qu'une connaissance *indirecte* de l'absolu et qu'elle y va par le *nécessaire*.

Comment cela ? Un fait est posé. Ce fait est indéniable, et, pas plus que nous, le sceptique ne le conteste. Or s'il existe, il peut se faire qu'il implique nécessairement l'existence de quelque chose autre que lui. L'enveloppant suppose l'enveloppé. Voilà donc un fait qui *requiert* l'existence de telle vérité, de tel principe. Cette vérité, ce principe, apparaissent dès lors comme nécessaires, et leur nécessité est aussi absolue qu'est réelle l'existence du fait qui les suppose ; on pourrait dire que ce sont des *requisita*, forgeons le mot, des *requisits*.

Sous cette forme abstraite, l'idée inspiratrice de la

méthode est encore obscure. Aidons-nous d'un exemple. J'éprouve en ce moment une sensation de résistance. La résistance est un fait ; qui le contestera ? Or pas de résistance, sans forces antagonistes ; il faut donc, et cela de nécessité absolue, que la force existe. La résistance est le *requérant ;* la force, en son déploiement d'activité, le *requisit.* L'une appelle l'autre.

Un exemple plus saisissant est celui que nous fournit la thèse de la présente antinomie.

Un événement se produit en ce moment même ; voilà la donnée initiale, le fait qui va servir au raisonnement de point d'appui. Qu'en résulte-t-il ? Une conséquence aussi indéniable que le fait lui-même, c'est que je ne suis plus libre de croire que la chaîne des événements antérieurs est infinie. Si elle l'était, le moment où elle aboutit et dont je constate l'existence ne serait jamais arrivé.

Une conclusion analogue s'imposerait aux mondes qui peuplent l'espace. Là encore, et pour les mêmes raisons, la limite apparaîtrait nécessaire.

Ainsi je ne puis entrer en relations directes avec l'absolu ; je ne puis voir, ni de mes yeux, ni par la raison, ce qui se passe dans l'immensité du temps et de l'espace ; mais ce que je sais de source sûre, ce dont je ne doute pas un instant, sur le témoignage indirect mais positif de cette raison elle-même, c'est que *les événements et les choses, quelle que soit leur prodigieuse multiplicité*, ne sont pas, ne sauraient être sans fin.

On soutiendra peut-être que la nécessité qui contraint la raison à affirmer le fini n'a rien de plus absolu que celle qui semble imposer l'infini à l'entendement. L'entendement, dira-t-on, a, comme la raison, ses exigences, et il met en avant des *requisits* qu'il cherche, lui aussi, à faire valoir de son mieux. Soit ; mais que valent réellement ces *requisits ?* Ils répondent à des besoins et à des habitudes plutôt qu'à des principes et des raisons. L'idée d'infini n'est que l'exigence toute naturelle mais étroitement subjective d'une pensée qui veut avoir le champ libre devant elle, et entend évoluer, sans arrêt ni obstacle, à la surface des faits. La création de mondes par delà les mondes n'est que l'illusion de cet *instinct constructeur* qui s'imagine produire lorsqu'il ne fait, en réalité, que concevoir.

Qu'on examine, au contraire, non du point de vue pratique ou scientifique, mais du point de vue de la spéculation rationnelle, le seul important ici, les titres de la raison dégagée du sensible, de la raison pure. On verra qu'elle demeure obstinément fidèle aux lois d'une dialectique exacte, qu'elle ne sort jamais des données qu'on lui propose, qu'elle ne s'appuie enfin que sur les principes.

C'est avant tout du principe d'identité qu'elle se réclame ; c'est lui qui prête à ses affirmations toute leur autorité et leur valeur. Si l'inachevable peut être achevé, rien ne subsiste plus dans l'intelligible ; et, en même temps que la thèse soutenue par la raison, s'effondre et disparaît la pensée elle-même.

Nous touchons le roc qui sert de fondement à la raison pure ; la pensée empirique ne bâtit que sur le sable ; son seul avantage, celui qui lui a recruté et lui vaut encore le plus d'adhérents et d'amis, c'est que, ce qu'elle affirme, *elle le voit et le fait voir ;* rien de plus naturel dans le domaine de l'intuition ; dans celui du réel, au contraire, l'intuition est impossible, il faut *croire*.

On voit combien diffèrent les deux fonctions de la pensée spéculative ; un coup d'œil jeté sur la dialectique de la première antinomie rendra leur opposition sensible, indéniable. L'une harcèle l'autre en lui objectant que ses affirmations n'ont rien de sensible, et que ce qu'elle propose ne se voit pas ; mais la faculté ainsi mise en cause se défend sans peine ; outre que, pour elle, le réel ne saurait se voir, elle montre ou peut montrer qu'à chaque pas l'argumentation de sa rivale est en défaut. Rien de plus curieux que ce spectacle, où se condense en ses deux facultés maîtresses la vie entière de l'esprit.

II

Les notions engagées dans le débat : fini, indéfini, infini ; analyse de ces notions.

Mais avant de mettre aux prises les deux acteurs et leurs exigences opposées, il importe de fixer avec précision l'objet du débat.

Il porte sur trois termes, le *fini*, l'*indéfini*, l'*infini*, dont les deux derniers ont prêté aux plus graves malentendus et veulent avant tout être éclaircis.

Indéfini signifie *sans bornes*. Il se dit de toute quantité qui évolue, croissant ou diminuant toujours. On en a fait une sorte de moyen terme entre le fini et l'infini, plus que *fini* par le mouvement qui le dilate, moins qu'*infini* faute d'une plénitude où se repose son incessant devenir. C'est là, on le verra mieux plus loin, une vue de pure imagination ; la vérité est que l'indéfini s'oppose *contradictoirement* au fini ; *il le nie simplement, sans plus*. On peut donc dire qu'il est au fini ce qu'est l'illimité au limité, ce qui évolue à ce qui est fixé dans une forme et circonscrit.

D'un côté la quantité close, de l'autre la quantité toujours ouverte. Fini et indéfini marquent deux pôles.

Venons à l'infini. On ne saurait dire que ce soit un moyen terme entre l'indéfini et le fini. Il faut y voir une de ces synthèses étranges que désavoue la raison pure, et où se plaît le pouvoir tout mécanique de répétition et d'association quand il est fortifié par l'habitude. On remarque aisément que, dans le champ de la connaissance sensible, nulle perception n'a d'unité et n'est complète que par le cadre qui la dessine et la présente ainsi tout entière aux yeux. Voilà une loi de l'expérience, loi indispensable, si l'on réfléchit que, sans elle, la multiplicité finie ne serait que confusion et chaos. Que fait maintenant le pouvoir de répétition habituelle ? Avec la spontanéité irrésistible d'une sorte d'instinct, il érige en loi absolue ce qui n'est que la loi de ce qu'on voit ; passe, intrépide, de ce qui se voit à ce qui se pense, et oubliant, en cette opération aveugle, qu'au moins l'indéfini devenir lui échappe, puisqu'il faut qu'il soit sans limites, il n'est satisfait que s'il l'achève, réclamant pour lui, à titre de complément nécessaire, un repos qui est contraire à sa nature, et une plénitude d'être qui le détruit.

Tel est l'infini. Du point de vue purement psychologique où nous entendons rester en ce moment pour l'analyser, il répond à une habitude contractée par l'imagination, au besoin de limiter et de circonscrire. C'est le sensible pénétrant dans le rationnel, le statique dans le dynamique, le fini dans l'indéfini. Conçoit-on plus extraordinaire mélange, et l'idée d'*infini* ne se détruit-elle pas elle-même par la flagrante contradiction des deux éléments qui la constituent ?

A qui demande, en effet, si l'*infini* est *indéfini*, il faut répondre qu'il l'est, puisqu'il enveloppe, comme l'indéfini, une multitude réputée inépuisable de termes ; et à qui demande, d'autre part, s'il est fini, il faut répondre, sans hésitation, qu'il l'est encore, puisque l'inépuisable, dans l'infini, forme un ensemble achevé et clos.

L'infini est donc à la fois indéfini et fini, et, cependant, à le prendre d'un autre biais, il n'est ni ne saurait être ni l'un ni l'autre. Comment fini ? Il passe toute mesure. Comment indéfini ? Il ferme ce qui doit toujours rester ouvert.

Des analyses qui précèdent, la conclusion est toute simple. On s'imagine avoir l'idée de l'infini, on ne l'a pas ; on ne l'a pas, et personne ne l'a jamais eue ni ne l'aura jamais parce qu'elle n'a aucun droit à l'existence. La notion d'un cercle carré n'est ni plus ni moins incohérente et contradictoire dans les termes que celle d'un « sans limites » qui se termine, d'un inachevable qu'on pose achevé.

En faut-il davantage pour nous donner le droit d'écarter *a priori* et sans discussion, comme dénués de portée et même de sens, tant de problèmes sur l'infini qui ont fait, depuis des siècles, le tourment des philosophes ? Que nous veut-on quand on nous demande si telles quantités, *nombre*, *temps*, *espace*, se conçoivent ou non comme infinies, dès qu'il est démontré que le terme « infini » n'offre à l'esprit aucune idée nette, aucune signification concevable ?

On proteste contre un arrêt aussi sommaire, et l'on s'ingénie à établir que le prétendu inintelligible l'est en réalité si peu que seul il est apte à porter la lumière sur certains de nos concepts quantitatifs. Voyons cela.

Sur le nombre, d'ordinaire, on passe volontiers condamnation. Pourquoi ? Il est difficile de le dire, car le nombre, au point de vue qui nous occupe, suit et doit suivre la loi d'une quantité quelconque. Le fait est que peu d'esprits tiennent pour son infinité. On recule en général devant une hypothèse qui entraînerait l'absurde nécessité d'un *nombre ultime*, et il est clair cependant qu'on n'a aucun moyen d'y échapper, car, au cas même où l'on se refuserait à admettre tout d'abord un dernier nombre, et où l'on se contenterait de mettre l'infinité dans le nombre des nombres qui constituent la série, il faut bien, si la série est close et forme un tout, que le nombre ultime reparaisse. Or une telle conception fait évanouir jusqu'à l'idée de la série numérique qui doit, sous peine de n'être plus elle, demeurer inachevée et ouverte.

Un certain nombre de métaphysiciens, au contraire, quelques-uns même d'une pénétration supérieure, ont opté pour l'infinité du temps et de l'espace.

Étudions d'abord avec eux l'idée de temps ; dégageons par la pensée la succession, comme telle, des phénomènes qui l'engendrent, et écartons, pour un moment, la question de savoir si, en leur incessant devenir, les événements doivent ou non rationnellement trouver un terme. Par delà les événements, ce qui seul ici nous intéresse, c'est ce que nous appellerions la durée pure, série toute abstraite, conçue au travers des événements par l'esprit. Elle seule est susceptible de se dilater et de s'étendre ; elle seule, en sa fuyante mobilité, paraît, à première vue, compatible avec l'infini ; elle seule, par conséquent, a chance de se laisser qualifier par lui dans un jugement.

Qu'est-ce donc que la durée considérée en elle-même ? Elle est orientée en deux sens : d'un côté l'avenir, de l'autre le passé, avec un point o qui représenterait le présent, et rappellerait, bien que de loin et avec de très notables différences, ce o de l'algébriste destiné à séparer, non plus, comme ici, l'avant de l'après, mais le négatif du positif.

Dès lors, il est aisé de le concevoir, le problème devient double. Son énoncé diffère, et, par suite, l'argumentation se modifie, selon qu'on regarde en deçà ou au delà du présent.

Au delà, nulle difficulté ; le cas est visiblement celui de la suite naturelle des nombres. En essayant de pénétrer dans l'avenir, nous n'apercevons devant nous que le « sans fin » et, les précédentes discussions nous l'ont assez fait voir, l'infini actuel, l'infini proprement dit, est non le synonyme du « sans fin », mais sa négation.

En deçà, au contraire, et si nous nous retournons vers le passé, le problème paraît moins aisé à résoudre. C'est que le passé fait l'effet d'un système clos, chaque fois qu'il aboutit à l'un des « présents » successifs que nous traversons, et comme, d'autre part, il nous paraît sans fin et sans fond, en arrière du présent d'où notre œil essaie de le pénétrer, il se trouve qu'en apparence, au moins, nous nous rencontrons face à face avec un de ces infinis que nous avions déclarés *a priori* contradictoires et impossibles. C'est un inépuisable de durée qui, néanmoins, paraît épuisé à chaque instant.

Un examen plus attentif des faits ne nous laissera pas longtemps dans l'illusion. Le passé, tel que nous le concevons, le passé pur est sans doute fermé toujours et achevé par le présent, mais dégagé qu'il est des événements, il reste indéfiniment ouvert du côté où il est censé trouver son origine et prendre sa source. C'est un fleuve qu'on peut remonter sans fin, car tout moment en suppose un autre qui le précède, et nul moment, dans cette régression, n'a le droit de s'ériger en moment premier. Qu'on pénètre aussi profondément qu'on voudra dans le passé ainsi conçu, on verra que tout recul amène un autre recul, et cela sans fin ni trêve, comme si la pensée glissait d'elle-même et toujours dans un milieu où rien ne peut l'arrêter.

Voilà donc que le passé, fermé du côté où il aboutit, est maintenant ouvert dans le sens où il lui faudrait commencer ; il ne commence donc plus, et le point fixe qui, placé au delà de tout moment possible en arrière, le fait réellement et rigoureusement infini, lui fait défaut.

Peut-être soutiendra-t-on que le problème est mal posé, et que, pour arriver à une conclusion contraire, il suffirait de lui donner une forme plus correcte. Imaginons donc, en dépit de tout, un premier moment. Ce premier moment est possible, à une condition : c'est qu'il soit situé dans le passé à une distance infinie du moment présent. Dans ce cas, l'inépuisable se trouverait clos à son origine comme à son terme, il serait donc épuisé, et le passé serait rigoureusement infini.

La réponse est facile. Si le premier moment peut réellement se poser, c'est que, pour l'atteindre, on a épuisé tous les reculs ; or la loi des reculs est indéfinie ; comment donc et de quel droit lui imposer une limite ? Tient-on quand même au commencement absolu ? Comment à travers l'inachevable aboutira-t-il au moment présent ?

Concluons qu'aussi bien que le nombre, le temps idéal, le temps abstrait, le temps, en ce qu'il a de plus souple et de plus dilatable, et par suite de plus aisément accessible à l'infinité, ne saurait, sans aliéner sa nature, se laisser qualifier d'infini.

Venons enfin à l'espace, et étudions-le, à son tour, comme une quantité pure, intérieure, sans doute, à la réalité qu'accidentellement elle pénètre, mais susceptible de rayonner au delà en tous sens et de se déployer sans fin.

Poser, à ce dernier point de vue, le problème de l'infini, c'est mettre aux prises, en un duel plus serré que jamais, les deux facultés que nous avons toujours vues en lutte, et cela sur le terrain le plus favorable à la faculté sensible, qui peut se regarder comme particulièrement compétente dans un débat où il ne s'agit en somme que du champ toujours agrandi de ses perceptions visuelles.

D'autre part, il faut le faire observer, la cause, cette fois, est meilleure que dans les cas précédents pour l'imagination qui la plaide. Le nombre croît et décroît, le temps s'écoule ; l'espace, au contraire, apparaît immobile, véritable absolu où tout plonge et qui déborde tout de toutes parts.

Si l'espace est vraiment ce qu'il paraît être, comment nier qu'il existe un infini spatial ?

Mais là est précisément la question. Il suffit d'analyser ce qui se passe lorsque nous cherchons à pénétrer l'immensité sans limites pour nous convaincre qu'elle n'est point, comme on le suppose d'abord, quelque chose de clos et de tout fait.

De quelle illusion sommes-nous donc dupes, et comment, lorsqu'il s'agit de l'espace, sommes-nous amenés à affirmer la réalité de l'infini ? Le voici :

Quand nous voulons sonder la profondeur du vide illimité qui nous enveloppe, il nous semble que nous ajoutons, sans obstacle, et comme si le mouvement auquel nous cédons se produisait de lui-même, les distances aux distances, les profondeurs aux profondeurs. Rien ne nous arrête, bien qu'il nous paraisse qu'au regard du but à atteindre, la somme de nos avances soit toujours nulle, et que rien ne soit définitivement conquis. Si loin, en effet, que nous poussions le travail qui consiste à capter, en imagination, des portions d'espace, nous nous trouvons toujours dépassés par un surplus d'espace qui enveloppe tout le reste, prêt lui-même à se laisser envelopper à son tour.

De *là*, on le conçoit, une affirmation presque nécessaire. Si, en une telle opération, le progrès de la pensée est indéfini, et que, d'autre part, l'espace le devance nécessairement et le dépasse toujours, l'espace ne peut être conçu que sous la forme d'un infini rigoureux.

Ainsi parle l'imagination. Écoutons, maintenant, la raison pure :

Qu'est-ce donc, observera-t-elle, qu'une portion d'étendue pure en dehors des déterminations qu'y fait pénétrer l'esprit ? L'esprit seul la mesure, seul il y conçoit des distances, lui trace des limites, lui prête une forme. Au delà et dans l'espace nu, rien ne reste à quoi l'observation intellectuelle puisse se prendre, c'est le vide sans trace de qualité ou d'action, c'est la pénétrabilité absolue, c'est le pur *rien*.

Que se passe-t-il maintenant, lorsque, en une étape de l'opération que nous venons de décrire, l'esprit, maître d'une portion d'étendue, la voit, au moment même où il la considère, dépassée par une portion nouvelle, plus lointaine, semble-t-il, et plus profonde ? Comme cette dernière n'a ni ne peut avoir de réalité que par l'esprit, elle n'est, elle ne doit être, que le sentiment que possède obscurément mais positivement l'esprit de pouvoir la créer de toutes pièces, comme il a créé la précédente ; et si l'on généralise cette explication, on s'aperçoit que l'étendue, qui semble s'enfler et se dilater sans fin, *n'est autre chose que l'esprit lui-même ayant, chaque fois qu'il imagine, la conscience de pouvoir, sans obstacle, imaginer encore et toujours.*

Nous sommes donc, lorsque nous parlons d'une étendue qui se développe comme d'elle-même, dupes d'une illusion analogue à celle qui se produit dans la perception sensible lorsque nous voyons, colorés en eux-mêmes, des objets sur lesquels nous étalons nous-mêmes la couleur.

L'étendue pure, en réalité, ne saurait d'elle-même s'étendre, c'est nous qui l'étendons, en projetant hors de nous les déterminations qui, seules, peuvent lui prêter une forme et la rendre sensible aux yeux.

Dans ce progrès sans limites, l'esprit n'est dépassé que par lui-même, ou, pour mieux dire, *son acte, à chaque instant, n'est dépassé que par sa puissance, ce qu'il fait que par la pensée qu'il pourrait, à sa volonté, le refaire.*

Où trouver en cela quoi que ce soit qui puisse fonder l'infini actuel ?

Mais nous ne voulons refuser aucune concession à nos adversaires. Consentons, pour un moment, à prendre au sérieux le mirage de leur étendue sans bornes. Le problème reparaît toujours inévitable. Il faudra, une fois de plus, écarter toute équivoque, et se demander si l'espace dont on parle est infini ou indéfini, absolument clos, ou toujours ouvert.

Pascal le déclare infini, il s'imagine du moins qu'il est

tel, mais en cela il se trompe. Ne le compare-t-il pas à une sphère dont le centre serait partout et la circonférence nulle part? Chose étrange, Pascal lui-même est ici dupe des mots, et parlant de l'infini, il ne nous montre en somme que l'indéfini. Qu'est-ce, en effet, que cette circonférence fuyante, sans cesse agrandie, et qui ne rencontrerait, en son mouvement d'expansion, ni obstacle, ni point d'arrêt?

L'infini actuel, l'infini fini que nous combattons, ne saurait s'accommoder d'un tel symbole. Il faudrait le représenter sous la forme d'une sphère enveloppante qui dépasserait la somme de toutes les sphères successivement agrandies et dilatées que l'esprit peut concevoir.

Mais c'est là justement ce qui ne saurait s'entendre. On nous objecte que l'espace total est infini parce qu'il dépasse tout progrès, et fournit à toute addition de grandeur. L'illusion est toujours la même, l'espace dépasse tout progrès *donné;* il fournit à toute addition *déterminée* et *positive*, mais il ne saurait dépasser la somme, inimaginable d'ailleurs, de tous les progrès et de toutes les additions *possibles*, et cela, pour une raison cent fois alléguée, c'est qu'une telle somme, avant d'être dépassée, doit être faite, et que nous n'avons aucune possibilité de la faire.

L'espace, insiste-t-on, ne semble-t-il pas être un réservoir inépuisable de grandeur? Sans doute, mais il ne paraît tel, précisément, que parce qu'il peut toujours grandir. L'impossibilité pour l'espace de s'intégrer de lui-même est une vérité incontestable, bien qu'aujourd'hui encore contestée. Répétons donc que l'espace conçu comme un *tout* est une pure contradiction dans les termes. C'est la somme de parties réelles ou possibles qui, dans leur multiplicité indéfinie et fuyante, ne sauraient jamais faire une somme.

Aussi a-t-on songé, lorsqu'on a voulu soutenir la thèse de l'infini, à se placer d'emblée dans le *tout*, cette unité relative dont il semble que l'esprit un, en la plus essentielle de ses tendances subjectives, ne puisse se passer.

C'est, dit-on, d'abord et *a priori*, que le tout spatial existe, et comme la somme de ses parties n'y atteindrait pas, on n'hésite point à affirmer qu'il les précède. Elles seront maintenant ce qu'elles pourront être, en quantité finie ou infinie, peu importe. L'obstacle est levé.

Il le serait, en effet, si le tout dont on parle avait un sens nettement intelligible ; mais un tout sans parties n'est pas moins malaisé à concevoir qu'un indéfini qui se termine ; et l'expédient imaginé pour sauver la thèse ne semble guère moins contradictoire que la thèse qu'on veut sauver. Il se peut, sans doute, qu'on introduise, arbitrairement et du dehors, des parties dans un tout *déjà formé ;* mais ces parties, importées et non siennes, lui demeureront à tout jamais étrangères ; au contraire, les parties qu'il possède et qui le constituent ne sauraient lui manquer un seul moment, parce qu'il fait corps avec elles, et n'est intelligible que par elles.

Au fond, ce que l'on poursuit, à un point de vue tout subjectif et idéaliste, c'est l'unité absolue de l'espace. Ses parties disparaissent, et il ne reste plus à leur place que l'acte spirituel et parfaitement un qui en embrasse la possibilité. Qu'on nous permette de le dire, un tel espace n'est pas conçu, mais rêvé. On a beau nous faire observer que l'espace, tel qu'il apparaît, ne comporte pas de divisions effectives ; il nous suffit qu'il soit divisible. Qui peut contester que l'étendue soit la meilleure, sinon l'unique raison de la divisibilité, et, dans ce cas, comment se passer de parties ? Veut-on, quand même, les exclure ? Le tout spâtial devient absolument un, et il se réduit à un point. Comment, en ce cas, l'étendre, comment le dilater, et à quelle faculté de l'intelligence peut-on raisonnablement proposer d'importer dans l'indivisible en soi, je ne dis pas seulement la division réelle, mais la simple possibilité de la division ?

Concluons. Dans la quantité abstraite, qu'il s'agisse *du nombre, du temps* ou de *l'espace purs*, la loi de l'indéfini règne seule, l'infini actuel n'est nulle part.

III

Critique de la thèse et de l'antithèse ; le monde rationnel et le monde sensible.

Nous pouvons maintenant serrer de plus près l'argumentation kantienne. Suivons-la donc pas à pas, et attachons-nous, pour y pénétrer plus sûrement, au texte même de la première antinomie.

THÈSE :

« Le monde est fini, dit Kant, car si l'on suppose, quant au temps, que le monde n'a pas commencé, une éternité est donc écoulée à tout moment donné, et, par conséquent, est écoulée aussi une série infinie d'états successifs des choses dans le monde. Or, l'infinité d'une série consiste précisément en ce qu'elle ne peut jamais être achevée par une synthèse successive. Par conséquent, une série cosmique passée ne peut être infinie, et un commencement du monde est une condition nécessaire de son existence. Ce qu'il fallait d'abord démontrer. »

« Si maintenant nous supposons que le monde n'a pas de limite, le monde alors sera un tout infini donné de choses coexistantes. Or, nous ne pouvons concevoir la grandeur d'un *quantum* donné en intuition dans de certaines limites d'aucune autre manière que par la synthèse des parties, ni la totalité d'un tel *quantum* que par une synthèse complète, ou par l'addition de l'unité à elle-même. Si donc on veut concevoir le monde comme un tout qui remplisse l'espace entier, la synthèse successive des parties d'un monde infini devra être considérée comme complète, c'est-à-dire qu'un temps infini devra être conçu dans l'énumération de toutes les choses coexistantes, comme écoulé ; ce qui est impossible. Un agrégat infini de choses réelles ne peut donc être considéré comme un tout donné, par conséquent pas non plus comme donné *en même temps*. Donc un monde, quant à son étendue dans l'espace, n'est pas infini, mais, au contraire, enfermé dans des bornes. Ce qui était la seconde chose à démontrer. »

Antithèse :

Le monde n'a ni commencement ni limite ; il est, au contraire, infini quant au temps et quant à l'espace.

« Car, supposez que le monde ait un commencement ; puisque le commencement est une existence précédée d'un temps où la chose n'est pas, un temps doit donc avoir précédé dans lequel le monde n'était pas, c'est-à-dire un *temps vide*, parce qu'aucune partie d'un pareil temps ne renferme en soi, plutôt qu'une autre quelconque, une condition distinctive de l'existence de préférence à la condition de la non-existence (tout en supposant, du reste, que cette condition existe par elle-même ou par une autre cause). Plusieurs séries de choses peuvent donc bien commencer dans le monde, mais le monde lui-même ne peut avoir aucun commencement. Il est donc infini par rapport au temps passé. »

« Quant au deuxième cas, celui de l'illimitation dans l'espace, supposons d'abord le contraire, à savoir que le monde est limité ; il se trouve alors dans un espace vide qui n'a point de bornes. Il n'y aurait, par conséquent, pas seulement un rapport des choses dans l'espace, mais aussi un rapport des choses à l'espace. Et comme le monde est un tout absolu hors duquel il n'est pas d'objet d'intuition et, par conséquent, pas de corrélatif du monde avec lequel le monde soit en rapport, alors le rapport du monde à l'espace vide serait un rapport du monde *à aucun objet*. Mais un tel rapport et, par suite, la limitation du monde par l'espace vide n'est rien. Le monde n'est donc point limité quant à l'espace, c'est-à-dire qu'il est infini en étendue. »

Telle est la critique de Kant. Que vaut-elle et que faut-il en penser ?

Sa thèse, croyons-nous, est inattaquable ; mais la démonstration qu'il en donne pourrait être plus rigoureuse et plus complète.

Procédons par voie d'élimination.

Il n'est, nous le savons, que trois termes qui peuvent, du point de vue de la quantité, qualifier le monde : *infini*, *indéfini*, *fini*. Or, nous voulons prouver que tout « présent » dans la durée est précédé d'une série finie d'états successifs ; il faut donc établir que la série des états successifs qui précède un « présent » quelconque ne peut être ni *indéfinie* ni infinie.

Mais, après ce qui a été exposé tout à l'heure, l'infini s'élimine de lui-même ; et comme il est impossible de le concevoir, la question de savoir si le monde est infini n'a pas de sens. On peut demander s'il est fini ou indéfini, on ne peut demander s'il est à la fois l'un et l'autre, l'infini étant le mélange irrationnel de l'un et de l'autre.

L'infini écarté, le problème se pose à la fois simplement et rigoureusement. Nous n'avons plus en face de nous que l'indéfini et le fini. Ce sont termes qui s'opposent contradictoirement, ainsi qu'on vient de le voir, et la discussion dès lors devient facile.

Elle peut tenir en quelques lignes. Indéfini signifie sans fin. Si donc une série d'états successifs aboutit à un « présent », c'est qu'elle n'est pas indéfinie. Au cas où elle le serait, fuyante, par définition, dans le passé, et toujours entraînée, de recul en recul, en sens inverse du but à atteindre, non seulement elle ne saurait aboutir, mais elle ne pourrait pas même commencer.

Ce qui ne commence pas n'aboutit pas, donc ce qui aboutit a dû commencer, voilà toute la démonstration.

Nous ne pourrions que nous répéter en passant du temps à l'espace dans la première antinomie. Kant, on le voit, dans cette seconde partie de sa thèse, n'écarte l'infinité de l'espace que par l'intermédiaire du temps. Il eût pu donner de son affirmation une preuve directe. Qu'on pose, en effet, le monde comme un « tout donné de choses simultanément existantes », l'infini écarté *a priori* comme toujours, il ne reste plus qu'à savoir si ce tout peut être conçu comme indéfini. Or, interrogée sur ce point, la raison fournit une réponse décisive ; *un tout sans limites n'est plus un tout*. Si le monde forme réellement un tout, c'est qu'il est clos, par suite limité, et nous avons gain de cause ; s'il est illimité, le tout dont on parle n'est qu'une illusion et un vain mot.

En résumé, bien que Kant n'ait pas demandé à la raison pure tout ce qu'elle pouvait lui donner, on peut dire que, dans la thèse de la première antinomie, la preuve est faite ; elle est aussi solide que le principe d'identité.

Quel but doit se proposer maintenant l'auteur de la Critique, lorsqu'il aborde l'antithèse ? Il lui faut montrer que, partant de la *même donnée*, c'est-à-dire du *même monde*, la raison pure, appuyée sur le *même principe*, mène d'elle-même à une proposition qui contredit celle de la thèse. Or, une telle démonstration n'a pas été faite ; c'est ce qu'on va voir.

Le point de départ est bien ici, comme dans la thèse, le monde en soi ; la conclusion, d'autre part, est nettement opposée à celle de la thèse, puisqu'elle affirme l'infini, mais la dialectique apparaît toute différente, et l'instrument de la preuve, au lieu d'être ce qu'il était tout à l'heure, la raison pure, n'est, on va le voir, que cette forme imaginative de la pensée qui se fait du sensible une habitude et un besoin.

Toute la dialectique de l'imagination, si l'on peut parler ainsi, tient dans la loi déjà indiquée : associer les faits aux faits, lier le sensible au sensible, le répéter et le prolonger sans fin ; mais il est clair que, dans la discussion qu'on se propose d'établir, une telle dialectique ne saurait se montrer à nu si l'on veut que l'antinomie réussisse. Il faut qu'elle emprunte à la raison pure quelques semblants de raisons, et qu'elle paraisse argumenter. C'est ce qu'elle essaie de faire, dans l'antithèse, et il n'est pas d'examen plus curieux que celui de ce plaidoyer où la pensée sensible dissimule son propre intérêt sous les principes. Qui les étudie en eux-mêmes risque de les trouver obscurs et insuffisants. On ne les interprète bien que par la tendance qui les inspire.

Examinons cette dialectique étrange ou plutôt ce mélange confus de deux dialectiques contraires.

« *Le monde commence, donc il commence dans le temps.* »

Oui, s'il est permis de traiter le commencement absolu des choses comme un simple commencement relatif. Un fait, dans le sensible, suit toujours un fait ; le fait primordial, s'il existe, de nécessité précède tout.

Mais nous interprétons mal la pensée de Kant. Sans doute, dans sa démonstration, le temps qui précède l'écoulement des phénomènes n'est qu'un temps vide, un temps purement conçu. Soit, à la condition qu'on ne sorte pas de l'hypothèse. Le temps vide, ne l'oublions pas, n'est qu'une idée ; il faut le chercher en nous, non hors de nous.

Voici pourtant comment le philosophe raisonne :

« *Dans un temps vide, nulle raison de commencement. C'est que le temps vide est homogène, et, qu'en un tel temps, nul moment plutôt qu'un autre ne saurait se prêter à la production du phénomène.* »

Essayons de donner quelque clarté à cet argument. Soit une portion du temps vide antérieure aux phénomènes. J'en détache un moment, et je vois que, semblable à tous les autres, il ne se prête pas plus qu'aucun autre à l'apparition d'un fait réel. Donc, s'il ne tient qu'à lui, nul commencement n'est possible. Mais le moment antérieur, impuissant lui-même, se refuse à son tour pour la même raison au phénomène. Ainsi d'un troisième et de ceux qui suivent. De moment en moment, de recul en recul, on arrive à cette conclusion que le monde des phénomènes n'a jamais eu de commencement ; il est éternel : ce qu'il fallait démontrer.

Ce qu'il fallait démontrer, oui, mais ce qu'on ne démontre nullement, car l'argument, qu'on veuille bien le remarquer, se retourne contre les conclusions qu'on veut obtenir. De deux choses l'une, en effet : ou le monde a une raison intérieure de commencer, et il commencera, sans qu'aucun moment de la durée pure puisse avoir sur ce commencement nécessaire la moindre action ; ou, au contraire, toute raison intérieure de commencer lui fait défaut, et, comme il n'existe, hors de lui, que des moments impuissants à rien produire, il ne sera jamais posé. L'illusion à laquelle donne lieu l'argument que nous exposions tout à l'heure résulte de ce qu'il semble que les moments successifs de la durée pure venant décliner, l'un après l'autre, la mission de donner un commencement au monde, ce commencement se trouve dès lors rejeté à l'infini. Il l'est bien, sans doute, mais en un sens tout autre que celui que propose le critique pour prouver sa thèse. Le monde, en effet, s'il ne trouve nulle part de raison qui l'explique, loin d'exister, comme on le prétend, dès l'éternité et depuis *toujours*, se verra, d'antécédent en antécédent, exclu à *jamais* de la réalité et de l'être.

Ce *jamais* est la solution de la raison pure, tant qu'elle n'a affaire qu'à des moments intelligibles ; si l'imagination tient pour le *toujours*, c'est que, ne pouvant se passer du phénomène, elle l'introduit subrepticement dans l'infinité du temps vide, et suppose précisément ce qu'il eût fallu justifier.

Quelle justification, d'ailleurs, peut-elle fournir ? Par quel miracle le phénomène s'affranchirait-il de son commencement, en le rejetant en arrière jusqu'à l'infini ? Faut-il donc croire que le temps vide possède je ne sais quelle étrange *vertu attractive* ou *aspirative* qui permettrait au monde de se dilater et de s'étendre ? Mais le temps vide ne peut avoir aucune vertu, à moins qu'après l'avoir tiré de l'entendement, extériorisé, divisé en moments, juxtaposé aux phénomènes, on ne veuille, en dépit de l'inertie qui lui est propre et dont on n'avait pas osé encore l'affranchir, lui donner maintenant un pouvoir qui dépasse le phénomène lui-même et n'appartient qu'à l'être : l'activité.

Comment croire, d'autre part, que le phénomène puisse se donner l'élan nécessaire pour reculer toujours, et se rejeter en arrière jusqu'au fond d'un passé sans fin ? Où prendrait-il cet élan ? D'où ce mouvement lui viendrait-il ? De lui-même ? Le phénomène est, sans doute, mais il est inerte ; où trouver en lui une raison de mouvement, alors même qu'il ne serait pas maintenu dans ses limites par la loi de nécessité intérieure qui le fait fini ? La raison pure ne saurait admettre qu'oublieux de sa nature, il sorte de lui-même pour se répéter sans raison et se multiplier sans limites.

Mais, va-t-on peut-être objecter, le phénomène exclu de l'infini, n'est-il pas condamné, ce qui est moins intelligible encore, à sortir désormais du néant ? Sur ce point, croyons-nous, une indication peut suffire. A le bien prendre, le phénomène mobile ne peut s'appuyer, à son origine, ni sur le néant ni sur quelque série, mobile elle-même, et qui, prolongée à l'indéfini, ne reposerait en définitive sur rien. Il n'a, croyons-nous, et ne peut avoir de raison solide que dans l'acte immobile, par suite éternel, d'où tout jaillit. Cet acte n'a point de date, mais c'est de lui qu'il faut que tout soit daté. Rien n'existe donc avant le commencement, que ce qui ne commence pas, et justifie pour cela même tout commencement.

Un mot seulement sur la partie de l'antithèse relative à l'espace. Même chemin à parcourir et mêmes étapes. Il n'existe de différences que celles qu'impose la donnée nouvelle. Au lieu de phénomènes successifs, une multiplicité de parties simultanément données ; au lieu d'une rétrogradation sans fin dans le passé, une expansion sans limites à travers l'espace. L'argument n'a pas changé. « Être limité par rien, ce n'est plus être limité du tout ; » comme si, encore une fois, le rien pouvait aspirer l'être et l'enfler en quelque sorte à l'infini ! Ce n'est là qu'un jeu de l'imagination, dupe d'une métaphore, et il nous paraît vraiment bien inutile d'insister.

Il importe à présent de se rendre compte du but poursuivi par l'antithèse lorsqu'elle imagine l'acte d'expansion qui étend le monde à travers temps et espace. Le monde, disions-nous, s'étend sans fin. Que signifie ce terme équivoque ? Masque-t-il l'indéfini ou l'infini dans la pensée du philosophe qui l'emploie ?

Remarquons, tout de suite, qu'il faut à l'antithèse comme à la thèse un monde achevé ; autrement l'antinomie n'est plus possible. Pour qu'elle réussisse, pour que l'opposition des idées éclate, il est nécessaire que le sujet à qui la raison donne deux qualifications contradictoires, soit, de part et d'autre, le même. Or, dans la thèse, le sujet est un monde donné, non un monde mobile et en mouvement ; il faut donc que le sujet, dans l'antithèse, soit, de même, un monde arrêté et clos.

Mais il n'y a, en dehors du fini que l'on écarte, que l'infini actuel; l'infini strict, qui puisse nous procurer un tel monde. Possible ou impossible, peu importe pour le moment, un monde infini est un monde donné, au lieu qu'un monde indéfini et en devenir, qu'il évolue de lui-même ou qu'il croisse, comme dans l'hypothèse idéaliste, avec les perceptions qui le créent, n'est qu'un monde instable et sans consistance. Il se fait toujours, il n'existe jamais tout entier.

Comment, dès lors, le faire entrer à titre de sujet dans l'antithèse ? Sa présence y introduirait une idée nouvelle qui rendrait toute comparaison impossible.

Il faut admettre, si l'on va au fond de l'antithèse, que l'expansion qu'elle affirme atteint immédiatement son but. Le monde, dans cette hypothèse, au moment même où il se *prolonge*, se trouve *prolongé* autant qu'il peut l'être. Il semble donc qu'il soit achevé d'un coup dans le temps comme dans l'espace, riche, en un seul acte, de toute la plénitude et de tous les trésors de l'être.

Malheureusement pour l'antinomie qu'on veut établir, l'infini ainsi conçu, l'infini plein, est, nous l'avons vu déjà, non seulement impossible, mais inconcevable. C'est un « sans commencement » qui commence, un « sans fin » qui finit. On conçoit un monde sans fin qui commence ; on ne conçoit déjà plus un monde qui ne commence ni ne finit ; on ne cherchera pas même à concevoir un monde dont l'essence est la contradiction même et qui, sans commencer ni finir, commence néanmoins et finit.

Voilà pourtant le monde que réclame l'antithèse et elle ne saurait s'en passer, car il répond à une double nécessité : *achevé*, il ne fait qu'un, comme tel, avec le sujet de la thèse, et rend possible la comparaison dont l'antinomie a besoin ; *infini*, il fournit l'attribut qui mettra le monde fini en opposition avec lui-même, et amènera ainsi la déroute de la pensée.

Toute la discussion relative à l'antithèse de la première antinomie peut donc se résumer en quelques mots. C'est l'imagination qui, attachée au sensible, et habituée à y chercher toujours l'au-delà, voit la réalité au delà même des faits et des choses, et crée de toutes pièces son monde infini. La raison pure, nous l'avons vu, l'arrête à chaque pas, conteste chacune de ses affirmations et les réfute. « Vous prêtez au vide une attraction chimérique, au phénomène inerte le pouvoir inexpliqué de se prolonger de lui-même, et quand on vous demande jusqu'où se prolonge ce monde qui, en réalité, n'est prolongé que par vous, vous nous forcez de rentrer dans l'inconcevable, vous faites appel à un infini qui est, non une idée, mais un amalgame d'idées contraires, et qui, pris en son sens strict, serait le scandale de la pensée. »

Le rôle de la raison pure apparaît ainsi nettement, et si sa dialectique choque le préjugé sensible, elle repose sur d'irréfutables raisons.

Sa conclusion, en définitive, est celle-ci : *un monde strictement infini ne saurait se concevoir.*

Seuls sont concevables un monde fini et un monde indéfini qui répondent à des notions intelligibles ; seuls, comme dirait Leibniz, ils sont candidats à l'existence.

Y ont-ils, l'un et l'autre, les mêmes droits ?

Nous ne le pensons pas. La conception d'un monde fini peut se suffire, celle d'un monde indéfini ne se suffit pas.

Un monde indéfini, en effet, ne peut être conçu, en son évolution, que par une succession d'états donnés, et comme tout ce qui est donné suit la loi du fini, chaque état d'un monde indéfini sera nécessairement fini.

Il faut observer également qu'un monde indéfini, s'il est, comme le veut son nom, sans fin, ne peut être, pour l'esprit, sans commencement. Il emprunte donc à la loi du fini l'acte par lequel il se pose, au même titre et avec la même nécessité que tous ses états successifs.

Kant paraît avoir cru que le seul monde concevable est le monde en devenir de l'idéalisme, monde que la pensée crée et développe à chaque instant suivant la loi de progrès qui lui est propre. Une telle opinion prête à des objections graves. Il est évident, d'abord, qu'elle n'est plus soutenable, si l'antinomie, que le philosophe croit prouvée, n'est qu'apparente ; mais à supposer même qu'elle soit démontrée, on ne voit pas qu'un monde, en lui-même et par lui-même progressif, soit plus improbable que le monde de l'idéalisme ; et s'il vaut mieux pour le philosophe expliquer que supprimer, tenir compte des données de la science que s'en affranchir, on accordera qu'un univers où de la semence éparse des nébuleuses naîtraient des soleils est tout aussi admissible qu'un monde où l'esprit les tirerait de lui-même.

Quoi qu'il en soit, la conclusion admise par Kant n'exclut nullement une conception réaliste de l'univers.

Allons plus loin : lorsque pour échapper au fini, le philosophe pose l'indéfini, songe-t-il que le fini, ainsi qu'on vient de le voir, impose, à chaque instant, sa loi à l'indéfini, et qu'il y introduit, par là même, la contradiction ? Dans le point de vue qui est le nôtre, et où fini et indéfini ont leur raison d'être, l'objection ne porte pas ; mais si l'on écarte, ainsi que le fait la Critique, la thèse du donné, comment proposer, sans explications plus précises, une conception qui laisse, dès l'origine et à chaque instant, pénétrer le fini dans le monde même qu'on veut lui soustraire ?

L'auteur de la Critique répondra que, dans la thèse de l'indéfini, qui est la sienne, le donné ne l'est jamais qu'à *tel moment*, mais ce moment est quelconque, et cela suffit. Si, à tout moment réel, possible même, le monde ne peut se concevoir que comme fini, la thèse de la première antinomie demeure intacte, et celle de l'indéfini n'en est plus qu'un cas particulier, celui où le monde donné différerait à chaque instant de lui-même, au lieu de demeurer immobile.

Que le monde, donc, soit stable ou qu'il évolue, et, s'il évolue, que ce soit en lui-même ou seulement dans la pensée, la raison pure ne le concevra jamais, en un moment quelconque, réel ou possible, de sa durée, autrement que fini.

Voilà la conclusion finale qu'elle proposerait, que, selon nous, elle imposerait.

IV

Conséquences de ce premier aperçu sur l'opposition nécessaire des deux fonctions spéculatives de l'esprit.

Le spectacle de cette lutte étrange, nécessaire pourtant, entre deux facultés diversement orientées, est plein de suggestions et révélateur. Élargissons nos vues ; voyons s'il n'est pas possible d'étendre encore les conclusions déjà acquises.

Personne ne prendra pour une rencontre sans importance l'engagement d'un caractère si dramatique que nous venons de décrire : sans doute, le débat, tel qu'il a eu lieu, a été limité strictement à la première antinomie, mais, plus d'une fois déjà, on a pu facilement pressentir que la dualité de tendances contraires, visible au travers de la première antinomie, se laisserait apercevoir sous toutes les autres. Entre la pensée imaginative et la pensée pure, partout l'opposition éclate. L'une exclut l'intuition, l'autre ne peut pas plus se passer d'image que l'organisme humain se passer d'air. Le sensible posé ou supprimé, voilà pour la fonction imaginative la question capitale, l'être ou le non être. Qu'on lui enlève, en la privant du sensible, la seule raison qu'elle ait d'exister, elle se trouve tout à coup dans un milieu irrespirable, et le vide où on la laisse l'atteint dans sa vie profonde aussi mortellement que la contradiction atteint la pensée.

Or, le sensible peut lui manquer de plus d'une façon et à des degrés divers. S'agit-il, non du concept, extrait d'image et qui en garde le dessin, mais de la réalité elle-même, de la *force* ou de *l'action*, par exemple, que la raison pose comme nécessaire, sans la voir, l'imagination ne s'exerce plus que malaisément, et même elle ne peut que vicier une telle donnée en lui prêtant une forme ; mais où elle se trouve absolument désemparée et hors d'elle-même, c'est lorsqu'elle se rencontre face à face, si j'ose dire, avec l'absence totale de l'être, et que tout point d'appui vient à lui manquer.

Bien curieux, en effet, est l'examen de ce qui se passe dans l'imagination, lorsqu'elle perçoit ou croit percevoir ce je ne sais quoi qu'on nomme *néant*. Il lui apparaît d'abord comme une sorte d'être vide, avec l'apparence d'un pouvoir limitatif à l'égard de la réalité qu'il enveloppe ; puis, comme cet être uniforme gêne son jeu et immobilise son activité, elle en fait une sorte de toile déroulée à l'infini et où viennent se fixer toutes les formes sensibles que lui suggère sa faculté de construction.

Telle ne saurait être, telle n'est pas, vis-à-vis du néant, l'attitude de la raison pure. C'est que la raison pure n'est pas un pouvoir de perception et de vision, mais une faculté dialectique. Elle ne se trouve donc jamais, comme la pensée imaginative, contrainte de résoudre l'insoluble problème de voir l'invisible. J'ajoute que loin de trouver dans le néant, comme l'imagination, une négation de sa nature, elle n'y rencontre, lorsqu'elle l'affirme, que la négation toute rationnelle de l'impossible infini. C'est donc pour elle, beaucoup moins une limite, qu'une condition imposée à l'évolution de l'être, retenu, dans l'expansion sans fin qu'on lui prête, par une loi de nécessité intérieure qui le sauve de la contradiction et du néant. — Le néant, dites-vous, représente au moins l'impossibilité de sortir de certaines limites. — Soit, mais cet impossibilité n'existe ni ne saurait exister hors des choses ; c'est dans le système même des choses qu'il faut la placer ; autrement le système ne pourrait lui obéir. — Vous demandez pourquoi la borne ici plutôt que là. — Bien que nous sachions le tout de rien, nous pouvons faire observer que la réponse, dans l'hypothèse de l'évolution, serait facile, et que, si, au contraire, le monde est supposé stable, il se peut que la loi de suprême harmonie qui doit le régir refuse de se dégager d'une multiplicité qui soit *quelconque*. Est-on sûr que, dans le progrès régulier des choses, la quantité puisse prendre telle forme idéale où elle doit atteindre, si le nombre de ses éléments et de ses combinaisons n'est pas rigoureusement défini ?

Toute philosophie, en son développement, doit se résoudre à de pareilles ignorances et hésiter sur les raisons finales d'un ensemble qui, nécessairement, la passe ; mais vouloir sous ce prétexte, et au risque de rencontrer les mêmes ignorances et les mêmes bornes, renoncer aux principes essentiels de la pensée, c'est-à-dire, *à la pensée elle-même*, c'est un grave défaut de méthode, ou plutôt, c'est l'absence de toute méthode.

Quoi qu'il en soit, il paraîtra dès à présent impossible de confondre en une même faculté l'entendement imaginatif et la raison pure. Une forme de la pensée qui ne saurait se passer du sensible est autre chose qu'une forme qui l'écarte de parti pris, et vouloir leur donner à toutes deux le même nom serait étrangement abuser des mots. Sans doute les problèmes que posent les antinomies sont du ressort de la raison pure, mais ils ne présenteraient pas le caractère d'opposition aiguë qui les a rendus fameux si l'une des deux facultés rivales ne s'était glissée dans la discussion sous un nom trompeur.

On ne saurait assez appeler l'attention sur les contradictions sans cesse renaissantes qu'a engendrées, dans nos théories philosophiques, la fondamentale et toujours vivace antinomie de la pensée sensible et de la pensée pure, de l'imagination et de la raison. Il est vrai que sous les divergences de détail, on rencontre souvent dans les systèmes des analogies profondes. On a pu croire même que, vu de très haut, leur ensemble n'est que le développement d'une même idée, et l'on a parlé de philosophie éternelle. Nous ne saurions être dupe de cette conception optimiste. Tant qu'on n'aura pas choisi entre la faculté du concept et celle de l'être, il y aura, comme il y a eu, et nécessairement, deux philosophies éternelles, telles néanmoins que l'une ne diffère de l'autre que par l'opposition radicale des points de vue.

Et rien de plus aisément concevable. S'il est nécessaire de partir du phénomène, accepté par tous, il faut, le phénomène posé, ou le sublimer et l'affiner dans le sens de l'intelligible, c'est-à-dire du sujet, ou fouiller son contenu pour en dégager l'objet. Double, en effet, est le phénomène, dedans et dehors, esprit et réalité externe ; il se prête donc tout naturellement à un double mouvement de la pensée, l'un qui lui imprime, en l'unifiant, la forme du général pour créer la science qui est subjective ; l'autre, qui, par un acte spécial et dont le mécanisme sera ultérie[illegible]ment étudié, s'applique à dégager le facteur même qui s'y est rencontré avec l'esprit, et devient ainsi l'instrument propre de la métaphysique, par définition objective.

Une réserve toutefois s'impose, et nous tenons à la faire tout de suite. Le réel, objet de la métaphysique, est d'abord en nous, sous la forme vive de l'action, et il n'est pas d'esprit réfléchi qui puisse regarder comme vraisemb[illegible] l'action, en son jaillissement spontané, échappe à [illegible]nce. Son témoignage est donc le premier nécessaire [illegible]firmation et à la connaissance de l'être, mais il faut ajouter aussitôt que la méthode de raison pure que nous avons esquissée la justifie et l'étend, parce qu'elle nous montre, au fond de chaque phénomène, l'action qui limite la nôtre, et fonde la réalité hors de nous.

Qu'on nous permette d'user ici d'un schème qui éclairera et complétera ce trop imparfait dessin de l'organisme intellectuel. Soit une double échelle analogue à celle que nous voyons dessinée sur le thermomètre avec un point *o* pour séparer l'une de l'autre. Plaçons en *o* le phénomène, point de départ de toute spéculation ; au-dessus, le progrès qui monte de degré en degré à l'idée pure ; au-dessous, celui qui creuse jusqu'au réel, inaperçu mais nécessaire. Les principaux groupes de sciences y auront leur place marquée : au centre, à la hauteur du phénomène, les sciences de la nature qui vivent dans la demi-réalité des images pour en faire, par voie de généralisation, des pensées qui sont les lois ; plus haut, et dans une sphère moins voisine des faits, la mathématique échelonnant ses conceptions toujours plus abstraites, et par conséquent plus subjectives, de la mécanique rationnelle à l'algèbre, et généralisant encore, généralisant toujours, dans la donnée constante de l'infini et du continu. L'échelle orientée en sens inverse appartiendrait à la métaphysique, qui, au lieu de s'élever, par l'intuition, aux généralités les plus hautes, doit descendre, à la façon du mineur, dans les raisons profondes du phénomène, pour y trouver et en dégager l'activité qu'il enveloppe et passer, de cette activité même, à l'individu où elle se concentre et à la liberté où elle se possède.

Veut-on que cette conception devienne plus sensible, et faut-il la matérialiser encore ? Représentons-nous un corps cristallisé, et pour fixer l'esprit, un cristal de silex, par exemple, avec les vives arêtes de son prisme et de ses deux pyramides opposées ; vous pouvez l'étudier en ce qu'il a d'apparent, c'est l'œuvre du physicien attaché au phénomène ; l'*idéaliser* progressivement jusqu'à n'être plus qu'une forme ou même une formule, c'est la voie que suit le géomètre ; ou le *réaliser* en le ramenant à ses principes élémentaires et constitutifs, qui sont des énergies régulièrement et harmonieusement groupées ; c'est la méthode du métaphysicien.

En cet exemple s'accuse nettement, croyons-nous, la différence capitale des deux procédés essentiels à la pensée. La science généralise plus qu'elle n'explique ; c'est qu'il lui faut, avant tout, dans l'ordre des idées, construire, et que, pour prévoir comme pour construire, généraliser s'impose, mais suffit.

Une telle méthode importée en métaphysique ne peut *a priori* qu'échouer, parce qu'au lieu de pénétrer en profondeur dans l'être, elle demeure à sa surface parmi les images et les concepts, où, même, elle ne songe qu'à effacer les traits individuels, pour atteindre, s'il se peut, l'intelligible pur, mais vide. Que la science en puisse utilement faire usage, rien de plus aisé à concevoir, puisque la science limite elle-même son champ d'action ; mais que la métaphysique doive la suivre dans cette voie, c'est ce qu'on ne nous fera jamais croire, parce que la métaphysique n'a plus le droit alors de faire des réserves qui seraient la suppression de son objet propre, et que, par suite, elle ne peut, d'emblée et sans discussion, faire de l'écorce des choses ce qu'il y a d'essentiel dans les choses, et de la réalité de surface la réalité unique.

Néanmoins ce qui devait se produire historiquement s'est produit. La philosophie longtemps n'apparut que comme une science, et mal définie, à qui suffisait, pour débrouiller le chaos de ses théories contradictoires, l'emploi de méthodes déjà connues ; et lorsque des idées plus exactes se firent jour, lorsqu'on se prit à soupçonner que la métaphysique pouvait bien n'être pas une branche du savoir comme une autre, on ne songea guère à ajuster à un but mieux défini une méthode plus rationnelle. Il arriva seulement que, tout en s'aidant des méthodes courantes, on fut amené à user, d'instinct et sans s'en douter, semble-t-il, de la méthode que nous avons appelée *méthode de raison pure*, et dans la discussion des problèmes, elle rendit à la philosophie les plus signalés services.

A vrai dire, la méthode de raison pure est éternelle comme la raison qui la suggère ; la philosophie grecque en a usé avant la philosophie moderne, et l'on peut dire qu'Aristote, bien avant Leibniz, lui avait demandé ses vues les plus hautes et ses théories les plus durables. Il suffirait de rappeler l'ἀνάγκη στῆναι, qu'il opposait déjà victorieusement à l'affirmation de l'infini et à la philosophie mathématique de son temps ; il suffirait de relire, dans la physique, cette admirable théorie du *continu*, souple, prêt à tout, multipliant ou raréfiant ses éléments sur un signe de la pensée, pure apparence enfin, et sans valeur objective ni pour le métaphysicien, ni même pour le physicien.

Il n'en est pas moins vrai que la méthode imaginative, confinée dans le sujet, et entraînée par ses plus profondes tendances vers un idéalisme qui semble devoir presque toujours aboutir au scepticisme ou au mysticisme, s'est rencontrée toujours, et se rencontre, aujourd'hui encore, comme en champ clos, avec la méthode rationnelle, alliée fidèle du réalisme, où elle garde intact le dépôt d'affirmations transcendantes que la doctrine contraire n'a pu entamer et auxquelles on peut dire que toute la vie humaine est suspendue.

Nous nous retrouvons donc, après quelques explications indispensables, en face de la confusion que nous signalions tout à l'heure, confusion telle qu'il n'est pas, dans l'histoire, de philosophie ou de doctrine où les deux méthodes ne soient mêlées. Pour ne citer que quelques noms, Descartes, en un système d'idées méthodiquement liées, juxtapose au monde imaginatif et mathématique de l'étendue la vive puissance de la volonté affranchie et libre. Leibniz fonde la théorie toute rationnelle de la monade qu'impose, lorsqu'il s'agit du réel, la nécessité d'un arrêt dans la division, sur une idée d'infinité qu'il a empruntée à la science, et il ne trouve l'univers digne de Dieu que s'il lui présente le spectacle d'une richesse sans mesure et sans limites. Kant va jusqu'à opposer avec réflexion et par méthode la raison pure à elle-même, et, après l'avoir, en théorie, exclue du réel, il la charge, en morale, de nous révéler ce que contient le fait incontesté de l'obligation, et d'appuyer de son autorité l'existence d'une liberté et d'une justice qui sont, dans l'ordre des réalités, ce que l'esprit peut concevoir de plus solide et de plus profond.

A l'appui des oppositions que nous signalons, les exemples abondent, ils sont partout. Faut-il s'étonner maintenant qu'en ce perpétuel conflit de méthodes, toutes les tentatives paraissent vouées à l'impuissance, et qu'on s'habitue à n'y plus voir qu'un défilé de conceptions, intéressantes sans doute, mais arbitraires ? Le plus pressé, à l'heure qu'il est, n'est nullement de construire. Il faut savoir renoncer aux élans de l'imagination, aux audaces de la fantaisie, et, par une décision de bon sens, revenir en arrière, étudier de très près à sa base une métaphysique oscillante entre deux points d'appui, et lui laisser, après examen, le plus solide, le seul solide.

Elle prime tout, aujourd'hui, cette question de méthode, toujours écartée et pourtant essentielle, si nous voulons avancer sans recul, et organiser nos conceptions ; nous n'arriverons à descendre du nuage et à prendre pied, pour marcher ensuite d'un pas sûr, que si après avoir examiné impartialement les titres respectifs de la pensée imaginative et de la pensée pure, nous pouvons enfin nous décider pour l'une ou pour l'autre et subordonner l'une à l'autre.

Tel est le problème que vient de poser devant nous la première antinomie, et que nous essaierons de résoudre en examinant d'aussi près que possible le mécanisme des antinomies qu'il nous reste à étudier.

DEUXIÈME ANTINOMIE

LE SIMPLE ET LE COMPOSÉ

> Spatii absoluti partes, quoniam videri nequeunt et ab oculis à se invicem distingui, earum vice adhibemus mensuras sensibiles... nec incommode in rebus humanis; *in philosophicis autem abstrahendum est à sensibus.*
>
> NEWTON (Princ. Math.)

PREMIÈRE PARTIE

DISCUSSION DE L'ANTINOMIE

Nous nous sommes efforcé, dans la précédente étude, de dégager nettement les deux logiques, si différentes, de la pensée sensible et de la pensée pure ; l'une obstinément attachée au phénomène, l'autre résolue à l'écarter, pour ne retenir, sous les noms d'énergie et de force, que ses solides mais invisibles raisons. D'une part, le besoin sans fin de l'au delà dans un progrès où l'image appelle l'image, et l'intuition, l'intuition ; de l'autre, la borne imposée à un ensemble d'êtres et d'événements qui doivent constituer un tout fermé pour que les actions se transmettent, que les mouvements aboutissent, et que les causes, toujours rejetées, ne rétrogradent pas à l'infini derrière leurs effets.

Il ne paraîtra donc pas douteux, à qui aura voulu nous suivre et accepter notre conception fondamentale, que l'infini et le fini tiennent, au-dessus des problèmes qu'agite la métaphysique, deux positions dominantes, et que ces positions ne sont nullement celles qu'on est tenté de leur attribuer lorsqu'on s'en tient à l'opinion commune ou aux spéculations d'une vague éclectisme. L'infini, au sens d'indéfini — car l'infini achevé ne s'entend pas — est étroitement lié, non à l'absolu de l'être, mais au devenir des phénomènes ; le fini, au contraire, qu'on prend si souvent pour un mode inférieur de l'existence, implique avec la stabilité dans le réel, l'achèvement et la perfection. C'est la sphère des causes concrètes, des raisons efficaces, de l'être enfin qui a la force d'être, se pose lui-même et se suffit.

Nous voudrions aujourd'hui, en attendant de généraliser encore, montrer que la seconde antinomie kantienne conduit aux mêmes conclusions que la première. Seul le terrain diffère, bien que l'analogie soit grande entre l'*infiniment grand* de la première et l'*infiniment* petit de la seconde ; mais le drame qui se joue de part et d'autre reste le même : mêmes acteurs, même lutte de pouvoirs intellectuels qui se rencontrent et se heurtent, et où l'on reconnaîtra sans peine la pensée *sensible* et la pensée *pure* [1] ; même irréductible dualité dans leurs points de vue, leurs moyens d'action, leur dialectique tout entière ; même recours aux deux idées fondamentales mais contradictoires du *fini* et de l'*infini*.

I

Critique de la thèse.

Écoutons d'abord la raison pure ; voici la thèse telle qu'elle est présentée dans la Critique.

THÈSE :

« *Toute substance composée dans le monde l'est aussi de parties simples, et partout il n'existe rien de simple ou qui ne soit composé du simple.* »

1. Voir : *Pour la Raison pure ; les Conflits de l'imagination et de la raison*, par F. EVELLIN, Lecture faite à l'Académie des sciences morales et politiques (F. Alcan, 1901), p. 1 à 7.

Preuve :

« En effet, si l'on suppose que les substances composées ne le sont pas de parties simples, alors, toute composition venant à disparaître dans l'esprit, aucune partie composée, et même — puisqu'il n'y a pas de parties simples — aucune partie simple, absolument rien, par conséquent, ne subsisterait ; aucune substance, par conséquent encore, ne serait donnée. Ou bien donc, il est impossible que tout composé disparaisse par la pensée, ou bien, cette composition une fois anéantie par la pensée, quelque chose subsiste encore sans composition, c'est-à-dire quelque chose de simple. Mais, dans le premier cas, le composé ne se formerait pas de substances, parce que la composition n'est, dans ces substances, qu'une relation accidentelle des substances, relation sans laquelle elles devraient exister comme des êtres subsistant par eux-mêmes. Or, comme ce cas contredit la supposition, reste donc le dernier, à savoir que le composé substantiel dans le monde se forme de parties simples. »

« D'où il suit immédiatement que toutes les choses du monde sont des êtres simples ; que la composition n'est que leur état extérieur, et que, bien que nous ne puissions isoler ces substances élémentaires et les soustraire ainsi à leur état d'union, cependant la raison doit les concevoir comme les premiers sujets de toute composition, et, par conséquent, comme des êtres simples avant la composition. »

Telle est l'argumentation de Kant. Ici, pas plus que dans la précédente antinomie, nous n'hésitons à prendre le parti de la raison pure, et, qu'il s'agisse de division ou de multiplication, la thèse du fini, en même temps que la sienne, sera la nôtre. Nous croyons donc que le composé implique le simple, et qu'il faut, si les choses se règlent sur les principes nécessaires de la pensée, qu'il n'existe rien que de simple dans l'univers.

Mais nous doutons que Kant ait mis ici au service de la raison une dialectique suffisamment forte, et il faut d'autant plus le regretter que, nulle part, dans les oppositions d'idées qu'il a signalées, l'antithèse n'est plus troublante, et n'a plus de chance de s'imposer aux esprits captivés par l'intuition.

Remarquons d'abord que le terme de *substance* est, comme nous dirions aujourd'hui, « tendancieux » parce qu'il fait préjuger une solution. Qui dit substance, en effet, dit *être en soi* et *pour soi*; or, on ne conçoit pas qu'un tel être soit, en son essence, multiple, et, s'il ne peut l'être, une *substance composée* doit se résoudre. Écartons donc le mot *substance*, et, dans l'énoncé du problème, mettons à sa place les mots *quantum réel*, *divisible réel*, qui, eux du moins, ne préjugent rien.

Ceci posé, nous croyons pouvoir réduire à l'argument suivant toute la dialectique de la thèse kantienne.

S'il est impossible, sans contradiction, de soutenir qu'un quantum réel se réduit à rien et ne vient de rien, il faut de deux choses l'une : ou que sa composition soit essentielle, ou qu'il se résolve en parties simples ;

Or sa composition n'est pas essentielle ;

Donc il doit se résoudre en parties simples.

Mais comment établir que sa composition n'est pas essentielle, et quelle preuve en donner ? C'est, dit-on, qu'on peut la supprimer par la pensée. Nous répondons qu'on n'a ce droit que si on la suppose accidentelle, et c'est justement ce qu'on ne peut faire sans supposer ce qui est en question.

Descartes et, après lui, toute son école dont les ramifications furent si nombreuses, crut que le divisible réel qu'on nomme matière est essentiellement composé. Comment soutenir, après cela, que la thèse du composé essentiel est inconcevable, et, si elle se conçoit, comment l'écarter sans discussion ?

Aujourd'hui même, mis en face de la thèse de la seconde antinomie, un partisan de la continuité matérielle ne manquerait pas de faire observer que lorsqu'on parle de « supprimer par la pensée toute composition », c'est qu'on se dit, sans en prendre nettement conscience, que le composé peut se dissoudre, et l'on ne fait cette supposition que parce qu'on sort, sans y prendre garde, de l'hypothèse où l'on entendait se placer.

Aussi bien le problème se pose-t-il maintenant de telle sorte qu'il faut choisir, en ce qui concerne la composition de la matière, entre l'hypothèse mathématique et l'hypothèse physique. Dans la première, l'étendue impose sa loi à la matière qui partage dès lors son apparente divisibilité à l'infini ; dans la seconde, c'est la matière qui impose sa loi à l'étendue, et tend à y créer, avec une poussière d'éléments intelligibles, une sorte d'atomisme idéal. Entre ces deux doctrines nous n'entendons pas, dès maintenant, prendre parti, mais nous demandons s'il est possible de soutenir, surtout lorsqu'on est décidé à écarter la seconde, que la première ne mérite pas qu'on s'y arrête, et que l'évidence est à ce point contre elle qu'on peut regarder sa négation comme une vérité absolue, incontestable, une sorte de principe supérieur à tout examen.

En vain Kant insiste-t-il sur le pouvoir d'abstraction que possède l'esprit, et qui lui permet d'écarter de la considération d'un objet certaines circonstances qui, dans la réalité, l'accompagnent ; il est trop aisé de répondre que l'opération ne se justifie qu'au cas où les circonstances dont on parle sont accidentelles. Si elles font partie intégrante de l'objet, si elles sont constitutives de son essence, vouloir les supprimer c'est introduire la contradiction dans la nature qu'on observe, et la présenter à l'esprit comme intacte à la fois et mutilée et, par suite, comme semblable et dissemblable à elle-même.

Il est d'ailleurs visible, au premier regard, que Kant, dans la démonstration de sa thèse, n'est pas sans inquiétude sur la valeur de l'affirmation qui lui sert de base. « Si toute composition disparaît de l'esprit... », dit-il un peu timidement. Soit, en ce cas la preuve est faite, mais il n'y a là, en attendant, qu'une hypothèse. Kant poursuit : « Ou bien donc il est impossible que tout composé disparaisse pour la pensée, ou bien cette composition une fois anéantie par la pensée, quelque chose subsiste encore sans composition, c'est-à-dire quelque chose de simple. » Le dilemme n'embarrassera nullement un partisan décidé de l'antithèse ; il choisira, sans hésiter, la première alternative, affirmera l'impossibilité radicale de la suppression qu'on propose, et demandera, avec tous les métaphysiciens qui prennent l'imagination pour guide, si l'on se représente clairement, en cette dissolution du multiple étendu, l'élément qu'on croit pouvoir retenir et qui fuit toujours.

Il ne reste plus à Kant, semble-t-il, que la ressource de se retrancher derrière l'idée de substance pour battre en brèche la composition, selon lui accidentelle. « La composition, écrit-il, n'est dans le tout formé par les substances qu'une relation accidentelle des substances, relations sans lesquelles elles devraient exister comme des êtres subsistant par eux-mêmes. » Qu'est-ce à dire sinon que les *éléments* du *quantum* qu'il convient à Kant d'appeler *substances*, ont droit, de par ce nom même, gratuitement imposé, à une existence séparée et à une vie individuelle ? Il est, certes, possible qu'il y ait des substances simples ; il est même infiniment probable que rien d'autre n'existe dans l'univers ; encore faut-il le prouver, et, pour le prouver, démontrer, ce qu'on n'a pas fait jusqu'à présent, que la composition n'est pas essentielle au quantum réel, et que l'esprit peut légitimement et rationnellement la dissoudre.

On s'étonne que, pour justifier son affirmation, Kant n'ait pas songé à s'emprunter à lui-même l'argument aussi simple que décisif qu'il avait présenté dans la première antinomie. Le fond du débat,, qu'on veuille bien y réfléchir, n'a pas changé ; c'est donc toujours l'impossibilité de l'infini achevé qui doit fournir la conclusion, et voici, selon nous, avec les transpositions nécessaires, la forme que pourrait revêtir cette impossibilité dans l'infiniment petit.

Si la composition est essentielle au quantum réel, au quantum donné et achevé, jamais ne se rencontrera, dans la série des subdivisions de ce quantum, le simple ou indivisible qui seul peut y mettre un terme, et, dans ce cas, la série ne sera ni finie, puisque rien ne la limite, ni indéfinie, puisque, au moment où on la considère, elle est achevée ; reste qu'elle soit infinie, c'est-à-dire, dans la stricte signification de ce terme, achevée et inachevable, ce qui est absurde. La composition n'est donc pas essentielle au quantum réel qui, dès lors, ne saurait se laisser subdiviser à l'infini.

Mais si ce quantum ne se laisse pas subdiviser à l'infini, il existe, dans la série de ses subdivisions, des composés derniers, et, s'il existe des composés derniers, il faut qu'il existe aussi des composants indivisibles, parce que les composés derniers qui, comme composés, doivent se résoudre, ne peuvent plus maintenant se résoudre, ainsi que les autres, en composés nouveaux.

Disons donc que les derniers composants d'un divisible réel ne peuvent être pour la raison qu'absolument simples et élémentaires, et ajoutons avec Kant qui, dans la donnée de sa thèse, doit se rencontrer ici avec Leibniz, que dans le monde, il n'existe et ne saurait exister que des unités ou *monades*, car si les premiers composés sont formés, à l'origine, d'éléments simples, un composé quelconque, dans la série des accroissements ultérieurs de la quantité, enveloppera, en même temps que les composés qui le précèdent et l'ont engendré, tous les éléments simples en qui finalement ils se résolvent comme en leur unique et définitive raison d'être.

C'est ainsi que dans une somme d'unités abstraites, celle qui représente le nombre 100, par exemple, on peut considérer des groupes de 10 unités au nombre de 10, de 5 unités au nombre de 20, de 2 unités au nombre de 50, mais qu'on devra toujours ramener ces groupes, si l'on veut aller au bout de l'analyse, aux unités primordiales qui les constituent et sans lesquelles il serait impossible ni de les former ni même de les concevoir.

Peut-être objectera-t-on maintenant que l'*un* n'est pas le *multiple*, pas plus que *l'inétendu*, *l'étendu*, et que si nous essayons de faire sortir l'un de l'autre, nous allons trouver devant nous, à notre tour, le principe de contradiction qui, peut-être aussi, nous barrera le chemin, en affirmant contre nous, selon la sagesse des vieux philosophes grecs, que « le contraire n'engendre pas son contraire » ; mais le moment n'est pas venu de cette controverse ; faisons seulement remarquer, en attendant que le cours de la discussion nous y conduise, qu'une telle opposition n'est qu'apparente, et que c'est non la raison qui s'étonne ici et s'inquiète, mais la pensée imaginative, impuissante à se séparer du sensible. Celle-ci accepte à la rigueur le rapport du *multiple* créé à l'*un* qui le crée, parce que, pour elle, l'*un* lui-même, devenu sensible et relatif, est encore multiple, partant acceptable, mais elle se refuse à réduire l'*étendu* à l'*inétendu* parce que l'inétendu est rebelle à la division, parce qu'il ne se touche ni ne se voit, et que, ne pouvant le fixer sous son regard, l'imagination passe outre et l'ignore [1].

Cependant la raison pure, moins préoccupée d'un simple désir subjectif que de l'intérêt profond de la pensée, pourrait répondre dès maintenant que le rapport de l'*étendu* à l'*inétendu* n'est autre que celui du composé au simple, et que le simple, toujours ajourné par la faculté imaginative, ne saurait être rejeté à l'infini, sous peine de rendre impossible cette composition même dont il semble qu'on ne puisse se détacher.

Sans doute, par delà ces oppositions, apparaît déjà et se dessine un débat plus grave : celui du *discontinu* et du *continu* ; mais on ne saurait l'aborder utilement que dans l'antithèse kantienne dont l'examen nous permettra de mieux comprendre la nature et de mieux mesurer aussi l'acuité du conflit.

Retenons cependant de cette étude sur la thèse de la seconde antinomie qu'à l'origine et au terme de tout composé, il faut, si l'on se conforme à la stricte logique de la raison pure, admettre une unité à la fois première et dernière : première, lorsque l'on compose, dernière, lorsque l'on divise, car ici, comme en tout ordre de spéculation, l'analyse et la synthèse doivent se correspondre et se confirmer. De l'infini rien ne vient, car la distance est infranchissable de ses abîmes sans fond à un commencement quelconque, et seul ce qui commence d'être peut se répéter lui-même pour former le multiple et entrer dans des composés ou dans des touts.

1. *Pour la Raison pure*, p. 9-16.

II

Critique de l'antithèse; Dualité de l'espace; l'espace sensible implique et recouvre l'espace réel.

Abordons l'examen plus intéressant, au double point de vue de la philosophie et de la science, mais aussi plus complexe et plus laborieux, de l'antithèse kantienne. Comme la thèse, on le sait, son auteur l'attribue à une raison divisée en elle-même et antinomique. Nous voulons, tout au contraire, rendre sensible en chacun de ses détails le caractère purement imaginatif de l'argument qui va suivre, et montrer que c'est ce caractère qui fait sa physionomie propre, et l'oppose, trait pour trait, à la thèse que nous venons d'étudier.

Antithèse.

Aucune chose composée dans le monde ne l'est de parties simples et, nulle part, il n'existe rien de simple.

« Supposons qu'une chose composée le soit de parties simples. Comme tout rapport extérieur, par conséquent aussi toute composition de substances n'est possible que dans l'espace, il s'ensuit que le nombre des parties du composé est égal au nombre des parties de l'espace qu'il occupe ; or l'espace ne se compose pas de parties simples, mais d'espaces ; par conséquent, chaque partie d'un composé doit occuper un espace. Mais les parties absolument premières d'un composé sont simples, par conséquent le simple occupe un espace. Or, puisque tout réel qui occupe un espace comprend en lui une diversité dont les éléments sont en dehors les uns des autres, il est par le fait composé, et même, en tant que composé réel, il ne se compose pas d'accidents — car les accidents ne peuvent être extérieurs entre eux sans substances — mais bien de substances. Le simple serait donc alors un composé substantiel ; ce qui est contradictoire[1]. »

1. Nous détachons ici de l'antithèse toute sa seconde partie qui

On nous permettra de préciser, et, comme eût pu le faire un scolastique, de « mettre en forme » l'argumentation de Kant. Elle tient tout entière dans le syllogisme suivant :

Si le quantum réel est dans l'espace, et que l'espace se divise en espaces toujours divisibles, il faut que le quantum réel se divise et se subdivise sans fin.

Or le quantum réel est dans l'espace, et l'espace se divise en espaces toujours divisibles.

Il faut donc que le quantum réel se divise et se subdivise sans fin.

Une telle conclusion suffirait évidemment à créer l'antinomie, car le quantum réel ne peut à la fois se résoudre en éléments dans la thèse et se diviser toujours dans l'antithèse ; mais l'opposition d'idées se marque davantage encore et paraît plus saisissante, si, descendant les deux séries divisibles, l'une réelle, l'autre spatiale, on montre qu'au moment où la première aboutit à l'indivisible, la seconde

vise, pour le nier, non plus le simple dans le composé où il entre, mais le simple isolément pris et vivant d'une vie à part comme l'âme humaine. Il y a là un problème de psychologie auquel nous ne saurions toucher de façon incidente et en passant, parce qu'il tient aux racines mêmes de la philosophie kantienne. Rien, d'après l'auteur de la Critique, n'a d'objectivité réelle que ce qui tombe sous la double loi du temps et de l'espace. Il est visible qu'une telle affirmation, si elle était prouvée, exclurait de la réalité, en même temps que l'âme humaine, la pensée et le vouloir, totalement étrangers à l'étendue ; mais on peut établir, contre Kant, que la réalité de l'objet dans l'intuition sensible, loin d'être la seule, ainsi qu'il le croit, n'est à y regarder d'un peu près qu'une réalité relative et dérivée. Le philosophe est dupe d'une illusion ; oublieux des profondes énergies de l'âme, et devenu, en quelque sorte, extérieur à lui-même, il ne peut plus se voir que derrière un voile d'événements, et en ces points seulement de sa surface intellectuelle où, toute action du dedans et du dehors venant expirer, il ne reste plus sous le regard que l'état inerte qui en résulte ; phénomène saisissable, sans doute, mais éteint, visible mais infidèle expression de l'être invisible et de la vie. On peut dire que la philosophie de Kant, attachée surtout au point de vue scientifique, est, plus qu'aucune autre, la philosophie du représenté et du sensible. Rien n'est pour elle que ce que révèle l'expérience, garantie unique de la certitude. Encore refuse-t-elle une valeur objective quelconque à toute autre expérience qu'à celle des sens. A ce point de vue et sur ce terrain, Kant nous paraît plus loin de la vérité et moins *intérieur* que ces philosophes anglais contemporains dont les analyses franchement psychologiques font demeure encore ouverte à la division. Le défaut de correspondance s'accuse alors et éclate. Le simple occupe un lieu étendu, et s'il l'occupe, il est divisible, en dépit de la thèse qui garantit sa simplicité absolue et en quelque sorte malgré lui.

Telle est l'étrange contradiction en face de laquelle nous place la logique de l'antinomie. On nous rendra ce témoignage que nous ne cherchons pas à en atténuer la portée. Il faut remarquer, en effet, qu'il s'agit bien, dans la thèse et dans l'antithèse, du même composé. Réel ici et là, il résiste ou ne résiste pas à la division selon les modes d'argumentation qu'on emploie, et il semble que, de part et d'autre, l'argumentation soit serrée, précise, irrésistible.

Pourtant, à considérer d'un peu plus près ce duel d'idées, un doute ne tarde pas à surgir dans l'esprit, et nous sommes

contraste avec la philosophie, étroite à sa base et comme figée en ses formules, du grand critique allemand.

Voici, d'ailleurs, la traduction de la partie psychologique de l'antithèse kantienne dans la seconde antinomie.

« La seconde proposition de l'antithèse : « dans le monde il « n'existe rien de simple », doit s'entendre ici en ce sens seulement que l'existence de l'absolument simple ne peut être prouvée par aucune expérience de perception, ni externe, ni interne, mais que ce n'est qu'une pure idée dont la réalité objective ne peut jamais être présentée dans une expérience possible, par conséquent, dans l'exposition des phénomènes, sans application et sans objet. Car, si nous supposons qu'il puisse y avoir pour cette idée transcendante un objet de l'expérience, l'intuition empirique d'un objet devrait donc être alors comme une intuition qui ne renfermerait absolument aucune diversité, et dont les parties extérieures les unes aux autres seraient réduites à l'unité. Or comme on ne peut pas conclure de la non-conscience d'une telle diversité à son impossibilité absolue dans l'intuition de l'objet, et comme cette conclusion est cependant nécessaire pour pouvoir affirmer la simplicité absolue, il suit que cette simplicité ne peut être conclue d'aucune observation quelle qu'elle soit. Et puisqu'alors quelque chose ne peut être donné comme absolument simple dans une expérience possible, mais que le monde sensible doit être considéré comme l'ensemble de toutes les expériences possibles, rien de simple n'est donc donné en lui.

« Cette seconde proposition de l'antithèse va beaucoup plus loin que la première ; celle-ci ne bannit le simple que de l'intuition du composé, celle-ci l'exclut de toute la nature. C'est pourquoi elle n'a pu être démontrée par l'idée d'un objet donné de l'intuition extérieure (du composé), mais par son rapport à une expérience possible en général. »

amenés peu à peu à croire qu'entre les deux dialectiques rivales la partie n'est pas aussi égale qu'elle le paraît tout d'abord. Notons, en premier lieu, que c'est le seul examen de sa nature propre qui permet de conclure, dans la thèse, que le composé réel doit s'épuiser ; l'antithèse, au contraire, introduit dans le problème un élément nouveau lorsqu'elle place le composé dans l'espace ; et c'est pour cela peut-être, et pour cela seulement, qu'il apparaît alors divisible à l'infini.

On peut répondre, à la vérité, que la considération de l'espace n'ajoute rien effectivement à la notion du composé tel que le présente la thèse ; que ce composé, dès qu'on le donne, implique l'étendue, et que c'est une simple analyse que nous faisons lorsque nous le plaçons dans l'espace. Si large et si discutable que soit une pareille concession, admettons qu'en ce cas aucun acte synthétique ne s'est produit. Reste à savoir si l'espace où nous plaçons le composé est *en tout état de cause et nécessairement divisible à l'infini*. Kant l'affirme sans le prouver. Pour rendre son affirmation plausible, il lui eût fallu démontrer, tout d'abord, que le seul espace concevable est l'espace imaginatif ou géométrique. Or, il ne l'essaie même pas. Là est pourtant toute la question, et voici, dès lors, le dilemme qu'il est permis de lui opposer :

Ou la divisibilité de l'espace n'est qualifiée d'infinie qu'avec restriction et sous réserve, celle d'une *limite*, par exemple [1], et alors on ne peut plus soutenir que la divisibilité à l'infini de l'espace soit absolument et rigoureusement démontrée. Il est clair, en effet, que, là où pénètre l'idée de limite, le fini y entre avec elle. L'infini qu'on nous propose n'est donc qu'un infini d'apparence ou de surface, un infini fictif, infini pour nous, non en soi. *Or c'est en lui-même, c'est objectivement que l'infini doit être tel pour que l'antithèse puisse se soutenir*. Si la division, de façon ou d'autre, ici ou là,

1. C'est ainsi que, dans l'*Achille*, les deux séries qui répondent aux portions de l'espace parcourues par les deux mobiles, ont, bien qu'infinies en apparence, une limite ou un terme qui est précisément le point où les mobiles se rencontrent. Un progrès qui se termine ne saurait être rigoureusement infini ; c'est l'évidence même.

sans que nous puissions savoir où ni comment, rencontre un terme, il suffit ; l'infinie divisibilité n'est plus qu'illusoire et par cela même l'antithèse tombe.

Ou, au contraire, on croit pouvoir affirmer, en toute rigueur, que l'espace est toujours divisible, et alors une distinction devient nécessaire. Autre, en effet, est l'espace qu'il semble qu'on puisse, à volonté, faire croître ou décroître, et autre, l'espace défini et déterminé en ses parties qu'occupe un corps lorsque ses éléments coexistent sans intervalles.

Le premier peut être revendiqué par le géomètre qui, dans l'intérêt de ses constructions et de ses calculs, se donne volontiers l'illusion d'une divisibilité sans limites. Il appartient à l'imagination et n'obéit qu'à son appel, toujours prêt à lui fournir le sensible étendu où elle se meut ; le second est l'œuvre du physicien qui, plus près de la réalité et continuellement tourné vers elle, ne veut voir l'espace que modelé sur les choses et ajusté à ce qu'il peut contenir.

Pour le géomètre, une portion d'étendue est la souplesse et la mobilité mêmes ; pour le physicien, c'est le lieu exact du corps qui s'y adapte, et qui y trouvera toujours sa place, s'il ne s'est pas lui-même modifié ; on n'y peut plus admettre ni croissance ni décroissance, ni expansion, ni contraction. Un tel espace est rigide, immobile.

Et maintenant comment confondre deux conceptions si différentes ? Lorsque Kant affirme la divisibilité à l'infini de l'espace, il n'a en vue, évidemment, que l'espace qu'on imagine, et sa pensée n'évolue que dans le possible, avec ce qu'il comporte d'interminé et d'arbitraire ; mais l'espace réel, l'espace que chacun de nous occupe et où il se meut, ne peut être, à chaque instant, que tel ou tel, selon le volume du corps qu'on y considère, et, par suite, il ne se conçoit plus que comme déterminé en lui-même et comme fini. Dans l'hypothèse contraire, en effet, comment épuiser la plus petite de ses fractions ? Quel moyen aurions-nous de nous y mouvoir, d'y avancer ou d'y reculer ?

La distinction qui s'impose ici est, d'ailleurs, toute naturelle. Qu'on fasse de l'espace un *a priori* ou un *a posteriori*, un *cadre* ou un *décalque*, on ne saurait l'y soustraire. *Cadre*, se ressemblera-t-il à lui-même, s'il doit s'ajuster, dans l'expérience, à l'intuition d'un continu uniforme, ou se prêter, dans la réalité, à la multiple individualité de l'élément? *Décalque*, donnera-t-il lieu à une conception identique, s'il a été emprunté aux formes étendues parmi lesquelles nous vivons, ou à ces unités sans dimensions que la raison pure place à l'origine comme au terme des composés ?

L'espace sensible répond à l'apparence ; au réel, il faut que réponde, proportionné à lui, modelé sur lui, *l'espace réel.* Confondre ces deux points de vue, c'est s'engager dans un problème insoluble et condamner la raison à n'en pas sortir indemne. Étranges vicissitudes que celles de la pensée philosophique, et qu'à certaines époques elle semble se désintéresser des grandes lignes de la méthode ! Nous nous épuisons, depuis des siècles, à chercher le réel sous le sensible, et quand nous croyons l'avoir trouvé, action ou force, nous nous empressons de lui donner pour réceptacle une forme d'espace qui, précisément parce qu'elle est adaptée au sensible, exclut le réel. Étonnons-nous, après cela, de rencontrer sur notre chemin l'antinomie inévitable, l'antinomie que nous avons créée nous-mêmes !

Il faut, c'est l'évidence même, ou tout réduire au sensible continu, et se contenter alors de la forme d'espace continu qui lui convient, ou expliquer le sensible par le réel, et concevoir pour la réalité qu'on introduit dans le problème, un cadre d'espace nouveau qui s'y ajuste.

Aidons-nous d'une comparaison : je suppose un spectateur placé en face de points lumineux qu'il n'aperçoit que de loin et sous la forme d'une ligne de lumière. Va-t-il soutenir qu'aucun de ces points, dont on lui parle et qu'il ne peut voir, n'a le droit d'exister, et cela sous le prétexte que toute longueur prise sur la ligne lumineuse, quelque petite qu'on l'imagine, le déborderait toujours? S'il raisonnait ainsi, il serait facile de lui expliquer que la continuité de la ligne qu'il aperçoit n'est qu'apparence, que cette continuité ne vaut et n'est utile que dans le sensible, qu'elle recouvre une discontinuité réelle qui l'explique, et qu'en cette discontinuité, la place du point lumineux ne peut être, pour la raison, qu'inétendue comme lui. C'est par ces considérations et d'autres semblables qu'on essaierait de lever pour lui une opposition toute naturelle et même nécessaire entre ce qui paraît et ce qui est.

Mais, dans une telle hypothèse, objecterait sans doute notre spectateur, les points lumineux sont séparés, tandis que les éléments de l'espace réel sont, d'après vous, contigus. Nous n'en disconvenons pas, et c'est par là, évidemment, que la comparaison cloche. Mettons donc de côté les symboles, et serrons de plus près la réalité.

Soit une ligne composée d'éléments dynamiques juxtaposés sans intervalle [1]. A nos sens imparfaits elle apparaîtra continue, et cependant ses parties élémentaires n'en seront pas moins distinctes, parce que, si l'hypothèse qu'on vient de faire les juxtapose, leur pouvoir de réaction les empêche de se pénétrer et de se confondre.

Ainsi s'expliquent, à des points de vue divers, la *continuité* géométrique et la *contiguïté* physique.

J'imagine maintenant un mobile que, pour plus de simplicité, je suppose indivisible, mais qu'on peut étendre en longueur comme un minuscule bâtonnet, à la condition de ne considérer en lui que le point par où le mouvement doit commencer et auquel, évidemment, est suspendu tout le problème.

Le mobile, ainsi défini, peut se poser, lui ou son extrémité antérieure, car il y aura alors exacte coïncidence, sur l'élément dynamique *a* qui marque l'origine de la ligne, puis, successivement, sur les éléments dynamiques *b*, *c*, *d*, *e*, *f*, qui la constituent. Il paraîtra alors qu'il trace, comme à la craie, une ligne en tout semblable à la ligne dynamique qui le soutient et qu'il parcourt, avec cette seule différence que les éléments de la ligne nouvelle n'auront plus, comme les premiers, la force d'être, *la vertu essentielle d'agir et de réagir*.

1. Nous ne doutons pas que le lecteur ramène aisément au cas que nous envisageons et qui est le plus simple, le cas où l'on supposerait des intervalles, ces intervalles devant être précis et définis.

Et maintenant, quelle idée faut-il se faire de la ligne ainsi tracée ? Ce n'est, certes, pas une ligne *dynamique* puisqu'elle est vide d'énergie ; ce n'est pas davantage une ligne *imaginative*, purement abstraite et idéale. On peut l'appeler *réelle*, et elle l'est en ce sens, au moins, que le réel qu'elle côtoie et à qui elle est assujettie, lui impose nécessairement ses exigences. Qu'on la compare, en effet, à la ligne dynamique dont elle est issue : même longueur de part et d'autre, et aussi même mode de génération, même nombre de parties constitutives ; j'ajoute que ces parties ont emprunté aux parties dont elles sont le décalque une sorte d'*impénétrabilité relative*, et qu'incapables d'agir ou de réagir sur des termes extérieurs, elles maintiennent, du moins, leur individualité propre, en refusant de se pénétrer les unes les autres et de se confondre.

Ceci posé, la ligne que nous appelons *réelle* ne peut se concevoir que comme le total des longueurs minimes qui la composent, ou, pour aller jusqu'au bout de notre pensée, des éléments en qui les longueurs minimes doivent elles-mêmes se résoudre. Il y a donc place chez elle pour toute ligne dynamique qui n'excédera pas le nombre de ses parties ; une ligne dynamique plus longue la déborderait nécessairement, parce que la ligne réelle, différente en cela de la ligne imaginative, est rigide en ses éléments et ne se dilate pas [1].

Généralisons, et de la ligne dynamique passons à un composé dynamique quelconque. Tout corps, qu'il s'agisse de matière organique ou de matière brute, a un volume qui est le sien propre, et ne saurait, pas plus que lui-même, diminuer ou grandir. Seul peut diminuer ou grandir, au gré de

1. Il n'est qu'une unité de mesure qui soit fixe à la fois et absolue : celle du *minimum de longueur attaché à la coexistence d'éléments contigus*. Imaginons que la terre et tout ce qu'elle porte double soudain de volume ; le rapport des grandeurs ainsi dilatées restant le même, nous serions probablement dupes de l'apparence, mais il est clair qu'en ce changement les minimes longueurs seraient demeurées identiques, et que le nombre d'unités de mesure, par exemple, qui séparent le centre de la terre de celui de la lune ou du soleil n'aurait absolument pas varié. Ainsi, et ainsi seulement, la science serait affranchie du mobile et du relatif.

l'imagination, ce que ne détermine et ne fixe plus la réalité.

Peut-être saisit-on mieux maintenant notre pensée, et voit-on plus clairement que l'espace, selon le point de vue d'où on le considère, se dédouble. Pris du dehors et abstraction faite de l'être, il se montre continu et infini ; en lui-même et comme lieu de la réalité[1] il ne peut plus être qu'une multiplicité de contigus définis en nombre.

Et l'un ne peut se passer de l'autre ; l'un recouvre l'autre, comme le phénomène la réalité, comme, tout à l'heure, la ligne de lumière les points lumineux, ou, pour en parler plus exactement, comme la ligne résistante du physicien, les unités de résistance juxtaposées sans intervalle.

Or, pour résoudre l'antinomie, telle que l'a présentée Kant, il suffit précisément de supposer, au-dessous de l'espace qu'aperçoivent nos yeux, un espace formé non plus de composés sensibles, mais de parties simples, un espace tissé d'unités élémentaires, comme pourrait l'être une trame, d'indivisibles fils.

Cet espace est l'*espace réel*, l'*espace fini* .

Hypothèse, va-t-on dire. — Hypothèse, soit, à condition qu'on laisse à ce terme toute sa valeur. Nous ne demandons, pour le moment, rien de plus. S'il est seulement permis de supposer un espace autre que l'espace sensible, l'antinomie n'est plus rigoureusement établie, puisqu'on y a omis un élément de solution, et, si l'antinomie n'est plus rigoureusement établie, elle n'existe plus.

Vraisemblablement, on insistera : — L'espace réel est moins qu'une hypothèse, c'est une chimère. — Et la preuve ?

1. On remarquera que c'est précisément comme *lieu de la réalité* que Kant conçoit l'espace dans l'antinomie ; il ne peut donc lui attribuer la divisibilité sans fin.

2. Sans doute il est difficile de concevoir la disposition des parties élémentaires et comme la *ponctuation* intérieure dans un tel espace. Peut-être ne se trouve-t-il rien, dans le lieu réel, qui soit absolument régulier ou symétrique, peut-être même les tracés y sont-ils aussi capricieux que complexes ; mais de là à conclure que l'idée d'une possibilité prédéterminée de parties y soit illusoire, il y a loin. *On ne saurait nier, dans le composé physique, les rapports précis et les groupements définis d'atomes. Comment donc tenir pour impossible, dans le décalque, ce dont on a affirmé l'existence, dans la réalité substantielle de l'original ?*

Nous ne le jugeons tel, sans doute, que parce que l'espace sensible est le seul qui se déploie sous nos regards, et apparaît comme étalé à l'infini devant nous. — Il est inconcevable. — Dites plutôt inimaginable, et alors qu'importe? Faut-il donc croire que seul peut exister ce que l'imagination se figure, et allons-nous, par exemple, nier la contiguïté des éléments sous le prétexte qu'elle est irréprésentable? Mais si elle se représentait, nous sortirions de l'hypothèse et nous serions rejetés dans l'apparence. Le géomètre peut exclure une telle conception de sa donnée imaginative, bien qu'il soit permis de soutenir que l'idée qu'il se fait du mouvement paraisse en certains cas l'impliquer, mais il n'a point à imposer sa loi dans un milieu qui n'est pas le sien, et refuser au réel ce que le sensible refuse pour l'unique raison que le sensible le refuse, c'est supposer l'unité de l'espace, qui est précisément la chose en question.

— L'espace réel, dit-on encore, manque de mobilité et de souplesse. — Nous n'y contredisons pas et nous savons que les parties qu'on y peut considérer se refusent à un contenu indéfini; mais quoi de plus rationnel s'il s'agit d'une forme d'espace conçue en vue du réel et ajustée à ses exigences? Il est clair qu'on n'y saurait multiplier, au gré de l'imagination, les places à prendre, et ce n'est que dans le pur intelligible, ou plutôt en rêve, qu'on oserait affirmer que le volume occupé par une goutte d'eau puisse suffire à un océan. L'espace réel est incompressible, et il doit l'être.

C'est une objection analogue qu'on fait souvent lorsqu'on dit que l'espace réel est impropre au calcul. — Au calcul relatif, sans doute, et le contraire serait inexplicable, puisque l'élément est posé comme absolu; mais le calcul relatif, le calcul qui est le nôtre, n'est qu'un calcul imparfait où entrent à la fois et comme à doses égales le connu et l'inconnu; le connu, puisque nous créons nous-mêmes à notre usage des unités de mesures dont les dimensions sont évaluées approximativement, sinon exactement définies; l'inconnu, puisque les éléments de ces unités collectives et artificielles nous échappent et nous échapperont toujours. Si le monde, ainsi que le voulait l'auteur de la Monadologie, est formé d'unités indivisibles, le monde est réellement un *nombre, nombre certain et défini*, dont seul a le secret celui qui mérite seul le nom de calculateur, parce qu'il l'a conçu et réalisé.

Mais pénétrons plus avant dans le problème, et pour savoir plus sûrement ce qu'il faut penser de la possibilité d'un espace réel, cherchons à préciser le sens qu'il convient d'attacher à l'idée d'espace, très nette en apparence, mais, parce qu'elle est usuelle, flottante et mal définie.

On s'imagine assez souvent, tant l'esprit humain est porté à réaliser des abstractions, que l'espace possède, en lui-même et indépendamment du concept que nous nous en faisons, une sorte de vague existence, subtile, impalpable, partout diffuse. C'est un milieu, et un milieu non point idéal, comme il le faudrait, mais réel et analogue à l'eau, à l'air, à la matière raffinée et presque idéalisée de l'éther. On lui prête alors des déterminations d'un caractère objectif, forme, rayon de courbure, etc., et ces déterminations une fois posées doivent demeurer, pense-t-on, immuablement attachées à son essence. Un milieu comme l'eau, comme l'air, étant, en effet, ce qu'il est, ne saurait, au gré de la pensée imaginative, changer de nature et devenir autre que soi. Ainsi de l'espace. Il a ses lois, ses propriétés, son mode d'existence ; il s'appartient, et comme nous croyons le percevoir, sous sa forme sensible, tel qu'il est, nous nous refusons le droit d'imaginer à côté de lui, un espace nouveau, un espace créé de toutes pièces avec des attributs différents des siens, et qui même le contredirait partiellement.

Tel est le point de vue où l'on se place, sans qu'on s'en rende compte, lorsqu'on traite de chimérique un espace autre que l'espace imaginatif avec sa continuité nécessaire et sa divisibilité sans fin. Il semble alors que l'espace qui a pour lui le témoignage positif des sens et la possession immémoriale subit une véritable tentative d'usurpation ; et il paraît naturel qu'il réagisse, au nom de son individualité propre, contre la violence que voudraient lui faire des attributs étrangers et importés du dehors.

La vérité que nous allons demander à l'analyse est bien

différente. Et d'abord, il est certain, et pour d'élémentaires raisons, que l'espace n'existe point au même titre et de la même existence que les réalités qu'il enveloppe ou peut envelopper. Une telle existence, en effet, exigerait, à son tour, une place pour la contenir, et cette place, qu'on recule encore ou qu'on s'arrête, ne serait, en définitive, autre que l'espace lui-même, vase et réceptacle de l'être, privé d'être néanmoins, et impuissant à se poser seul.

Disons donc que l'espace, à analyser exactement, n'est qu'une *conception de la pensée*. Encore faut-il ajouter que cette conception est presque tout entière négative, parce qu'elle ne s'entend bien, on le verra, et ne peut, en conséquence, se définir que par le *manque* ou la *privation*.

Deux éléments idéaux, en effet, entrent et s'unissent dans la notion totale d'espace : l'*ordre* et la *pénétrabilité*. Concevez, avec Leibniz, un *ordre* donné de coexistences : imaginez des termes d'autant plus voisins et proches du contact, c'est-à-dire de l'action immédiate, que les termes qui les séparent sont moins nombreux ; vous aurez la notion d'espace, à une condition toutefois : c'est que les termes ainsi comparés ne soient qu'idéaux, et par suite absolument *pénétrables*. Dans le cas où cette condition manquerait, il est clair que nous nous trouverions en face d'un quantum réel, et non du réceptacle qui le contient et qui est, répétons-le, d'ordre purement intelligible.

Des *coexistences vides d'être*, des *places en nombre fini* ou *indéfini*, *déterminé* ou *indéterminé*, selon le point de vue rationnel ou imaginatif où l'on se place, voilà, semble-t-il, tout l'espace avec les deux pôles qu'il présente d'abord à la pensée : *ordre possible*, *pénétrabilité absolue*.

Mais de ces deux concepts qui paraissent lui constituer une nature, l'un ne lui appartient qu'accidentellement, l'autre est purement négatif ; c'est ce qu'on se propose maintenant de faire voir.

Et d'abord, l'*ordre* dans le vide d'être, l'ordre dans le rien absolu est-il concevable ? Il faut, s'il s'y rencontre, qu'il soit importé du dehors ou par la réalité qui l'y dessine ou par l'esprit qui l'y crée. Il n'est donc pas inhérent à son essence.

La *pénétrabilité*, au contraire, est la propre nature de l'espace, si l'on ose appeler nature une condition qui précisément l'exclut. C'est la pénétrabilité, en effet, qui distingue l'espace de tout ce qui, dans le monde sensible, n'est pas lui. Il semble tendu comme une toile devant nos regards; mais non; il n'en a que l'apparence; il n'en est que l'illusion. Ouvert à toute existence autre que celle qu'on lui suppose, il n'est, en définitive, que dans et par ce qui n'est pas lui.

L'être est force, et la force est impénétrable. Au contraire, qui ne le voit? la pénétrabilité est pur néant. Elle accepte tout, se prête à tout; tout être, toute force peut l'occuper.

Aussi est-ce en vain qu'on chercherait, dans l'analyse de l'idée d'espace, une loi qui lui soit propre, une tendance, si vague ou si obscure qu'on l'imagine, qui jaillisse de sa nature pour l'exprimer. Cette loi, cette tendance, si elle existait, pourrait être favorisée ou contrariée; or rien de tel n'apparaît dans une essence qui est l'indifférence même, et qu'on ne saurait comparer qu'à cette matière de la philosophie grecque prête à s'offrir à tous les contraires et à tout subir.

Que signifie donc cette extraordinaire exigence de l'infinie divisibilité qui domine toute l'antithèse de la seconde antinomie? Croit-on que l'espace soit doué d'une sorte de vouloir réel avec lequel le vouloir même du dehors devrait compter? Vouloir étrange, en vérité, et qui pourrait tout, jusqu'à l'absurde, puisque, dans sa rencontre avec la réalité extérieure, il lui serait donné de dissoudre le simple et de diviser l'indivisible. Nul, s'il y réfléchit, ne sera dupe d'une semblable illusion, et telle ne saurait être, on peut le croire, la pensée de Kant.

Pour lui comme pour nous, sans doute, c'est, non une loi de l'espace, mais une loi de l'esprit appliquée à l'espace, qui impose, dans l'antinomie, la divisibilité sans fin. Que vaut donc cette loi de l'esprit? Il faut, pour répondre, faire un pas de plus dans l'analyse.

L'espace, avons-nous dit, n'a de semblant d'existence que par ce qui entre en lui, venant du dehors. Or, dès le premier coup d'œil, le dehors pour l'espace apparaît double : d'un côté, des formes sensibles, produit de la pensée imaginative ; de l'autre, des réalités élémentaires, produit de la pensée pure ; ici l'ordre mathématique, fondé sur le continu des perceptions, avec ses progrès et ses diminutions insensibles ; là, au contraire, l'ordre qu'on pourrait appeler physique, créé par le discontinu ou, pour parler plus exactement, par la *contiguïté non visible d'éléments distincts.*

On peut défier l'observateur le plus minutieux de trouver autre chose, dans le champ de l'espace, que les deux ordres de coexistences dont nous parlons ; elles suffisent à la vie de l'esprit, mais elles lui sont toutes deux indispensables, et l'on ne saurait supprimer l'une d'elles sans mutiler la connaissance et rendre d'avance toute antinomie insoluble.

Selon donc qu'on introduit, dans la notion vide et le contenu inerte de l'espace, l'un ou l'autre de ces éléments opposés, on *force*, en quelque sorte, l'espace à différer de lui-même, et à présenter deux aspects contraires. Y a-t-on fait pénétrer la grandeur imaginative, la grandeur mobile et continue du géomètre, on y a fait pénétrer avec elle la divisibilité illimitée ; y veut-on faire entrer, au contraire, le quantum déterminé, le quantum défini en ses éléments du chimiste ou du naturaliste, il faut y faire entrer en même temps, et de nécessité absolue, les idées d'origine et de limite.

Ce que, dans cet ordre de conceptions, il importe surtout de bien comprendre, c'est qu'en postulant, à côté ou au-dessous de l'espace sensible, l'espace que nous appelons espace réel, nous ne faisons rien que ne justifie la donnée du problème et que nous n'ayons le droit absolu de faire. Il ne faut pas dire, en effet, que nous introduisons alors l'élément dans un espace préformé et comme ajusté d'avance à sa nature ; ce qui est vrai, et seul vrai, c'est que nous créons avec l'élément, dans un milieu neutre, une loi d'organisation intérieure qui sera tout le positif de l'espace réel.

La qualification à donner à une forme d'espace dépend, en définitive, du point de départ qu'on a pris, et de l'harmonie qu'on a réalisée en demeurant fidèle au point de départ. Par exemple, si l'on s'est placé dans la donnée du continu, en la respectant autant que possible, on a organisé l'espace imaginatif, qui est l'espace du géomètre, *le seul où l'on calcule ;* dans la donnée contraire, pourvu qu'on y soit demeuré fidèle, c'est l'espace réel qu'on a construit, l'espace du physicien ou du métaphysicien, le seul où sans contradiction l'on se meut, *le seul où l'on circule.*

Ces explications fournies et ces prémisses posées, revenons à l'argument de l'antithèse dans la seconde antinomie kantienne. On peut le condenser dans la formule suivante :

« *Si l'espace et la réalité se pénètrent, il faut, puisque l'espace est divisible sans fin, que la réalité qui lui répond soit divisible sans fin ; ce qui est la négation même de la thèse.* »

Nous pourrions répondre :

« *Si l'espace et la réalité se pénètrent, il faut, puisque la réalité se résout en indivisibles, que l'espace qui lui répond se résolve en indivisibles comme elle, ce qui est, au contraire, la confirmation de la thèse.* »

Cette façon de raisonner, qui nous donnerait raison à bon compte, ne nous paraît ni pire ni meilleure que celle que nous critiquons, parce que, dans l'un et l'autre cas, le *principe d'harmonie intérieure*, que nous estimons nécessaire, est violé. Nous ne pouvons ni plier l'élément à une loi de divisibilité qui, en dépit de sa nature, le dissout, ni sacrifier à l'élément la divisibilité sans fin que réclame le continu. Il n'existe plus, selon nous, qu'une solution rationnelle de l'antinomie, celle qui, séparant les deux domaines qu'elle confond, modèle chacun d'eux sur des conceptions différentes et les rend ainsi habitables aux principes qu'on a résolu d'y introduire. Je suppose, par exemple, qu'on y ait placé le continu sous la forme d'une ligne géométrique, la divisibilité y devra paraître illimitée, parce que jamais ne se rencontrera aucune raison de suspendre la division et de s'arrêter. Si c'est, au contraire, sous la forme d'une ligne physique, le discontinu qu'on y a posé, des considérants d'ordre nouveau se présentent aussitôt à l'esprit, et, avec le réel, il faut admettre, à titre de conséquence nécessaire, la divisibilité limitée et l'élément.

Nous voilà ramenés à la dualité inévitable que partout nous avons rencontrée sur notre chemin : celle du *rationnel* et du *sensible*. La raison toujours requiert le fini ; l'imagination, toujours l'indéfini ; ici l'hypothèse nécessaire d'un réel objectif qui limite l'essor de l'esprit ; là, le besoin de se mouvoir en un milieu subjectif, souple et prêt à tout, que divise et recrée sans fin la pensée.

C'est là, on le pense bien, une distinction à laquelle se refuseront les partisans d'une doctrine qui nous enferme dans le phénomène et nous refuse tout aperçu sur le réel. Le kantisme est, avant tout, une philosophie imaginative, et l'imagination ne se repose que dans le continu, étoffe dont est fait l'espace sensible.

Aussi, quelque vraisemblable que soit pour nous l'hypothèse d'un espace dont les principes de la mécanique et de la physique nous permettront plus tard d'établir la nécessité, nos adversaires, n'en doutons pas, la tiendront pour d'autant plus suspecte qu'elle n'offre rien de sensible et est fondée sur la conception d'invisibles éléments ; si donc nous ne disposons pas d'autres moyens que ceux dont nous avons usé jusqu'ici, s'il ne nous est pas possible de transporter le débat sur un terrain nouveau, nous allons nous trouver de part et d'autre enfermés et comme cloisonnés, sans possibilité d'en sortir, dans deux affirmations contraires, selon que nous aurons admis ou rejeté une hypothèse qui ne comporte pas de preuves directes. L'antinomie sera contestée, ébranlée peut-être ; faute d'une argumentation qui oppose à nos adversaires l'évidence indiscutable d'un fait, elle ne sera pas résolue.

III

Comment les notions constitutives de chacune des deux formes d'espace se nient et pourtant s'appellent dans la grandeur spatiale.

Essayons donc d'oublier un moment ce que nous avons dit de l'hypothèse d'un espace réel, aussi nécessaire au physicien que l'imaginatif au géomètre ; la théorie que nous en avons esquissé nous sera prochainement utile. En attendant, laissons à nos adversaires le choix des armes et du terrain ; acceptons la situation avantageuse qu'ils entendent prendre en s'enfermant dans la conception de l'espace sensible ; faisons de cet espace, sans plus d'objections ni de réserves, la base unique de la discussion qui va suivre, et appelons-le, pour simplifier, toutes les fois qu'il n'y aura aucun risque de malentendu, espace tout court.

Large est la concession. Voici maintenant la gageure que l'on croit pouvoir tenir :

C'est dans cette donnée même, dirons-nous aux partisans de l'antithèse kantienne, c'est dans le milieu défini et accepté par vous, que nous voulons établir contre vous, *à titre de fait, et de façon positive*, que l'indivisible idéal, que le *point* a sa place, et, s'il en est ainsi, l'élément réel qui coïncide avec lui ne peut plus être exclu du milieu spatial que vous prétendiez lui fermer. Allons plus loin : l'indivisible que vous croyez devoir nécessairement exclure d'un espace toujours formé d'espaces, s'y rencontre, au contraire, toujours et partout. Il vous faudra donc le reconnaître : il n'est pas de place dans l'espace, tel que vous le concevez vous-mêmes, où ne soit réfutée, à chaque instant, et mise à néant par une affirmation nécessaire de la science, cette assertion de l'antithèse kantienne que vous faites vôtre, lorsque vous soutenez que, dans le continu de l'espace, l'élément réel n'a point d'accès.

Au but que nous nous proposons suffira une analyse

exacte de l'espace sensible. Rien n'est plus à craindre, en ce sujet si délicat et si complexe, que les conclusions hâtives ; ne laissons donc échapper aucun des éléments qui entrent dans la donnée du problème et doivent concourir à sa solution.

On se contente d'ordinaire lorsqu'on essaie de définir l'espace imaginatif, de mettre en relief le plus important de ses caractères, et l'on n'y voit plus alors, l'imagination aidant, qu'une *continuité pure* où l'élément se refuse à pénétrer.

Mais la continuité pure n'est pas tout l'espace, *même sensible*, et, pour le montrer, il suffit de faire connaître telle qu'elle est en elle-même, et sans addition d'aucun caractère adventice et étranger.

Qu'est-ce donc que la continuité ? On ne nous en demandera pas une définition précise : le continu fuit, semble-t-il, devant la pensée inhabile à le saisir. Qui dit *continuité* dit *indétermination et devenir*, et même, si l'on entend rester dans les limites de cette notion, *indétermination absolue, devenir sans fin*. Le continu est, dans l'espace, l'élément de mouvement et de jeu ; rien d'arrêté ; nul cadre, nul tracé, nul point de repère. Il est impossible d'y voir autre chose qu'un vague pouvoir d'augmentation ou de diminution qui est la loi même de la pensée lorsqu'elle se donne pour matière la grandeur, et dont Kant paraît avoir bien compris le caractère tout subjectif, puisqu'il en fait une simple forme de l'intuition sensible. Le continu, comme continu, le continu en son essence, c'est l'esprit s'affirmant librement en face de la quantité pour la faire croître et décroître, la dilater au besoin ou la condenser, en contraignant ses parties devenues dociles, tantôt à se multiplier comme d'elles-mêmes, tantôt à se réduire et à se pénétrer les unes les autres.

Ainsi compris, le continu, toujours visible aux yeux, toujours présent à l'imagination, est pourtant ce qu'il y a de plus inexplicable et de plus irrationnel dans l'idée d'espace. Matière indistincte et confuse, il ne laisse apparaître qu'une loi presque mécanique de la pensée travaillant loin du réel, loin du sensible même qui veut encore, pour être perçu, détermination et figure, dans un milieu qui est le pur indéterminé.

Une telle donnée, si on la substitue à l'idée totale d'espace sensible, suffira-t-elle à l'antinomie ? Le *devenir* tout seul et sans mélange de quoi que ce soit fournira-t-il à l'antithèse kantienne la divisibilité toujours renaissante dont elle a besoin ? Nul doute ; mais est-il nécessaire de faire remarquer que l'espace réduit au continu n'est plus l'espace, et qu'alors, privé de toute forme, il ne présente que le simulacre indivis et effacé de lui-même ? En vain y chercherait-on une figure précise ou un dessin net. Nul tracé, quel qu'il soit, n'y est plus possible, tant le continu se montre rebelle à la détermination. Quel pourrait donc être alors son usage, et à quel calcul l'appliquer ? En quelle partie de sa vague nature trouver une limite, un point de départ, une unité de mesure ? Ce n'est plus ni l'espace du géomètre, ni même l'espace du vulgaire, où viennent se confondre deux points de vue qui s'opposent, et qui apparaît à la fois fixe et mobile, fini et infini. C'est l'infini pur et simple, l'insaisissable infini où rien ne pénètre, d'où rien ne sort.

L'espace non mutilé, l'espace tel qu'il est en sa matière à la fois et en sa forme, trouve toujours, au contraire, de quoi répondre à toutes les exigences de la mesure et du calcul. C'est qu'il se laisse, pour des raisons que nous comprendrons mieux plus tard, pénétrer par le discontinu ; c'est qu'il s'ouvre, de façon mystérieuse encore, à l'indivisible. S'il en est ainsi, l'indivisible du géomètre va servir de point d'attache à l'indivisible réel, et alors non seulement l'antithèse kantienne n'est pas prouvée, mais il est prouvé qu'elle repose sur une affirmation que les faits démentent.

Précisons. Nous ne voulons pas savoir encore s'il est concevable, oui ou non, qu'indivisible et divisible, discontinu et continu, se rencontrent et paraissent se concilier dans l'unité d'une conception spatiale ; un seul point en ce moment nous intéresse : celui de savoir si la rencontre, qu'elle s'explique ou non, se produit *réellement*, si c'est, en dépit de son inintelligibilité apparente, un fait *positif ;* et pour le savoir, il est clair qu'il s'agit, non de raisonner et de spéculer, mais d'observer et d'analyser.

Prenons donc dans l'espace géométrique la grandeur élémentaire qui est la ligne. Soit une droite de longueur définie que fixent en ses extrémités deux points *a* et *b*. Ces points doivent bien, en un sens et de quelque façon que nous ne nous expliquons pas encore, appartenir à la ligne qu'ils achèvent, car, s'il s'insérait entre la ligne et eux le moindre intervalle, ils ne l'achèveraient plus. Cette conception laisse-t-elle quelque doute ? Voici, croyons-nous, de quoi les lever. On ne niera pas qu'entre *a* et *b*, il soit possible de prendre, sur la ligne qui les unit, un certain nombre de points intérieurs. Le géomètre affirme même qu'il en existe une infinité et qu'ils peuvent coexister sans se confondre, séparés les uns des autres par des intervalles. Partout donc où il lui plaira d'en concevoir, il en trouvera, et nulle part, il le sait, la ligne ne se refusera à cette éclosion spontanée d'indivisibles. Ainsi alterneront continu et discontinu, toujours liés l'un à l'autre, toujours, bien qu'opposés entre eux par nature, inséparables.

Mais comme le point est pris n'importe où sur la ligne, la ligne peut l'être n'importe où sur la surface, la surface n'importe où dans le volume. Il suit de là que dans un volume, si petit qu'on l'imagine, il se rencontre une infinité de surfaces, puis une, infinité d'infinités de lignes, puis une infinité d'infinités d'infinités de points possibles.

Figurons-nous donc, invisible en sa petitesse, un cube d'un millième de millimètre de côté. Pour l'œil aidé du microscope, ce n'est qu'un point ; eh bien ! en ce point sans dimensions apparentes, il y a place pour un nombre supérieur à tout nombre donné de points absolus. Où trouver maintenant, dans ce fourmillement d'indivisibles idéaux, un obstacle quelconque à l'indivisible réel ? Les points partout s'offrent à lui, et ils surabondent, ils sont en excès. C'est que le nombre des éléments réels, multipliés et multipliés encore, est, en raison de leur réalité même, épuisable, tandis que celui des éléments idéaux, parce qu'ils sont idéaux, ne saurait l'être. En cette structure vraiment merveilleuse de l'édifice géométrique, il appartient au possible indéfini de devancer toujours l'acte qui partiellement le réalise, pour laisser le champ libre aux combinaisons de la science, et ne jamais contrarier ou même gêner les souples mouvements du calcul.

Dira-t-on encore que l'espace se divise non en indivisibles, mais en espaces ? On le peut, et la proposition est vraie en un sens, mais combien incomplète ! Kant, fidèle à son *continuisme*, je veux dire à sa conception toute subjective d'un espace, un en sa forme et indivis, ne veut voir, en chacune des fractions d'espace que la division lui fournit, qu'un continu partout égal à lui-même, portion de vide uniforme et toute d'une pièce, où ne se montre nul tracé, où n'apparaît aucune discrimination de points et de lignes ; mais on ne saurait s'en tenir là. Prenons une de ces fractions ainsi découpées dans l'espace. Est-elle, oui ou non, définie en ses dimensions, par suite mesurable ? N'apparaît-elle pas bornée et circonscrite ? Si elle ne l'est que vaguement, comme il faut bien l'admettre dans l'hypothèse d'un continu indistinct, elle ne l'est pas réellement, et dès lors, on ne peut plus même dire, au sens vrai du mot, qu'elle existe. Si, au contraire, elle apparaît nettement délimitée, c'est qu'un volume précis la représente, que des surfaces l'encadrent exactement, que des lignes y dessinent le périmètre de ces surfaces et que ces lignes enfin, entre les extrémités qui les fixent, sont partout ouvertes à la multiplicité infinie des points. Voilà un premier gain sur le vide amorphe. Faisons maintenant décroître la fraction d'espace ainsi définie et mesurée ; il faut alors que le volume progressivement diminue, qu'apparaissent de nouvelles surfaces intérieures aux premières, moindres en dimensions et toujours plus proches, et qu'en des lignes plus courtes, les points, en quelque sorte, se condensent. Ainsi va peu à peu se peupler d'indivisibles la portion d'étendue qu'on se représentait d'abord comme vide. Sans doute le vide indivis, bien que toujours entamé, ne se laissera jamais pénétrer totalement, et il faut reconnaître que malgré les empiétements successifs du discontinu intelligible, un reste de continu subsistera toujours, réfractaire à la pensée qui veut en vain l'actualiser et le définir. Mais une telle observation, loin de nous embarrasser, vient au secours de la théorie et lui fournit même un complément de preuve. Nous croyons, nous aussi, *que ce n'est pas du sein de la quantité décroissante, si elle est vraiment indéfinie, que le terme absolu de la décroissance peut être atteint*. Qu'en conclure, sinon précisément l'indéfinie multiplicité des indivisibles? Oui, le continu décroissant résiste; il résistera toujours et ne se laissera jamais absorber. C'est la preuve qu'il s'y trouvera toujours, après les indivisibles conçus, des indivisibles à concevoir; après les points pris librement, ici ou là, une infinité de points à prendre encore, et par suite une infinité de places à donner à l'indivisible réel. Que pouvons-nous donc demander de plus?

Ce n'est pas là une théorie, c'est un fait. Nous ne proposons pas une conception philosophique; nous tenons une donnée certaine de la science, donnée à laquelle le géomètre ne saurait toucher sans rendre ses spéculations impossibles.

Et il est si pénétré de la nécessité de cette *omniprésence* du point, que la conviction qu'il en a est comme imprimée dans tous les termes qu'il emploie quand il raisonne. Il *prend*, par exemple, dès qu'il le veut, où il le veut, un point, à son gré, sur une ligne, sur une surface, en un volume. Ce mot *prendre* n'est-il pas significatif? Le géomètre, loin de supposer que l'élément idéal puisse jamais lui faire défaut, sait d'avance qu'il apparaîtra au premier signe; il le tient en sa main, il peut, n'importe où, tant l'étendue le reçoit aisément, en faire la borne d'une longueur, le sommet ou le centre d'une figure, l'origine, le moyen ou le terme d'un mouvement.

A cette démonstration, ou plutôt à cette simple constatation d'une nécessité intellectuelle, on objectera peut-être que nous sommes dupes des mots, et qu'à parler exactement, on ne saurait rencontrer ni le point sur la ligne, ni la ligne sur la surface, ni la surface dans le volume. Nul indivisible, dira-t-on sans doute, qu'il soit absolu comme le point, ou simplement relatif, comme la ligne ou la surface, n'existe, comme tel, dans l'espace du géomètre; c'est nous qui lui prêtons le semblant de réalité qu'il possède; c'est nous qui le projetons hors de nous dans l'unique intérêt de la science et de ses constructions.

Une première réponse à faire serait celle-ci : Si l'indivisible, point, ligne ou surface, n'existe pas, de façon ou d'autre, dans l'espace géométrique, où peut-il bien exister? Dans le temps, le nombre, ou un milieu analogue? Nul ne le soutiendrait sérieusement; passons.

Sans doute le géomètre situe où il lui plaît et crée en quelque sorte, à son gré, l'indivisible dans le composé idéal, mais, s'il le fait, c'est qu'il voit nettement qu'en ce composé partout il s'impose, et que, quelle que soit la place que l'on considère, il est irrationnel qu'il y fasse défaut. Le pouvoir de désigner un point ici ou là sur une ligne appartient bien au savant, mais ce qui ne dépend pas de sa volonté, c'est le fait objectif que le point apparaît toujours où on l'évoque, c'est la nécessité où il se trouve d'être toujours là, et de sortir, dès qu'il le faut, de sa pénombre, pour se présenter, visible, au premier appel.

Ce qu'on veut dire, au fond, lorsqu'on affirme, sous une forme imprécise, qu'un point, et, en général, un indivisible quelconque n'est pas dans l'espace, c'est seulement qu'il ne partage pas son essence, ou plutôt — car en cet ordre de problèmes la moindre inexactitude est périlleuse — qu'il n'a rien de commun avec ce qui, dans l'essence de l'espace, est pure matière, et que nous avons appelé continuité. L'indivisible est, en effet, nous le savons, l'élément de détermination, de définition; le continu, au contraire, le champ de l'indéterminé et de l'infini.

Mais suit-il de là que l'indivisible et le continu ne puissent se rencontrer et qu'ils ne coexistent nulle part? C'est le contraire qui est le vrai, et pour s'en convaincre, il suffit d'ouvrir les yeux et de regarder. Partout où se trouve l'indivisible, on peut être sûr de voir apparaître le continu, et, d'autre part, c'est du sein même du continu que sort, contre toute attente, l'indivisible, lorsqu'on lui fait appel et qu'il se produit au dehors. Nous nous trouvons donc en face de deux éléments constitutifs de l'idée d'espace qui sont entre eux dans des rapports tels que, s'ils s'excluent au point de vue de l'essence, ils s'appellent au point de vue de l'existence. L'un ne peut se passer de l'autre. De nature opposée et contradictoire, ils sont liés l'un à l'autre comme ces deux états contraires du plaisir et de la douleur dont Socrate, dans le Phédon, nous montre, avec tant de charme poétique, l'union violente mais nécessaire.

Comment croire, dans ces conditions, que l'indivisible soit étranger à l'espace ? Partout il s'y rencontre, partout la pensée l'exige pour que le continu prenne une forme et que l'espace soit ce qu'il est, apte à la mesure.

Supposons pourtant que l'étendue et l'indivisible n'aient rien de commun ; le sort de l'antinomie kantienne n'en sera pas devenu meilleur. Où qu'il soit, l'indivisible *sera* quand même, et cela seul importe à la solution. S'il *est*, s'il est impossible de s'en passer, il a précisément la propriété qu'il faut pour servir de point d'appui à l'élément dynamique que l'antithèse kantienne voulait en vain dissoudre dans l'étendue.

Craint-on de nous voir prendre trop au sérieux une science essentiellement relative ? Nous ne faisons certes pas de la géométrie une métaphysique, mais il nous semble que tout en elle n'est pas fiction, et que les lignes, les carrés, les cercles que chacun a dans l'esprit ne sont pas sans rapport avec l'expérience sensible. Si l'on veut, quand même, que la géométrie soit toute subjective, nous acceptons l'hypothèse, sans modifier en rien nos conclusions ; il nous suffira d'affirmer, avec une légère modification de la formule dont nous nous servions tout à l'heure, que, pour rendre intelligible le continu créé par lui, l'esprit est tenu, à chaque instant, de poser l'indivisible créé par lui. C'est la loi de toutes ses perceptions d'étendue, de toutes ses conceptions spatiales.

IV

Conclusion.

Nous croyons pouvoir résumer la présente étude, et rappeler la suite entière de la discussion à laquelle elle a donné lieu, en la rattachant à un syllogisme qui nous paraît dominer tout le débat.

Expression de la pensée de Kant, il se formulerait ainsi :

« *L'espace sensible est tout espace,*

« *Or l'espace sensible, en tant que divisible à l'infini, exclut l'indivisible.*

« *Donc tout espace exclut l'indivisible.* »

Il est clair que, s'il résiste à la critique, un tel syllogisme fournit à l'antithèse de la seconde antinomie une base solide. L'indivisible banni de l'espace, où et comment l'élément réel y pourra-t-il pénétrer ?

Mais ni la majeure ni la mineure d'un pareil argument ne sont acceptables.

A la majeure nous avons opposé, je ne dis pas seulement la possibilité, mais la vraisemblance d'un espace aussi différent de l'espace sensible que la réalité l'est du phénomène. Si l'espace est quelque chose comme un cadre, il nous paraît qu'autre doit être l'idée qu'on s'en fait lorsqu'on l'ajuste au réel et autre lorsqu'on le proportionne au sensible. Certes, nul espace n'est réalisé en soi ; qui prétendrait le contraire ? Mais les conceptions que nous nous faisons de l'espace doivent différer et diffèrent selon que nous faisons abstraction ou non d'exigences imposées par le réel.

Et, qu'on veuille bien y prendre garde, la seule possibilité d'une dualité spatiale suffirait à faire concevoir un doute sur la vérité de la majeure. Or, dans ces conditions, c'est à nos adversaires, non à nous, qu'incombe le poids de la preuve. Il faut, pour qu'elle soit faite, que la proposition que nous attaquons soit démontrée, et rigoureusement, contre nous-mêmes ; à ce prix seulement elle sera certaine.

D'un mot, voici tout le débat sur la majeure : L'espace où je me meus, pourrais-je dire, l'espace où je marche n'est pas l'espace que je divise idéalement, l'espace du calcul ; et, s'il me faut faire un pas, je ne me crois point, pour le faire, tenu de traverser une infinité d'infinis. Vous niez cette distinction : je la défends ; la chose au moins mérite examen. En attendant, la majeure demeure en suspens, et l'antinomie manque de base.

Pour ce qui est de la mineure, il nous paraît plus que douteux que, dans l'espace, même sensible, la divisibilité à l'infini soit rigoureuse, et nous nous réservons d'insister ailleurs sur cette considération d'extrême importance ; mais ce que nous affirmons de façon très positive, et tout de suite, c'est que, pour des raisons qu'on mettra tout à l'heure en pleine lumière, l'espace, même sensible, loin de se refuser aux indivisibles unités, les admet et les requiert en sa propre trame.

Comment s'expliquer le fait ? car il s'agit bien là d'un fait, et nul doute spéculatif ne saurait l'atteindre. Nous n'hésitons pas à répondre : si le fait existe, c'est qu'existe aussi un espace autre que l'espace qui se divise toujours ; c'est que l'indivisible, modelé, non sur le composé mais sur l'élément, s'impose même au sensible et transparaît au travers du continu. Mais nous ne voulons point encore toucher à la théorie. Qu'il nous suffise de faire remarquer que du moment où, dans l'espace, l'indivisible apparaît partout au même titre que son opposé le continu, l'espace réel n'est plus une simple hypothèse ; il existe, il se révèle, et dès maintenant nous pouvons le tenir pour certain, en attendant qu'une dernière étape de la discussion nous permette d'affirmer que son existence est plus qu'un fait, parce qu'il dérive, au regard de la raison, d'une *absolue nécessité*.

L'antinomie qu'on pourrait appeler *physico-mathématique*, parce qu'elle répond aux deux points de vue opposés qui se partagent la science, paraît maintenant résolue, et il ne subsiste, en effet, entre le réel et l'idéal aucune possibilité de contradiction, du moment que, dans l'espace, le point est partout donné. C'est lui, on peut le dire, qui réconcilie le continu et le discontinu, le mathématique et le physique. Décalque de l'élément, n'est-il pas, en même temps, partout à sa place en toute forme étendue et sensible ? On ne saurait donc exagérer l'importance du rôle qu'il a à remplir ; il est, dans la science du géomètre, ce qu'est, dans la nature, l'unité réelle ou monade : origine et terme, principe et fin.

Mais si ce que nous disons du point est véritable, nous ne nous sommes affranchis d'une contradiction que pour nous heurter à une autre plus redoutable et, cette fois, semble-t-il, insoluble. Sans doute, l'élément réel a été, par l'intervention du point, soustrait à la nécessité de se fragmenter et de se dissoudre dans l'espace ; mais le point, comme lui indivisible, que va-t-il devenir dans une semblable conception ? Il a pris la place de l'élément ; le voilà contraint d'occuper à son tour une portion d'espace, et, s'il l'occupe, il se divise. Sans doute, la science maintient, tout en le situant dans l'étendue, son intégrité et son unité, mais en a-t-elle le droit ? Comment expliquera-t-elle qu'il sorte spontanément d'un fond d'indétermination essentielle ? Du continu peut-il sortir autre chose que le continu ?

On voit jusqu'à quel point va s'aggraver l'antinomie kantienne. Telle qu'elle est, elle met le continu aux prises avec un élément adventice, puisqu'il est emprunté au réel ; or, en pareil cas, on peut toujours se demander si l'élément importé obéit à la même loi de division que le milieu où on l'importe. Que, sur ce point, le moindre doute se fasse jour, et l'antinomie, en ce qu'elle a d'absolu, s'efface. Le point, au contraire, appartient au même domaine que le continu, car il est l'œuvre de la pensée dont il représente une conception nécessaire ; or la même pensée qui l'affirme, parce qu'elle le juge indispensable, affirme en même temps et sans hésitation le continu qui le nie. Comment expliquer la coexistence extraordinaire — osons dire absurde — de deux contraires qui devraient s'exclure et qui se pénètrent ? Indéterminé et déterminé, étendu et inétendu s'accompagnent et s'appellent dans la science avec une constance telle qu'il semble que l'un des termes, en chaque couple, soit comme la doublure de l'autre, et que, sous l'éclatante contradiction, je ne sais quelle parenté profonde et miraculeuse les unisse.

Et, il convient de le remarquer encore, le conflit d'idées ne s'aggrave pas seulement, il gagne en extension. Ce n'est pas seulement la quantité mathématique qui laisse apparaître l'antinomie, mais la quantité, quelle qu'elle soit, dès qu'on la suppose continue, dès qu'elle dissimule un nombre d'unités, en elles-mêmes distinctes, sous l'unité factice où elles se confondent.

Ainsi se manifeste, dans le temps, l'opposition de l'instant qui ne dure pas, et de la durée toujours divisible ; ainsi apparaît, dans le mouvement, le contraste du déplacement élémentaire, unité indivisible comme le point ou l'instant, et le mouvement visible, le mouvement perçu comme une ligne, où toutes les unités de mouvement semblent se confondre pour créer une unité nouvelle qui se divise sans fin.

C'est sur ce terrain élargi que l'antinomie se pose et que désormais il va falloir l'aborder. La lutte est maintenant entre l'indivisible — point, instant ou déplacement élémentaire — et le continu — étendue, durée ou mouvement. De ces deux éléments aucun ne peut être subordonné à l'autre ; tous deux sont également essentiels. Ils se nient, ils se détruisent, et cependant ils s'appellent et se posent inévitablement ensemble. Existe-t-il, en cet émouvant conflit d'idées, une voie de salut ? Une seule, et c'est une fois de plus la raison pure qui l'ouvrira. Elle montre, en effet, qu'en chaque quantité continue, — étendue, durée ou mouvement, — les éléments contradictoires résultent d'une dualité de formes opposées, qui, ne pouvant demeurer isolées dans l'intuition, se pénètrent et donnent ainsi l'illusion d'une forme unique.

Mais la forme qui paraît unique, et qui, parce qu'elle est sensible, est la seule qui nous soit familière, implique précisément la forme réelle que l'on voudrait en vain écarter et qui suffit à la solution de l'antinomie.

C'est à l'exposé de ces vues que sera consacrée une prochaine étude.

Mais dès maintenant nous voudrions tirer de la critique que nous venons de faire, cette double conclusion :

La continuité mathématique cache, en sa confusion, la multiplicité physique déjà distincte, et la multiplicité physique recouvre à son tour l'unité psychologique, la monade, support de tout le reste, seule réalité véritable et qui se suffise.

Rien, en définitive, n'est métaphysiquement expliqué par le continu, pas même la douteuse individualité du plus pauvre atome ; disons plus : le continu a besoin de tout pour sortir de sa contradiction essentielle ; il lui faut le physique et le psychologique pour prendre un sens.

DEUXIÈME ANTINOMIE

SECONDE PARTIE

APPLICATION A LA SCIENCE DES VUES QUI PRÉCÈDENT

On peut dire qu'il ne reste rien de la seconde antinomie si l'espace est autre chose que ce vague continu, pure forme subjective, où tout est confondu et comme plongé dans l'indétermination. Or, sur ce point, quel doute, maintenant, serait possible ? L'espace vrai, l'espace, tel que nos sens nous le font connaître, n'est pleinement lui-même que si, devenu mesurable, il se laisse pénétrer par la détermination des formes et des figures, et une telle pénétration n'est possible que par le mouvement du point qui les dessine. Le point est donc indispensable au continu. Indivisible, il tranche nettement sur ce qui se divise sans fin ; fixe, il porte partout, grâce aux tracés qu'il engendre, la mesure et la limite. Ainsi sortent, pour ainsi dire, du néant, des schèmes toujours précis, des images toujours définies. Ce qui est circonscrit, en ces images, c'est, on n'en saurait douter, ce qui reste de l'indéterminé primitif, ce que l'esprit, dans le continu fondamental, essaie progressivement de refouler et de réduire ; ce qui circonscrit, au contraire, ce qui délimite, c'est le mouvement, ou, si l'on veut, la ligne, qu'on peut considérer comme un point mobile. Peu à peu, en cette lutte, l'indivis recule ; il cède la place à la pensée pour qui toute construction idéale est un progrès, et par là se fonde et se développe la science. Le mouvement qui dessine sur le fond uniforme de l'espace les multiples conceptions du géomètre, n'est-ce pas, dans la sphère de l'abstrait, quelque chose d'analogue à l'expansion de la vie traçant au-dessus de la matière primitive et malgré les obstacles qu'elle lui crée, le cadre varié de ses idées spécifiques et de ses types ?

Union étroite du continu et du discontinu, pénétration réciproque du déterminé et du déterminant, de ce qui est ombre et de ce qui est lumière, voilà le dogme profond, le dogme essentiel de la science du géomètre, et il est aisé d'établir qu'il ne saurait s'en passer.

Veut-on, par exemple, que le continu lui manque ? C'est la matière même du calcul qui va lui manquer, et, avec elle, le champ, nécessaire à l'imagination, d'une divisibilité sans fin. Suppose-t-on, au contraire, que c'est le discontinu qui lui fait défaut ? Plus rien maintenant n'apparaîtra sur la table rase et dans l'effacement absolu du continu pur.

Il faut donc que la conception sur laquelle se fonde la géométrie demeure entière, et une telle exigence se double ici de la nécessité où nous sommes d'attacher dans l'espace, au continu ou au point, ce qui, dans la nature, est composé ou élémentaire ; mais que va-t-il arriver si nous suivons cette voie, la seule pourtant qui se montre ouverte devant nous ? Brusquement, ainsi que nous le constations dans une précédente étude, nous nous trouvons face à face avec la plus flagrante des contradictions. *En son sens absolu*, en effet, *et prise au pied de la lettre*, la conception dont le géomètre s'inspire et à laquelle il n'est pas libre de se soustraire, paraît en évidente opposition avec les lois élémentaires de la logique ; admise sans restriction, elle serait mortelle à la pensée dont elle contredit formellement le principe le plus solidement fondé et le plus sûr.

I

Le point et le continu en mathématiques.

Point et *continu*, là est l'antinomie profonde, l'antinomie déjà visible à travers celle de Kant, et à laquelle, dans la science, sont suspendues toutes les autres, s'il est vrai que la physique s'oriente vers le défini, et la mathématique, au contraire, vers l'infini. Point et continu sont, par définition, incompatibles ; et cependant, en cette science semi-concrète, semi-abstraite, qu'est la géométrie, ils sont aussi indispensables l'un à l'autre qu'à la trame le fil et la navette qui la tissent. Comment expliquer une nécessité aussi irrationnelle ? Nous l'avons dit, le géomètre ne peut faire un pas sans affirmer ou supposer l'indivisible ; partout il le trouve, partout il croit pouvoir le placer ; c'est un fait indéniable et dont la certitude est absolue ; mais comment trouver le point dans le continu où il n'est pas, comment le placer dans le continu où il ne peut être ? Faut-il donc croire que la science dont nous examinons les titres est constituée de telle sorte que toute affirmation particulière y soit viciée par la contradiction fondamentale qu'elle renferme ?

Esquissons, avant de pénétrer plus avant dans le problème, les traits caractéristiques des termes qui constituent l'antinomie.

L'indivisible, absolu ou relatif[1], est absolument ou relativement un, inétendu, indivisible ; le continu, au contraire, est essentiellement multiple ; il est donc réfractaire à l'unité, et il en résulte que la division, dès qu'on l'y a introduite, renaît en lui comme d'elle-même, et se répète sans fin, dans une étendue divisée et fractionnée, mais jamais nulle.

Le point, on s'en rend aisément compte, est d'origine rationnelle ; le continu, au contraire, d'origine imaginative ou intuitive. Ce qui est continu, en effet, se voit et se représente ; le point ne se représente ni ne se voit. Il est moins perçu que conçu, et pour parler plus exactement, moins conçu encore que posé, selon la loi dialectique de la raison pure, comme condition indispensable de toute continuité perçue ou conçue[2].

1. L'indivisible absolu est pour nous le point ; l'indivisible relatif, la ligne ou la surface.

2. Voir, sur cette loi dialectique, notre mémoire *Pour la Raison pure* (F. Alcan, 1901), p. 27 et suiv.

Nous estimons et nous nous proposons d'établir ultérieurement

Le point, en effet, est ce sans quoi le continu ne présenterait pas même aux yeux une image. Supprimez le point, et le continu, dépouillé de tout ce qui lui donne une apparence d'être, n'a plus ni origine, ni terme, ni cadre, ni forme, ni détermination quelle qu'elle soit.

Comme tout ce qui est conclusion dans la sphère de la pensée pure, le point est donc requis[1], en quelque sorte, d'avoir à rendre saisissable, sous forme de phénomène, ce qui n'est autre encore que la matière confuse de l'intuition et d'y tracer les divisions nécessaires à la science ; mais comment agira-t-il sur cette matière, s'il y a entre elle et lui incompatibilité radicale ? Comment même pourra-t-il, en vue de la déterminer et de l'informer, s'insérer en un continu qui n'existe comme tel que parce qu'il exclut formellement et absolument le point ? On nous fera observer, peut-être, que ce que nous déclarons impossible a la certitude d'un fait et se produit à chaque instant dans les spéculations du géomètre. Raison de plus pour que nous cherchions à pénétrer plus avant dans les principes de sa science, en vue de concilier, s'il se peut, l'expérience et la pensée pure, le fait qui se pose de lui-même, et l'impossibilité absolue où il paraît de se poser.

Là est toute l'antinomie mathématique, et, en généralisant, toute l'antinomie du discontinu et du continu, dans le temps et dans le mouvement comme dans l'espace.

Demeurons dans l'espace, et, sur ce terrain, serrons, d'aussi près que possible, le problème.

Soit une droite sur laquelle je prends un point. Peut-on

que la croyance, dont le fondement est si controversé, repose toujours sur une affirmation de raison pure, affirmation simple, primordiale, et devenue instinctive par l'hérédité. La croyance, quand on y regarde de près, est donc rationnellement aussi fondée que possible, et les arguments d'entendement, comme ceux du déterminisme, par exemple, n'arrivent pas à l'entamer profondément dans la foi commune ; mais il est clair, d'autre part, qu'il faut alors renoncer *a priori* à rendre la croyance intuitive, et c'est cette impossibilité qui crée le doute et multiplie les objections chez les « imaginatifs ».

1. Voir sur les *réquisits*, bibliothèque du Congrès, Philosophie générale, notre étude sur la première antinomie. Armand Colin, 1901, p. 172 et suiv.

dire que ce point préexistait dans le continu linéaire à l'acte qui l'a posé ? Nullement, et cela par la définition même du continu. Ce qui n'a pas de parties ne peut entrer dans la composition de ce qui en a essentiellement et toujours.

Il faut dire alors que c'est un acte de la pensée qui crée, comme du dehors, le point dans le continu. Mais ne voit-on pas qu'un tel acte serait souverainement déraisonnable ? Comment, dans le tissu du continu qu'elle affirme, la pensée, par le plus étonnant oubli du principe de contradiction, ferait-elle entrer un élément qui est la négation même du continu [1] ?

Peut-être essaiera-t-on d'expliquer l'étrange coexistence du continu et du point, en se fondant sur une distinction familière au péripatétisme, et en soutenant que le point, sans être réellement et en acte dans le continu qui le cache, s'y trouve virtuellement et en puissance ? Il importe de préciser le sens de cette distinction. Veut-on dire que le point est à l'état d'obscure possibilité derrière le continu qui le masque, sans le cacher tout à fait ? Nous sommes loin de nous refuser à cette hypothèse ; mais si on l'accepte, on nous donne à l'avance gain de cause, car notre opinion, maintes fois émise, est qu'il ne faut voir, dans le continu mathématique, qu'un substitut imaginatif du discontinu rationnel. Si, au contraire, on prétend exclure du continu indéterminé et indéfini tout souvenir de ce qu'il y a de déterminé et de fini dans la grandeur, le mot de puissance ne nous paraît plus avoir aucun sens. Comment le point serait-il en puissance dans un milieu où l'on peut prouver qu'il est impossible, et où trouverait-il une raison d'être dans une multiplicité irréductible et diffuse qui est sa négation même ?

Et maintenant, au cas où le continu serait autre chose qu'une convention utile au calcul, que penser des deux

1. Il faut bien le reconnaître, la seconde antinomie serait insoluble, si Kant avait opposé à l'espace toujours divisible, non pas l'élément qui est dynamique, mais le point qui est abstrait. L'élément, en effet, échappe à l'infinie divisibilité par la loi qui veut qu'au réel fini réponde une forme d'étendue réelle et finie ; mais le point ne saurait, faute de réalité physique, lui échapper, et avec lui la contradiction reparaît dans toute sa force.

points extrêmes qui marquent, sur la droite que nous venons de tracer, l'un le commencement, l'autre la fin du continu linéaire ? Aucun d'eux ne pénètre, à proprement parler, ce continu ; tous deux le limitent, et, en le limitant, le déterminent. Mais cette détermination même, imaginativement toute naturelle, est rationnellement inacceptable. Le continu ne peut ni commencer ni finir, parce que commencement et fin sont absolus, et qu'ils impliquent unité et indivisibilité. La ligne ne devrait donc, pour rester fidèle à sa définition, ni commencer tout d'un coup, ni finir tout d'un coup, mais seulement chercher à commencer et essayer de finir.

Comment, d'ailleurs, concevoir ces points extrêmes ? Quel peut être leur sens, quelle leur raison d'être, leur fonction propre ? Faut-il les placer hors de la grandeur linéaire ? Ils ne sauraient, en ce cas, que lui être extérieurs ou contigus, ce qui est absurde. Veut-on, au contraire, qu'ils appartiennent à la ligne ? Ils vont alors lui emprunter sa continuité et devenir, par cette pénétration inexplicable, autres qu'eux-mêmes. Il ne reste à faire qu'une supposition : celle où les points extrêmes appartiendraient, à la fois et de quelque façon mal définie, au dedans et au dehors de la grandeur. Mais comment se rallier à cette dernière hypothèse ? Dira-t-on que ces points représentent la commune limite du dedans et du dehors ; soit, mais l'idée même de limite est exclue par la continuité essentielle, et si la limite manque, où trouver une place aux points dont on parle ?

On conclura de ce qui précède que, si le continu est autre chose qu'une fiction commode, le point, quelle que soit la fonction qu'on lui prête ou la place qu'on lui destine, ne saurait avoir accès sur la ligne. En vain le géomètre s'imagine-t-il l'y trouver ou l'y créer partout à sa guise ; la raison s'inscrit en faux contre une telle prétention. Elle entend exclure de la ligne tout ce qui est hétérogène à la ligne, qu'il s'agisse de la diviser ou de la clore.

Supposons, pourtant, qu'il faille se contenter, pour le point, de cette existence de fait qui suffit à la science, la logique refoulée prendra sa revanche et les impossibilités reparaîtront. Que faut-il penser, par exemple, des deux segments de lignes qu'unit et sépare à la fois le point qu'on vient de poser ? Ce sont des grandeurs continues, et, en tant que continues, indéterminées dans leur progrès et toujours en voie de devenir ; or qui parviendra jamais à comprendre ce que peut bien signifier le contact du défini avec l'indéfinissable, du déterminé avec ce qui change, de l'immobile avec ce qui fuit ? Une telle juxtaposition n'a pas de sens, et l'esprit la rejette d'abord, à moins qu'on ne lui permette de concevoir sous le continu insaisissable quelque obscure raison de stabilité. En dehors de cette hypothèse, qui, plus tard, se précisera, je défie qu'on parvienne à trouver au point une place assignable ; oscillant toujours entre deux grandeurs mobiles, il ne se laissera jamais fixer.

Et, d'autre part, dans le continu absolument pris, il est impossible de mettre le point en mouvement. Le continu, où il semble que le mouvement doive glisser facile et sans heurt, fait obstacle au mouvement comme au repos.

Comment, en effet, dans le divisible essentiel, se déplacerait l'essentiel indivisible ? Le point ne peut entamer par son mouvement aucune portion de cette étendue où l'on croit le voir évoluer ; c'est qu'il lui est au fond étranger et, en réalité, toujours extérieur.

Le point, dans l'hypothèse de la continuité absolue, a tout ce qu'il faut assurément, pour faire un point de départ ; mais, comme s'il fallait qu'en une telle hypothèse toute issue nous fût fermée pour sortir de l'antinomie, c'est un point de départ d'où rationnellement tout départ est impossible ; et rien de plus évident, puisque, pour avancer, il faudrait que le point pût entamer le continu qui lui est hétérogène. Au contraire, du point de vue de la réalité métaphysique, et dès que le continu, rejeté au second plan, n'apparaît plus qu'à titre de phénomène, et comme un voile qui cache des parties distinctes, il n'en est plus, il n'en saurait plus être ainsi. Le point, maintenant, est, en même temps que le commencement, le principe, en même temps que l'origine, l'élément, et pour former des touts, rien ne l'empêche plus de se répéter. C'est, dans ces conditions, un point de départ réel, un point de départ d'où l'on peut partir.

Mais nous ne voulons pas même effleurer une théorie qui ne se comprendra bien que plus tard. Ne préjugeons donc rien, et, pour sauver la science, supposons l'impossible ; imaginons un point aussi souple qu'on le voudra, un point tel qu'il soit partout adéquat aux parties successives de la longueur sur laquelle l'imagination du géomètre le voit glisser. Ce sera encore peine perdue, et nous n'échapperons pas davantage à la contradiction qui nous poursuit. Oui, en ce cas, à peine concevable, en ce cas où il semble que toute intelligibilité rationnelle soit sacrifiée, puisque le point, déjà déformé pour se mouvoir, devrait, pour commencer et pour terminer la ligne, revenir à sa nature primitive, en ce cas, dis-je, malgré le témoignage des yeux, malgré les affirmations positives de la science, aucune avance effective ne sera possible pour le point. Entendons-nous. Le point, dans cette hypothèse, avancera encore, si l'on veut, mais à une condition, c'est qu'il n'avance jamais assez pour qu'apparaisse la trace d'un intervalle quelconque, si petit qu'il soit, entre son départ et son arrivée. Il se développe alors une série d'avances fictives et inutiles qui ne peuvent se condenser, si l'on ose dire, en une avance fixe.

Et la raison en est bien simple. Dans l'absolu de la continuité, on ne peut franchir un intervalle, et, par suite, passer d'un point à un autre, sans avoir épuisé toutes les parties du continu qui apparaissent possibles entre ces deux points. Or les parties d'un continu quelconque sont en nombre inépuisable ; rien, en effet, ne les détermine du dehors ; elles se multiplient donc spontanément, et naissent, en quelque sorte, les unes des autres, sans raison d'arrêt et sans fin. Comment, dans cette conception, les parcourir toutes ? Comment avancer effectivement ? Qu'on ne l'oublie pas, une avance effective, une avance arrêtée et fixe, en ce mobile progrès qui constitue le continu, ce serait l'épuisement d'un inépuisable, l'achèvement d'un infini.

Ainsi se pose à nouveau devant nous le problème ardu et presque inextricable de l'infini, esquissé déjà dans la première antinomie kantienne. Il s'agissait alors de l'infini de grandeur; nous nous trouvons maintenant en face de l'infini de petitesse; or, sans parler de l'opposition du but à atteindre, notable est la différence qu'engendre la conception des deux infinis. Sans doute, en notre poursuite de l'une et de l'autre, nous obéissons au même mouvement, entraînés de terme en terme vers de perpétuels au-delà; et cependant nous ne saurions confondre deux ordres de problèmes aussi dissemblables que ceux qu'Aristote, déjà, avait si soigneusement distingués, et que l'auteur de la Critique a étudiés en deux antinomies différentes. Ici, la grandeur croît et se déploie toujours sans jamais trouver de borne à son expansion; là, elle atteint le terme même au delà duquel toute décroissance est impossible. Du point de vue de l'infiniment grand, l'horizon est toujours libre, et, bien que par un curieux effet d'optique, il nous semble parfois qu'une grandeur, comme l'espace, par exemple, soit déjà réalisée au delà de toute borne imaginable, alors qu'elle n'est créée, au delà du concept actuel, que par le pouvoir que se sent l'esprit de la recréer encore et toujours, nous ne sommes point, en ce cas, absolument dupes, et, dès que nous avons été éclairés par l'analyse, nous renonçons sans peine à l'illusion naïve d'une sorte de *firmament* enveloppant de son infinité actuelle la possibilité indéfinie de tous les progrès. Au contraire, s'il s'agit de l'infini de petitesse, loin de pouvoir évoluer librement, nous comprenons qu'un obstacle est posé qui nous arrête; il est présent, il est sous nos yeux, le terme nécessaire au delà duquel on ne recule pas, et tandis que, tout à l'heure, la limite paraissait nous devancer, mobile et fuyante, comme par étapes, elle est, cette fois, certaine et fixe, donnée *a priori* et pour toujours. C'est entre un état de la grandeur et sa suppression totale que se déploie alors le progrès qui doit conduire d'un terme à l'autre; on ne saurait donc y voir un progrès indéfini, toujours et nécessairement variable; et s'il est vrai, d'une part, que, partout où la grandeur est déterminée et arrêtée, elle est nécessairement finie ou infinie, et que, d'autre part, on ne puisse regarder comme finie une grandeur qui, par hypothèse, décroît sans fin, il faut qu'elle soit, dans toute la rigueur du terme, infinie. De fait, elle répond exactement à la définition de l'infini ; elle est inépuisable, puisqu'on veut qu'elle puisse décroître toujours ; épuisée, puisque existe, faisant corps avec elle, le terme qui la limite et la supprime.

En bref, tant que nous sommes restés sur le terrain de la première antinomie, nous n'avons rencontré l'infini proprement dit, l'infini actuel, que sous la forme d'une conception vague, flottante, insaisissable ; maintenant, au contraire, ce même infini est posé à titre de fait, et ce n'est nullement un fait isolé, une sorte d'accident dialectique dont on ait le droit de s'étonner et dont on cherche l'explication ; c'est le fait habituel, le fait de tous les instants, le fait que nous avons sous les yeux à chaque déplacement de chaque mobile, à chaque épuisement de chaque grandeur.

Quel défi à la raison !

Je suppose une droite de longueur définie, une droite dont les extrémités se trouvent déterminées par la distance même qui les sépare. On peut soutenir, que dis-je ? il faut affirmer qu'entre ces deux extrémités s'interpose un infini actuel, et il est aisé d'en donner la preuve. D'un côté, en effet, la divisibilité d'une telle longueur ne s'épuise pas, et il est certain que le nombre de ses divisions possibles est indéfini ; de l'autre, il suffit à un mobile, s'il part de son point d'origine, d'atteindre sur cette ligne un point quelconque, pour que ce nombre existe et soit donné. Voilà bien un indéfini qui se termine, un inépuisable qui s'est épuisé.

Que, dans la spéculation mathématique, une contradiction aussi étonnante soit due à l'incompatibilité du point et du continu, de l'indivisible par essence et de l'essentiellement divisible, nul doute, et nous croyons qu'on en sera convaincu si l'on a bien voulu nous suivre dans les analyses précédentes ; mais comment concevoir que la spéculation mathématique ne puisse se passer de cette incompatibilité, qu'elle la recherche, et que même elle ne s'estime solidement fondée que sur l'union étroite, la pénétration intime de deux facteurs hétérogènes, créés tout exprès, semble-t-il, pour se nier et s'entre-détruire ?

Là est le problème. Pour le résoudre, pénétrons plus avant encore dans l'étude de ses données. Voyons à quoi nous engage et quelles conséquences porte avec elle la donnée de l'infini rigoureux ; nous nous demanderons ensuite si l'affirmation du géomètre qui paraît d'abord accepter cette notion avec toute l'extension qu'on peut lui donner, n'est pas, même à son insu, accompagnée de tempéraments et de réserves qui sauvent la science de l'antinomie. Là est tout le plan de ce travail ; voici les deux propositions qui le résument :

1° *L'infini, en ce qu'il a d'absolu, ou, pour le désigner d'un mot, l'inépuisable, porte partout la contradiction et se détruit lui-même. Il est purement imaginatif.*

2° *On ne l'utilise dans la science que grâce à l'intervention, inaperçue mais certaine, du fini qui représente à la fois le rationnel et le réel.*

Si ces propositions sont prouvées, ce n'est plus seulement, comme dans une précédente étude, *l'existence* de l'espace physique qui sera établie, mais sa *nécessité* absolue ; nous serons tenus de le poser, pour que puisse se poser à son tour un espace idéal ou géométrique qui lui devra et ne devra qu'à lui ses traits essentiels [1].

II

L'Infini pur.

Que l'infini fixe et achevé multiplie les contradictions autour de la contradiction fondamentale qui constitue son essence, c'est ce qu'il sera tout d'abord aisé de faire voir.

Dans un tel infini, dirons-nous en premier lieu, toutes les

1. Nous ne saurions trop faire observer qu'ici, comme partout ailleurs dans cette étude, l'espace que nous appelons physique ou réel, n'est nullement une *réalité en soi, mais une conception de l'esprit qui se pose, dans le concret, comme le décalque exact du réel.*

A plus forte raison l'espace géométrique, plus éloigné encore de la réalité, n'est-il qu'une idée.

grandeurs sont égales, parce qu'un point ne peut y être qu'à l'infini d'un autre point. Si l'on contestait cette conclusion, il faudrait admettre que l'infini actuel n'est qu'une somme de grandeurs finies, ce qui est inadmissible, car une grandeur infinie fixe doit dépasser, de toute l'infinité qu'elle enveloppe, une somme ou juxtaposition quelconque de grandeurs finies.

Il suit de là que, dans l'infini, les parties dont l'ensemble constitue la grandeur totale, sont et ne peuvent être qu'infinies.

Mais quel doit être le mode de leur infinité ? On peut d'abord supposer qu'en chaque grandeur partielle les parties constitutives se répètent et se multiplient à l'infini, sans que pour cela s'accroisse au dehors et se développe nécessairement dans l'espace la grandeur où elles se condensent. Cette première forme d'infinités est une infinité qu'on pourrait appeler *interne.*

Un exemple prêtera plus de clarté à cette conception. Soit deux points *a* et *b* séparés l'un de l'autre par un intervalle déterminé et fini. Cet intervalle, *limité du dehors*, est contenu, par ses extrémités mêmes, en sa mesure précise ; il n'en est pas moins, *vu du dedans*, infini, parce que le nombre des divisions qu'on peut y tracer et des parties qu'on peut y prendre est inépuisable. En vain en tenterais-je l'exhaustion. J'en prends la moitié, puis le quart, puis le huitième, etc., et la suite se prolongera de la sorte tant qu'il y aura des nombres entiers pour doubler les dénominateurs successifs, c'est-à-dire toujours. Je n'arriverai donc jamais, dans cette voie du moins, au terme des divisions possibles, et il me faut reconnaître, tout de suite, que le point qui répondrait à l'épuisement total des parties de la ligne, *ne se rencontrera jamais sur mon chemin.*

Prenons maintenant sur la ligne *a b* un point *a'* à égale distance de *a* et de *b* ; *a'* est, pour les yeux, moitié plus près de *b* que le point *a*, et pourtant, dans l'infini sans restriction, dans l'infini absolu actuel, il en est séparé par une pluralité inépuisable de termes. Ce n'est donc pas du *point de vue sensible*, et à n'envisager la grandeur que *du dehors*, qu'on peut affirmer que *a' b* est plus petit que *a b*. La même infinité réelle sépare du terme *b* à la fois *a* et *a'*, et si l'on se maintient fermement dans cette hypothèse, si l'on ne songe qu'aux étapes à franchir pour atteindre le but commun, il est impossible d'admettre que l'épuisement se fasse plus tôt du point *a'* que du point *a*, parce que le nombre des étapes dans les deux cas est le même, parce que, de part et d'autre, il faut, pour arriver, avoir épuisé l'infini, et que l'infini, quand il est absolu, est unique, excluant de son essence, ou plutôt y enveloppant d'avance et comme *a priori*, tout ce qui est addition ou soustraction.

Ce qui pourrait faire hésiter sur la légitimité d'une conclusion aussi paradoxale, c'est l'habitude contractée, en mathématiques, de distinguer entre des infinis différents et de les subordonner les uns aux autres ; mais il faut bien prendre garde que, dans la science, nombre d'affirmations n'ont qu'une portée restreinte et ne représentent que des conventions. A ne parler que de l'infini, ce terme, nous avons plus d'une fois essayé de l'établir, n'y est jamais pris en son sens métaphysique et absolu. Relatif, il qualifie la grandeur variable, et n'est, on le verra, que le *substitut mental d'un progrès fini, lorsque ce progrès, inconnu de nous en ses moments, nous apparaît indéterminé.* On ne saurait nier, en tout cas, que l'infini du géomètre soit toujours étroitement lié au fini, et il est, dès lors, tout naturel que la multiplicité, qui est la caractéristique du fini, se retrouve, et en quelque sorte se reflète, dans l'infini qui l'exprime ; mais l'hypothèse où nous sommes exclut d'infini à infini toute variété et toute différence. L'infini, en sa forme absolue, est ou n'est pas ; il ne saurait se modifier, et nul mouvement ne pénétrera jamais, pour la dilater, sa rigidité essentielle ; c'est qu'il est d'abord tout ce qu'il peut être et possède tout ce qu'il peut posséder.

Pour donner à notre pensée quelque chose de plus concret et de plus clair, nous dirons que l'infini $+10+20+30$, plus un nombre fini quelconque, est toujours l'infini et rien que l'infini, parce que ce que l'on croit y ajouter est déjà implicitement contenu dans une grandeur qu'on a posée sans bornes et où se trouvent épuisées toutes les possibilités d'addition. Au regard de l'infini vrai, de l'infini absolu, 10, 20, 30, un nombre fini quelconque, ne sont rien, ou plutôt ne sont que des *redites*, et par conséquent ne comptent pas.

On peut faire observer également que l'infini — 10 — 20 — 30, moins un nombre fini quelconque, est toujours et invariablement l'infini, parce que ce qu'on croit en avoir détaché, ou s'y trouve remplacé immédiatement, ou en dépit de tout y demeure. L'infini, en vertu de son essence même, comble toute lacune, répare toute perte, ou, pour être plus exact, se refuse à toute soustraction, la soustraction n'étant alors qu'une opération illusoire et toute verbale.

Il importe d'y insister : si, après addition ou soustraction du fini, l'infini augmentait ou diminuait, c'est que le fini additionné ou soustrait ferait partie intégrante du tout infini ; or c'est ce qu'on ne saurait admettre, à moins d'admettre en même temps et contre toute raison que l'infini est composé de finis.

Ce qui complique tout et ce qui nous trompe, dans l'ordre de problèmes qui nous occupe, c'est que nous sommes invinciblement entraînés à porter dans l'infini les habitudes d'esprit que nous avons contractées jour à jour et que nous exerçons à chaque instant dans le fini. Là où le tout est borné, nous le savons, pour l'avoir maintes fois remarqué et compris, l'opération qui le diminue ou l'accroît est effective ; mais il importe de ne pas oublier que le caractère effectif de l'opération, au lieu de dépendre, ainsi qu'on l'imagine souvent, du *tout* comme *tel*, dépend seulement de la borne que le tout implique, et que, par conséquent, l'affirmation usuelle n'a plus aucune valeur lorsqu'il s'agit de ce qui n'a plus aucune borne.

Une telle conclusion paraîtra étrange ; elle est, en effet, plus que paradoxale, et nous n'hésitons nullement à la déclarer absurde ; mais l'hypothèse sur laquelle elle se fonde n'est-elle pas absurde elle-même ? Quelles conséquences rationnelles peut bien engendrer la supposition irrationnelle d'un inachevable qui s'achève, d'un infini qui se termine ?

Nous tenons précisément à faire ressortir ce qu'enferme

d'illogique l'hypothèse d'un infini absolument pris et actuel. et nous avons à cœur de signaler les conséquences qu'il engendre, pour bien montrer que, dans la science, qui est harmonie et méthode, un tel infini n'a, en fait, et ne saurait avoir, en droit, aucun accès.

La première proposition qu'il nous mettrait en demeure d'écarter est d'une importance telle qu'on ne conçoit plus du tout comment le géomètre, sans elle, pourrait faire un pas. Il lui faudrait, en effet, déclarer *a priori* malgré les faits, malgré l'évidence de ses conceptions, que les grandeurs, en leur constitution interne, sont toutes égales. Où serait, dans l'hypothèse où nous nous plaçons, la raison de leur inégalité ? Toutes inépuisables, elles ne pourraient. comme telles, ni diminuer ni grandir ; elles devraient toutes se poser telles que les fait leur définition ou disparaître.

Si, maintenant, nous passons des parties au tout qui les enveloppe, nous nous apercevons tout de suite que le tout n'est ni plus ni moins épuisable que les parties ; il leur est donc adéquat. Ainsi pénètre de plus en plus dans la science une mortelle uniformité ; et la raison en est bien simple : le fini est divers, il admet toutes les possibilités de variation ; l'infini est un et immuable.

Il est clair qu'avec l'infini toute tentative d'exhaustion d'une quantité devient irrationnelle. Je cherche, par exemple. à épuiser une ligne, m'imaginant peut-être, que, de fraction en fraction, je m'achemine ainsi vers une limite qui est hors de ma portée, sans doute, mais où doit s'annuler toute longueur. Pure illusion ! En cette série, le huitième vaut le quart ; le quart, la moitié ; la moitié l'unité entière.

On peut donc dire que chacun des termes qu'on y rencontre est à la fois double et moitié de lui-même, le quart équivalant, par exemple, à la moitié et au huitième, la moitié, au quart et à l'unité.

En fait, nous l'avons vu, le rapport *d'enveloppant à enveloppé* n'a plus de sens dans l'hypothèse de l'infini. Dira-t-on qu'on peut lui donner quelque apparence d'intelligibilité en décidant que les portions de l'inépuisable seront inépuisables elles-mêmes ? Ce serait se payer de mots. On ne conçoit point d'inépuisables, vraiment tels, qu'on puisse supposer plus grands ou plus petits les uns que les autres. Se dilateraient-ils, en quelque sorte, ou se condenseraient-ils selon les cas ? Qu'est-ce, au fait, que prendre la moitié d'un inépuisable ? N'est-ce pas en épuiser la moitié, et si la moitié s'épuise, comment le tout ne s'épuiserait-il pas, en dépit de sa propre définition ? Mais je veux bien supposer, pour un moment, qu'une telle opération soit possible. Par quel procédé prendre sur une ligne la moitié d'un progrès qui n'a ni origine, ni terme ? Où trouver, en cette recherche, les points d'où il soit possible de partir pour fixer l'exacte moitié qu'on veut atteindre ? La vérité est qu'on suppose toujours, lorsqu'on croit pouvoir partager l'inépuisable, qu'on a affaire, non à l'infinité vraie, mais seulement à l'infinité mathématique. Celle-ci, pour des raisons que nous avons déjà indiquées, et que nous exposerons tout à l'heure, se prête sans difficulté aux opérations du géomètre ; l'autre, toute d'une pièce, ne se laisse pas même entamer.

Si, maintenant, nous considérons qu'en cet étrange domaine où toutes les parties s'équivalent, où se fondent peu à peu et s'évanouissent, sous le regard, toutes les distinctions de formes et de figures, règne une loi d'infinité qui met tout point hors de la portée de tout autre point, n'avons-nous pas le droit de dire que l'infini pur, que la continuité absolue est aussi réfractaire à la science que le chaos à la visible harmonie des choses ? Le monde d'Épicure est un monde d'unités flottantes et dispersées ; encore leur arrive-t-il, grâce à une sorte de vouloir fondamental, de se rapprocher pour s'unir. En un monde modelé sur la conception inféconde que nous venons d'analyser, il n'existerait plus que des abstractions indiscernables, et toutefois, on ne sait comment, isolées, puisque entre elles, sous forme d'inépuisables intervalles, l'infini, partout, formerait barrière. Si la vie est liée à la variété et aux libres mouvements qui l'engendrent, le monde dont la grandeur, ainsi comprise, nous donnerait le spectacle, serait un monde éteint, un monde mort.

Plus on étudie de près le problème qui nous occupe, plus on s'aperçoit que l'infini actuel, qui se détruit lui-même en se posant, porte partout, si l'on s'obstine à le poser, la contradiction et la négation. C'est, pourrait-on dire, le grand égalisateur, le grand niveleur. Avec lui plus rien n'apparaît de déterminé et de précis ; et comment s'en étonner ? Tout principe de détermination, point, ligne, surface, est rigoureusement exclu de son sein ; sans doute, il semble laisser subsister encore je ne sais quelle pluralité vague et insaisissable de parties indéterminées, mais ce n'est, quand on essaie de s'en rendre compte, qu'une apparence illusoire. La pluralité, quand il s'agit de l'inépuisable, prend de plus en plus, faute d'un dessin intérieur suffisamment net, la forme d'une vaste unité indistincte qui se détache peu à peu des semblants de parties auxquelles elle avait paru adhérer, et nous présente, une fois encore, le fantôme de ce continu où la raison, ne trouvant rien à quoi se prendre, vient échouer.

C'est ainsi que, par un progrès nécessaire, de *l'infinité interne*, où pullulent et se multiplient les parties du moindre tout divisible, nous passons à *l'infinité d'expansion* qu'on pourrait appeler *externe* parce qu'elle se déploie progressivement dans l'espace sans rien rencontrer qui limite son mouvement. Et, qu'on veuille bien y prendre garde, cette seconde forme d'infinité est plus étroitement liée qu'on ne l'imagine à la première ; elle en est l'achèvement et la définitive expression. On peut se demander, en effet, si la conception d'une infinité de parties, dans une grandeur à qui l'on suppose des bornes, est autre chose qu'un mirage de la pensée. N'est-il pas étrange, en vérité, qu'à des inépuisables égaux répondent des grandeurs finies à la fois et différentes ? et l'inépuisable vrai, l'inépuisable dont tous les autres ne sont que d'infinitésimales réductions ou de fugitifs points de vue, ne doit-il pas dépasser toute grandeur fixée, et ne sera-t-il pas dès lors l'*illimité ?*

Mais, pour le moment, peu importe. Illimité ou non, si, sous le nom de continu, l'inépuisable est conforme aux précédentes analyses, s'il conduit aux conséquences que nous venons d'énumérer, il n'a nul droit de pénétrer dans la science, encore moins faut-il espérer l'y faire coexister avec le point. L'indétermination absolue exclut l'absolu déterminé ; le divisible par essence, l'indivisible essentiel.

Que se produit-il cependant ? Les termes qui, logiquement, devraient s'exclure, en réalité, se pénètrent. Il faut, dans ces conditions, ou renoncer au principe de contradiction, ou essayer, à la lumière des faits et avec l'aide de la science elle-même, une interprétation qui, en fixant le sens des idées antinomiques, fasse apparaître, s'il se peut, sous le contraste, l'union, sous l'opposition superficielle, un lien secret et profond de parenté.

III

L'Infini mathématique et les notions d'élément et de limite.

Nous tenons « les deux bouts de la chaîne » : le point d'un côté, le continu de l'autre. Il faut combler l'intervalle, et si la raison n'est pas décidément antinomique, il sera comblé.

Mais l'intervalle paraît immense, infranchissable, et, ce qu'il y a de plus inquiétant dans le cas actuel, c'est que le but poursuivi ne semble pas pouvoir être atteint par le rapprochement simultané des deux extrêmes. L'un d'eux, en effet, le point, de quelque côté qu'on l'envisage, paraît immuable. Il faudrait donc, pour que la réconciliation se fît entre ces deux conceptions opposées, aller non du *point au continu*, mais *du continu au point*.

En vérité, plus le problème se précise, plus il s'aggrave. Comment imaginer que le continu se rapproche du point ; comment admettre surtout qu'il puisse le rejoindre ? Jamais l'antinomie n'a paru à ce point troublante.

Assurons-nous, avant tout, que le point ne se prête à aucune variété de sens, à aucune différence d'aspects et, par conséquent, de conceptions. Οὗ μέρος οὐδέν, dit de lui Euclide lorsqu'il veut le définir. La définition est négative, mais comment définir autrement ce qui est la négation même du phénomène, par essence étendu et divisible ? Le point est donc l'individu mathématique, l'atome idéal. Peut il être amplifié ou réduit ? Non. Il faut qu'il soit ce qu'il est ou ne soit pas. Le point sensible du physicien, qui n'en est qu'une approximation, est au fond multiple ; il admet donc des parties, et ce qui admet des parties, loin de pouvoir servir d'unité de mesure, a besoin d'être mesuré lui-même. Au contraire, le point du géomètre est le seul qui puisse fournir une origine fixe ou un terme définitif à la grandeur. Seul, par conséquent, il peut entrer, avec ce qu'il a d'arrêté et de précis, dans la science exacte, où il s'oppose à ce qui est progrès indéfini et devenir, comme le repos absolu au mouvement.

Si, maintenant, du point nous passons au continu, nous nous apercevons, au premier regard, que le continu est aussi souple en son indétermination que le point, en sa précision, est rigide. Qui dit continuité dit confusion. Confuse aussi est l'idée qu'on se fait du continu, et pour cela même, variés sont les points de vue auxquels on s'est placé pour le définir.

S'il en est ainsi, le but de notre recherche apparaît nettement, et l'on se rendra aisément compte de la méthode que nous entendons suivre pour l'atteindre. Il s'agit, parmi les diverses significations du mot continu, d'en trouver une qui permette de le rapprocher du point, ou au moins de la *grandeur, s'il en existe, que crée la répétition du point.* Au cas où cette signification existerait, il est clair que le problème serait résolu et l'antinomie écartée. Mais l'entreprise est délicate, et il importe, en un tel travail, de ne rien livrer au hasard. Le plus sûr sera donc pour nous de demander à la mathématique elle-même de nous guider dans l'examen que nous allons faire. Le problème l'intéresse, bien qu'elle se préoccupe, d'ordinaire, plutôt des applications que des principes, et il nous intéresse à notre tour, parce que, nous le savons d'avance, la science du géomètre nous montrera jusqu'à quel point, malgré d'apparentes discordances, elle demeure, en ses conceptions les plus hautes, étroitement liée à l'éternelle logique. Nous avons beaucoup à apprendre d'elle, et nous profiterons largement de ses données ; en revanche, et bien que nous ayons, dans cet examen, le sentiment profond de ce qui nous manque, nous espérons qu'elle ne nous refusera pas le droit d'interpréter quelques-uns de ses théorèmes en vue de rendre plus sensible aux yeux l'harmonie intérieure qu'elle enveloppe. Peut-être ne s'est-elle pas toujours rendu compte d'affirmations à ce point implicites qu'il faut un sérieux effort d'analyse pour les dégager ; mais qu'importe ? Il suffit à notre but, que nous puissions regarder comme acquis ce que supposent partout et toujours ses conceptions usuelles. C'est donc, à la lumière même des propositions mathématiques les mieux établies et les plus fermement maintenues, que nous allons tenter de résoudre l'antinomie du continu et du point, et il nous semble que, sur ce terrain, les décisions de la science doivent être la garantie la plus sûre de la théorie ; ce qu'elle aura jugé sera bien jugé.

Quelle idée se fait du continu le géomètre ? S'il est pour lui *le pur inépuisable*, il faut qu'il accepte les conséquences qu'implique son inexhaustibilité. La première, c'est qu'il est impropre au mouvement et que nul mobile n'y pénétrera jamais. Or non seulement le géomètre se refuse à cette conséquence, mais il fait du continu le véhicule même du mouvement. Comment justifier une affirmation si inattendue ? Faut-il croire que le géomètre regarde au fond comme illusoire l'idée d'inépuisables toujours renaissants, ou supposer qu'il est loin d'y voir, pour le mobile, un obstacle absolu, un obstacle qui le condamne au repos ? Mais, s'il en était ainsi, pourquoi regarderait-il comme un principe intangible la divisibilité sans fin de la grandeur spatiale ? Pourquoi n'avouerait-il pas tout de suite que cette grandeur, puisqu'elle s'épuise, est finie ? Sans doute, le fait de l'épuisement du continu par le mouvement défie toute négation et s'impose, mais le géomètre, quand il s'observe et analyse la situation que lui fait la logique, se trouve, d'autre part, aux prises avec une nécessité non moins inéluctable, à ce qu'il semble, celle de ne jamais sortir du relatif et d'y évoluer indéfiniment. Le voilà donc condamné à deux affirmations contraires. L'une est-elle aussi absolue que l'autre ? Nous ne voulons pas encore le savoir. N'anticipons pas sur des conclusions que le développement de la théorie précisera.

On nous fera observer, peut-être, que le mouvement est étranger au pur continu de la ligne, et que c'est du continu seul qu'il s'agit dans l'analyse que nous voulons faire. Soit, mais de ce que le mouvement vient s'ajouter comme du dehors à la continuité géométrique, il n'en résulte nullement qu'il l'altère, ou en masque la loi fondamentale. Au contraire, il en marque plus nettement le dessin et le rend sensible aux yeux. On ne saurait trop le redire : en cette rencontre de grandeurs distinctes, c'est la ligne qu'il faut regarder comme antérieure au mouvement, non le mouvement comme antérieur à la ligne. Comment croire, en effet, que la ligne subisse une loi étrangère à la sienne propre ? Comment admettre qu'elle dépend du mouvement ? N'est-elle pas idéalement avant que le mouvement soit, puisque le mouvement, en définitive, ne se définit que par elle ? On dit parfois, avec un semblant de raison, que le point en mouvement crée la ligne ; c'est ne pas réfléchir assez que la ligne qu'on veut tracer ainsi dans l'espace préexiste au mouvement qu'on imagine et que ce mouvement ne fera que la recouvrir. Disons donc que, loin de modifier en rien le continu de la ligne, le mouvement, encore qu'adventice, est tenu d'en exprimer l'essence et de se modeler sur sa nature. Le mouvement, par exemple, se développe ; c'est que la ligne qui déjà le sous-tend dans la pensée, lui laisse le champ libre ; il s'épuise ; c'est que la ligne s'est épuisée comme lui.

L'épuisement de la grandeur par le mouvement est un fait certain, indéniable, et ce fait pourrait nous suffire ; mais demeurons dans la mathématique pure, et essayons de savoir du géomètre si le continu, tel qu'il le conçoit, est *réellement* et *au sens rigoureux du terme*, *inépuisable*.

Il lui suffira, pour répondre, de faire appel à la méthode d'exhaustion, depuis longtemps familière au savant, puisqu'elle date, à le bien prendre, d'Archimède. Cette méthode, avec ses deux idées capitales de variable et de limite, permet de pénétrer au centre même de la conception que le mathématicien se fait de sa science.

En vue d'en rendre sensibles les traits essentiels, nous aurons recours à un schème imparfait, mais très simple, et accessible par là même aux esprits les plus étrangers à cet ordre délicat de spéculations.

Soit une ligne donnée et par conséquent déterminée, car une ligne indéterminée ne saurait être donnée. Je me propose, s'il se peut, d'épuiser son contenu par voie de *dichotomie* ; j'en prends donc d'abord la moitié, puis la moitié de la moitié, et ainsi de suite.

Or, cet essai d'analyse des parties possibles dans la ligne donne lieu, de la part du géomètre, à deux affirmations importantes :

La première, c'est que la longueur de la ligne ainsi divisée et constamment décroissante tend vers zéro ;

La seconde, c'est que zéro est la limite de la grandeur décroissante de la ligne.

Examinons, l'une après l'autre, ces deux affirmations ; voyons ce qu'elles signifient et ce qu'elles impliquent.

a) Si la longueur décroissante de la ligne tend vers zéro, c'est qu'à chaque étape elle s'en rapproche, et, pour qu'elle s'en rapproche, il suffit, l'avance se produisant réellement, que zéro soit fixe. Il est manifeste, au contraire, que si zéro reculait à mesure que la ligne décroissante tend à l'atteindre, il n'y aurait plus d'avance effective, et que l'intervalle qui séparerait la grandeur variable de sa limite demeurerait irréductible et toujours le même.

Zéro est donc fixe, et il doit l'être, puisqu'on affirme qu'il y a rapprochement ; mais, qu'on veuille bien y réfléchir, il ne saurait l'être dans l'*inépuisable pur*. Un terme, dès qu'il est situé à l'infini, doit être regardé, non seulement comme quelque chose qui recule toujours, mais encore comme quelque chose qui a dépassé, pour rendre plus inutile en quelque sorte toute avance quelle qu'elle puisse être, la somme de tous les reculs imaginables. On regardera cette conception comme inintelligible ; pourtant, dans l'infini pur, elle est nécessaire.

Ce qu'il importe de remarquer, c'est que le géomètre écarte implicitement l'idée d'un zéro limite situé à l'*infini* de la variable, puisqu'il regarde comme *positive* et *effective la tendance vers zéro.*

Et, de ce fait qu'il y a approximation constante, il doit conclure qu'une portion de l'intervalle primitif, portion de plus en plus grande, à mesure qu'on avance, se trouve à chaque instant épuisée.

Cet intervalle n'est donc pas inépuisable ; mais peut-on prouver directement qu'il s'épuise ? Nous le croyons et nous allons faire appel, pour établir, à l'idée de *limite*, une des plus fécondes et des plus suggestives que la science ait conçues.

b) Qu'est-ce pour le mathématicien que la *limite ? C'est le terme dont une quantité variable peut suffisamment se rapprocher pour que la différence entre la variable et la limite soit et demeure plus petite que toute quantité donnée, sans jamais toutefois s'annuler absolument.* Ainsi, dans l'exemple que nous avons pris, la variable serait la ligne décroissante, et zéro la limite de sa décroissance, parce que, entre cette limite et les minuscules bâtonnets qui, bien qu'à peine visibles, sont encore des lignes, s'interpose un infini que n'épuisera jamais la division. Au fond, qu'y a-t-il dans cette conception de la limite ? Une première idée, qui est celle-ci : quelque restreinte qu'on l'imagine, une portion d'étendue ne s'épuise point. La variable approche toujours du but, parce que toujours elle en peut approcher, et elle en peut toujours approcher parce que le divisible ne lui fera jamais défaut.

Ainsi, pour le géomètre, la moindre fraction d'espace est inexhaustible ; il peut, sans doute, la prendre d'un coup tout entière ; elle lui est alors donnée en son intégralité ; mais il tenterait inutilement de la résoudre ; l'opération serait sans fin.

Jamais la variable n'atteindra la limite. Voilà, semble-t-il, le mot décisif sur ce sujet.

C'est donc que l'espace ne s'épuise pas.

Mais voici surgir une idée toute différente. Que fait le mathématicien lorsqu'il passe à la limite ?

Quelque chose d'analogue à ce qui s'est produit tout à l'heure, lorsque le mouvement, appelé à résoudre le problème, épuisait presque d'un coup la prétendue inexhaustibilité du continu. Passer à la limite, c'est, lorsque la donnée du problème le comporte, couper court aux divisions qui s'appellent et se répètent sans fin, abandonner à elle-même la quantité décroissante, et, dès qu'a été aperçu le but où elle tend, s'y porter d'emblée et comme d'un bond. Dans le schème que nous avons proposé, on laissera toujours décroître les lignes infinitésimales, et l'on se fixera, sans transition, au terme même de cette décroissance qu'on déclarait pourtant n'avoir pas de terme.

C'est donc, cette fois, que l'espace s'épuise.

La contradiction est évidente, elle est absolue. Quoi ! l'intervalle qui sépare et séparera toujours la variable de la limite est un continu qu'aucune division ne peut résoudre, et sur la seule indication du sens dans lequel se produit le mouvement de la variable, je me transporterais, comme d'un coup d'aile, par delà tous les termes de ce mouvement ! Rien n'est plus étrange et plus troublant pour la raison. Qui pourrait croire, en vérité, que la science, et la science exacte par excellence, se fonde tout entière sur une conception aussi irrationnelle que celle d'inépuisables qui s'épuisent, d'infinis qui s'affirment à la fois comme infinis et comme finis ?

De la consultation que nous venons de demander à la science, il semble qu'aucune solution encore ne se dégage ; on pourrait croire même, au point où nous en sommes, que nous avons fait un pas de plus, le dernier en profondeur, dans la nuit de l'antinomie ; et, cependant, c'est de cette situation que va jaillir la lumière. Nous n'avons qu'une issue, mais elle est positive, elle est sûre, et va sauver, on le verra, le principe de contradiction.

On l'a déjà pressenti, sans doute, après ce que nous en avons dit si souvent : ce n'est pas du même point de vue que le géomètre affirme ou nie l'exhaustibilité de l'espace.

Ici, comme partout et toujours, la pensée spéculative se dédouble, et nous voilà ramenés à l'unique, à l'éternelle antinomie[1], à l'antinomie qui explique toutes les autres, dès qu'on a une fois reconnu qu'elle résulte de l'opposition nécessaire de deux fonctions de l'esprit, et qui les résout toutes dès qu'on s'est décidé, dans l'étude des plus hauts problèmes, à donner le dernier mot à celle de ces deux fonctions qui seule a le droit de décider en dernier ressort.

Rappelons que la pensée que nous avons appelée *imaginative* ou *sensible* est orientée vers le relatif de la science, tandis que la pensée *pure* que nous lui avons oppposée se donne pour objet l'absolu des solutions métaphysiques. La première se meut dans le phénomène[2], toujours visible ; la seconde, dans l'invisible réalité que sa dialectique pose comme la condition essentielle du phénomène[3]. Celle-là explique le fait par le fait, et, pour cela même, ne peut que se jeter en un progrès vague et sans fin ; celle-ci, au contraire, en un monde déterminé et précis, fait tout dépendre d'éléments finis en nombre, premières et dernières unités, qu'elle place à l'origine et au terme de toute grandeur.

Or, que se passe-t-il, lorsque, dans l'antinomie mathématique, se produit l'affirmation du progrès sans fin ? Mise en face de la grandeur, la pensée sensible l'aperçoit *du dehors*, une et pour ainsi dire toute d'une pièce en sa continuité visible ; la réalité des parties élémentaires qui la constituent lui échappe, et cependant la multiplicité latente qu'elle enveloppe ne saurait, encore que confuse, faire pour elle le moindre doute. La pensée sensible va donc pouvoir diviser ; elle pourra, par cela même, calculer, car, pour calculer, il lui suffit de disposer de sous-multiples, et la division fournira à ses calculs autant de sous-multiples qu'elle en peut vouloir.

On le voit, ce qui importe surtout à l'imagination, ce qui est pour elle d'intérêt majeur, d'intérêt vital, c'est que les

1. *Pour la Raison pure*, p. 5-8 et suiv. ; p. 28 et 29.
2. *Ibid.*, p. 9-18.
3. *Ibid.*, p. 18 et suiv.

sous-multiples, dans la mesure des grandeurs, ne lui fassent jamais défaut, et que, si avant qu'elle doive les chercher dans l'échelle des infiniment petits, ils soient toujours à sa disposition et comme sous sa main. Il faut, en d'autres termes, que la série des fractions décroissantes de la grandeur soit telle qu'une grandeur, si petite qu'on la suppose, puisse trouver à l'infini des sous-multiples plus petits qu'elle pour la mesurer.

La mathématique et, en particulier, la géométrie, est sortie, on le sait, de nécessités pratiques. « Il faut mesurer », voilà, pour le géomètre, la plus impérieuse des lois. Ce qu'il réclame, ce sans quoi sa science n'existe plus, c'est la division sans fin répétée. Dans l'absolu, l'unité de mesure est une et toujours la même ; dans le relatif, il faut qu'elle varie, parce qu'elle est arbitraire, rien ne la fixant ici ou là, et, pour cela même, elle doit pouvoir reculer toujours. La matière ne peut manquer à la science, et la matière sur laquelle s'exerce le géomètre, c'est le continu, toujours fuyant sous la forme que momentanément on lui prête, mais, comme continu, toujours présent.

On n'a point oublié, peut-être, le spectateur idéal, que dans la première partie de cette étude, nous placions devant une ligne de lumière inconnue de lui en sa loi de formation. Maintenant, je le suppose, il est au courant de tout ; il comprend pourquoi la ligne commence, pourquoi elle finit ; il s'explique comment il a pu, sans difficulté, prendre ici ou là sur cette ligne des points lumineux ; il n'en est pas moins tenu de demeurer dans sa conception première s'il se propose de la mesurer, et il a beau supposer qu'à la fin de ses divisions, peut-être, il rencontrera le point, comme il ignore où et quand il le rencontrerait, il est bien obligé, dans l'intérêt de ses calculs, de tenir la supposition pour non avenue, et de se fixer dans l'apparence qui lui fait une loi de l'indéfini.

Ainsi fait le géomètre. Il subordonne le point de vue de la doctrine au point de vue de l'utilité. Ce qu'il demande, avec la pensée dont il s'inspire, ce n'est pas que la grandeur enveloppe une divisibilité sans bornes, *c'est qu'il puisse faire comme si elle l'enveloppait réellement;* il réclame seulement le droit de fermer les yeux sur l'indivisible qui crée ou termine le progrès où il se place, pour le prolonger autant qu'il y trouvera intérêt.

Déjà, semble-t-il, l'autonomie a perdu un peu de son acuité première ; la grandeur, pour le mathématicien, n'est plus, comme nous le disions tout à l'heure, un *infini fini*, ce qui est la contradiction même, mais un *indéfini subjectif* qui représente un *objectivement fini.*

C'est sur cet *objectivement fini* qu'il nous faut maintenant jeter les yeux. Pour savoir si la grandeur prise en elle-même et en dehors de tout besoin imaginatif, doit se poser ou non comme inépuisable, interrogeons la raison pure. Sa loi dialectique nous est connue [1]. Étrangère à l'intuition, elle n'affirme que ce que le principe de contradiction lui interdit de nier, et fait ainsi de l'existence ou de la non-existence de la pensée tout entière la suprême garantie de ce qu'elle affirme.

Or, quand on l'interroge sur le point qui nous intéresse, quelle est la réponse de la pensée pure ? Sans se laisser troubler par la perception d'une continuité qui ne saurait finir, elle reste, en dépit de tout, toujours d'accord avec elle-même, et c'est ce dont on s'assurera facilement si l'on veut bien se donner la peine de l'écouter.

Demeurons, pour simplifier, dans l'hypothèse de la plus simple des grandeurs, qui est la ligne. Cette ligne, bien entendu, est définie, elle est telle ou telle. Voilà l'hypothèse. S'il en est ainsi, la réponse que nous voulons obtenir n'est plus douteuse ; au regard de la raison pure, la ligne s'épuise.

Et pourquoi s'épuise-t-elle ? Pourquoi l'exhaustion, seulement commencée, s'achève-t-elle *spontanément et d'elle-même ?* Pour une raison déjà indiquée et décisive : à chaque étape du mouvement idéal d'où l'exhaustion doit sortir, on se *rapproche effectivement* et *de plus en plus* du terme zéro, limite de ces approximations successives.

1. *Pour la Raison pure*, p. 24 et 25.

— On s'en approche, soit, mais sans jamais l'atteindre, interrompt tout aussitôt la pensée sensible, qui ne peut se détacher du continu et rejette à l'infini le point final.

— Mais que signifie cette interdiction, et comment interpréter ce « sans jamais l'atteindre », que l'imagination nous objecte ? Veut-on dire que la division, en son progrès, ne le rencontrera jamais sur sa route ? Nous en demeurons d'accord, mais nous nous hâtons d'ajouter qu'un terme dont on approche toujours, s'il est fixe, ne peut être absolument hors de portée. L'opérateur n'achève pas, sans doute, le mouvement qui l'entraîne vers la limite ; c'est que le mouvement s'achève, en quelque sorte, tout seul, mais il s'achève.

Imaginons l'impossible. Supposons pour un moment que la ligne décroissante s'approche toujours du but sans jamais l'atteindre. Il est clair que cette ligne ne peut plus être regardée comme terminée, et que le point qui la clôt est un contresens. Comment a-t-elle pu commencer ? C'est ce qu'il serait bien difficile de dire ; ce qui est certain, c'est qu'il ne lui est pas permis de finir.

— On insiste : la différence entre la ligne et le point limite deviendra si petite, elle s'atténuera tellement qu'elle n'entrera plus en ligne de compte. Ainsi parle l'imagination qui croit pouvoir suivre les imperceptibles diminutions de la ligne jusqu'au fond d'un abîme de petitesse ; mais ce n'est là encore qu'une de ces illusions dont elle ne nous entretient que trop souvent. Contre elle la logique de la pensée pure proteste et s'inscrit en faux. Quelque près qu'on soit du terme, en effet, s'il est entendu qu'on ne l'atteint pas, et si réellement le nombre des divisions qu'on peut concevoir entre la grandeur et lui est sans fin, on peut dire qu'à chaque étape on est aussi loin du but qu'au point de départ, et, pour satisfaire à l'hypothèse, le terme zéro est tenu, en quelque sorte, à un recul perpétuel, à un recul qui défie toutes les avances et rend inutiles tous les progrès.

Ne voit-on pas, quel que puisse être pour nous le prestige de ce qui se représente et parle aux yeux, que, dans le progrès décroissant qui nous occupe, nous serons, à chaque étape, aussi loin du but qu'à la première ? Et la raison en est bien simple. Pour l'atteindre, il reste toujours même chemin à faire, même espace à franchir. Il y a aussi loin de la millième partie d'un millimètre au zéro situé à l'infini, que du millimètre lui-même ou du mètre, ou d'une longueur quelconque, si considérable qu'on la prenne.

— N'est-il pas vrai, pourtant, qu'à mesure qu'on approche du but, les parties deviennent moindres ? objectera-t-on encore.

— Pour l'œil sans doute, et parce que, malgré tout, on suppose, sans se le dire expressément, que le mouvement aboutit ; mais du moment qu'il est bien convenu qu'il n'aboutit pas, les parties n'ont, en vérité, aucune raison de devenir moindres ; elles n'ont de droit de diminuer, pourrait-on dire, que lorsque a diminué la distance qui les sépare du but. Leur rapprochement doit être *effectif*. Si elles se rapprochent *toujours*, elles ne se rapprochent *effectivement* plus du tout.

On comprend maintenant le sens de ce passage à la limite, si mystérieux à première vue, et dès qu'on y regarde de près, si rationnel et si aisément explicable. Le géomètre sait d'instinct que le continu le prive de tout moyen d'arriver au terme d'un progrès quelconque ; mais ce terme existe ; il n'en demande pas davantage ; il sort donc du continu, et comme, avant d'en sortir, il a pu concevoir la limite dont le continu se rapproche, il s'y transporte d'emblée, résolu, puisque la fin de l'opération s'impose, à en finir [1].

Tel est l'acte *de la pensée pure* sur le terrain où l'infini et le fini se rencontrent. Cet acte est aussi solidement fondé sur le caractère objectif de la grandeur, toujours finie, que la possibilité indéfinie de la division l'est sur le continu, par essence incomplet et fuyant.

On demandera peut-être si la divisibilité indéfinie du continu ne va pas nous porter au delà du terme que nous poursuivons. Préoccupation oiseuse, puisque précisément nous

1. *Pour la Raison pure*, p. 24 et 25.

refusons de nous laisser porter par le continu. D'ailleurs, il nous faut opter, dans le cas présent, entre deux alternatives : ou chercher la limite au delà d'un progrès qui, par hypothèse, ne finit pas ; ou la demander *à un changement radical de point de vue*, et, laissant de côté la question de savoir s'il est un moment de la série décroissante à laquelle elle puisse répondre, la poser comme nécessaire et affirmer son existence comme *objective*, sans plus de souci d'un progrès qui n'est après tout que dans l'esprit.

C'est sans hésiter, on le pense bien, le second parti que nous prendrons.

L'idée de limite, à la vérité, ne se laisse pas toujours aisément saisir ; il semble qu'elle ait donné lieu à quelques scrupules chez les mathématiciens orientés de préférence vers le phénomène et portés, par cela même, à rejeter au second plan le rôle de la réalité dans la construction de l'espace. Leibniz, par exemple, en sa conception des différences qui séparent la limite de la quantité qui s'en rapproche, est visiblement moins soucieux du but que du chemin, moins préoccupé du terme à atteindre que des approximations indéfinies que lui fournissent les infiniment petits décroissants, et où pourra librement se développer le calcul. Mais alors, il lui faut se résoudre aux « *à peu près* », oser dire que les erreurs commises sont inappréciables et peuvent être entièrement négligées dans les résultats, faire enfin de l'analyse infinitésimale, que l'on sait être absolument rigoureuse, une méthode analogue à celle qu'on emploie et dont on se contente dans les sciences physiques [1].

1. La comparaison des grains de sable laisse grandement à désirer, au point de vue même de la doctrine de Leibniz. Ils constituent, en effet, une quantité finie dont on pourrait toujours déterminer le rapport à une autre quantité finie si grande qu'on l'imagine, tandis que l'infiniment petit ou « incomparable », comme l'appelle Leibniz, varie arbitrairement entre une grandeur donnée et zéro, zéro exclus. L'erreur, dans la doctrine de ce philosophe, est donc arbitraire, au lieu que dans la comparaison qu'il emploie, elle est déterminée et toujours la même. Mais une erreur arbitraire n'est point une erreur nulle, surtout si l'on pose en principe qu'elle ne peut, de diminution en diminution, atteindre la limite inférieure qui est zéro. — On ne peut, dites-vous, lui assigner de terme ; c'est précisément parce que vous ne pouvez lui assigner de terme que l'erreur subsiste ; c'est

Telle est cependant la conception qui s'impose à quiconque ne veut voir dans l'espace que ce qu'il enferme de subjectif. Descartes et Newton, parmi tant d'autres, ont nettement compris qu'il fallait sortir de ce point de vue, regarder du côté de l'objet, et, pour purger le calcul de toute erreur, passer à la limite [1].

parce que l'approximation est indéfinie que c'est toujours une approximation et rien de plus. Dans la méthode des limites, je sais ou du moins je pressens que ce qui est pour moi indéfini est fini en soi; or, un intervalle fini, alors même qu'il me serait inconnu, peut toujours être épuisé. Ici au contraire, nulle arrière-pensée; sortir de la quantité, c'est sortir de l'hypothèse, et la limite ne peut plus être, si elle existe, qu'au terme d'une série inachevable. Dans une pareille donnée, il est clair que l'assimilation de l'incomparable à sa limite, assimilation pourtant nécessaire, si l'on tient à préserver une formule de toute erreur, réalise le nombre infini.

1. On sait sur quel principe Descartes voulut fonder son calcul des indéterminées. Le géomètre philosophe établit qu'une quantité arbitraire, en relation avec une quantité fixe d'une part et zéro de l'autre, devient fixe elle-même et atteint sa limite. C'est sans doute que nous la soumettons à une double exigence de la pensée; nous la juxtaposons à d'autres quantités qui lui imposent la nécessité d'être fixe, et nous la supposons d'autre part aussi petite qu'on le veut. Or une quantité à la fois fixe et aussi petite qu'on le veut ne peut être que zéro.

C'est au fond la même pensée qu'exprime Newton dans le fameux *lemme* qu'il a placé en tête de ses Principes mathématiques :

« Les quantités et aussi les raisons des quantités qui, en un temps fini, tendent constamment vers l'égalité, et de cette façon s'en approchent de plus près que ne le marquerait une différence donnée, *deviennent en dernier lieu égales.* »

Et voici comment il le démontre : « Si vous niez la proposition, supposez que leur dernière différence soit *d*; elles ne peuvent donc approcher de l'égalité de plus près que la différence *d*; ce qui est contre l'hypothèse. »

Une différence, en effet, peut être moindre que toute différence donnée sans être égale à zéro, lorsque la quantité que l'on considère est soumise à un progrès purement indéfini; mais dès qu'on admet, à terme fixe, en un temps donné par exemple, un repos absolu, la suppression de toute différence devient nécessaire. Si, d'une part, la quantité ne peut fuir, et que, de l'autre, l'intervalle qui la sépare d'un certain terme soit moindre que tout intervalle proposé, n'en doutons pas, le terme est atteint, l'intervalle a disparu.

Leibniz a paru s'étonner que les propositions vraies dans le fini, pussent réussir à l'infini; c'est qu'il a mis la limite à perte de vue de la grandeur; mais la grandeur, dès qu'on la considère en elle-même et en dehors du progrès subjectif de la pensée, est finie, et la limite, alors, n'est plus que le terme où elle s'achève, terme qui, en définitive, lui appartient.

Où l'on peut dire que s'opposent vivement et d'une façon dramatique les deux points de vue opposés du sujet et de l'objet, de la pensée sensible et de la pensée pure, c'est dans le paradoxe célèbre qu'a livré aux disputes des philosophes la dialectique du subtil penseur d'Élée. Qui ne connaît ses deux coureurs, leur vitesse inégale et l'impossibilité prétendue de leur rencontre ? Ils se mettent en marche. On peut en conclure déjà que ce n'est pas dans l'infini proprement dit qu'ils se meuvent, car un tel infini est inépuisable, et, dans l'inépuisable, on n'avance pas. Zénon ne songe, en fait, et il ne peut songer qu'à *l'infini du géomètre*, à cet infini qu'on entame et où l'on pénètre, parce que, infini seulement en apparence et pour le calcul, il recouvre un fini que doit épuiser et qu'épuise un nombre certain d'étapes. Ces étapes, cependant, se multiplient, et nous voyons en imagination nos coureurs se rapprocher peu à peu d'un terme que l'esprit anticipe, que la mathématique connaît et où nous savons que se produira la rencontre.

A ce moment intervient le géomètre d'Élée. « La rencontre a lieu; soit, nul n'en doute, puisque c'est un fait; mais avant qu'elle ait lieu, il faut que vous m'accordiez un nombre infini d'étapes. Je ne puis demander moins. Sans doute, dans la conception commune, chaque étape est un progrès, mais un nombre fini de progrès ne saurait nous conduire au but; entre le but et le dernier progrès, il apparaîtra toujours une différence, et, pour la combler, il faudrait avoir jeté dans ce gouffre de l'infini, que rien de fini ne comble, un nombre sans fin de fractions d'espaces toujours plus petites et néanmoins toujours renaissantes. »

La contradiction est flagrante ; je la résume d'un mot « Le nombre infini est impossible, c'est vrai ; mais il existe, puisque existe la rencontre qui le suppose. »

N'est-ce pas sous cette forme que nous est apparue, au début de cette étude, l'antinomie que nous avons appelée mathématique, et ne nous sommes-nous pas sentis un moment découragés devant une grandeur assez irrationnelle pour se révéler finie à la fois et infinie ? Depuis, nous avons fait un grand pas. Les deux faces opposées de cette grandeur, qui nous paraissait unique, ont été expliquées par la différence de deux points de vue, et il nous a paru qu'en mathématiques comme ailleurs, la *pensée pure* avait d'autres exigences que la *pensée imaginative*, l'*objet*, d'autres exigences que le *sujet*. Nous avons compris que l'infini était l'apparence superficielle, le voile jeté par le continu sur une multiplicité distincte au dedans, confuse au dehors, et prête, pour cela même, à toutes les opérations du géomètre, sans cran d'arrêt ni limite ; nous croyons que le fini, au contraire, est le propre de la grandeur objectivement conçue, la condition de son progrès, la raison de tout ce qu'elle offre de varié en ses tracés et en ses formes ; nous avons enfin touché du doigt cette vérité nettement conçue par le génie des Descartes, des Newton, des Carnot, que, là où l'approximation est réelle et le but fixe, l'exhaustion est non seulement possible, mais nécessaire par l'annulation de tout ce qui est infiniment petit dans les différences.

Eh bien ! nous pouvons revenir maintenant sans crainte à l'épineux problème que nous propose Zénon. « Vous affirmez, dirons-nous, la nécessité d'un nombre sans fin d'étapes avant la rencontre. Nécessité, oui ; mais pour qui ? Pour la pensée pure, ou pour la pensée imaginative ? Celle-ci, incapable de se priver de l'intuition de la ligne, exige qu'à chaque étape reparaisse, toujours amoindrie, mais toujours perceptible, la longueur utile à ses approximations et à ses calculs ; mais une telle exigence n'est que relative ; elle appartient au sujet qui réalise ce qu'il imagine ; la grandeur, au contraire, en ce qu'elle a d'objectif, loin de subir cette loi de répétition indéfinie, l'exclut. Quelle qu'elle soit, ligne, triangle polygone, cercle, elle est déterminée et finie ; il suffit, pour s'en convaincre, d'ouvrir les yeux, et il est clair, d'ailleurs, que ce n'est qu'à cette condition qu'elle est mesurable.

Si donc tendent vers un même but deux mobiles à distance finie l'un de l'autre, avec des vitesses telles que celui qui précède se meuve plus lentement que celui qui suit, il faudra, pourvu que les deux mobiles se rapprochent *effectivement* et *constamment* de ce but, que leur rencontre se produise en un point déterminé de l'espace aussi bien qu'en un instant donné de la durée, car un intervalle d'espace ou de durée ne se conçoit que limité et fini.

— Quoi ! l'étendue ne serait pas infiniment divisible ! — Elle l'est, mais *pour nous* seulement, lorsque nous la considérons du dehors. Elle ne l'est plus lorsque la pensée pure la pose telle qu'elle doit être en sa réalité objective, et indépendamment de la continuité fictive que nous y mettons.

Le paralogisme — car il faut bien reconnaître qu'il y en a un dans l'argumentation de Zénon [1] — vient de ce que le subtil dialecticien fait d'une loi subjective de la pensée la loi objective de l'espace ; il prend au sérieux et regarde comme réellement inépuisable un infini qui n'est que mathématique et qui s'épuise.

Si, pourtant, il faut le suivre sur ce terrain, si c'est objectivement et en dehors de la pensée imaginative que chaque portion d'espace est grosse d'une infinité de portions d'espace renaissant d'elles-mêmes et se multipliant à l'infini, comment les deux mobiles de Zénon ont-ils pu sortir de leur repos et faire le premier pas en avant ? Ce pas, ils l'ont fait ; tout est dit. C'est que les infinis qu'il faut franchir ne sont que fictifs, ou que, même réels, ils n'empêchent pas le passage.

Pourquoi donc oublier, au moment où va aboutir la tendance manifeste des deux mobiles, et lorsque le point de rencontre est imminent, le fait capital de l'exhaustibilité des infinis, qu'on a regardé comme rationnel à chaque étape de chaque progrès ? Il plaît à Zénon, lorsqu'il va toucher le but, d'analyser une différence infiniment petite qui, seule, on ne sait pourquoi, se refuserait à l'épuisement. Comment n'a-t-il pas analysé les portions de ligne antérieurement parcourues, et pourquoi les a-t-il laissées s'épuiser, sans protestation, un nombre infini de fois ?

1. Nous n'avions pas suffisamment fait entendre, dans le livre : *Infini et Quantité*, que Zénon doit admettre le terme de l'intervalle qu'il analyse, s'il admet qu'un nombre infini d'intervalles semblables ont été déjà épuisées.

Au fait Zénon est acculé à la thèse de la négation du mouvement, et il l'a bien vu.

Certes, le fond de la pensée de Zénon ne saurait nous échapper. Dans l'infini, nul mouvement. Mais si, contrairement à la loi la plus sûre de la raison, le mouvement y paraît possible, c'est que le prétendu infini est au fond fini, et dans une telle hypothèse, la rencontre, refusée par Zénon, est aussi intelligible que nécessaire.

Le progrès toujours possible ou impossible toujours; voilà donc le dilemme qui domine tout le problème.

IV

Comment les notions d'élément et de limite, venues du réel, fondent l'intelligibilité de l'espace mathématique.

Il importe de dégager les conclusions contenues dans les faits décisifs que nous venons de mettre en lumière. Nous n'avons rien voulu devoir, en cette étude, qu'à la Mathématique elle-même, et c'est pour cela, répétons-le, que nous avons tenu à nous inspirer de ses principes constitutifs et de ses lois essentielles. Demandons-nous maintenant quel parti l'on peut tirer de ces principes et de ces lois. Voyons s'ils nous permettent d'aller jusqu'au bout dans la voie que nous nous sommes tracée, et s'ils ne suffisent pas à écarter une antinomie dont la solution se laisse déjà de mieux en mieux apercevoir.

On a pu le remarquer : à mesure que nous pénétrions plus avant dans le problème des oppositions mathématiques, les termes en apparence contradictoires tendaient à se justifier et à s'expliquer. Un progrès réel vers la solution a été fait lorsque nous avons pu nous convaincre que cet *Infini fini*, si effrayant tout d'abord par la contradiction qui semble former son essence, se dédouble sous le regard : *infini pour l'imagination*, fini pour la raison.

Nous savons, à présent, que l'infinité mathématique n'est que subjective ; elle n'existe que dans la grandeur *vue du dehors*.

Or le caractère propre de cette infinité est l'indétermination.

La grandeur indéterminée est infinie encore, mais d'une infinité déjà moins rigide que l'infinité absolue et actuelle, que l'infinité telle que le métaphysicien la conçoit.

C'est un progrès ; poursuivons :

Parfois la grandeur, vue du côté de son indétermination, se déploie seule ; c'est le cas de l'*indéfini pur*[1] ; alors elle

1. Pascal a pris souvent, semble-t-il, pour un infini achevé et actuel, ce que nous appelons ici *indéfini pur*. Si un espace peut être infiniment prolongé, dit-il, il s'ensuit qu'il peut être infiniment diminué ; et, pour le faire comprendre, il use de ce schème connu du vaisseau sur lequel un point, perçu au travers d'un verre, semblera monter toujours, à mesure que le vaisseau s'éloigne, sans jamais rencontrer le rayon horizontal.

C'est au même point de vue que s'est placé Kant, c'est la même démonstration qu'il a voulu donner dans sa thèse inaugurale. Soit,

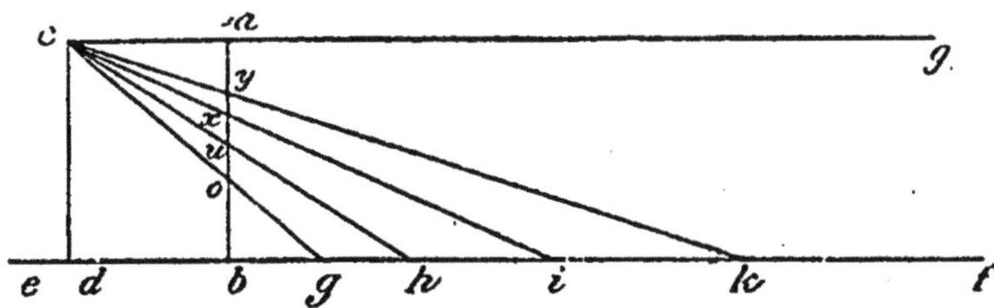

dit-il en substance, une ligne *ef*, qu'on puisse prolonger à l'infini, et une autre ligne *ab* perpendiculaire à la première. Qu'on trace maintenant la ligne *cd* parallèle à *ab*, et qu'on prenne sur la ligne *ef* des points quelconques : *g*, *h*, *i*, *k*, et, ainsi de suite, sans fin. Personne ne refusera d'admettre qu'entre le point *c* et les points pris sur la ligne *ef*, il soit possible de mener autant de droites que l'on voudra. Menons donc la ligne *cg* qui rencontrera la perpendiculaire *ab* en un point *o*, puis d'autres droites *ch*, *ci*, *ck*, qui rencontreront la même perpendiculaire en *u*, en *x* et en *y*. Il est clair que, si l'on continue, les intersections nouvelles se rapprocheront de plus en plus du point *a*, sans jamais l'atteindre, puisqu'il faudrait, pour que ce point fût atteint, que la ligne indéfinie *ef* fût épuisée, ce qui est impossible.

Il faut donc admettre, conclut Kant, que la ligne *oa* est infiniment divisible, et, en généralisant, que l'espace est réellement et absolument divisible à l'infini.

Nous ne pouvons présenter ici, au sujet de cette démonstration, que quelques observations très courtes. En premier lieu, la distance *oa* qui est finie, prise en elle-même et considérée seule, est-elle épuisable ? Personne n'en doutera. Il faut, pour qu'on croie le conse donne libre carrière ; nul obstacle sur sa route, nulle limite pour la contenir.

Le plus souvent, au contraire, elle n'est que la forme sensible du déterminé auquel elle s'ajuste. Dans la ligne, par exemple, cette forme, toujours divisible, recouvre une grandeur objective que le mouvement épuise, qui commence et qui finit.

Nous sommes ramenés ainsi à la lutte du discontinu et du continu dans la science. Comment les concilier ? Comment de leur contradiction apparente faire sortir l'harmonie ? Voilà le problème.

On n'a pas oublié la nécessité qui s'impose à nous, si nous voulons atteindre le but. Le rapprochement qui doit réconcilier entre eux les termes extrêmes ne peut se faire que par le progrès de l'un d'eux, le continu, s'acheminant

traire, se trouver en face d'une convention comme celle que propose Kant ; mais, est-il besoin de le faire remarquer ? une telle convention n'a rien d'objectif, elle n'est que *mentale*. Nous sommes dupes, quand nous l'acceptons, d'une illusion de l'esprit *diviseur* qui croit découvrir hors de lui ce qu'il crée lui-même, et objective en une grandeur son propre pouvoir d'évolution. Oui ou non, la longueur *oa* est-elle plus riche en parties et plus apte aux divisions, après la convention qu'auparavant ? On n'oserait l'affirmer, et si on l'affirme, on affirme implicitement que le changement survenu est dû à une pure conception de la pensée, puisque rien ne s'est inséré entre les deux états de la longueur, que cette conception même. Ce qui paraît merveilleux, dans l'hypothèse de l'infini, c'est ce fait qu'une longueur apparente de quelques millimètres peut se diviser et par suite se développer sans fin. Il y a là encore un malentendu. Une longueur, en ce qu'elle a d'objectif, reste toujours ce qu'elle est : c'est nous qui y faisons entrer notre pouvoir de *répétition* ; encore n'est-ce pas à elle-même que nous l'imposons, mais au continu qui la remplace pour notre pensée, et qui, par son indétermination, se prête à tout. Le vrai, c'est qu'il n'existe qu'une forme d'espace relativement objective : l'espace physique. L'espace géométrique, qui implique le continu, crée déjà, mais sous la réserve de la limite qui le rattache au réel, des divisions et des subdivisions factices. Si la limite disparaît ou est impossible, nous faisons un pas de plus dans l'abstrait, et nous rencontrons l'indéfini pur. La forme d'espace créée alors est si subjective que nous proposerions de l'appeler *espace mental*. C'est l'espace tel que l'a conçu Kant, lorsqu'il en a fait un *a priori* dans la pensée sensible. C'est aussi celui que se représente le plus volontiers le génie imaginatif de Pascal. On peut s'acheminer ainsi, d'étape en étape, et en s'éloignant de plus en plus de l'objet, jusqu'à l'espace algébrique.

de lui-même vers le discontinu et le point. Nulle autre solution n'est possible, parce que — nous l'avons fait observer — le point est ce qu'il est et ne saurait se modifier sans disparaître.

Or les faits, étudiés de près, justifient la conception que nous nous sommes faite *a priori* de la méthode. Le continu, dès qu'il entre dans la science, se rapproche de plus en plus de son contraire ; il s'en fait le *substitut*, et l'on dirait qu'il veut jeter un pont entre le discontinu et lui.

Suivons, en ses principales phases, ce mouvement si digne de toute l'attention du philosophe.

On observera tout d'abord que le continu scientifique se laisse entamer. On peut en prendre une moitié, un quart, un huitième, une partie quelconque, et cela de façon *effective*. Le continu pur, au contraire, est, nous le savons. rigoureusement inépuisable ; il ne se laisse ni pénétrer ni mesurer *réellement et effectivement*.

Le fait que le continu scientifique se fragmente et que la division le multiplie est du plus haut intérêt. Voilà donc des parties qui se dessinent de plus en plus nombreuses sur un fond tout à l'heure indivis et uniforme, et qui peu à peu l'envahissent. Ce ne sont point assurément les parties élémentaires, les parties constitutives de la trame où elles apparaissent, puisqu'elles ne dépendent que de la pensée imaginative qui les crée à son gré et sans fin ; mais elles imitent, en leur grandeur relative, ce qu'il y a de déterminé et d'essentiel dans l'absolu des unités qui coexistent pour former l'étendue réelle.

Non seulement on entame et on divise le continu scientifique, mais on l'épuise. C'est donc que ce continu, bien différent en cela du continu pur, est fini. Il l'est, non point en lui-même, car son essence le fait, au contraire, inexhaustible, mais par accident seulement, *et pour cette seule raison que, dans la science, il devient le substitut du déterminé qui est fini.*

Et, si l'on eût doute, il suffira de rappeler que le continu scientifique *se borne de lui-même* en *passant spontanément à la limite.*

Ainsi voyons-nous s'éliminer, de leur propre mouvement, les infiniment petits du calcul différentiel, et s'effacer devant le fini objectif de la grandeur toutes les approximations de la pensée subjective.

La subordination du continu infini au fini discontinu est un fait capital dans la philosophie des mathématiques. Seul, il explique que toute grandeur y paraisse achevée, toute forme déterminée et circonscrite. Partout où apparaît le tracé net d'une figure, il est impossible de ne pas se dire que le vague contenu interne qu'elle présente a subi la loi du fini ; une coupure s'est produite, son progrès s'est trouvé nié et arrêté court.

Même opposition dans le mouvement, et aussi même victoire du discontinu sur le continu, du fini sur l'infini. Si Achille rencontre la tortue, c'est que, malgré l'apparence, l'espace ne se divise pas à l'infini. Seul se divise sans fin l'espace de l'imagination ; l'espace objectif, l'espace où se produit le mouvement est fini et doit s'épuiser.

On le voit, le continu scientifique est devenu pénétrable, partant divisible ; épuisable, partant fini. Il semble maintenant si près du discontinu réel qu'il recouvre, qu'on dirait qu'il va coïncider avec lui, et cependant une différence subsiste, si caractéristique qu'au cas où nous ne pourrions la faire disparaître, l'antinomie entre le discontinu et le continu resterait entière.

Cette différence, la voici : le continu, sans doute, a pu se prêter aux opérations mathématiques ; il a été fragmenté, divisé, multiplié ; il n'a pas été atteint dans le fond de son essence, et il reste lui-même *un en sa multiplicité indistincte et uniforme*, avec ce trait distinctif de la *pénétration réciproque des parties* que reproduisent ses moindres tronçons lorsqu'on les détache du tout.

Comment donc rapprocher une telle grandeur de la grandeur déterminée et discontinue, de la grandeur où les parties sont distinctes et ont même, semble-t-il, quelque chose d'individuel ?

Nous voilà, dans le problème, au moment critique, au point culminant, pourrait-on dire. S'il est possible de concilier continu et discontinu, l'antinomie mathématique est levée, mais comment concilier deux termes qui, bien que rapprochés, paraissent encore et malgré tout, incompatibles ?

A cette question, il n'est d'autre réponse que celle de la raison pure.

Plus d'une fois, nous avons saisi sur le vif son mode d'argumentation : « Que faut-il affirmer dans l'absolu, pour que le donné s'explique sans blesser le principe de contradiction ? »

Ici, nul doute : ce que postule la raison, c'est l'*espace réel*. Son sort est lié à celui de la science. Vous voulez vous en passer, vous êtes libre ; mais la science, atteinte en ses principes, n'échappera pas à la contradiction ; elle présentera, à son origine, le spectacle de conceptions qui se détruisent ; elle sera fondée, en définitive, sur la déraison.

C'est là une conséquence que personne n'acceptera.

Or une seule hypothèse nous y soustrait, celle qui tient en cette formule :

Le continu n'est qu'un accident.

Vous posez cette proposition ; tout prend un sens et se coordonne dans le problème ; vous la supprimez, toute solution vous est interdite.

Expliquons-nous :

C'est parce que le continu, emprunté à la perception, n'est que l'image lointaine du réel, que ses parties se pénètrent pour la vue et qu'il apparaît indistinct ; c'est parce qu'il apparaît indistinct, qu'on le juge indéterminé, et c'est parce qu'on le juge indéterminé qu'on le croit et qu'on l'affirme infini.

Mais tout cela est œuvre d'imagination. Pour la raison, l'infini, dans le continu, recouvre le fini ; l'indéterminé, le déterminé ; l'indistinct, le précis et le défini.

Est-il donc une distinction plus justifiée et plus sûre, en métaphysique et dans la science même, que celle de *l'être* et du *paraître*, de la *réalité* et du *phénomène ?*

Le plus étrange en tout ceci, et le plus inexplicable, serait qu'une multiplicité réelle, une multiplicité faite d'éléments absolus, partant invisibles, n'apparût pas confuse à la vision ; mais la *confusion*, comme telle, n'est certes pas un élément à retenir dans l'analyse, et l'on ne saurait la faire entrer en ligne de compte lorsqu'on ne cherche, sous l'apparence, que les éléments objectifs. Il ne reste donc, la *confusion* éliminée, que la multiplicité en rapport avec l'unité.

Or l'un et le multiple, loin de se nier absolument l'un l'autre, s'expliquent l'un par l'autre, et si l'antinomie, après analyse de ses termes, se produit encore, ce n'est plus qu'un semblant d'antinomie. L'œil, en effet, peut bien croire, et même il croira toujours que, dans le progrès d'une grandeur qui augmente ou diminue, l'unité introduit la contradiction ; mais la raison pure qui, dans l'absolu, a seule le droit de se faire entendre, résout sans hésitation ce progrès apparent en unités réelles, en unités absolues, parentes de l'unité qu'on leur opposait, et aptes à construire avec elle l'*espace réel*.

L'espace *réel*, voilà l'hypothèse à laquelle, dans cet examen critique, il faut revenir toujours, l'hypothèse d'où dépend la solution de l'antinomie en même temps que le maintien des principes rationnels et le salut de la pensée. Elle serait simplement possible qu'il faudrait la regarder comme nécessaire, puisque sans elle la science ne se construit pas ; mais elle est bien plus que possible, elle s'impose par toutes les considérations que nous avons fait valoir.

Avec elle s'expliquent deux idées fondamentales en géométrie : celle de *limite* et celle d'*élément*. L'une et l'autre ne sont qu'en apparence hétérogènes à la grandeur. La limite est le terme, non d'un continu donné, mais de la portion définie de grandeur réelle que recouvre *exactement* ce continu ; et, de même, l'élément est absolument distinct du progrès que le géomètre a sous les yeux ; il le contredit, il le nie ; mais il ne nie pas le progrès sous-jacent au progrès sensible, puisque ce progrès est fait d'éléments.

Pris en son ensemble, vu en son immensité, l'espace *réel* est un espace *ponctuel*. C'est, répétons-le, le *décalque*, pour la pensée, du système des coexistences actuelles ou possibles ;

mais comme chaque être est unité, la trace[1] de chaque être est unité à son tour. Ainsi répondent aux éléments réels, dans le champ de l'indéfini, les points[2] qui peuplent ou plutôt qui constituent l'espace.

Ces points créés par la réalité, sont réels à leur tour en ce sens qu'ils créent, pour la réalité, des systèmes de groupements possibles et exactement définis.

Sur le vaste réseau ainsi formé, la continuité, nous le savons, jette un voile, elle prête à la grandeur spatiale un aspect uniforme qui permettra plus tard à l'imagination de se jouer à sa surface en tracés de toute sorte, mais sous ces tracés arbitraires, apparaît partout et toujours la *possibilité* fondamentale du point; ce fait, auquel nous avons attaché tant d'importance dans la première partie de cette étude, est, en effet, révélateur. Il prouve que ce qu'il y a de réel par delà l'espace imaginatif, c'est l'espace de la pensée pure, et qu'en cet espace, l'élément essentiel, l'élément constitutif de la grandeur, c'est l'indivisible, partout présent, comme sont partout présentes, en chaque composé naturel, les vives et indivisibles énergies qui l'expliquent.

V

Conclusion.

Et maintenant, à la lumière de la distinction établie entre les deux formes de l'espace, il est aisé de montrer comment se résolvent les objections de détail qu'ont de tout temps suscitées les spéculations du géomètre, et que nous avons esquissées nous-mêmes au début de ce travail. Quelques rapides indications suffiront à notre but; elles ne seront pas inutiles, d'ailleurs, à la justification de la théorie.

Un mot d'abord sur le point : On se souvient de l'im-

1. *L'espace, soit réel, soit géométrique, est bien plutôt trace ou décalque que réceptacle, car il ne peut exister de lui-même et être posé avant les choses. C'est, au fond, le souvenir d'un ordre conçu ou perçu.*

2. Même remarque. Il ne s'agit ici évidemment que de la conception de points possibles.

possibilité où l'on est de le situer intelligiblement. — Il ne peut, dit-on, avoir accès dans le continu. — Pourquoi pas ? répondrons-nous. Le continu, maintenant, recouvre le réel et le réel est ponctuel. Le point, dans le continu, rencontrera donc partout des points.

— En fait, objectera-t-on, les points ainsi conçus n'apparaissent nulle part. — Soit, mais ils se rencontrent partout à l'état d'obscure possibilité, et cela suffit. *Le point est parce qu'il peut être, parce qu'il doit être, parce que, sans lui, rien ne s'expliquerait dans la grandeur.* Et ce qu'on affirme, c'est qu'une telle possibilité, une telle nécessité est partout.

— Comment donc concevoir sur une ligne les points extrêmes ? — Ce sont deux indivisibles séparés l'un de l'autre par d'autres indivisibles. Ils ne sont hétérogènes qu'à la ligne continue, non à la ligne *discontinue et ponctuelle.*

— Le *contigu*, alors, serait la raison d'être du *continu* ? — Rien de plus vraisemblable. Qu'est-ce donc que le continu sinon une multiplicité de contigus confusément aperçue ? La pénétration des parties telles que l'exige le continu, sinon une multiplicité de contigus confusément aperçue ? La pénétration des parties telles que l'exige le condétermine et qui la fixe.

On objecte que la contiguïté est inintelligible. — Dans une science que pénètre l'indéterminé et où entre l'infini, c'est possible, mais dans des sciences plus voisines du réel, comme la mécanique ou la physique, la contiguïté au contraire s'impose, et si l'on soutient[1] que les corps seuls se touchent, que leurs éléments indivisibles ne se touchent pas, il est trop facile de faire voir que, tout au contraire, il n'y a, dans les corps, que les parties extrêmes, et, par suite,

1. Voir Pascal, *De l'esprit géométrique.* « Deux indivisibles, dit Pascal, s'ils sont unis, se touchent chacun *en une partie ;* et ainsi les parties par où ils se touchent ne sont pas séparées... Donc, ils ne sont pas une étendue. »

Laissons de côté ce qu'il y a d'étrange dans l'hypothèse d'une partie d'indivisible. « Les indivisibles ne sont pas une étendue », soit, mais ce qui, vu confusément et de loin, le deviendra pour la perception.

les éléments qui aient chance de se rencontrer, et d'agir sans intermédiaire les uns sur les autres.

La plupart des objections qu'on adresse à la conception de l'espace réel viennent de la pensée imaginative. On voudrait que le point devînt sensible et que les éléments prissent des dimensions comme la grandeur ; on voudrait qu'il fût possible de présenter aux yeux des séries d'indivisibles, comme si la représentation qu'on réclame ne devait pas précisément leur faire perdre leur qualité d'indivisibles. La pensée pure se refuse à tout essai de cette sorte ; elle n'a, elle ne peut rien avoir à nous montrer, elle affirme seulement, au delà de ce qu'on montre et de ce qu'on voit, des absolus qu'on ne peut ni voir ni montrer.

Et maintenant, fixons en quelques mots les grands traits de cette étude. L'apparente contradiction qu'y a signalée le grand critique résulte tout entière d'une affirmation à la fois très plausible et très risquée : « L'espace est à l'infini composé d'espaces. » Certes, s'il en est ainsi, la place de l'élément réel n'est nulle part.

A cette affirmation nous n'opposons rien de moins qu'un fait. Dans l'espace, la place de l'élément réel est partout, parce que, dans l'espace, le point est partout possible. Nous l'avons constaté : partout, absolu ou relatif, l'indivisible est indispensable au géomètre ; sans lui, plus de tracés, plus de cadres ; le contenant fait défaut au contenu ; il ne reste plus, pour répondre à l'idée d'espace, qu'une infinité vague et flottante sur laquelle l'esprit n'a plus de prise.

Ce qui ranime cette idée ainsi éteinte, c'est une sorte de transfusion en son contenu de ce qui appartient à la réalité vive. Deux notions la pénètrent et s'y révèlent : celle d'*élément* et de *limite*, avec l'*unité* qui les explique.

Ainsi est créé l'espace géométrique ; mais, s'il existe, si, par le calcul, il s'ajuste aux choses, le fait seul de son existence atteste l'existence d'une autre forme d'espace, celle-là même qui lui a prêté ses éléments essentiels.

L'espace réel est donc le support et la raison d'être de

l'espace géométrique. Seul il le fonde, seul aussi, il le sauve de la contradiction qui s'introduirait dans son concept, si les éléments de sa dualité originelle n'étaient pas soigneusement distingués et démêlés.

Or cette dualité est l'œuvre évidente de l'entendement imaginatif et de la raison.

Kant ne l'a pas aperçue. C'est que sa dialectique n'a pas pénétré au cœur du problème ; c'est que, dans l'argument incomplet qu'il nous propose, il oublie de se demander, d'abord, si l'espace géométrique est le seul espace, ensuite, si, dans ce cas même, il n'implique pas, en même temps que l'infini, le fini, en même temps que le continu, l'indivisible.

Dans la série des conceptions spatiales qui vont s'échelonnant de l'objet au sujet, de l'espace physique à l'espace algébrique, l'espace de la seconde antinomie est sans doute fermé à l'élément ; c'est qu'il est moins que physique, moins que géométrique ; il appartient déjà presque tout entier au sujet qui, dans la voie de ses généralisations ultérieures, pourra aller, on le sait, jusqu'à lui substituer des formules ou à multiplier ses dimensions.

TROISIÈME ANTINOMIE

LA LIBERTÉ ET LE DÉTERMINISME

PREMIÈRE PARTIE

POSITION DE L'ANTINOMIE, SOLUTION PROPOSÉE PAR KANT

I

Thèse et Antithèse.

J'aborde la troisième des antinomies de la Critique, et je me propose d'établir que, dans cette antinomie comme dans les précédentes, l'apparente contradiction résulte de l'opposition des deux points de vue où peut successivement se placer, lorsqu'elle s'exerce, la pensée spéculative.

Avec l'antinomie nouvelle nous passons de la quantité inerte au mouvement, et de l'état passif à l'action. C'est sur le terrain de la causalité, que va se trouver porté désormais le grand débat où nous avons vu engagées la pensée sensible et la pensé pure ; il s'agit d'établir maintenant que la raison se refuse à affirmer une causalité unique qui serait celle des lois déterminantes de la nature.

En voici l'énoncé :

Thèse :

La causalité d'après les lois de la nature n'est pas la seule dont nous puissions dériver tous les phénomènes du monde ; il est nécessaire d'admettre encore une causalité par liberté pour l'explication de ces phénomènes.

Preuve :

« Si l'on suppose qu'il n'y a de causalité que suivant des lois physiques, alors tout ce qui *arrive* suppose un état antérieur auquel il succède inévitablement suivant une règle. Mais cet état antérieur doit lui-même être quelque chose qui soit arrivé, qui soit survenu dans le temps, puisqu'il n'était pas auparavant, parce que, s'il avait toujours été, sa conséquence aussi n'aurait pas un jour commencé d'être, mais aurait toujours été. Par conséquent, la causalité de la cause par laquelle quelque chose arrive, suppose elle-même quelque chose *d'arrivé* qui suppose, à son tour, suivant la loi de la nature, un état précédent et sa causalité ; mais cet état en suppose de même un autre antérieur, et ainsi de suite. Si donc tout arrive suivant les seules lois de la nature, il n'y a jamais qu'un commencement subalterne ou relatif, mais jamais un premier commencement ; et par conséquent n'est jamais possible aucune intégralité de la série du côté des causes provenant les unes des autres. Or cependant c'est une loi de la nature que, sans une cause suffisament déterminée *a priori*, rien n'arrive. Par conséquent, la proposition qui énonce que toute causalité n'est possible que d'après des lois physiques, se contredit elle-même dans sa généralité sans limites. Cette causalité ne peut donc être admise comme unique. »

« Il faut donc admettre une causalité par laquelle quelque chose arrive sans une autre cause précédente qui la détermine suivant des lois nécessaires, c'est-à-dire une *spontanéité* absolue des causes, capable de commencer d'elle-même une série de phénomènes qui se déroule suivant des lois physiques, par conséquent, une liberté transcendante sans laquelle, dans le cours même de la nature, la série successive des phénomènes n'est jamais complète du côté des causes. »

Ainsi s'impose un commencement aux multiples séries de faits qui composent la trame de la nature, et le monde est suspendu à quelque chose de premier.

Mais la thèse porte plus loin que ne le ferait croire cette

conclusion, et, dans un important corollaire, Kant essaie d'établir qu'à travers la succession des événements et dans le déroulement même des phénomènes, on peut concevoir autant de commencements partiels et, par conséquent, de coupures véritables qu'il a pu se produire d'actes librement posés.

« Comme la faculté de commencer tout à fait spontanément une série dans le temps, dit-il, vient d'être enfin démontrée... il nous est permis à présent de faire commencer spontanément différentes séries au milieu du cours du monde, et d'attribuer à leurs substances une faculté d'agir librement. Il ne faut pas se laisser embarrasser ici par un malentendu, à savoir que, puisqu'une série successive ne peut avoir dans le monde un premier commencement que comparativement, un état de choses en précédant toujours un autre, aucun premier commencement absolu des séries n'est, sans doute, absolument possible pendant le cours du monde. Nous ne parlons pas ici, en effet, d'un commencement absolument premier quant au temps, mais quant à la causalité. Si, présentement, par exemple, je suis parfaitement libre de me lever de mon siège, et que, sous l'influence de causes physiques nécessairement déterminantes, je me lève en effet, dans cet événement commence alors une série absolument nouvelle avec toutes ses conséquences naturelles à l'infini, quoique, à l'égard du temps, cet événement ne soit que la continuation d'une série précédente, car cette résolution et ce fait ne sont pas une simple dérivation de l'action de la nature ; ils n'en sont pas une simple continuation, mais leurs causes naturelles déterminantes remontent indéfiniment haut, en sorte que ce double événement qui, à la vérité, les suit mais sans en dériver, ne peut plus, en conséquence, être appelé le commencement absolument premier d'une série de phénomènes quant au temps, mais seulement par rapport à la causalité. »

Que faut-il conclure de cette argumentation si elle est valable ? D'abord la nécessité d'un *premier moteur* immanent ou extérieur aux choses ; ensuite la possibilité donnée à l'homme de s'appartenir et d'être libre. Il n'y va donc pas, pour nous, d'un mince intérêt ; sur ce terrain étroitement circonscrit, se concentrent toutes nos raisons de grandeur morale et tous nos espoirs.

Telle est la thèse de la troisième antinomie ; or, c'est précisément la possibilité de l'acte libre que l'antithèse conteste ; l'acte libre n'est pour elle qu'une illusion de la conscience ; tout dans le monde, l'homme compris, obéit à un déterminisme rigoureux.

Antithèse :

« *Il n'y a pas de liberté, mais tout dans le monde arrive suivant des lois naturelles.* »

Preuve :

« Supposez qu'il y ait une liberté, au sens transcendant, comme espèce particulière de causalité suivant laquelle les événements du monde pourraient avoir lieu, c'est-à-dire une faculté de commencer absolument un état ; alors commencera absolument, en vertu de cette spontanéité, non seulement une série, mais encore la détermination de cette spontanéité même à produire la série, c'est-à-dire la causalité, tellement que rien ne précède en vertu de quoi cette action qui arrive soit déterminée suivant des lois constantes. Mais tout commencement d'action suppose un état de la cause encore non agissante, et un commencement dynamiquement premier de l'action suppose un état qui n'a aucun rapport de causalité avec le passé de la même cause, c'est-à-dire qu'il n'en résulte d'aucune manière. La liberté transcendante est donc opposée à la loi de causalité, et une liaison des états successifs produits par des causes efficientes suivant laquelle aucune unité expérimentale n'est possible, et qui, par conséquent, ne se trouve dans aucune expérience, n'est donc qu'un vain être de raison. »

« C'est donc uniquement dans la nature que nous devons chercher l'enchaînement et l'ordre des événements du monde. La liberté d'indépendance à l'égard des lois de la nature est, à la vérité, un *affranchissement* de la contrainte, mais c'est aussi un affranchissement du *fil conducteur* de toutes les règles. Car on ne peut pas dire qu'au lieu des lois de la nature, des lois de la liberté pénètrent dans la causalité du cours du monde, parce que si cette causalité était déterminée suivant des lois, elle ne serait pas liberté ; au contraire, elle ne serait autre chose que la nature. Par conséquent, la nature et la liberté transcendante se distinguent comme la légalité et la licence. La première à la vérité fatigue l'entendement par la difficulté de rechercher de plus en plus haut l'origine des événements dans la série des causes, parce que la causalité, en eux, est toujours conditionnée ; mais elle promet, en retour, une unité d'expérience universelle et légale. Au contraire, l'illusion de la liberté promet, à la vérité, du repos à l'entendement qui scrute dans la chaîne des causes, puisqu'elle le conduit à une causalité absolue et inconditionnée qui commence à agir d'elle-même ; mais comme cette causalité est aveugle, elle rompt le fil conducteur des règles suivant lequel seulement une expérience universellement liée dans toutes ses parties est possible. »

On voit quel nouveau conflit d'idées engendre, d'après la Critique, la raison livrée à elle-même et privée du contrôle de l'expérience. Il faut qu'elle affirme, en même temps qu'un principe initial, une liberté au moins originelle ; autrement, toute cause fuit à l'infini et se dérobe. Il n'est pas moins nécessaire, d'autre part, qu'elle demeure solidement attachée au déterminisme, parce que, le déterminisme une fois entamé, il n'est plus de concomitances régulières, par suite plus de loi et plus de science.

Le problème ainsi posé est-il soluble, et, s'il l'est, comment lever l'apparente contradiction qu'il enveloppe ? Une première et très importante observation à faire avant d'entrer dans cette étude, c'est que, cette fois, l'auteur de la Critique admet très positivement la possibilité d'une conciliation entre les deux thèses contraires. Pour quelle raison, il est aisé de le concevoir. Kant sent bien que, dans la présente antinomie, se trouvent engagées à la fois la morale et la science, et, avec le culte profond qu'il leur a voué, il se refuse d'avance à toute hypothèse qui mettrait l'une ou l'autre en péril. Rien ne s'explique mieux assurément. Il n'en est pas moins vrai que c'est dérouter la dialectique commune que d'abandonner, avec l'antinomie qui nous occupe, le point le plus important peut-être du champ de bataille. Si l'on songe, en outre, qu'à son tour, la quatrième antinomie obtient grâce auprès du philosophe, on se demande s'il peut croire, dans ces conditions, que la preuve qu'il veut faire est faite et que la raison est décidément condamnée. Quoi ! la raison serait en conflit nécessaire avec elle-même, et dans la moitié des cas, elle s'épargnerait ! Que dis-je ? elle réussirait à se justifier et saurait s'absoudre des prétendues contradictions qu'on lui attribue ! La première pensée qui vient à l'esprit lorsque le problème primitif a pris cette forme, c'est que ce qu'on donne alors à la raison est trop ou trop peu. Il est beaucoup plus simple, en vérité, ou de regarder comme injustifié le privilège qu'on lui confère dans les deux dernières antinomies, ou de croire que la justification qu'on propose doit être étendue à toutes les antinomies sans distinction.

Mais laissons là ces considérations et entrons dans le vif du débat. Il ne peut, dans la donnée actuelle, être approfondi et mené à bien que si nous examinons de près l'essai de solution proposé par Kant. Nous entreprenons donc une double étude dont voici, pour mieux marquer le mouvement de notre pensée, une rapide esquisse.

Kant, nous l'accordons en premier lieu, a parfaitement compris que le principe de solution de l'antinomie actuelle n'est autre que *la distinction du phénomène et du noumène.* Ce qu'il n'a pas vu, *c'est premièrement que ce principe explique toutes les antinomies ou n'en explique aucune, et ensuite que s'il peut les expliquer toutes, il n'y réussit que sous une forme très différente de celle que lui a prêtée la Critique.*

Le terrain ainsi dégagé, il ne nous restera plus qu'à demander à un *examen direct* de la troisième antinomie la possibilité d'une conciliation entre le déterminisme et la liberté.

II

Analogies et différence entre la troisième antinomie et les deux premières.

Notre premier soin, dans le plan que nous nous sommes tracé, doit être de nous demander à quel titre la troisième antinomie différerait aussi profondément des deux premières que l'a cru l'auteur de la Critique. Entre tous ces conflits d'idées, quels qu'ils soient, nous n'apercevons, pour notre part, que d'intimes analogies. Il va de soi, sans doute, que selon l'antinomie que l'on considère, la matière de l'affirmation et de la négation varie ; mais si l'on y regarde d'un peu près, on ne tarde pas à s'apercevoir qu'en chacune d'elles, le *sens* ou, si l'on veut, le *caractère* de l'affirmation et de la négation reste le même. Le même principe vaut pour toute thèse, le même pour toute antithèse, et thèses d'une part, antithèses de l'autre, s'appuient, selon celui des deux points de vue où elles se placent, sur le même mode de démonstration.

C'est ce qu'établira sans peine une rapide analyse des antinomies déjà soumises à notre examen.

Commençons par l'étude des thèses.

Nous avons eu déjà l'occasion de remarquer leur solidité dialectique ; étrangères à l'intuition, elles se fondent toutes sur des principes purement intelligibles, et, en particulier, sur le principe de contradiction.

Leur méthode ne peut donc être qu'une méthode de raison pure, qui vise non ce qui se voit, mais ce que requiert ce qui se voit. *Que faut-il supposer dans le réel pour rendre compte de l'apparence ?* Voilà la formule même du procédé d'induction métaphysique qui lui appartient en propre, et que nous avons plus d'une fois décrit[1].

Kant entrevoit ou paraît entrevoir toute la portée de ce

1. Voir notamment, sur la raison d'être et l'emploi de cette méthode, l'opuscule, *Pour la Raison pure*, p. 24 et 25, F. EVELLIN, F. Alcan, 1901.

mode d'argumentation lorsqu'il examine la thèse de la troisième antinomie. Il a le sentiment assez net que la dialectique dont elle use se meut dans l'absolu, et que dans l'absolu elle est vraie. Comment en douter ? Comment ne pas voir qu'un phénomène, en quelque point de l'espace et à quelque moment du temps qu'il apparaisse, est réellement sans cause si la cause qu'on lui attribue ne peut parvenir à le poser ? Or c'est précisément ce qui a lieu lorsque l'existence de cette cause dépend elle-même d'une cause qui recule à l'infini.

Une telle dialectique défie toute attaque, et chaque événement rend témoignage à la vérité qu'elle affirme ; il n'est pas de fait au monde, si fuyant et si imperceptible qu'il soit, vibration d'ondes, frémissement d'atomes, qui n'atteste par sa seule existence le caractère fini de la série qui l'a mis au jour.

Il est aisé de voir maintenant que le mode d'argumentation que nous venons de définir et qu'on peut regarder comme l'indispensable instrument de la preuve dans la thèse de la troisième antinomie, s'impose également aux deux autres. Prenons la première thèse. Ce qu'elle affirme, on s'en souvient, c'est la nécessité d'un monde limité dans le temps et dans l'espace, et la raison de cette nécessité apparaît aussi simple que décisive : *des séries infinies n'aboutissent pas*. Or n'est-ce pas là ce que nous venons d'affirmer à propos des causes ? Qu'il s'agisse donc de causes ou de phénomènes, et que les termes qui les représentent dans chaque série s'enchaînent ou seulement se succèdent, peu importe. La pensée ne peut, sans se contredire, supposer achevée une synthèse qu'elle aurait déclarée inachevable. Le présent est venu ; il n'a pu venir de l'infini. Le monde est donné ; comment le serait-il si la multitude d'êtres qui le constitue passe, par définition, tout ce qu'il est possible de donner ?

La seconde thèse, à son tour, s'appuie sur le même ordre de considérations. Elle exige, nous le savons, que le composé enveloppe le simple, et, si l'on veut aller au fond du problème, que le continu recouvre le discontinu. Comment la pensée aboutit-elle à ces conclusions ? En se recommandant du même principe, en s'aidant de la même dialectique. Pour elle un composé, toujours composé, serait dans l'impossibilité d'être ; il n'aurait, en effet, ni le moyen de commencer par voie de synthèse, ni celui de finir par voie d'analyse. Ainsi le même argument revient toujours, l'argument décisif et qui coupe court à tous les doutes, celui contre lequel, en pareille matière, nul autre jamais ne prévaudra. Il est vrai que le simple, qu'il faut alors affirmer, ne se voit pas ; que le discontinu nécessaire est au delà de tout sensible et nous échappe. Qu'importe ? Il faut qu'ils existent. Il le faut parce que la raison ne peut, sans se détruire, affirmer ce qu'elle nie, et nier ce qu'elle affirme. Elle ne saurait dire du composé qu'il est, en définitive, sans composants, et du continu qu'il peut se passer du discontinu, puisque c'est précisément le discontinu qui, en fixant son tracé, lui prête figure et le réalise.

Si, maintenant, des thèses nous passons aux antithèses, nous voyons du premier coup d'œil qu'en dépit d'une orientation toute différente, elles dépendent toutes, à leur tour, d'un même point de vue, qui les domine et les explique. Ce point de vue n'a plus rien de rationnel, et l'analyse y chercherait vainement les éléments intelligibles qui prêtent sa toute-puissante autorité à la pensée pure ; il s'impose cependant avec une force qu'on dirait égale à celle des plus rigoureuses exigences de la raison.

Comment le définir, comment le nommer ? C'est moins un principe qu'une loi, et moins une loi qu'un besoin créé et fortifié par l'habitude, celui de percevoir soit réellement, soit en image, l'objet auquel nous pensons. On conçoit qu'il ne puisse y avoir, dans la vie psychique, d'habitude plus invétérée et plus forte que celle que nous avons prise de voir, à chaque instant, le sensible succéder au sensible, le phénomène au phénomène. En ce cas, on peut le dire, l'expérience des générations s'ajoute à l'expérience personnelle, pour peser sur nous de tout son poids, et nous ne pouvons sortir du milieu d'apparences où nous sommes emprisonnés qu'avec des efforts toujours partiellement infructueux. La raison, par exemple, exige-t-elle que nous posions l'idée pure ? La pensée sensible pose entre elle et nous l'image qui l'obscurcit et la déforme. La logique conclut-elle à l'indivisible ? La mathématique, tout imaginative, substitue à cet indivisible fixe et absolu, un infiniment petit toujours décroissant, toujours moindre que lui-même, mais, d'autre part, toujours étendu et, par suite, toujours susceptible d'être divisé.

Or, dans l'antinomie dynamique, il est hors de doute que l'antithèse répond précisément au besoin profond d'un au delà répété sans fin à travers le sensible. Nous savons, dans chaque cas particulier, que la série des causes qui ont amené un effet donné et présent n'a pu se dérouler infinie dans le passé ; nous le savons, et cependant, lorsque nous voulons la remonter pour en noter et en reconnaître les termes, nous faisons toujours comme si son prolongement en arrière ne dépendait que de nous et de notre arbitre. La raison pure édicte qu'une telle chaîne doit être finie : par un curieux artifice, l'imagination demande, si elle doit l'être, le droit de poser des finis sans fin pour aller d'un mouvement continu au but à atteindre.

Donc, dans le point de vue imaginatif de la troisième antithèse, pas de cause première, pas de commencement absolu. Pour pouvoir poser ce qui est absolu et premier, il faudrait sortir de la série des causes sensibles, de ces causes qui sont à la fois causes et effets et qui même n'existent devant l'imagination qu'à titre d'effets.

Mais c'est ce que l'imagination à aucun prix ne permet. et son « veto », absolu dans l'antithèse actuelle, ne l'est pas moins dans les deux premières. Qu'on veuille bien s'y référer un moment. Quelle est la faculté qui, en même temps qu'elle refoule le phénomène dans un passé sans fond, dilate à l'indéfini l'univers et appelle les mondes après les mondes à remplir une immensité qui fuit toujours ? A cet essor, que rien n'arrête, ne reconnaissons-nous pas la pensée mobile du devenir, la pensée qui crée l'image, et paraît toujours prête à se donner le spectacle de sa fécondité et de sa puissance en la recréant ?

Son intervention se produit, plus visible encore peut-être, en cette antithèse de la seconde antinomie où l'élément affirmé par la raison perd, aussitôt que la pensée sensible l'envisage, sa simplicité essentielle et se dissout, en quelque sorte, dans le milieu d'essentielle divisibilité où on le place. L'imagination, on peut le dire, est matérialiste, elle ne saurait se dégager du multiple, se distraire de ce qui est *chose;* c'est là une nécessité de sa nature. Ne sachant et ne pouvant que percevoir, elle n'a aucun moyen de connaître l'immatériel qu'elle traite alors comme s'il n'était pas.

Ce qui résulte de l'ensemble des observations précédentes, c'est que, dans les antinomies soumises à notre examen, il existe un lien de parenté étroite entre les thèses, d'une part, et les antithèses de l'autre. Cette parenté qui déjà se révèle à une première observation, se manifeste, plus précise encore, à l'analyse par deux traits communs : le premier est, pour chaque groupe, l'unité du principe de démonstration ; le second, pour chaque groupe aussi, l'analogie des conclusions et des résultats. Il est visible, en effet, pour s'expliquer d'abord sur l'unité de principe, que toutes les thèses s'appuient sur des données de raison pure, tandis que le ressort des antithèses n'est autre que la nécessité toute subjective d'une répétition dans le sensible. En second lieu et au point de vue des résultats, on remarquera que toutes les thèses, précisément parce qu'elles sont rationnelles, aboutissent à l'affirmation du fini, tandis que les antithèses, liées à un besoin purement imaginatif, ne peuvent voir dans le fini qu'une négation du progrès sur lequel elles sont fondées, et d'où la preuve tire chez elles toute sa vertu.

S'il en est ainsi, il n'existe pas, à proprement parler, plusieurs antinomies, mais *une seule* qui se reproduit dans tous les ordres de quantité, espace, temps, nombre, où l'esprit se place, parce que l'esprit est à la fois imagination et raison.

Cette antinomie trouve son expression dans la formule suivante :

« *Un quantum inconditionné et répondant à une totalité*

absolue se conçoit également comme fini et comme non fini. »

Demander, à présent, laquelle de ces deux propositions est la vraie, c'est faire une question qui n'a pas de sens, parce que l'esprit peut supposer que les deux points de vue auxquels il se place sont d'égale valeur, et qu'il n'a à se prononcer que pour une vérité *relative*. L'affirmation du fini est vraie pour la raison pure, fausse pour l'imagination, et de même l'affirmation du « non fini » est vraie pour l'imagination, fausse pour la raison.

C'est dire que, dans le noumène, milieu de la raison pure, le fini s'impose, tandis que, dans le phénomène, objet propre de la pensée imaginative, le principe toujours et nécessairement invoqué, c'est le non fini.

On voit maintenant ce que signifie l'opposition, au premier abord si étrange, des deux fonctions de la pensée spéculative. Elle répond à la différence de ce qui se voit et de ce qui ne se voit pas, du relatif et de l'absolu. L'absolu ne pouvait être donné en intuition sous peine de devenir relatif lui-même. Il fallait donc qu'il se rencontrât, dans l'organisme mental, une fonction à part, qui permît, non de le voir, mais de l'induire, et de l'induire avec une certitude telle qu'on ne pût le nier sans nier en même temps la pensée. Or cette fonction précisément existe ; l'analyse nous la fait connaître avec précision, et nous en avons décrit plus d'une fois le mécanisme.

Tout devient donc, pour qui veut pénétrer à une certaine profondeur, dans le problème qui nous occupe, harmonie et lumière. Les antinomies se sont effacées pour faire place à une antinomie unique ; cette antinomie, à son tour, s'est vu ramener à l'opposition de deux pouvoirs, et cette opposition, maintenant, apparaît non seulement intelligible, mais nécessaire, dans le plan savamment conçu de l'entendement humain, pour expliquer la double vie, temporelle et intemporelle, dont nous vivons.

La prétendue nécessité où serait la raison pure de se contredire est donc illusoire, et l'on peut dire que l'antinomie s'est évanouie entre nos mains dès que nous avons cherché à la saisir. Il peut y avoir dans les choses comme un *endroit* et un *envers*, et cela est même nécessaire, eu égard à la dualité des points de vue du noumène et du phénomène, mais cette dualité est accidentelle, et laisse sauve la raison qu'on croyait atteinte dans ses principes constitutifs.

Telle est la conclusion qui s'impose lorsqu'on étudie le problème sans parti pris ; mais peut-on croire que l'auteur de la Critique ait échappé à toute idée préconçue ? N'est-il pas évident, au contraire, qu'il n'est entré dans le débat qu'avec la pensée arrêtée de frapper d'interdit la raison pure, cette raison idéalisante qui fait des réalités de tous ses rêves, et de sauver quand même, s'il était possible, la liberté ?

Sauver la liberté, ce fut, on peut le dire, malgré bien des inquiétudes et bien des doutes, le souci constant du grand critique, et, avec cette préoccupation, il dut aisément comprendre tout le parti qu'il pourrait tirer de la distinction du phénomène et du noumène. Essentielle à sa philosophie, comme d'ailleurs sous d'autres noms, à presque toutes les philosophies importantes qui avaient précédé la sienne, cette conception lui fournissait le moyen d'introduire, dans le problème, une dualité qui avait chance de laisser intactes, en face du déterminisme, les prérogatives morales de l'homme. Voilà, à coup sûr, ce qu'a très nettement aperçu Kant, et sur ce point c'est sans réserve que nous partageons ses espérances et que nous faisons nôtres ses convictions.

Ce qu'il n'a pas vu, selon nous, et ce que nous voudrions mettre en lumière, c'est, d'abord, que la distinction du phénomène et du noumène ne pouvait sauver la liberté qu'à *la condition de réhabiliter la raison pure*, ce qui, en contrariant son dessein, allait directement contre le but principal que poursuit sa physiologie ; c'est ensuite que, sous la forme toute particulière qu'il lui prête, une telle distinction était, pour le salut de la liberté, beaucoup plus compromettante qu'utile.

Essayons de faire cette double preuve, avant d'examiner

en lui-même le problème que pose l'antinomie dynamique. Le terrain ainsi dégagé, peut-être le péril sera-t-il moindre de risquer à notre tour un essai de solution.

III

Critique de l'essai de solution proposé par Kant pour les deux dernières antinomies.

On ne saurait douter un instant que Kant ait tout fait pour séparer la cause de la liberté de celle de la raison pure. Il y allait pour lui de l'intérêt le plus grave, et si l'on se reporte, dans la critique, au commentaire dont le philosophe a fait suivre la discussion proprement dite des antinomies, on se convaincra sans peine qu'il a tenu à mettre au service de cette entreprise toutes les ressources d'une dialectique aiguisée et pénétrante. Nombreux sont les arguments qu'il invoque, mais une pensée unique les inspire, et c'est à cette pensée que nous allons nous attacher.

Je la résume d'un mot.

La raison pure n'est pas fatalement condamnée à l'impuissance, et elle peut s'entendre avec elle-même lorsqu'elle essaie de résoudre l'antinomie dynamique ; ce n'est que dans l'antinomie mathématique qu'elle se contredit.

Comment cela ?

Le voici : dans l'antinomie dynamique, la pensée se trouve placée en face de deux séries hétérogènes : celle des phénomènes et celle des noumènes ; il peut donc se faire que, selon qu'elle s'applique à l'une ou l'autre, elle arrive à des conclusions opposées. Comme les hypothèses diffèrent, il n'y a rien à dire contre la différence des solutions.

Mais, dans les antinomies mathématiques, c'est tout autre chose. Avec elles, nous n'avons plus affaire qu'à une série unique et purement phénoménale : espace, temps, nombre. Nous ne saurions donc plus invoquer la dualité des points de vue, et si les solutions apparaissent contradictoires, c'est que la raison pure est un instrument mal proportionné au but ou mal employé.

Expliquons la pensée de Kant en lui empruntant les passages où elle se traduit avec plus de netteté et de relief.

Pour lui, comme pour nous, dans la troisième antinomie, la distinction du noumène et du phénomène s'impose.

« Si les phénomènes sont des choses en soit, dit-il [1], c'en est fait de la liberté ; la nature est la cause tout entière et en soi suffisamment déterminante de tous les événements, et leur condition n'est jamais que dans la série des phénomènes qui, avec leurs effets, sont nécessairement soumis à la loi de la nature. »

« Si, au contraire, les phénomènes ne valent que pour ce qu'ils sont en effet, comme simples représentations qui s'enchaînent suivant des lois empiriques, alors ils peuvent avoir eux-mêmes des causes qui ne sont pas des phénomènes. Mais une cause de cet ordre, cause intelligible, n'est pas déterminée à l'égard de sa causalité par des phénomènes, quoique ses effets apparaissent et puissent être ainsi déterminés par d'autres phénomènes. Elle est donc, avec sa causalité, en dehors de la série... »

Qu'on admette cette distinction ; la liberté peut être cause dans l'intelligible, comme l'antécédent naturel dans le sensible, et la raison aussi bien que l'entendement imaginatif [2] sont à présent satisfaits.

La raison est satisfaite, parce que l'inconditionné est préposé aux phénomènes, dont on s'explique dès lors l'origine. L'entendement imaginatif l'est également, parce que l'intervention de l'inconditionné est telle qu'elle ne trouble en rien l'ordre des phénomènes, toujours conditionnés les uns par les autres.

N'est-il pas, au contraire, évident que toute tentative de solution est sans espoir si la dualité des hypothèses disparaît ? Voilà ce que Kant répète sous toutes les formes, et ce que nous croyons, sans hésiter, comme lui ; mais, où nous ne saurions le suivre, c'est lorsqu'il affirme que les

1. *Critique de la Raison pure*, *Dial. transcend.*, § 644.

2. Nous faisons du terme « entendement », lorsque nous l'empruntons à Kant, un synonyme, ou à peu près, de pensée imaginative ou de pensée sensible.

antinomies mathématiques se refusent, *en fait*, à la distinction des points de vue qui, dans l'antinomie dynamique, sauve la liberté. C'est tout le contraire que le plus simple examen nous révèle. Dans toutes les antinomies, quelles qu'elles soient, les deux séries apparaissent, et s'il y a dans cette dualité un principe de solution, ce principe doit valoir pour tous les cas.

En deux mots, ou bien la liberté est sauve, et, pour les mêmes raisons qui l'ont sauvée, sauves aussi sont les conclusions des deux thèses de la première et de la seconde antinomies ; ou bien ces conclusions sont rejetées, et pour les mêmes raisons qui font qu'on les rejette, il faut rejeter, à son tour, la liberté.

C'est ce dont il sera aisé de se rendre compte.

Dans la première antinomie, on l'a vu, la thèse conclut à un commencement des choses. Or, ce commencement qui est premier et que, par hypothèse, rien ne précède, n'est-ce pas un moment fixe, un instant indivisible d'où sortira la mobile et divisible continuité du temps ? Peut-on concevoir rien de commun entre ce qui dure et ce qui marque le commencement d'une durée ? Et ce qu'on dit du commencement, il faut le dire aussi de la fin, qui doit être instantanée ou n'être pas.

Poursuivons. Il n'est pas, si petite qu'on l'imagine, une fraction de durée qui n'enveloppe la conception de l'instant, puisqu'il faut qu'elle commence et qu'elle finisse, et si, maintenant, nous passons à la limite, il ne restera plus pour la raison pure, sous la durée apparente, que des moments hétérogènes à la durée, véritables noumènes dont l'invisible série double, pour les expliquer, les moindres portions de la durée phénoménale.

La seconde thèse donne lieu à des observations identiques. Qu'on remplace l'instant par le point, la durée par l'étendue, et, pour les mêmes raisons que tout à l'heure, on sera amené à conclure que l'indivisible est partout sous le divisible, le simple sous le composé, le discontinu sous le continu.

Double est donc la série que l'antinomie mathématique

envisage. Avec elle, il semble d'abord qu'on n'ait affaire qu'à un *quantum sensible*, durée ou étendue ; mais on s'aperçoit bientôt que le quantum sensible dissimule, dans tous les cas, un *quantum intelligible* qui lui est, bien qu'hétérogène, étroitement et nécessairement uni.

S'il en est ainsi, l'antinomie mathématique, sous ses deux formes, ne diffère en rien de l'antinomie dynamique, et dès qu'il est possible d'y démêler une dualité de conceptions, rien n'empêche plus de chercher une solution dans cette dualité même et de montrer que les apparentes oppositions ne sont jamais que relatives à l'hypothèse qu'on a faite. Vous croyez que, dans l'antinomie dynamique, l'action peut se concevoir, tantôt déterminée, tantôt libre, selon le point de vue phénoménal ou nouménal où l'on se place. Pourquoi ne pas croire alors que le monde peut être, de la même façon, fini et sans fin, fini comme noumène, sans fin comme phénomène ? Pourquoi ne pas admettre que la divisibilité de la grandeur a, selon les cas, ou n'a pas de terme ? Qu'inachevable pour l'imagination, elle se voit néanmoins imposer une limite par une exigence de raison pure ?

Kant ne paraît s'être posé aucune de ces questions. C'est que, dans l'antinomie mathématique, il n'a vu que le phénomène, et que, dans le phénomène considéré seul, il ne pouvait rencontrer aucun principe de solution. Faute d'une analyse suffisante, il en vint donc à affirmer que, si les conclusions de l'antinomie dynamique sont toutes deux vraies, celles de l'antinomie mathématique sont toutes deux fausses. Or, de quelles preuves appuyer une affirmation aussi singulière ? Si tout milieu est rigoureusement exclu entre deux affirmations opposées, il est, *a priori*, inconcevable qu'on puisse accepter l'une sans rejeter l'autre. Et précisément, tout milieu, quoi qu'on en ait pu dire, se trouve exclu des formes correctes de l'antinomie. Quel moyen terme imaginer, en effet, entre le fini et le « sans fin », le discontinu et le continu, le spontané et le nécessaire ? Il faut, si le fini, le discontinu et le spontané répondent au vrai, que le « sans fin », le continu et le nécessaire soient illusoires et réciproquement.

C'est ce qu'en fait, et du point de vue de l'analyse, on ne saurait d'aucune façon mettre en doute. Kant fait vraiment trop belle la part de l'antinomie dynamique, trop pauvre et insuffisante celle de l'antinomie mathématique. Sans doute, on peut soutenir à la rigueur que le déterminisme et la liberté sont vrais en même temps ; mais, qu'on y regarde, ils ne sont pas vrais de la même vérité ; la vérité du déterminisme, pour qui se fait une idée exacte de l'acte libre, est une vérité provisoire et relative, vérité d'apparence et telle qu'on peut l'apercevoir du dehors. Celle de la liberté, dès qu'on la suppose, est tout autre. Elle n'existe qu'à titre d'activité en soi et par soi, et toucher à sa réalité objective, c'est la détruire.

Admettons pourtant que le déterminisme soit vrai d'une vérité aussi absolue que la liberté elle-même, il en résulte que nos actes sont, à la fois et sous le même rapport, déterminés et libres. Or c'est là une conclusion à laquelle la raison se refuse absolument. Il faut choisir entre les deux alternatives contradictoires, et comprendre tout de suite que tout essai de conciliation entre elles est chimérique.

Mais l'hypothèse où nous venons de nous placer est une hypothèse violente et qui ne répond nullement à la réalité des choses. Le déterminisme, en fait, appartient au phénomène ; sa sphère est donc celle de l'apparence et ce qui paraît peut n'être pas, en son fond, tel qu'il paraît.

Il faut donc, après avoir, dans l'intérêt de la liberté, distingué le phénomène du noumène, montrer par une seconde et non moins importante démarche de l'esprit, que le premier de ces deux termes est subordonné au second. C'est à cette condition seulement que tout s'explique.

Kant a bien vu que, faute de distinguer les deux termes dont nous parlons, l'antinomie dynamique est insoluble : il a déjà moins nettement démêlé qu'il faut subordonner l'un de ces deux termes à l'autre pour que la solution de l'antinomie soit complète ; il ne paraît pas avoir du tout compris que, pour justifier pleinement une telle méthode, il importe de l'appliquer partout où elle est applicable, et de montrer que, partout où elle est applicable, elle est féconde.

Mais la situation qu'avait prise le philosophe le condamnait précisément à en limiter les applications. En dehors de la liberté qu'il essaie par tous les moyens de soustraire à la loi d'antinomie, on dirait qu'il recherche l'antinomie pour elle-même, et dès qu'oubliant le point de vue où il lui plaît de tout concilier, il se place au point de vue des oppositions mathématiques, il condamne la raison, qu'elle adopte thèse ou antithèse, à la contradiction et à l'erreur.

Comment justifier cette sentence ? Du monde pris comme ensemble, dit-il, et considéré comme tout, on ne saurait dire ni qu'il est sans fin ni qu'il est fini. Il ne peut être sans fin puisqu'il est donné ; il ne peut, d'autre part, être fini puisque dès qu'on le pose tel, il grandit de lui-même et se prolonge sans limite.

Ni fini, ni sans fin, comment donc le concevoir ? Nous sommes dans une impasse, et puisque maintenant un pas de plus en avant est impossible, il ne nous reste, selon Kant, qu'à rebrousser chemin, et à revenir, pour le mieux examiner, au point de départ. Sans doute, l'hypothèse où l'on s'est placé au début est irrationnelle ; c'est ainsi qu'en certains problèmes d'algèbre, l'impossibilité du résultat accuse l'irrationnalité du point de vue d'où il est sorti.

Or notre hypothèse est celle d'un monde donné et achevé. Remplaçons-la par l'hypothèse contraire. Tout ira de soi, affirme l'auteur de la Critique, si au lieu de poser d'abord un monde tout fait, on imagine un monde qui se réalise progressivement.

Nous n'hésiterions pas, assurément, à suivre Kant dans cette voie, la seule ouverte, en effet, si les conclusions contradictoires de l'antinomie mathématique étaient l'une et l'autre également prouvées et certaines ; mais le moindre effort d'attention suffira à nous convaincre qu'il est, dans le cas présent, inutile de recourir à cette procédure extrême, et nous nous apercevrons bien vite qu'ici, comme ailleurs, une des conceptions rivales prend peu à peu le pas sur l'autre, la relègue dans l'ombre et finit par apparaître seule réelle ; tout s'explique, une fois encore, on va le voir, par la *distinction du phénomène et du noumène* et *la subordination de l'un à l'autre.*

Le phénomène, ici, saute aux yeux. C'est, dans l'antithèse, le « sans fin » de l'imagination, devenir mobile que nous pouvons, à notre gré, diminuer ou accroître, replier sur lui-même ou étendre. Le noumène, dans la thèse, est, au contraire, le fini de la réalité stable, de la réalité qui est ce qu'elle est, et dépend, pour son existence, de sa notion propre et non de nos rêves.

Ceci posé, y a-t-il vraiment dans l'antinomie mathématique égale impossibilité de poser le fini et le sans fin ? Nous ne saurions l'accorder. Le fini n'a contre lui que cette raison que l'imagination le dépasse, raison vaine si les plus vastes conceptions de la fantaisie sont incapables d'ajouter à sa réalité un seul atome[1]. Au contraire, l'hypothèse du « sans fin » se heurte au principe de contradiction, puisque le monde existe, et que, dans l'hypothèse, il réalise, en même temps que lui, l'irréalisable.

C'est en vue d'atténuer la valeur d'un argument aussi décisif que Kant a déployé toutes les ressources de la plus subtile argumentation. Il n'a pu y réussir. Le fini s'impose à la pensée dès qu'elle veut relier le conditionné du fait présent à sa condition absolue et effective dans le passé[2], et d'une façon générale dès qu'elle se propose, à travers

1. Le concept que nous nous faisons du monde, dit Kant, déborde le fini et reste en deçà de l'infini. L'infini serait donc trop grand et le fini trop petit pour l'entendement. Mais la loi de l'entendement n'est point une *norme* à laquelle il faille ramener fini et infini et il n'est nullement démontré que le progrès des choses doive répondre au progrès de nos concepts. Que l'infini, si on le croit intelligible, dépasse par définition tout progrès, rien de plus naturel ; il n'est pas moins naturel, d'autre part, que ce qui grandit au gré de nos concepts puisse toujours et doive même dépasser tout ce que nous nous sommes donné comme grandeur fixe.

2. Dans le commentaire relatif aux antinomies (*Dialectique transcendantale*, section 7, § 597), Kant essaie d'établir que l'inconditionné ne saurait être donné avec la totalité des conditions qui expliquent un phénomène, parce que cette totalité, en réalité, n'existe pas. *Logiquement*, sans doute, et dans le pur abstrait, le conditionné est lié à la somme de ses conditions, et l'on peut dire qu'il n'existe que par elle, mais la question est de savoir si, *physiquement* et

une série de termes intermédiaires, de faire aboutir un progrès quelconque. Disons plus : nul progrès n'est possible dans ce qui se laisse diviser à l'infini.

Le fini, quoi qu'en ait pu penser Kant, est donc à l'infini

dans le phénomène, il est possible de supposer que cette somme soit jamais faite.

« La proposition suivante est claire, dit Kant, et ne laisse place à aucun doute. Si le conditionné est donné, par là même une régression dans la série de toutes les conditions du conditionné est aussi donnée, car le concept de condition emporte déjà celui de quelque chose qui est rapporté à une condition. Si cette condition est à son tour conditionnée, elle se rapporte à une condition plus éloignée, et ainsi pour tous les degrés de la série. Cette proposition est donc analytique et n'a rien à redouter d'une critique transcendante... »

C'est ce que nous croyons nous-même. Mais sortons de l'abstraction des concepts, et entrons avec Kant dans le concret des faits. Les conditions que je poursuis, à ce nouveau point de vue, sont de *réels phénomènes;* or ces phénomènes, tant qu'ils ne sont pas *connus*, ne sont pas *donnés*, ou, si l'on veut, *posés hors de nous*. Ils n'existent qu'au fur et à mesure de la régression empirique qui leur donne l'être, et l'idée de leur totalité n'est qu'une de ces conceptions régulatrices destinées à stimuler la recherche dans toutes les voies où la spéculation scientifique peut s'exercer.

Telle est la pensée de Kant ; nous sommes persuadé que son argumentation cache un grave paralogisme. Le philosophe paraît croire, en effet, que dans la série des phénomènes qui conditionnent un fait, une condition quelconque est tout entière dans l'acte intellectuel qui l'affirme. C'est ce qu'il est impossible d'admettre et même de bien entendre. Comment pourrions-nous *connaître* une condition qui, n'ayant rien d'objectif, n'existerait que par un décret de la pensée? Ce qui n'est absolument pas donné du dehors n'est connu qu'à la condition d'être créé de toutes pièces ; et personne n'admettra, du moins *a priori* et sans preuve, que ce soit l'expérience et l'expérience seule qui crée la réalité des choses.

Telle est pourtant l'hypothèse que nous rencontrons toujours à l'état de dogme implicite et inavoué dans la pensée de Kant. Il essaie par tous les moyens de la justifier, sans arriver à la sauver de la contradiction qu'elle enferme. La réalité, dit-il, n'est pas seulement l'acte de perception lui-même, c'est encore et le plus souvent, la possibilité de cette perception. Mais qui ne voit qu'une telle possibilité n'est qu'une abstraction sans vertu qui flotte dans le vide et qu'on ne saurait même situer, ou que, si elle enferme quelque réalité et peut agir, *ce n'est que la somme des conditions objectives de la perception données du dehors avec le mouvement et avec la force ?*

« Quand j'affirme, dit Kant, que les objets de perception existent avant toute expérience, cela signifie seulement qu'ils doivent se rencontrer dans la partie de l'expérience vers laquelle il faut m'avancer en partant d'abord de la perception du moment... » (§ 595).

S'il en est ainsi, c'est qu'il existe une sorte de vaste champ de ce que le spontané est au nécessaire, le discontinu au continu, et, d'un mot, l'apparent au réel, c'est-à-dire, le phénomène au noumène.

D'un côté, par conséquent, se groupent, autour de la notion du noumène, tout ce qui est unité, force et vie, tout

l'en soi où l'on peut, tantôt se rapprocher, tantôt s'éloigner du réel de certaines perceptions. Il faut alors que les possibilités dont on parle n'y soient pas disséminées au hasard. Allons plus loin. Ces possibilités qui, *en tels points de l'espace et non ailleurs*, donneraient naissance à la perception, ne sont possibilités que par rapport aux qualités sensibles que le fait de la perception viendra leur prêter; en elles-mêmes, il est de toute évidence qu'elles sont plus que possibles, elles existent; elles existent ici ou là, et produiront à tel moment plutôt qu'à tel autre, selon que leur action sera ou ne sera pas neutralisée, des effets prévisibles et certains.

Un monde, non encore découvert, est sans doute tout autre chose que la possibilité d'un monde; découvrir n'est pas créer.

Kant dit sur ce point :

« C'est absolument la même chose quant au résultat si je dis que, par une progression empirique dans l'espace, je puis atteindre des étoiles qui sont mille fois plus éloignées de moi que les plus distantes que je vois, ou si je dis qu'il peut y en avoir à trouver dans l'espace universel, quoique homme au monde ne les ait jamais perçues ou ne doive jamais les percevoir; car quand même elles seraient données comme choses en soi, sans rapport à l'expérience possible, elles ne sont encore rien *pour moi*, par conséquent pas des *objets*, tant qu'elles ne sont pas contenues dans la série de la régression empirique. » (*Dial. transc.*, section 6, § 595.)

Ce passage est caractéristique, car il contient et dissimule à grand'peine une de ces confusions auxquelles on a peine à croire. Les mondes non encore connus de nous n'existent pas. Voilà ce qu'il faut prouver; et quelle est la conclusion où l'on aboutit? Ils n'existent pas *pour nous!* Mais c'est l'hypothèse même, et l'on n'a pas fait un pas dans la preuve. Peut-on nier qu'il y ait là, sauf contresens dans la traduction, un véritable sophisme?

Dans le champ de l'expérience, le conditionné requiert tout aussi rigoureusement que dans la logique pure, le total de ses conditions. Il n'y a, dit Kant, que les conditions *perçues* dans la régression qui entrent en ligne de compte; les conditions inaperçues n'existent pas. Elles n'existent pas *pour nous*, sans doute. Qu'importe, si elles existent en elles-mêmes, et si les données de la critique les supposent?

Ainsi tout l'effort de la critique reste infructueux et la cause du fini demeure intacte. La conclusion à tirer de ce débat, où est engagé le sort de l'antinomie tout entière, c'est que nous n'avons point à chercher de milieu chimérique entre un fini et un sans fin qui seraient également faux; la vérité est tout autre : le sans fin contredit la raison pure qui le rejette, et n'accepte comme intelligible que le fini, parce que, seul, le fini aboutit à l'inconditionné et se fonde sur l'absolu.

ce qui pourra constituer la personne humaine et fonder, un jour venant, la vie morale ; de l'autre apparaissent, indissolublement liés au phénomène, cette continuité dans la grandeur et cet ordre régulier dans les faits qu'affirme *a priori* la pensée sensible et en dehors desquels la science ne serait pas.

Kant, sans toucher à la science, tenait à fonder la liberté ou du moins à en garantir la possibilité et à en sauver le principe. S'il estime y avoir réussi, c'est qu'il reconnaît la valeur absolue de cette thèse capitale qui, dans l'antinomie, domine et résume toutes les autres.

Les séries cosmiques ont une première origine ; l'inconditionné est donné.

Si, au contraire, l'idée d'un commencement absolu est illusoire, si l'inconditionné est une conception vide, l'affirmation de la liberté est une pure inconséquence. Nous prenons, quand nous supposons qu'elle existe, une *idée* pour un *objet*, une apparence transcendantale pour une réalité.

Dans la conception kantienne, tout, à vrai dire, se dresse, pour l'infirmer, contre la thèse de l'antinomie causale. L'auteur de la *Critique* croit-il pouvoir poser l'absolu de l'acte libre, il lui faut sortir de sa propre pensée, prendre au sérieux le noumène, et justifier, au lieu de la critiquer, la raison pure. Mais je suppose qu'on puisse, sans trop de difficulté, réconcilier Kant avec lui-même, j'admets pour un moment qu'il soit permis d'isoler, dans sa doctrine, et de juger d'après leur seule valeur les considérants sur lesquels il entend fonder la liberté, il y a lieu de craindre, pour la preuve que le philosophe veut faire, que le principe de la distinction du phénomène et du noumène, valable en soi, ne lui crée *au sens particulier où il l'entend*, de graves embarras. C'est ce qu'une nouvelle analyse fera comprendre, tout en préparant les voies à la discussion de théorie pure qui est notre but.

IV

Théories du phénomène et du noumène. A quelle condition leur dualité peut-elle résoudre les antinomies existentielles ?

L'idée qu'il faut se faire du phénomène, dans la doctrine de Kant, est étroitement liée à la théorie des formes *a priori* de l'intuition, dont on connaît les traits essentiels.

Ce qu'il importe d'en dégager et d'en retenir pour l'étude que nous voulons faire, c'est cette proposition fondamentale que l'espace et le temps qui nous mettent en relation avec le phénomène sont sans raison d'être dans les choses, parce qu'ils n'ont rien de commun avec la réalité telle qu'elle existe. Essentiellement et uniquement subjectives, ces deux formes, présentes à toute perception, n'appartiennent donc qu'à l'esprit. Ainsi mettons-nous de nous-même et sans le vouloir un voile d'apparence entre la réalité et nous. L'apparence est spatiale, elle est temporelle ; l'être réel, le noumène, caché sous l'apparence, est hors de l'espace et hors du temps.

Kant a-t-il établi que l'espace et le temps, donnés *a priori*, n'ont rien d'objectif ? Nous ne le croyons pas. Il eût pu, certes, pénétrer bien plus avant dans la question de savoir si l'étendue et la durée préexistent mentalement aux corps étendus et aux événements durables, ou si, au contraire, elles ne sont pas, l'une et l'autre, des concepts extraits de la perception des événements et des corps. Cette dernière hypothèse, vers laquelle incline, depuis Aristote, la majorité des philosophes, est celle qui, de beaucoup, nous paraît la plus plausible, parce qu'elle suit le mouvement des faits et répond à la tendance naturelle de l'esprit qui va du sensible à l'intelligible. Elle n'a contre elle que la spontanéité avec laquelle nous concevons, d'abord et comme d'emblée, un espace tout fait, réceptacle naturel d'un nombre indéfini de formes possibles, et, en même temps que cet espace, un temps achevé et absolu, où nous po. .ons inscrire et déployer à notre aise toutes les longueurs de durée imaginables.

Il faut donc, dans la question qui nous occupe, choisir entre deux progrès de sens inverse. Dans le premier, on part de la sensation qui, localisée à l'origine dans les organes internes, passe au dehors, s'applique aux objets et nous en donne un dessin précis. Nous nous trouvons alors en face d'apparences étendues, et, au terme d'un mouvement parallèle, d'événements durables. Un pas de plus, et la pensée monte, par abstraction, de l'objet étendu à l'étendue de l'objet, de l'événement durable à la durée de l'événement. Détachées enfin de tout lien extérieur et de toute raison de fixité, la durée grandit d'elle-même, et devient le temps, l'étendue recule indéfiniment ses bornes et devient l'espace.

Dans la conception contraire, c'est le temps illimité, c'est l'espace sans bornes qu'il faut poser tout d'abord. Tout semble, en effet, pouvoir trouver place en ces deux cadres, ouverts d'avance à tout ce qui est mouvement, durée ou forme, et, pour cette raison même, on est invinciblement porté à croire que, logiquement au moins, ils précèdent toute la variété des modifications phénoménales qui s'y dessinent.

On le voit, dans la première hypothèse, la plus vraisemblable, semble-t-il, l'expérience suffit à tout expliquer, et l'espace est construit sans peine ; ce n'est que dans la seconde qu'on se fait à soi-même une nécessité de l'*a priori*.

Mais pourquoi poser la seconde ? Pourquoi faire de l'espace et du temps des points de départ ? On allègue d'ordinaire que ces deux conceptions formelles sont si adhérentes à l'esprit que nous ne saurions nous en détacher un seul moment. On fait observer que, dans le mouvement même qui, d'abstraction en abstraction, nous emportait tout à l'heure jusqu'à l'indéfini du temps et de l'espace, temps et espace étaient tout entiers présents à chaque progrès de la pensée, et que lorsqu'il semble qu'on les trouve enfin, on ne fait, en réalité, que les retrouver, et revenir par la réflexion sur des idées inaperçues, mais préexistantes.

Une telle observation peut, à première vue, paraître fondée. Elle ne l'est pas ou ne l'est que partiellement, parce qu'elle résulte d'une analyse incomplète. Il peut se faire, sans doute, qu'à l'époque où la pensée commence à se replier sur elle-même, nous reprenions, avec une conscience plus nette, possession des idées primitives de temps et d'espace ; mais, même à l'origine, et inconscientes encore, ces idées, pour qui y regarde de près, ont dû être *acquises*, acquises aussi brièvement qu'on le voudra et qu'aura pu le permettre une rapide condensation de l'expérience, soit individuelle soit héréditaire, acquises pourtant, et non *a priori* ou innées ; voici pourquoi :

Laissons de côté ce qu'il y a d'étonnant dans l'hypothèse d'une pensée qui, à peine venue au jour et incapable encore de percevoir une distance, concevrait néanmoins, implicitement ou non, l'espace immense et le temps sans bornes. C'est là, en vérité, une supposition bien invraisemblable, mais le problème est plus profond. Il s'agit de savoir si, adulte ou non, la pensée peut se faire imposer *a priori* des formes qui, au lieu d'être expressives de sa nature, en seraient la stricte négation. Prenons, je ne dis pas le temps et l'espace, où le problème se complique de celui de l'infini, mais la durée seulement et l'étendue. Est-il possible, je le demande, d'exprimer, à l'aide de ces deux prétendues formes, ce qu'il y a de profond et d'essentiel dans la nature de l'esprit ? L'esprit est un ; il est un d'une unité rigoureuse, et ceux-là même qui lui prêtent un aspect phénoménal savent fort bien, et ne se font pas faute de l'affirmer, qu'au-dessous de toutes les unités relatives dont il est la raison dernière, le « je pense » est l'unité absolue, l'unité qu'on ne divise pas, même en pensée.

Et c'est ce centre indivisible qu'on voudrait forcer, en quelque sorte, pour y introduire la multiplicité de la durée et de l'étendue ! Qu'on ne se méprenne pas sur notre pensée. Nous ne nous refusons nullement à mettre l'esprit en relation avec le multiple ; mais autre chose est la multiplicité adventice qui, résultant d'actions et de réactions perpétuellement renaissantes, effleure chaque être sans le pénétrer, et autre chose une multiplicité essentielle qui, dans l'esprit, jaillirait de l'esprit lui-même, de l'esprit isolé de tout le reste, et constitué ainsi, en son fond, par une essence contraire à celle qu'il devrait avoir.

Sans doute la conception de Kant n'est pas entièrement et de tout point contestable, et l'on peut soutenir que l'étendue et la durée enveloppent un élément véritablement *a priori*. Nous l'affirmons nous-même, mais nous nous hâtons d'ajouter que cet élément, loin d'être homogène au tout, tranche comme un contraire sur les conceptions d'où il est extrait. C'est l'unité elle-même, l'unité qui n'est pas donnée du dehors, puisque le dehors est essentiellement multiple et divisible, mais qui se donne ou plutôt s'impose au dehors pour que la multiplicité, pénétrée d'esprit, devienne relativement une et par cela même intelligible.

Mais sur ce point, nous nous expliquerons mieux plus tard. En attendant, conçoit-on rien de plus étonnant que l'hypothèse d'un *a priori* qui n'a pas de place dans le sujet, puisqu'il faut, pour y pénétrer, qu'il le déforme, et qui, d'autre part, Kant l'affirme avec insistance, est totalement exclu de l'objet ?

Entre ces deux impossibilités, comment choisir ? Kant, on l'a vu, n'hésite pas. Il fait entrer dans le sujet la multiplicité essentielle, et pose ainsi le principe de l'idéalisme, tandis qu'excluant de l'objet le phénomène, il maintient une séparation radicale entre les deux mondes de la réalité et de l'apparence.

Le fait de cette séparation, auquel nous a peu à peu amenés le fil de la pensée du grand critique, est celui qui doit surtout nous intéresser. Il importe de l'étudier de près, en vue de savoir exactement comment Kant a conçu la distinction du phénomène et du noumène, et quel parti il lui a été permis d'en tirer pour concilier avec la doctrine scientifique du déterminisme l'hypothèse métaphysique de la liberté.

Une proposition fondamentale et tout à fait en vue dans la critique, est celle-ci : *le noumène n'appartient ni au temps ni à l'espace*. Il y a plus : du temps et de l'espace on chercherait vainement, dans le noumène, une *raison objective* quelle qu'elle soit. S'il en était autrement, en effet, ne voit-on pas que toute la logique du système en serait atteinte ? Ce ne serait plus alors le temps et l'espace qui devraient se poser *a priori* dans le sujet, mais quelque forme plus générale qu'eux, qui, combinée avec la raison objective qu'on aurait placée dans le noumène, construirait, au lieu du temps et de l'espace de la critique, un temps et un espace tout nouveaux, concepts désormais, et par le fait même de leur construction, connus et affirmés *a posteriori*.

Rien, en vérité, de plus net que cette affirmation du kantisme : l'espace et le temps, à titre de pures formes, sont posés d'un coup ou ne sont absolument pas posés, l'analyse n'y pénètre pas.

Mais cette netteté même ne fait qu'accuser plus vivement et mettre en lumière, dans la théorie, une difficulté des plus graves. Le noumène, tel qu'on veut que nous le concevions, n'est absolument plus de ce monde. Le temps ne le connaît pas ; l'espace se refuse à le recevoir ; il est à perte de vue de l'un et de l'autre. Sans doute, une nature inétendue n'est pas impossible, puisqu'en fait l'esprit existe, mais, outre que l'esprit est lié par ses perceptions à la multiplicité sensible, il lui reste le temps, où il se sent vivre, et où, sans jamais se perdre, il se succède continuellement à lui-même dans le déroulement de ses sentiments et de ses pensées. Au contraire, exilé du temps comme de l'espace, sans rapport possible avec ce qui est, hors de lui, variété et mouvement, le noumène n'entend pas même de loin le bruit de la vie, et il demeure lui-même dans une immobilité et un silence qui font penser au néant.

On ne saurait échapper à ces conclusions, du moment qu'on croit, avec Kant, que les formes de temps et d'espace sont indécomposables et toutes d'une pièce. Dans cette hypothèse, en effet, on ne peut sans contradiction leur supposer un facteur objectif, et si ce facteur manque, il n'apparaît absolument plus rien qui puisse créer un lien quelconque entre le phénomène et le noumène. Ces deux termes, dès lors, sont plus que distincts, plus que séparés ; leur isolement devient tel qu'on peut les regarder comme situés à l'infini l'un de l'autre, sans possibilité de se rapprocher jamais.

Or le problème qui nous intéresse n'a qu'une chance, on le sent bien, d'être résolu. Il faut que phénomène et noumène soient assez distincts pour donner naissance à deux points de vue nettement différents, assez voisins cependant pour se prêter à la conciliation qu'on recherche et tout expliquer.

Essayons d'éclaicir, en la précisant, cette pensée. Je puis supposer avec Leibniz et les philosophes qui, avant ou après lui, ont émis des hypothèses d'un caractère génétique, que les notions de temps et d'espace, ou, pour simplifier, celles de durée et d'étendue sont pénétrables à l'analyse et peuvent être ramenées à leurs éléments. Rien de plus vraisemblable assurément, et comme en tout ordre de recherches la distinction des données et des points de vue est nécessaire, je dirai que la raison objective de la durée paraît être, en attendant mieux, une *série de faits successifs*, et celle de l'étendue, une *pluralité résistante.*

Mais je ne tarde pas à m'apercevoir que ces formules destinées à faire la part du dehors enveloppent encore, malgré tout, un élément ou facteur venu de l'esprit : c'est l'*unité*, que le sujet porte partout avec lui, et qui, dirait-on, est aux données du dehors pur ce que le fil du collier est à ses perles. Il me faut donc pénétrer plus avant dans le problème et essayer de m'abstraire moi-même, en un sens, de ma propre conception. Je renonce dès lors à tout ce qui m'apparaîtrait multiplicité compacte. Il n'existe, et ne peut exister hors de moi, quelles que soient les objections de la pensée sensible, qu'une pluralité éparse où les termes individuels et non groupés comptent seuls.

Au terme de cette nouvelle analyse, que va-t-il rester objectivement de l'étendue ? Des éléments dépouillés de leur énergie. Et de la durée ? Des changements.

Laissons au second plan l'étendue. Aussi bien le problème, tel qu'il s'offre à nous dans la troisième antinomie, n'est plus mathématique, mais dynamique, et sa solution dépend exclusivement de la durée.

Attachons-nous donc à la durée. Diffère-t-elle du changement ? Oui, comme le produit d'un de ses facteurs.

Que, d'autre part, elle soit fonction du changement, c'est l'évidence même. Le changement se produit, la durée apparaît ; il fait défaut, la durée s'efface et disparaît avec lui.

Mais, ce qu'il importe surtout de remarquer, c'est que, dans la production de la durée ; le changement représente la raison du dehors, la raison proprement et purement *objective*. Sans doute, il est difficile de détacher ici le sujet de l'objet et de séparer le changement de l'acte de l'esprit qui le constate, mais on comprendra, à la réflexion, qu'il n'est nullement nécessaire que le changement soit constaté pour qu'il existe, et cela suffit. Oserait-on soutenir qu'avant la première apparition de la conscience dans le monde, tout changement, faute de perception, se soit trouvé radicalement impossible ?

Disons donc que le changement se conçoit en lui-même et n'en faisons pas une création de l'esprit. C'est un fait nouveau, un fait qui tranche sur le fait précédent rejeté dans l'ombre à sa venue. Il n'y a rien de moins, sans doute, dans l'idée de changement, mais il nous semble qu'il n'y a aussi rien de plus.

Et maintenant, du changement, qui est multiplicité successive, et de l'unité qui est esprit, se forme un composé ou mixte qui est *durée*.

Durer, ce n'est pas se mouvoir, ce n'est pas davantage s'isoler dans son immobilité, c'est se trouver en contact avec la mobilité, sans être entraîné soi-même dans le mouvement.

Que l'esprit, en réalité, dure ainsi, rien n'est moins douteux, et nous ne faisons, en l'affirmant, qu'énoncer un fait. N'est-il pas présent tout entier à chacun de ses états et de ses actes ? Et comment ne leur serait-il pas présent, s'il les tire en partie au moins de sa natrue, s'il les produit ou coopère pour sa part à leur production ?

On peut s'étonner, sans doute, que ce qui ne change pas puisse se trouver ainsi en contact perpétuel avec ce qui change, et il semble, alors, qu'en ses données les plus certaines, la réalité enferme une contradiction. Il n'en est rien et l'on comprendra, avec quelque réflexion, que le problème de l'un et du multiple qui, dans la sphère de la quantité, est à la racine de tous les autres, ne peut être résolu autrement. L'activité de l'être, en effet, cette énergie profonde qui le constitue en son essence, ne saurait être indéterminée ; or, dès qu'avec la coopération d'activités rivales, elle se détermine, elle se trouve en face de phénomènes qui lui appartiennent et appartiennent en même temps au dehors. Il faut donc que ces phénomènes, multiplicité comme dehors, soient, d'une certaine façon, comme dedans, unité, et c'est de cette unité même que résulte le rapprochement et comme la soudure qui unit les éléments si contraires. L'un, sans doute, n'est pas le multiple, et le multiple n'est pas davantage l'un, mais l'un est idéalement divisé, et le multiple idéalement unifié. Supprimez par la pensée le lien qui, de gré ou de force, rapproche et tient unis ces deux termes, et rien ne s'explique plus dans la vie psychologique ; le phénomène demeure suspendu dans le vide sans attache ni point d'appui ; et, d'autre part, l'esprit créateur, dès qu'on croit pouvoir le séparer de sa création, n'est plus qu'une nature inexplicable et toute faite d'affirmations contraires ; active à la fois et inerte, puissante au dedans, mais au dehors sans fécondité ni vertu.

Reconnaissons donc que le *noumène vrai*, qui est action, ne saurait être séparé de son acte. Entre la cause et l'effet toute coupure est un non-sens.

On demandera si le noumène vrai, le noumène, tel que nous le concevons et le constatons en nous-mêmes, appartient ou non à la durée. Oui et non, selon le point de vue où l'on se place. Si dans la durée vous ne considérez que le changement, il faut répondre sans hésiter que le noumène lui est, sinon étranger, au moins extérieur. Comment, en effet, au cas où le noumène changerait lui-même, créerait-il des points de repère fixes dans le changement ? Si, au contraire, vous visez, dans la durée, l'unité qui relie les uns aux autres des changements sans rapports entre eux, il est évident que vous ne pouvez plus exclure le noumène de la durée ; vous ne le pouvez plus, et il est de toute nécessité qu'il y ait sa place, puisqu'il est précisément, dans la durée, l'élément qui ne change pas.

C'est donc, on n'en saurait douter, un fait d'expérience que ce sentiment d'une sorte d'éternité intérieure qu'apporte avec la conscience de soi le noumène vrai. « Experimur nos æternos esse », a dit très justement et très profondément Spinoza, et, en effet, nous reconnaissons en nous par la réflexion la présence d'une loi d'identité, loi profonde et toujours agissante, qui nous préserve de toute modification instantanée et radicale, et sauve ainsi dans l'homme l'unité de la personne ; mais ce qu'il importe de bien comprendre, si l'on veut aller au fond du problème, c'est que l'identité dont nous parlons est celle d'un *noumène toujours tout entier présent aux événements de la vie*, non celle du noumène kantien, isolé de tout ce qui est phénomène, et perdu à l'infini, au delà des faits et des temps.

Pour nous, distinguer, c'est à un certain point de vue unir ; pour Kant, c'est séparer et isoler. Comment expliquer une telle différence dans les résultats ? Après ce qu'on vient de dire, il est aisé de répondre. Nous distinguons, pour notre part, sans songer à atténuer leurs différences, l'unité identique et le changement ; nous admettons même qu'on puisse opposer l'un à l'autre ces deux termes, à la seule condition de ne pas perdre un instant de vue qu'ils font partie du même tout, la durée, et que tous deux coopèrent également à sa production. La durée, voilà donc, dans la conception que nous proposons, le lien qui rapproche et tient étroitement attachés deux facteurs opposés en apparence, et c'est ainsi que le noumène vrai, qui est unité, vit de notre vie et nous est toujours présent.

Tout autre est la conception de la Critique. Kant, lorsqu'il fait, entre les mêmes termes que nous, une distinction semblable à la nôtre, oppose l'unité identique non plus au changement, mais à la DURÉE TOUT ENTIÈRE, et il est facile d'en apercevoir la conséquence : l'unité, exclue du temps, va demeurer comme emprisonnée dans l'isolement de sa nature, et, comme tout lien désormais est rompu entre elle et le phénomène temporel, la scission devient complète, dans le monde, entre ce qui apparaît et ce qui est, le premier de ces termes n'ayant plus au regard de l'autre rien de représentatif ni d'expressif.

On a reproché à Kant d'avoir rejeté à perte de vue et comme égaré l'être loin du phénomène qui l'exprime, et, ce qui est plus grave encore, *l'activité loin de son acte.* Mais le philosophe, ainsi que nous l'avons plus d'une fois fait entendre, ne pouvait se dérober à la logique de sa doctrine, et, comme il s'était efforcé d'établir que la durée n'est rien de plus qu'une forme subjective de l'intuition, il se trouvait condamné d'avance, pour rester d'accord avec lui-même, à la retrancher tout entière du noumène, qui perdait, du coup, toute relation avec le temps. Certes, ce noumène, fruit d'une première et superficielle analyse, n'a rien que de fictif, et l'on peut dire qu'il se détruit en se posant, mais comment ne pas le poser ? Il est requis par toutes les démonstrations de la Critique, et il faut ou renoncer à l'Esthétique transcendantale, ou l'accepter.

Je suppose, en effet, pour un moment, que nous voulions écarter ce noumène « *de première analyse* » qui ne parvient pas à se rendre intelligible. Nous allons, ainsi qu'il a été fait plus haut, appliquer à l'idée de durée l'analyse qu'elle comporte, et la décomposer en ses deux facteurs dont l'un, le changement, est visiblement objectif. Tout s'explique alors, et, en premier lieu, le noumène, qui trouve, dans le changement, un lien et comme un trait d'union entre l'unité et la durée, mais nous ne serons parvenus à l'expliquer qu'en reconnaissant, explicitement ou non, que l'idée de durée n'est pas uniquement subjective, ce qui est la négation même de l'Esthétique transcendantale, et par suite, de la Critique tout entière.

On peut donc croire que c'est comme malgré lui, et par l'entraînement de sa propre doctrine, que Kant pousse la distinction qu'il s'est résolu à faire entre le noumène et le phénomène jusqu'à leur complet isolement.

S'il en est ainsi, quelle chance peut-il bien rester au philosophe de résoudre le problème qu'il s'est posé ? Le noumène est action, action libre et, nous dit-il, intemporelle ; le phénomène, avec ses successions nécessaires dans la durée, apparaît, au contraire, déterminé en tous ses détails et rigide. Y a-t-il place, dans cette radicale opposition, pour une conciliation possible ? En d'autres termes, est-on fondé à croire qu'une différence de points de vue suffira à expliquer l'étrange coexistence de la nécessité et de la liberté dans les choses ? Il semble que le monde soit livré tout entier à deux puissances rivales : l'une de fatalité et de ténèbres, l'autre, de spontanéité et de lumière. Si l'une, comme c'est l'évidence même, exclut l'autre, il faut bien qu'elles s'exercent, l'une et l'autre, dans des milieux différents.

On peut supposer alors que ce qui est proprement nature est abandonné à la fatalité des lois, tandis que l'homme, et l'homme seul, est capable de se soustraire au destin et de poser un acte libre.

Mais une telle solution, qui ne le voit, est beaucoup trop facile et trop simple. L'homme plonge par ses racines dans cette nature qu'on lui oppose. Ses besoins, ses appétits, ses passions, le tiennent étroitement asservi à la nécessité. Comment pourra-t-il s'en affranchir ?

Nous voilà ramenés au vrai problème, et nous nous heurtons tout de suite, dans la conception kantienne, à l'insoluble difficulté créée, on ne saurait trop le redire, par la pensée dominante du système. Qui doit tenter l'affranchissement ? Nul doute ; l'homme intemporel ; et pour le tenter utilement, sur quel terme doit-il agir ? Sur ce qui, en lui, est nature, sur ce qui, en lui, est temporel. Or si l'être est nécessairement où il agit, vouloir le séparer de son action est absurde. Il faut donc que l'homme que l'on pose intemporel soit à la fois hors du temps et dans le temps, hors du temps, s'il est lui-même, dans le temps, si son acte est phénomène.

Écoutons sur ce point l'auteur de la Critique lui-même [1] :

« Le sujet agissant ne serait, quant à son caractère

1. *Dialectique transcendantale*, § 646.

intelligible, soumis à aucune condition du temps, car le temps n'est que la *condition des phénomènes*, mais non *celle des choses en elles-mêmes*. En lui ne *naîtrait* ni ne *passerait* aucune action ; il ne serait, par conséquent, pas soumis non plus à la loi de toute détermination du temps, à la loi de tout ce qui est muable, à savoir que tout ce qui *arrive* a sa cause dans tous les phénomènes de l'état précédent. En un mot, sa causalité en tant qu'intelligible ne serait point dans la série des conditions empiriques qui rendent l'événement nécessaire dans le monde sensible. Jamais, à la vérité, ce caractère intelligible ne pourrait être *connu* immédiatement parce que nous ne pouvons rien apercevoir que ce qui apparaît, mais il devrait néanmoins être *conçu*, selon le caractère empirique, de la même manière que nous sommes obligés, en général, de donner par la pensée pour fondement aux phénomènes un objets transcendant, quoique nous ne sachions rien de ce qu'il est en lui-même. »

A ce dessin très précis du sujet intemporel, nous n'avons, en dehors du trait final[1], aucune retouche à proposer. Comme ce sujet est soustrait à la durée, c'est un acte parfaitement un qui le constitue. Il en résulte que rien en lui ne commence, rien n'y finit, rien sous quelque forme ou sous quelque prétexte que ce soit, n'y peut pénétrer, parce qu'il est en un moment indivisible tout ce qu'il doit être.

Kant, dans les termes suivants, achève de préciser sa pensée[2] :

« Suivant son caractère intelligible, le même sujet devrait être déclaré libre de toute influence de la sensibilité et de toute détermination phénoménale, et comme rien n'*arrive* en lui en temps qu'il est *noumène*, comme il n'y a aucun *changement* qui exige une détermination dynamique de temps, comme, par conséquent, aucune liaison avec des phénomènes comme causes ne se présente en lui, cet être actif, en tant qu'il serait affranchi, dans ses actions, de toute nécessité naturelle, telle qu'elle se présente dans le monde sensible, serait indépendant et libre. On dirait très

1. *Dialectique transcendantale*, § 618.
2. *Ibid.*

bien de lui qu'il commence de *lui-même* (ou spontanément) ses effets dans le monde sensible, sans que l'action commence *en lui*, et cela serait vrai sans que les effets dussent pour cela commencer d'eux-mêmes dans le monde sensible parce qu'ils y sont toujours prédéterminés par des conditions empiriques dans le passé. »

Rien n'est plus certain. Le temps n'a, par définition, aucun accès dans le sujet intemporel ; mais ce sujet lui-même a-t-il accès dans le temps ? Il le faut, car autrement tout lien va être rompu entre lui et nous ; il le faut, car il doit exercer sur nous une action et entrer dans notre existence pour l'affranchir ; il le faut, nous n'en saurions douter, mais est-ce possible ?

— Plus que possible, répondra Kant, cela est ; ouvrez les yeux et lisez dans l'âme humaine.

— Soit, mais peut-être cela n'est-il que parce qu'en dépit de l'apparence, le sujet intemporel s'applique à toute autre chose qu'à une durée inanalysable et toute faite. Là est précisément tout le problème. C'est sur ce côté déjà entrevu et particulièrement délicat de la question que toute notre attention doit se fixer.

Qu'on se reporte aux antinomies qui précèdent, et spécialement à la seconde ; on verra tout de suite que le parallélisme entre cette dernière et celle qui nous occupe est frappant. Ici l'inétendu, là l'intemporel, et pour répondre à ces deux termes négatifs les termes positifs d'étendue et de durée. Or le difficile problème qu'avait mis sur notre chemin l'idée du continu extensif se pose à nouveau devant nous avec les mêmes moments et les mêmes phases à propos du continu temporel. On va en juger, et la rapide comparaison que nous nous proposons d'esquisser entre les deux progrès d'idées parallèles donnera plus de clarté et de force à nos conclusions.

Il va de soi, tout d'abord, que l'étendu ne peut d'aucune façon pénétrer dans l'inétendu, et il est également évident que le temps ne saurait pénétrer l'intemporel.

Posons-nous maintenant les questions inverses.

L'indivisible peut-il avoir accès dans l'étendue ? Logiquement encore, la négation paraît s'imposer. Comment, par exemple, marquer un point sur une ligne ? La ligne, divisible par essence, n'a pas de place pour le point, et si l'on suppose que, par impossible, le point y ait pénétré, c'est pour se nier lui-même en se fractionnant dans l'étendue qu'il occupe.

Un fait cependant, ainsi que déjà nous l'avons remarqué à propos de la seconde antinomie, vient renverser cette argumentation, et ce fait est à la fois si clair et si général qu'il faut bien admettre, puisqu'il existe, que la logique qui paraît nous donner raison est une logique qui a tort. Le voici : l'indivisible, que la pensée exclut formellement de l'étendue, apparaît partout dans l'étendue, et il s'impose à ce point à la science du géomètre qu'on n'y trouverait plus sans lui ni donnée précise ni construction intelligible.

Comment sortir d'un tel embarras ? Une seule issue nous était ouverte, et pour satisfaire à la fois aux exigences de la logique et de la science, il ne nous restait à risquer qu'une hypothèse, celle d'un continu purement apparent et illusoire. Le continu, disions-nous, n'existe point comme tel : il ne fait que recouvrir, en le laissant percer çà et là, le discontinu son contraire ; sous l'espace géométrique se dissimule l'espace physique, sous l'infiniment petit, l'élément.

En ce cas comme toujours, le phénomène avait créé l'antinomie ; le noumène la résolvait.

C'est précisément ce que nous allons voir se produire encore. La troisième antinomie, en effet, nous met sur le même chemin que la seconde, elle nous fait passer aux mêmes étapes.

Il est clair, en premier lieu, que l'intemporel n'a pas plus de place dans la durée que le simple dans l'étendue. S'il y pénètre, il s'y morcelle et s'y dissout.

Mais alors l'embarras que nous avions éprouvé tout à l'heure va nous ressaisir, car le sujet intemporel se trouve mêlé en fait à tous les actes de la vie sensible. Il descend donc dans la durée ; or, comment le croire, si la durée est précisément son contraire, si elle ne lui offre qu'un milieu réfractaire à sa nature ?

Nous ne pouvons plus alors que proposer la solution déjà appliquée au continu extensif. La durée, comme lui, n'est qu'apparence ; et de même que l'étendue au fond n'est pas étendue, la durée au fond n'est pas durée. Elle ne l'est pas certainement si sa continuité phénoménale peut se résoudre, s'il n'existe réellement et absolument au-dessous d'elle que des moments qui, dans leur individualité, échappent au temps.

Que conclure de l'analyse qui précède, sinon que *l'indivisible, sous quelque forme qu'il se produise, n'a logiquement et intelligiblement accès dans le divisible que si ce divisible au lieu de se diviser sans fin se résout.*

Voilà ce qui paraît échapper à la dialectique de Kant. Il suppose sans preuve l'immixtion de l'intemporel dans la durée et ne paraît pas s'apercevoir que, s'il est une doctrine qui lui interdit cette supposition, c'est la sienne. Dans la conception critique, en effet, durée et noumène ne peuvent être qu'impénétrables, et telle est l'opposition de ces deux termes que poser l'un, c'est écarter l'autre. Il s'agit bien de savoir, ainsi que le croit Kant, comment on pourra réconcilier et faire vivre ensemble durée et noumène, lorsqu'on a le droit de se demander par quel miracle il serait possible de les rapprocher seulement, et de faire cesser leur isolement absolu !

On sent, lorsqu'on lit avec quelque attention le commentaire dont il accompagne la troisième antinomie, combien l'auteur de la Critique est gêné par sa propre hypothèse. Il croit, dans l'intérêt de sa cause et contrairement à l'esprit de sa doctrine, que la liberté peut descendre, avec le sujet intemporel, dans le sensible. Soit ; mais qu'il est loin, ce ciel du noumène où est relégué l'intemporel, et comme on a, à chaque instant, l'impression, lorsqu'on essaie d'y pénétrer, que, séparé du moi humain, le moi pur, abstrait de la vie, n'est rien qu'un fantôme inerte et froid ! Il double le *moi* vrai dont il est l'image effacée, et il le double inutilement. Ce qui agit du dehors, en effet, n'agit que d'une façon accidentelle et intermittente. Dirons nous que le *moi pur* oblige l'autre ? Mais cette obligation tout extérieure, a quelque chose d'étroit et de formel qui ne saurait suppléer l'élan de l'âme. Il faut que le moi humain *veuille être obligé* ; il le faut pour qu'il déploie toute l'énergie dont il est capable et produise l'effort nécessaire au progrès moral.

Le fait de l'effort est, à notre point de vue, de la plus haute importance. On chercherait en vain à l'expliquer par l'acte d'un sujet soustrait au temps. Cet acte, en effet, doit être un et toujours identique à lui-même sous peine de tomber dans la durée. Comment donc, étant toujours le même, se révélerait-il par une gradation d'effets supérieurs les uns aux autres, et s'il y arrivait, par impossible, comment expliquerait-il ce sentiment profond qui fait que nous nous attribuons tous, parmi des velléités, des hésitations, des luttes intérieures de toute sorte qui appartiennent au temps, la tension continue et progressive qui nous fera sortir de nous-mêmes pour nous porter à une perfection plus haute ?

On ne peut, en vérité, se représenter la conception kantienne que sous cette forme : l'homme est double, intelligible à la fois et sensible. Sensible, il se déroule empiriquement sous le regard de l'homme intelligible qui, du fond de son éternité, marque les moments et fixe les points précis de la durée, où il devra intervenir pour rompre la chaîne des événements et poser son acte propre à la place de celui que l'homme sensible devait poser.

Dans ces conditions, nous ne voyons plus quelle place faire à la responsabilité. Plus de mérite non plus, ni de démérite, et la raison en saute aux yeux. Le principe volontaire, à proprement parler, ne m'appartient pas dans la Critique. Il n'est vraiment mien, en effet, que s'il est présent dans la durée à toute mon existence, s'il vit familièrement avec mes désirs, mes regrets, mes espérances, mes résolutions. Détaché de tout cela, il est sans racines dans ma nature où il n'entre, dirait-on, que pour s'opposer à moi-même, et je finis par m'apercevoir que je suis entre les mains d'un pouvoir abstrait qui agit pour moi.

Voilà où nous conduit fatalement et d'un mouvement irrésistible la logique de la doctrine kantienne. Il faut le dire et le redire ; la théorie des formes *a priori* de l'intuition rend à l'avance illusoire tout le profit que le philosophe eût pu tirer de la distinction si ancienne et si fortement établie du phénomène et du noumène. Et rien ne s'explique plus facilement Distinguer entre le phénomène et le noumène, c'est distinguer entre deux points de vue d'où la conciliation des idées et par suite la solution de l'antinomie pourra sortir, mais ajouter aussitôt après que phénomène et noumène n'ont rien de commun et s'excluent, c'est vouloir se fermer la voie où il devenait possible d'entrer, car, si les deux points de vue s'excluent, ils sont par cela même indépendants l'un de l'autre, et leur isolement nécessaire met la raison dans l'absolue impossibilité de subordonner l'un à l'autre.

Ainsi, tandis que *l'unité*, que Leibniz identifiait si justement et si profondément à *l'être*, est pour nous *dans le noumène, énergie*, et, *en chaque moment du phénomène, acte indivis d'énergies en relation avec la nôtre*, le noumène et le phénomène tels que l'esthétique transcendantale les conçoit et les a définis, sont d'essence si contraire que ni le phénomène ne peut rencontrer le noumène, ni, pour la même raison, le noumène, le phénomène. Voilà donc les deux facteurs du réel séparés l'un de l'autre et vivant chacun de sa vie propre. Que va-t-il en résulter ? C'est, on le conçoit sans peine, que la loi de l'un ne sera pas celle de l'autre, et que même ces deux lois différeront radicalement. Ainsi, dans le cas présent, la nécessité est la loi du phénomène, la liberté, celle du noumène, et Kant, en établissant cette opposition, se montre parfaitement d'accord avec les principes qu'il a posés. On peut aller jusqu'à dire qu'il y a pour lui *deux vérités*, parce que pour lui il y a *deux mondes*, et que ces deux mondes sont « sans fenêtres l'un sur l'autre ». Peut-être demandera-t-on quelle est de ces deux vérités celle qui domine et se subordonne l'autre ; c'est que, sans le vouloir, on sera sorti de l'hypothèse ; c'est qu'on se sera mis en imagination au-dessus des deux mondes où règnent ces deux vérités ; mais, comme il n'existe point entre eux de traits communs, il n'en existe pas davantage entre les lois expressives de leur nature, et le principe supérieur qu'on invoque et auquel on voudrait pouvoir se placer pour les démêler est purement et simplement chimérique.

Kant, en définitive, ne *concilie* pas, il *juxtapose ;* placé par sa propre conception en face d'une dualité qu'il ne peut réduire, il lui donne, en l'affirmant, l'apparence d'une solution.

Mais que d'objections soulève une affirmation semblable, et quelle scission ne va pas se produire alors dans la nécessaire unité des choses ! L'homme empirique a sa loi ; il lui obéira donc nécessairement, et nul pouvoir transcendant, nul ordre émané de quelque mystérieux noumène ne saurait l'atteindre dans l'impénétrable milieu où il a sa place, ni, à plus forte raison, modifier le cours des événements qui composent sa vie ; l'homme intelligible, au pôle opposé, ne connaît qu'une loi, la loi de raison pure, et tant qu'il s'appartient à lui-même, échappe à toute action nécessitante. S'il en est ainsi, je ne suis pas seulement double à la façon dont l'entendent d'ordinaire les moralistes, je suis réellement et positivement *deux*. Où trouver, en effet, un trait d'union entre les existences d'orientation contraire qui me sollicitent et que, par obligation ou par contrainte, il me faut réaliser ? Je veux échapper à l'intempérance ; mais comment le pourrais-je ? L'intempérance me tient ; ses entraînements ont confisqué mon vouloir ; je me suis habitué au mensonge ; le mensonge s'imposera à ma nature empirique avec une toute-puissance égale à la nécessité des lois naturelles.

« Toutes les actions de l'homme *dans le phénomène*, dit Kant[1], sont déterminées, suivant un ordre physique, par son caractère empirique, et par d'autres causes concomitantes ; et si nous pouvions pénétrer jusqu'au fond tous les phénomènes de son arbitre, il n'y aurait pas une seule action humaine qu'on ne pût *certainement* prédire et connaître comme *nécessaire*, en partant de ses conditions antérieures.

1. *Critique de la Raison pure, Dial. transcend.*, § 658.

Sous le rapport de ce caractère empirique, il n'y a donc aucune liberté dans l'homme. »

Sans doute, mais sous quel rapport pourra-t-il y avoir liberté en nous, et quelle liberté est possible dans un sujet déterminé d'avance à des résolutions et à des actes qu'on pourrait prévoir avec certitude, si l'on avait en mains toutes les données empiriques du problème? « Peut-être, il est vrai, nous dit à ce sujet l'auteur de la Critique, ne *devait* pas arriver tout ce qui est arrivé en conséquence du cours de la nature. » Nous craignons qu'il n'y ait là une équivoque. Le terme *devoir* s'entend, en effet, ou de la nécessité ou de l'obligation. S'il est pris au sens de nécessité, comment croire qu'un acte se soit jamais produit qui eût dû ne pas se produire? S'il signifie obligation, qui ne voit que l'obligation s'impose, mais ne détermine pas? L'homme intelligible se sent obligé; qu'importe si l'homme sensible est dans l'impossibilité matérielle d'obéir?

Kant, en définitive, toutes les fois qu'il va au fond de sa pensée, nous fait entendre que la raison possède un pouvoir *de contrainte morale* analogue à la nécessité elle-même.

C'est au fond le sentiment de Platon qui voulait que le bien, goûté et compris, fût irrésistible. « La raison, écrit en ce sens l'auteur de la Critique, est présente, et la même, à toutes les actions de l'homme. Dans tous les temps, dans toutes les circonstances de temps, mais sans être elle-même dans le temps, et sans jamais tomber dans un état nouveau qui d'abord n'aurait pas été le sien, elle y est *déterminante...* »

Il ne manque rien à la netteté de cette affirmation où se condense, en quelque sorte, tout l'esprit de la doctrine kantienne sur la liberté. Chaque conscience, dans cette doctrine, devient le point de rencontre de deux puissances rivales, et comme le champ de bataille où elles se mesurent; ces puissances ne relèvent que d'elles-mêmes et se meuvent en pleine indépendance; d'une part la fatalité des tendances inférieures, de l'autre le déterminisme supérieur de la raison. Entre ces deux nécessités, je me cherche vainement moi-même, et je m'aperçois bientôt que l'être qui me paraissait mien s'est scindé pour passer à deux natures, dont l'une, sous le nom de *moi intelligible*, est une sorte de dieu qui me domine, l'autre sous le nom de *moi empirique*, quelque chose de si inférieur à moi-même que je ne puis consentir à m'y reconnaître.

Et maintenant les difficultés se démasquent, elles se multiplient. Kant, avec une franchise qu'il ne pouvait d'ailleurs s'épargner, met le doigt sur la plus grave. Comment donc et pourquoi suis-je l'homme que je suis, lié, pour toute mon existence, à tel degré de faiblesse ou d'énergie, de misère ou de grandeur morale, et non à un autre? Je n'en puis rien savoir puisque le centre de ma responsabilité a disparu. Seul pourrait répondre et expliquer ce mystère, le moi intelligible qui commande et force au besoin l'obéissance. Sans moi il a tracé tout le plan de ma vie et décidé que je devais vaincre aujourd'hui, succomber demain. Pourquoi? Parce que, du fond de son éternité immobile, il a statué qu'à telle heure, à telle minute, à tel moment de la durée, il agirait ou n'agirait pas, m'aiderait ou m'abandonnerait. « La raison, dit Kant, est *déterminante*, mais non *déterminable*. On ne peut pas demander pourquoi la raison ne s'est pas *déterminée* autrement, mais seulement pourquoi elle n'a pas *déterminé* autrement *les phénomènes* par sa causalité ; mais à cela pas de réponse possible ; car un autre caractère intelligible aurait donné un autre caractère empirique ; et quand nous disons, sans égard à la vie qu'il a menée jusqu'à ce jour, que le menteur, par exemple, aurait pu éviter de mentir, cela signifie seulement que le mensonge est immédiatement soumis à la puissance de la raison, et que la raison, dans sa causalité, n'est soumise à aucune condition phénoménale... »

Si telle est dans la pensée de Kant, la liberté humaine, on peut dire que rien ne ressemble plus à la nécessité, et l'on ne voit guère, en quoi peut bien différer du *fatum* l'action extérieure d'une volonté qui n'est pas la nôtre, puisque tout ce qui la faisait nôtre en a été retranché. Quoi! le menteur, à quelque moment de son existence qu'on le considère, et quelle que soit chez lui la tyrannie de l'habitude, *peut* éviter de mentir, et cela uniquement parce qu'il le *doit*. Mais il faudrait, pour que cette affirmation eût quelque valeur, commencer par établir que le devoir est en nous autre chose qu'un idéal destiné à exprimer le type de l'homme. Dans ce cas, en effet, le devoir serait la loi de l'espèce bien plutôt que celle de l'individu, et nul ne *devrait* jamais que dans la mesure de l'énergie qu'il peut déployer. *Devoir c'est pouvoir*, dit Kant ; *pouvoir, c'est devoir*, serions-nous plutôt tentés de dire, en ce sens que tout l'effort que chacun *peut* faire en vue de l'accomplissement du devoir *doit* être fait.

Mais j'accorde à l'auteur de la Critique tout ce qu'il demande, et j'admets, pour un moment, qu'on puisse en effet tout ce que l'on doit. La contradiction éclatera alors absolue. Je puis donc en même temps et ne puis pas ! Je puis, comme sujet de la loi morale, et comme sujet de la nécessité, je suis impuissant. Peut-on concilier ces propositions antinomiques ? Kant affirme qu'elles sont toutes deux vraies parce que chacune répond à un point de vue différent, mais si les deux points de vue diffèrent jusqu'à s'opposer, rien, encore une fois, ne sera vrai dans l'un qu'on puisse regarder comme vrai dans l'autre, et il ne restera d'autre ressource pour éviter la contradiction que celle de diviser le *moi* unique en deux « *moi* » indépendants.

Telle est la nécessité qui pèse sur tout le système ; à chaque instant s'y laisse entrevoir, on sait maintenant pourquoi, la tendance à un dualisme irréductible.

La vérité, c'est que le phénomène n'est pas seulement, ainsi que l'a cru Kant, la *négation* du noumène, il en est aussi et surtout *l'expression*. Nous n'en saurions faire un absolu, mais nous devons, pour lui donner un sens, admettre qu'il garde de l'absolu tout ce qu'en peut garder sa traduction dans le sensible. Distinct de la réalité, il l'est, il doit l'être, et c'est précisément cette distinction qui permet de tenter la solution des antinomies, mais il ne peut en être séparé, car la possibilité de la solution, acquise ainsi en principe, se trouverait alors rejetée à l'infini.

Il ne faut pas *distinguer* pour *séparer*, mais pour *subor-*

donner. Distinguer, c'est déjà échapper à la contradiction absolue ; c'est, grâce à une différence de points de vue, se donner le droit d'affirmer et de nier en même temps la même proposition ; mais la solution complète du problème que nous nous sommes posé veut une démarche de plus. Il faut, en chaque antinomie, rechercher et mettre en lumière celle des deux conclusions qui se pose indépendante et se suffit. C'est celle-là et celle-là seule qu'on pourra appeler absolue.

Déjà, dans l'étude que nous avons consacrée aux antinomies mathématiques, nous avons suivi cette voie. Après avoir établi que les deux couples de notions contradictoires que constituent le fini et l'infini, le discontinu et le continu, empruntent à des exigences d'ordre divers le droit de s'affirmer simultanément dans la pensée, nous avons fait observer la supériorité dialectique de chaque thèse sur chaque antithèse, supériorité aussi visible et aussi nettement accusée que celle de la pensée pure sur la pensée sensible, de la raison sur l'imagination.

Il faut maintenant ajouter, ce qui n'est pas de moindre importance, qu'en chacun de ces couples d'idées qu'oppose l'une à l'autre une même antinomie, l'idée affirmée par la thèse explique l'idée affirmée par l'antithèse, mais sans qu'inversement celle-ci puisse expliquer celle-là.

On ne saurait donc, dans une construction métaphysique, accorder des droits égaux au fini et à l'infini, au discontinu et au continu.

Si l'on part du continu et de l'infini, on est sûr d'avance de ne pouvoir ni expliquer ces notions en elles-mêmes, ni à plus forte raison expliquer avec elle les notions contraires ; tandis que si l'on pose en principe le discontinu et le fini, on voit qu'intelligibles en leur essence, ils pénètrent d'intelligibilité jusqu'au continu et à l'infini qu'on leur oppose.

Qu'est-ce que l'infini en soi ? L'indéterminé pur. Le continu en soi ? La contradiction. Pour prendre une ombre d'existence, il faut que l'un et l'autre empruntent ce qu'ils comportent de détermination dans l'usage scientifique aux idées mêmes qui les limitent et qui les nient.

C'est le *réel* que représentent, en chaque thèse, le discontinu et le fini. Le réel, en effet, doit se reconnaître à ce signe que, ne pouvant se révéler à l'intuition, il se justifie dialectiquement lui-même, et justifie en même temps que lui tout le reste.

L'infini et le continu, au contraire, n'existent qu'à titre de phénomènes et n'ont de sens que dans l'apparence.

Si donc nous voulons faire passer dans l'énoncé des antinomies mathématiques le résultat de nos analyses, nous ne dirons plus seulement : « Le monde est fini et infini », il faudra ajouter aussitôt : fini comme noumène, infini comme phénomène ; et de même nous ne dirons pas davantage : « Le composé est et n'est pas toujours divisible », sans y joindre immédiatement ce correctif : il l'est comme phénomène : comme noumène, il ne l'est plus.

Nous disposons, dès maintenant, des éléments indispensables à l'examen du problème qui nous intéresse, et nous espérons avoir ainsi quelques chances de le poser comme il doit l'être. Déjà de nombreuses analogies nous ont laissé pressentir qu'on ne saurait, ainsi que l'a fait la Critique, tenir la balance égale entre la liberté et la nécessité. L'une est vérité, l'autre, apparence ; l'une, en germe dans l'action, se laisse pénétrer intérieurement et dans le vif de sa réalité par la pensée ; l'autre est de la famille de ces notions phénoménales qui ne traduisent au dehors que l'acte achevé et accompli sous la forme d'un état inerte et mort.

Si donc, dans les précédentes antinomies, tout a paru s'expliquer par la supériorité du fini sur l'infini, du simple sur le composé, du noumène enfin sur le phénomène, n'avons-nous pas le droit d'espérer que, dans l'étude où nous allons pénétrer, la même harmonie résultera de la même méthode et sortira des mêmes affirmations ?

L'harmonie profonde et toujours présente, voilà l'œuvre de la pensée pure, voilà le signe auquel se reconnaîtra, dans le problème dynamique comme dans les autres, cette raison dialectique qui, toujours d'accord avec elle-même, n'est jamais démentie que par les illusions nécessaires de l'imagination et des sens.

TROISIÈME ANTINOMIE

DEUXIÈME PARTIE

L'ANTINOMIE ÉTUDIÉE EN ELLE-MÊME

Écartons maintenant tout ce qui n'est que considérant historique, et entrons dans la théorie.

Il importe avant tout de définir avec précision les termes de l'antinomie à résoudre. On aura remarqué, sans doute, que la forme que lui prête Kant est loin de la mettre à l'abri de la critique ; flottante en son énoncé, elle veut être examinée de très près si l'on tient à la soustraire aux malentendus.

Et d'abord, nécessité et liberté n'appartenant pas, semble-t-il, au même milieu, ne se rencontre pas nécessairement sur le même terrain. Il faut faire dans le monde, pourra-t-on dire, la part de la nature et celle de l'esprit. Ici, la loi de détermination paraît maîtresse, là, elle se subordonne à une loi plus haute. Qui nous empêche de tracer ses limites au libre vouloir, et de lui donner pour sphère exclusive le milieu humain ? On n'oserait assurément soutenir que l'animal, que la plante est libre ou susceptible seulement de liberté ; encore moins la matière. Il semble donc que la distinction qu'on propose, et qui paraîtra naturelle à beaucoup d'esprits, supprime la difficulté et lève du même coup l'antinomie.

Mais l'antinomie n'est levée alors qu'au prix de si sérieux embarras et de sacrifices si lourds qu'aucun penseur ne s'y résignera aisément. Que devient, en effet, dans cette conception, l'unité du plan de la nature, et comment, si l'on tient compte de la hiérarchie des choses, si l'on considère le progrès qui, de degré en degré, porte tout au mieux, vouloir substituer à la continuité de la vie universelle deux tronçons de monde arbitrairement séparés, et mis, par les propriétés extrêmes qu'on leur conserve, hors d'état de se rapprocher jamais ? De toutes les hypothèses cosmiques, la plus opposée à l'esprit de la science est assurément le dualisme. Imaginer deux empires, celui de la nécessité pour les choses, et celui de la liberté pour l'homme, c'est se mettre dans l'impossibilité de reconnaître et de marquer leurs frontières. Veut-on les tracer ? On s'aperçoit vite que les termes qu'on essaie d'opposer se pénètrent. L'homme n'est pas une idée pure en face d'une multiplicité de formes étendues ; il contient ce qu'il domine et possède ce qu'il dépasse. Riche de tous les dons échelonnés au-dessous de lui, il suffit de le concevoir tel qu'il est pour trouver en lui, sur un terrain nettement circonscrit et cette fois unique, l'antinomie que semblait devoir conjurer la radicale distinction de l'homme et des choses.

On peut donc croire qu'en dépit de l'essai de solution tenté par le sens commun, l'antinomie demeure entière. Kant eût pu lui donner plus de relief en délimitant avec plus de précision le champ du conflit ; il n'en est pas moins évident que le conflit existe ; il est indéniable, où qu'il ait lieu.

I

Les notions indispensables au problème.

Nous venons d'opposer la nécessité à la liberté ; ces termes sont-ils rigoureusement contradictoires ? Examinons.

Agir librement est, à coup sûr, plus qu'agir. C'est, dans

l'action et par l'action, s'affranchir du dehors et se revendiquer pleinement soi-même. On ne saurait donc opposer contradictoirement le défaut d'action à l'action libre, mais seulement à l'action pure et simple ; la nécessité et la liberté sont, à y regarder de près, deux extrêmes entre lesquels la spontanéité tient le milieu.

C'est donc la spontanéité, et la spontanéité seule, avec son activité essentielle, qui nie, sans plus, la nécessité inerte. L'antinomie, dès qu'on en précise ainsi les termes, devient absolue. Plus de jeu, maintenant, plus d'intervalle entre les deux alternatives du dilemme : le spontané et le nécessaire s'opposent comme le fini et le non-fini, le discontinu et le continu.

Poursuivons, en vu de circonscrire plus exactement le problème, le cours de nos définitions et de nos analyses.

Qui dit spontanéité dit action. Ces deux termes sont synonymes et peuvent, sans inconvénient, se suppléer.

Sans doute, il semble, au premier regard, que l'acte qu'on qualifie de spontané offre à l'esprit plus de compréhension que l'acte simple, l'acte tout court ; mais c'est là une illusion entretenue par les mots. On s'aperçoit vite, à la réflexion, que tout ce qu'exprime le premier de ces deux termes, l'autre l'implique et le sous-entend.

L'acte spontané, sans doute, laisse déjà entrevoir une nature, centre de tendances définies, pensée obscure pour nous, précise en soi, d'où sortira, par voie de déroulement intérieur, le cours régulier d'une existence. Poser la spontanéité, c'est donc poser un désir essentiel, et, avec ce désir, le but qui l'explique. Or, dès que le but s'oppose à l'agent, l'agent apparaît plus net et prend un commencement de détermination qui peut passer déjà pour une première esquisse de la personne.

Rien de tout cela n'est contestable, et la plus simple des affinités chimiques, présage d'actions électives et de groupements d'ordre supérieur, suffirait à en fournir une très nette et très probante illustration.

Mais il ne faut pas croire, encore une fois, que, comparée à la spontanéité, l'action pure soit vide de tout contenu.

Une telle hypothèse se contredirait dans les termes. Agir sans direction, *au moment même où l'on agit*, est impossible. Il faut bien tendre ici, là, quelque part enfin, sous peine de demeurer immobile. Vous voulez retrancher son orientation à l'activité ; l'activité perd, du coup, tout moyen de s'exercer, car la nécessité de s'exercer, au même instant, en un sens quelconque, est précisément ce qui supprime la possibilité de tout exercice.

Mais agir ici plutôt que là, c'est déjà choisir, et choisir c'est déjà penser.

L'action, d'ailleurs, non moins que la spontanéité, *se pose d'elle-même.*

Elle se pose d'elle-même parce qu'elle est *action essentielle*, et que si elle se laissait poser du dehors elle s'aliénerait de sa propre nature en devenant passivité et inertie.

Elle se pose d'elle-même parce que, au fond, elle est agent, et que l'agent, comme tel, doit trouver dans l'énergie de sa nature le pouvoir concret et actuel d'exister.

Ces courtes observations suffiront, sans doute, à faire entendre que, sous deux noms différents, spontanéité et action expriment une idée unique. Il ne nous sera pas plus mal aisé d'établir qu'à leur tour les deux termes de nécessité et d'état s'appellent, et que, dans le présent problème, l'un de ces termes peut, à quelques nuances près, remplacer l'autre.

Que faut-il entendre maintenant par nécessité ?

L'action se pose, disions-nous tout à l'heure. Il nous faut comprendre, à présent, qu'au moment même où nous affirmons *qu'elle se pose, elle est posée, et que, comme telle, elle tombe dans un passé sans retour*. Instantanément le mouvement qui crée se trouve devenu le fait créé ; la tendance est œuvre accomplie, l'effort, à peine produit, s'est transformé en résultat.

Or, l'idée de nécessité semble, partiellement au moins, résulter de cette loi même. Qui dit nécessaire dit déterminé et passif ; le nécessaire entre donc dans la pensée avec la conscience plus ou moins nette d'un devenir qui se consolide et d'une action qui s'immobilise en se fixant.

Mais l'action qui, en se fixant, s'immobilise, peut également se trouver immobilisée par le fait et sous l'influence d'actions rivales. Le résultat est le même alors et la nécessité reparaît. C'est que, dans les deux cas, il y a *arrêt*, et que l'*arrêt* d'un mouvement, qu'il ait sa raison d'être ici ou là, en nous ou hors de nous, est précisément ce qui définit la nécessité. La nécessité, tant qu'elle est maîtresse, rend rigide tout ce qu'elle touche. C'est à chaque instant, pourrait-on dire, par opposition à l'action vive, une puissance d'immobilité et de mort.

Est-il possible de soustraire la notion de nécessité à la passivité pure ?

Plus d'une fois, dans les conceptions antiques du monde, on s'est plu à représenter la nécessité sous les traits d'une toute-puissance tyrannique qui, vivant hors des choses, plane, inéluctable, au-dessus d'elles. Une telle conception, possible aux premiers âges, est si visiblement au-dessous de la critique qu'il paraît superflu de s'y arrêter. La science elle-même, qui vit dans le nécessaire, puisqu'il semble que ses lois soient comme des commandements qui s'imposent et des « jours » par où la nécessité se révèle, se refusaient à une hypothèse qui mettrait hors du monde le prétendu ressort du monde, et ferait intervenir, pour réaliser l'ordre universel, une sorte de θεος μαστιγοφόρος, occupé, selon la loi de son éternelle formule, à forcer les éléments de s'unir et les phénomènes de s'accoupler.

Comme tant d'autres notions vagues, la notion de nécessité s'est précisée peu à peu. Elle enveloppe toujours l'idée de contrainte, mais combien différente d'elle-même ! Il s'agit maintenant de contrainte subie plutôt qu'imposée[1]. Quant à ce pouvoir absolu que jadis lui prêta l'imagination popu-

1. Les formules si fréquemment usitées dans la science : « *il faut que* »... « *il est nécessaire que* »... laissent aisément transparaître l'idée de contrainte. Si tel principe est posé, veut-on dire, vous ne pouvez vous soustraire à telle conséquence. Nécessité ici signifie nettement impuissance.

On remarquera que, dans ce cas et dans tous les cas analogues, la nécessité n'est jamais qu'hypothétique ; une nécessité absolue, une nécessité qui se poserait elle-même, serait *action*, c'est-à-dire tout le contraire de ce qu'il faut appeler *nécessité*.

laire, il est tout entier, désormais, passé à l'action. La nécessité n'est plus, au terme des analyses qu'on vient d'en faire, que la pure et radicale impuissance,

Nous pouvons dès maintenant apercevoir les liens étroits qui unissent la notion *d'état* à celles de *nécessité*. L'état est nécessaire parce qu'il répond à un déploiement d'activité qui, du dedans ou du dehors, le *détermine*, et lui communique, en une mesure définie, l'être qu'il possède. Ce qu'est l'état il l'est donc *par une raison étrangère à sa nature propre*, car, s'il est posé du *dedans*, l'action qui le pose n'a rien de commun avec son inertie essentielle, et, s'il l'est du *dehors*, la loi qu'il subit, extérieure en même temps qu'hétérogène, accuse encore l'opposition.

En fait, on n'isole que malaisément les deux facteurs, l'un personnel, l'autre étranger, dans l'*état* qu'ils ont tous deux contribué ou pu contribuer à produire ; mais l'action de l'un et de l'autre est précise, et, chaque fois qu'ils créent un phénomène, le phénomène créé est à ce point prédéterminé par eux qu'entre leur action et le phénomène créé, la science ne conçoit pas la possibilité du moindre écart.

Qui ne voit qu'ainsi conçu l'*état* est tenu, comme à l'avance, d'être exactement ce qu'il est ? *Il cède alors à une sorte de contrainte et apparaît nécessaire*, non de cette nécessité absolue que nous avons écartée comme chimérique, mais de la seule nécessité qui existe et qui soit intelligible, de la nécessité hypothétique, qui lie étroitement le conditionné à ses conditions.

Si l'on accepte les distinctions et les définitions que nous venons de proposer, on comprendra qu'il y ait synonymie à peu près complète entre la notion d'*état* et celle de *fait* ou de *phénomène*. Ce sont trois nuances d'une même idée. *Fait* signifie proprement *produit* ; or le *produit*, *en tant que* visible, est phénomène, et en tant qu'immobile, *état*.

Disons donc que *fait*, *état*, *phénomène* sont des conceptions qui s'opposent toutes à celle d'action ; toutes trois, en effet, sont nécessaires et, dans leur forme inférieure d'existence, apparaissent fixes ; seule, l'idée *d'action*, avec ce qu'elle a de souple et de mobile, permet de concevoir cette spontanéité de l'énergie d'où sortira un jour, avec l'homme, le libre arbitre.

On demandera peut-être si ces analyses sont compatibles avec l'existence de *faits spontanés*. Nulle part, répondrons-nous, et à aucun point de vue, nul fait spontané n'est intelligible. Sans doute on peut appeler spontané un fait que la spontanéité a produit ; mais c'est là un pur abus de mots, et il suffit d'un moment de réflexion pour dissiper le malentendu. Nous ne saurions assez le dire, parce que c'est là et non ailleurs, qu'il faut chercher la solution du problème, *l'action d'où sort le fait n'est plus elle-même quand le fait paraît* ; chaque fois qu'elle s'exprime, elle se limite ; chaque fois qu'elle s'affirme en un acte particulier, elle se détermine et se fait état.

Et maintenant si le fait, comme tel, ne peut être spontané, comment imaginer qu'il soit libre ? Libre veut dire librement posé ; or, pour être librement posé, *le fait n'en marque pas moins la limite où finit la liberté qui le pose ;* il n'est plus maître de continuer de lui-même le progrès qui l'a mis au jour, et qui, sauf manifestations nouvelles d'énergie, serait, une fois pour toutes, fixé en une expression immobile et définitive.

Mais l'énergie intérieure, toujours tendue, est en perpétuel travail de création, et le fait, au lieu de se fixer, se reproduit ou se modifie. Il en résulte que ce qui est pour les sens continuité se révèle à la raison comme succession de contraires. Il n'y a de progrès que par voie d'affirmation et de négation, et, qu'il s'agisse du mouvement phénoménal ou du mouvement profond de l'être, rien ne s'explique métaphysiquement que par des *intermittences répétées et comme saccadées d'activité et de repos*.

Ce rythme universel des choses est une des conceptions les plus hautes et, en même temps, croyons-nous, les plus positives où la pensée humaine puisse atteindre, et il n'est guère de philosophie de la nature qui, à moins d'être vouée par ses tendances à la continuité géométrique, ne l'ait entrevue. Est-il, pour la définir, une formule plus précise que celle du maître de l'école d'Ionie ? « Πῦρ ἁπτόμενον τε καὶ καταcβεννύμενον ἀεί. » Ce feu, c'est la vie, éteinte à chaque instant, à chaque instant rallumée. Dans le Phédon, tout pénétré des conceptions de la vieille sagesse orientale, un des arguments les plus saisissants en faveur de la survivance de l'âme et de ses futurs réveils est celui que Platon a fondé sur la loi d'*alternance* imposée, dans la nature, à tout ce qui vit. Alternance étrange, en effet, et qui se reproduit à chaque instant de la durée. Il se tisse ainsi une trame où le « oui » et le « non » perpétuellement se rencontrent, où chaque moment nie ce qu'il affirme et affirme ce qu'il nie. Sans doute, ces chocs d'éléments antinomiques demeurent étrangers à nos grossières perceptions pour qui tout relief se fond et tout disparate s'efface ; mais qu'importe si la raison veut et prouve que l'uniformité visible cache l'opposition toujours renaissante ? Il faut, en dépit de sens mal informés, l'affirmer sans hésitation : lorsqu'en nous comme hors de nous le mouvement de la vie semble couler d'un flot régulier et uniforme, la pensée de l'absolu qui va, non à ce qui paraît mais à ce qui est, compte les moments de vie et de mort que recouvre la vie apparente. Si tout est déterminé dans les choses, si temps et espace, ainsi que nous croyons l'avoir établi, impliquent des unités hétérogènes à la multiplicité confuse que voit l'œil et que saisit la conscience, n'est-il pas évident qu'il faut que la discontinuité soit, en même temps que la loi de la quantité, celle de la réalité et de la vie ?

Il résulte de là que, sous des noms divers, spontanéité et nécessité forment, par leur opposition même, la trame de toute existence. Contester cette opposition et croire que l'analyse qui en recherche les éléments s'égare en abstractions vaines, c'est renoncer à une distinction dont nul essai d'explication des choses ne peut se passer, celle du phénomène et du noumène.

Phénomène et noumène logiquement s'opposent ; or, s'il est une vérité acceptée par toutes les philosophies qui ont eu le souci de soumettre leurs principes à un rigoureux examen, c'est bien celle que les deux termes ainsi opposés sont inséparables. Nier le phénomène, en effet, est impossible, et, le poser seul, c'est le charger d'expliquer à la fois l'être et le paraître. Mais qui ne voit que c'est trop lui demander ? L'être, en effet, nie le paraître, et cette négation ne peut s'expliquer que par une différence de points de vue qui, sans le noumène, n'a plus de sens.

Le monde, en définitive, n'est, pour la pensée rationnelle, qu'un vaste ensemble d'états visibles recouvrant l'invisible énergie. Ici, l'être avec la puissance que rien ne limite, là, l'expression de l'être ou, si l'on veut, le *verbe* qui le révèle, mais ne peut le révéler que dans un cadre et sous des formes essentielles au sujet.

Que demandons-nous donc de plus ? Rien que ce que nous impose l'analyse de la quantité, telle que précédemment nous l'avons faite. Si tout, au fond, est unité, il faut que ce soit dans l'unité de temps et l'unité de lieu que se produit l'unité d'action.

Résumons-nous :

A l'action spontanée s'oppose l'état qu'on peut appeler encore fait ou phénomène.

L'état est ce que le font ses facteurs, interne ou externe ; c'est un produit, et, comme produit, il est nécessaire.

Il est nécessairement engendré, parce qu'il résulte, exactement et sans contingence aucune, du degré d'activité qui le pose.

L'état peut résulter d'un acte libre, mais il n'en devient pas pour cela libre lui-même, parce qu'il ne saurait être créé indéterminé. S'il est, il faut qu'il soit tel ou tel.

État et nécessité s'appellent et peuvent se substituer l'un à l'autre dans la spéculation philosophique. D'une part, en effet, tout état est nécessaire, et, de l'autre, toute nécessité apparaît, dès qu'elle est rationnellement conçue, sous la forme d'un état arrêté et défini.

Opposer la spontanéité à la nécessité, c'est donc opposer le mouvement à la fixité, l'action au repos.

Ces termes à chaque instant se rencontrent, l'un créant ou limitant l'autre, et il résulte de ces rencontres d'innombrables séries de heurts et de frémissements élémentaires en qui et par qui s'exprime, dans la qualité comme dans la quantité, le seul mouvement qu'on ait le droit d'appeler réel.

D'analyse en analyse, nous avons rencontré les deux notions qui représentent ce qu'il y a de fondamental dans la troisième antinomie, et il nous semble que, dès maintenant, le problème est correctement posé comme il doit l'être.

II

Les moyens de solution.

Il l'est entre la nécessité et la spontanéité, entre l'état et l'action.

On le voit du premier coup d'œil, la nécessité est à la spontanéité, l'état à l'action, ce que l'infini est au fini, le continu au discontinu, avec cette différence que l'antinomie que nous abordons, plus profonde encore que les précédentes, intéresse non plus la manière d'être, mais l'être, non plus la quantité, mais, dans la quantité, à son origine ou à son terme, l'unité vive qui se pose comme action, et, en se posant, se détermine elle-même comme fait.

Qu'ici, comme dans les antinomies précédentes, la contradiction soit radicale et la liaison nécessaire entre les idées qui s'opposent, nul n'en doutera. Logiquement, la nécessité et la spontanéité se détruisent, l'état et l'action se nient ; et cependant la nécessité ne peut, en fait, se séparer de la spontanéité, puisqu'il faut, pour qu'elle s'explique, une activité qui la pose ; l'état, pas davantage, ne saurait être détaché de l'action, puisque, sans l'activité qui le soutient et le pénètre, l'état, flottant dans le vide, serait sans raison d'être comme sans support.

La nécessité est donc pénétrée de spontanéité, et l'état, d'action, en dépit de la sentence de contradiction logique que porte contre ces idées leur propre définition. Ainsi l'on s'en souvient, l'infini nous parut se refuser à la pensée, tant qu'un principe de détermination sous-jacent n'y introduisait pas le fini ; ainsi encore nous voyions s'évanouir de lui-même le continu, du moment où le discontinu n'était plus là pour en marquer le dessin.

Le problème n'a pas changé dans ses grandes lignes ; il paraît donc tout naturel d'appliquer à sa solution la méthode qui déjà nous a permis d'échapper à l'antinomie, et de substituer à la lutte des idées contradictoires l'harmonie qui résulte de la subordination rationnelle de l'une à l'autre.

On n'imagine pas d'ailleurs la possibilité d'une méthode différente. Il faut bien, si l'on veut que la contradiction soit levée, introduire dans l'antinomie une différence de points de vue, puis, dès qu'on s'est convaincu que cette différence ne peut être que celle du phénomène et du noumène, subordonner le premier de ces termes au second pour obtenir une conclusion qui soit légitime, la conclusion de la raison pure.

Est-il nécessaire d'esquisser une fois de plus, à propos de la présente antinomie, ce double moment de notre argumentation habituelle ?

a) L'*état est action* et la *nécessité spontanéité ;* voilà, si l'affirmation se fait sans réserve, une contradiction violente ; mais, qu'on introduise une différence de points de vue, la contradiction aussitôt s'évanouit. On peut dire, par exemple, que l'état est l'action *vue du dehors*, l'action, par conséquent, déjà posée et accomplie. De même, *vue du dehors*, la spontanéité, qui se sera exprimée en faits, ne sera plus, dans ces faits et dans la trame qui les unit, que nécessité.

En se plaçant au pôle opposé, on affirmera, d'autre part, que l'action est état, et la spontanéité, nécessité. Action et état, sans doute, sont deux idées qui se contredisent et se heurtent ; on les réconciliera pourtant si l'on se contente de soutenir que l'action est l'état *vu du dedans* et considéré dans la vivante énergie qui le constitue. On dira tout aussi bien que la spontanéité n'est que la nécessité aperçue dans sa nature profonde et dans le jaillissement d'être où elle s'est aussitôt immobilisée et comme figée.

Voilà, comme dans tous les problèmes parallèles, la première étape vers la solution ; mais il faut aller plus loin et dépasser maintenant le relatif.

b) Qu'on veuille bien y regarder ; des deux conceptions opposées qui partiellement se justifient, et à qui tout d'abord on peut trouver des raisons d'être équivalentes, l'une apparaîtrait imaginative, l'autre rationnelle ; l'une n'est que phénoménalement vraie, l'autre l'est objectivement et réellement.

Or, cette dernière est la seule qu'on puisse appeler intelligible. Pourquoi ? Redisons-le. L'organisme mental semble avoir été ainsi conçu qu'il a, pour le phénomène et en vue de la science, une fonction qui s'exerce dans le « tout fait », tandis qu'en vue de connaissances plus spéculatives et plus hautes, il possède un instrument de savoir qui, passant au delà du « tout fait », entre en commerce avec l'action elle-même dans la sphère profonde de l'être. Ce pouvoir, qui plonge par ses racines dans la conscience, est essentiellement raison pure, parce que, de ce qui se touche et ce qui se voit, il ne garde, par une dialectique qui lui est propre et que nous avons plus d'une fois analysée, que l'invisible et concrète réalité d'où dépend ce qui se touche et ce qui se voit.

Comment donc, de ces deux facultés, ne pas subordonner la première à la seconde ? Si l'on s'y refuse, il faut, ou bien accorder les mêmes droits à l'une et à l'autre, ce qui rend l'antinomie insoluble, ou faire dépendre la réalité de l'apparence, et expliquer non plus le phénomène par le noumène, mais le noumène par le phénomène.

Or, s'arrêter à ce dernier parti est impossible. On a déjà vu, en effet, qu'une telle conception de la méthode aggrave les difficultés, loin de les résoudre, et l'on a pu se convaincre, à propos des antinomies cosmologiques, qu'il n'y a d'orientation sûre dans les problèmes qu'elles posent que lorsque l'antithèse écartée et la thèse admise, on donne la prééminence à la raison.

La même loi s'impose à l'esprit lorsqu'il s'agit de l'antinomie dynamique. Croit-on pouvoir intervertir les rôles, et soutenir que ce que nous appelons la réalité est pure apparence, tandis que ce que nous appelons apparence est vraie et positive réalité ? On rencontre alors, dès le point de départ, une contradiction radicale, et l'on se heurte ainsi à un obstacle qui coupe court à tout progrès dialectique. Comment, en effet, concevoir que l'action apparaisse autre qu'elle n'est ? Elle est nôtre, elle est nous-mêmes ; nul élément venu du dehors n'y peut créer l'apparence dont on parle, l'illusion dont nous serions dupes. A une telle hypothèse, en vérité, le sens commun lui-même se refuse. Pourquoi ce qui n'enferme rien d'étranger à soi-même, s'il se perçoit sans intermédiaire, et du dedans, serait-il perçu autre qu'il n'est ? Dans la sensation, il y a rapport, et rapport du dedans au dehors, de l'un au multiple ; il est donc naturel que la sensation nous trompe et nous présente une apparence qui, en elle-même, n'existe pas ; mais il serait inconcevable que l'action, en son contenu, fût autre qu'elle n'apparaît, car, dans la connaissance que nous en prenons, s'il y a rapport, ce rapport est du même au même, de l'esprit à l'esprit ; et prétendre, dans ces conditions, que l'action n'existe pas telle qu'elle apparaît intérieurement ne serait ni plus ni moins absurde que de soutenir que la pensée, essentielle à l'esprit, est autre, hors de nous et dans un monde qu'il faudrait alors créer tout exprès, qu'elle ne se révèle intérieurement à la conscience.

On se demandera peut-être si l'hypothèse d'une action intérieure purement apparente n'est pas trop invraisemblable et trop forcée pour avoir jamais été sérieusement faite. Tout autre est la vérité. Aujourd'hui, comme toujours, la philosophie du sensible est condamnée par ses tendances fondamentales à ne rien voir au delà du fait, et l'action lui échappe parce qu'il est entendu, dès l'entrée et une fois pour toutes, qu'elle n'a pas le droit d'être perçue. Étrange abus de l'*a priori* dans une conception empirique ! L'action devient mouvement, et le mouvement se résout en une succession d'états. En vain, on objecte au sensualisme ce fait merveilleux de l'*effort* sur qui nous fonderons la liberté ; l'effort, pour lui, est impulsion, et l'impulsion, sensation. Comme si l'impulsion de soi par soi, qui est effort, pouvait être confondue avec l'impulsion de soi par autre que soi ! Comme si, à supposer que l'effort fût pure impulsion, l'impulsion pouvait, en dernière analyse, se ramener à la sensation proprement dite et à l'état pur !

Mais notre dessein n'est point ici de faire une critique en règle de l'empirisme ; il suffit à notre but d'avoir montré que l'action, à moins qu'on n'en dénature la notion de parti pris, n'est et ne peut être que ce qu'elle paraît, tandis que l'état, résultante d'activités rivales, laisse possible, impose même, la distinction de l'apparent et du réel.

Il faut bien reconnaître, d'ailleurs, que *l'état est subordonné à l'action comme ce qui est donné à ce qui le donne.* Qu'on tourne et qu'on retourne le problème sous toutes ses faces, cette vérité, loin de s'obscurcir, apparaîtra toujours de plus en plus nette. C'est que *l'action, en définitive, explique l'état, et non l'état, l'action.* L'état dépend de l'action parce qu'il en accuse la présence et en mesure le progrès ; mais l'action ne saurait dépendre de l'état, puisque c'est elle, et elle seule, qui le pose et le détermine.

Le fait de la subordination de l'inertie à la force et du créé à ce qui le crée est, on le verra mieux plus tard, d'une importance capitale dans la discussion où nous nous trouvons engagés. Déjà, il nous a fourni un élément de solution décisif. Qu'on veuille bien, en effet, s'en souvenir : nous ne sommes parvenus, sur le terrain de la quantité, à écarter la contradiction qu'en prenant chaque fois parti pour la notion la plus riche contre la plus pauvre, fini contre infini, discontinu contre continu, le premier terme, en chaque couple, apparaissant toujours positif, le second, au contraire, toujours négatif. Dans le problème dynamique, l'opposition d'idées est la même, et il n'y a pour nous chance de solution que si nous allons demander à l'action son point d'appui.

C'est de l'action, c'est de la spontanéité qu'il faut partir ; si l'action explique l'état, la spontanéité expliquera la nécessité ; elle l'expliquera comme l'absolu, le relatif, comme la réalité, l'apparence.

A la spontanéité donc le premier rôle dans l'antinomie dynamique.

Partout présente, en même temps qu'elle descendra aux

régions obscures où l'on croit que le déterminisme règne en maître, on la verra fonder un progrès qui, grâce à la possibilité de l'effort, aboutit, dans la pleine lumière de la pensée réfléchie, à la liberté.

III

Le spontané, sa première apparition dans les séries nécessaires.

Y a-t-il trace de spontanéité dans les séries de la nature, ou faut-il affirmer qu'elles sont aussi nécessaires qu'elles le paraissent, voilà le premier et décisif problème qui s'offre maintenant à notre examen.

Bien des fois on a reproché à la philosophie, soit de mesurer au savant le domaine qu'il exploite, soit encore de gêner, dans ce domaine même, la liberté de ses mouvements. Nous sommes, en ce qui nous concerne, tout disposé à faire la part la plus large au déterminisme, et notre bon vouloir est à ce point que nous lui accordons à l'avance tout ce qu'il peut demander dans l'intérêt de ses spéculations, pourvu qu'à son tour il accepte une condition, une seule : *celle de ne pas sortir des faits.* Les faits lui appartiennent ; il y est maître, mais il faut qu'il y demeure ; il n'a rien à nous apprendre avec certitude en dehors des faits et des lois.

Or toute loi est dominée par ce principe d'une autorité incontestée et d'une valeur absolue :

Tel antécédent posé, telle conséquent suit.

Toucher à cette formule, c'est toucher au fondement même de la science[1].

Qu'on la conteste, ou qu'on cherche seulement à en amoindrir la portée, il n'y a plus alors, à proprement parler, de nature ; les liens qui forment la trame des choses se relâchent, et l'arbitraire apparaît, qui déjoue toutes les prévisions et tous les calculs.

1. On peut prouver même que c'est blesser la raison en son principe essentiel. Ainsi s'explique la confiance intrépide avec laquelle la science s'est toujours défendue sur ce terrain.

En vain s'imaginerait-on qu'entre l'antécédent et le conséquent de la formule peut s'insérer l'apport fortuit d'un acte de spontanéité pure ; la régularité des événements n'en serait pas moins atteinte, et il faudrait, dans cette hypothèse, admettre de deux choses l'une : ou bien que l'antécédent était en défaut avant qu'apparût la donnée nouvelle, et, dans ce cas, il est clair qu'il n'eût pas expliqué, à lui seul, le conséquent ; ou, au contraire, qu'il possédait, avant l'addition, tout ce qu'il fallait pour expliquer le conséquent, et l'effet, maintenant, dépasse le but à atteindre de toute la valeur du terme additionnel qu'on a introduit.

Peut-être, pour sauver la spontanéité, fera-t-on observer que, si le principe du déterminisme doit être intégralement maintenu, il ne peut l'être que dans sa forme, qui est simplement hypothétique. Sans doute, au cas où tel antécédent serait posé, tel conséquent devrait suivre, mais qui nous dit que, dans la réalité des faits, cet antécédent doive apparaître ? Sa position dépend peut-être de circonstances où le libre jeu de l'activité humaine trouverait encore sa place, et s'il en était ainsi, la nécessité ne régnerait plus sans partage dans un domaine où on la croit souveraine.

Cette hypothèse nouvelle ne nous paraît pas plus défendable que la précédente, et la raison en est bien simple. L'antécédent, derrière lequel on imagine l'action d'une spontanéité possible, est lié lui-même à des raisons nécessaires dans le plan d'ensemble des événements naturels. Ce n'est donc que parce qu'il a été déterminé qu'il détermine. On peut ainsi remonter sans fin du déterminé au déterminant, à travers des séries auxquelles une science, justement exigeante, interdit de toucher, et la loi est inflexible qui veut que, *sans exception, partout et toujours, tout antécédent, avant d'être posé comme tel, ait été le conséquent d'un antécédent antérieur.*

C'est ce que Kant explique nettement lorsque, dans son exposé de la troisième antinomie, il essaie de définir la causalité naturelle[1] :

1. *Dialectique transcendantale*, § 531, trad. Tissot.

« Si on la pose, dit-il, tout ce qui *arrive* suppose un état antérieur auquel il succède inévitablement suivant une règle. Mais cet état antérieur doit lui-même être quelque chose qui soit *arrivé* (survenu dans le temps, puisqu'il n'était pas auparavant), parce que, s'il avait toujours été, sa conséquence aussi n'aurait pas un jour commencé d'être, mais aurait toujours été. Par conséquent, la causalité de la cause par laquelle quelque chose *arrive* suppose elle-même quelque chose d'*arrivé*, qui suppose, à son tour, suivant la loi de la nature, un état précédent et sa causalité ; mais cet état en suppose de même un autre antérieur et ainsi de suite. »

Que répondre à cette argumentation ? Faut-il donc croire qu'en toute rigueur la nécessité soit le vrai ? Tout autre est notre pensée. *Pas plus que l'infini mathématique, entouré de tant de réserves et amoindri par tant de limitations, n'est l'infini pur, la nécessité physique, comme lui relative, n'est la nécessité véritable.*

— Cependant, va-t-on penser, il n'est plus pour un partisan de la spontanéité d'issue visible.

— Dans le phénomène, oui, si l'on y reste ; mais pourquoi vouloir y rester ? Pourquoi se priver d'une distinction nécessaire entre la réalité et l'apparence, quand cette distinction, surtout, nous a déjà fourni la claire solution de problèmes semblables ?

Expliquons-nous :

Que tout apparaisse déterminé dans une série naturelle *au moment où, achevée, on l'observe du dehors*, nul ne saurait y contredire, et sur ce point la thèse déterministe est sans réplique ; mais qu'on veuille bien y réfléchir. Il est dans la série, ainsi observée, *deux modes de détermination possibles pour chaque terme ; un terme quelconque, en effet, peut, ou avoir été déterminé du dehors, ou s'être déterminé lui-même*[1], *et il est clair que dans le second cas toutes les fois qu'il se produit, c'est une spontanéité réelle qui se cache sous le voile d'une nécessité apparente.*

1. Voir le chapitre intitulé : « Les notions indispensables au problème », p. 161 et suiv.

En d'autres termes, si l'on suppose que, dans le déroulement d'une série naturelle, se soit glissé un terme spontané, on suppose, en même temps, qu'il s'y est fait lui-même sa place, et que la dépense de l'énergie déployée est toute à son compte. De là une coupure, semble-t-il, dans le nécessaire ; mais, ne nous y trompons pas, cette coupure se trouve, à chaque instant, aussitôt masquée que produite, parce que tout degré d'énergie a son expression et que c'est cette expression seule qui apparaît. Nous avions déjà fait pressentir dans les prolégomènes de ce chapitre la solution que nous croyons pouvoir proposer ici. Libre ou déterminé, disions-nous, l'acte, dès qu'il est posé, appartient au mécanisme ; posé, en effet, il est achevé, et achevé, il s'immobilise, pour devenir, sans plus ni moins, tel ou tel.

Cette distinction peut paraît subtile, mais tant que le réel devra différer de l'apparence, elle sera, nous ne craignons pas de l'affirmer, fondée sur un principe inexpugnable.

Rendons cette vérité sensible à l'aide du théorème suivant :

Soit, dans la série *a*, *b*, *c*, *d*, *e*,... *r*, *s*, *t*, *u*, *v*, *x*, *y*, *z*, un phénomène *s*, et posons que ce phénomène soit le conséquent de *r*.

Si la série est nécessaire, *r* suffit à la position de s, et lorsque *r* paraîtra, s devra paraître également.

Mais il peut se faire qu'au moment où paraît *r*, une faculté non sensible, désir peut-être ou vouloir, avec ce que l'un ou l'autre enveloppe d'énergie, produise ou concoure à produire un phénomène qui sera dès lors autre que *s*, et qu'on pourra désigner par la lettre *s'*. En ce cas, *s'* résultera partiellement ou tout entier du facteur nouveau, et ses conséquents ou effets se prolongeront, non plus en *t*, *u*, *v*, *x*, *y*, *z*, mais en *t'*, *u'*, *v'*, *x'*, *y'*, *z'*.

En fait, *s'*, lié maintenant à *t' u' v'*... comme un antécédent à la suite naturelle de ses conséquents, n'est plus lié comme il l'était tout à l'heure à son antécédent *r*. Entre *r* et *s'*, il existe maintenant une marge ; l'intervalle, en quelque sorte, s'est dilaté.

Et rien ne s'explique mieux : *r* devrait appeler s ; s'il

appelle *s'*, c'est parce qu'un nouveau facteur invisible est intervenu pour le former.

Mais, du dehors, que puis-je voir de ce qui vient de se passer ? *r* m'apparaît suivi de *s'*, et, comme je n'aperçois pas le surcroît d'énergie qui explique tout, je ne puis croire, au premier abord, qu'une chose, c'est que *r* a tout ce qu'il faut pour produire *s'*.

Et à supposer qu'une invisible énergie doive se tendre pour produire un acte *s'*, différent de *s*, je me dis à moi-même, avant d'y avoir regardé de plus près, qu'il faut que cette tension soit un fait acquis dès que *r* est posé, et que, par suite, elle fasse partie intégrante de *r* lorsque se produit son acte. Il semble, dans ces conditions, que *r plus* la tension de l'énergie additionnelle n'est en définitive que *r* tout court, *r* possédant, lorsqu'il fait passer un conséquent dans les faits, une énergie qui lui appartient déjà en propre, et qu'on ne saurait arbitrairement détacher de lui.

On le voit, toute l'argumentation des partisans de la nécessité tient dans cette formule : Si *r* a produit *s'*, c'est que *r* se trouvait monté au niveau nécessaire pour le produire.

Mais voilà précisément où est l'erreur ; *r* n'est pas, ainsi que le ferait croire une observation de surface, monté d'avance au niveau de son conséquent ; il se monte lui-même, il se hausse tout seul à ce niveau, grâce à l'addition d'être qui lui est prêtée du dedans et qui le meut [1].

Il est clair, si cette analyse est exacte, que l'objection envisage tout à un point de vue purement statique. Pour elle, la poussée complémentaire d'énergie qu'a produite l'action d'un désir ou d'une volonté est escomptée à l'avance et posée, pour ainsi dire, *a priori*.

Une telle conception est-elle exacte, et peut-on dire qu'elle répond à la vérité des faits ? L'observation la moins atten-

1. A chaque moment, objecte-t-on, je ne puis être que ce que je suis. Soit, mais je ne suis pas seulement ce que m'ont fait les circonstances ; je suis ce que je me suis fait moi-même, ce que l'effort m'a donné, ce qu'il me donne encore au moment précis où l'acte qui le fixe apparaît dans le temps.

C'est ce que nous essayerons d'établir plus tard à propos de la liberté.

tive, si elle est impartiale, la dément. On parle de quantum acquis d'emblée. Formule inexacte et purement illusoire ! Le quantum dont on parle est si peu inhérent à l'essence du terme auquel il s'ajoute, qu'il risque de ne jamais voir le jour. Il est imprévisible, en effet, et, jusqu'au dernier instant, il peut ou se refuser ou se donner. On ne saurait donc compter sur lui, parce que c'est instantanément qu'il s'insère dans la chaîne des phénomènes, et qu'il n'est posé enfin qu'au moment précis où il se pose.

Il est aisé de voir, à présent, où est le vice de l'argument déterministe cité plus haut. Pour expliquer un *état* quelconque, on croit nécessaire de l'attribuer *toujours* et tout *entier* à un *état* prédéterminé du dehors. Or, c'est cette attribution, due à une analyse incomplète, que nous nous refuserons toujours à accepter.

Voici, on s'en souvient, l'argument de la Critique : Si le fait que je constate en ce moment vient d'*arriver*, il faut qu'il soit *arrivé* avant lui, pour l'expliquer, un fait qui auparavant n'était pas, parce que, s'il avait toujours été, sa conséquence n'eût pas, comme le veut l'hypothèse même, commencé d'être.

Nous n'y contredisons pas assurément ; mais quel est donc l'antécédent dont on parle et qu'on suppose pour expliquer le conséquent d'où l'on est parti ? Une raison extérieure à ce conséquent ? Soit ; on peut très bien et très naturellement l'imaginer ; mais n'est-il donc, au delà de cette hypothèse, rien de possible ? et n'avons-nous pas établi, dès le début de ce chapitre, qu'un état peut résulter aussi bien *du dedans que du dehors* ? La *détermination de soi par soi*, redisons-le, est encore une *détermination*, et, du dehors *cette détermination n'est qu'un fait*. S'il en est ainsi, un fait a toujours pour s'expliquer deux raisons possibles : la poussée des circonstances, ou l'appel intérieur du désir ; et, dans ce dernier cas, plus fréquent qu'on ne l'imagine, il est bien inutile de poursuivre à l'infini la raison du fait ; cette raison est sous la main ; elle se suffit ; elle suffit même au commencement d'une série.

1. Voir p. 164 et suiv.

Tel est le théorème que nous opposons à l'argument déterministe. S'il est fondé, l'antinomie est virtuellement résolue, parce que, dans le domaine du fait accompli, toujours déterminé, rien ne gêne plus la science, et que, dans celui de l'action, toujours souple, rien ne s'oppose plus au libre déploiement de l'énergie.

On se demandera peut-être, si nous ne nous flattons pas d'espérances trop hautes, et si nous ne sommes pas dupes d'une illusion. Il se peut, dira-t-on, que les énergies qu'on croit apercevoir multiples à travers des séries phénoménales, ne soient, en définitive, que des produits, et ne représentent que ce que peut donner mécaniquement la rencontre de divers courants de phénomènes. Ces courants, en se rencontrant, s'additionnent ; et ils produisent, en s'aditionnant un *surcroit d'effet* dont la cause partiellement nous échappe. Il n'en faut pas davantage pour que, sans plus de réflexion, nous en fassions honneur à un pouvoir de spontanéité autonome.

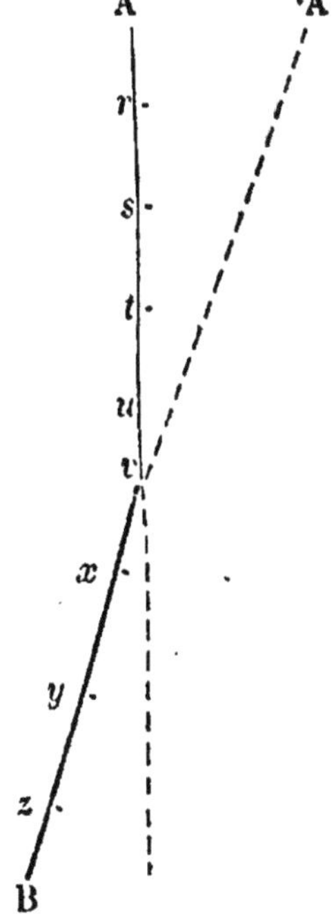

Le schème suivant rendra plus sensible et plus précise l'objection qui nous est faite.

Soit une série A B formée des termes successifs r, s, t, u, v, x, etc., et déviée en v de la direction qu'elle eût dû suivre sans l'accident qui a infléchi son cours. Quel est donc cet accident, et comment l'expliquer ? Pour le déterministe, comme pour nous, il résulte de l'action combinée de deux facteurs ; pour tous deux aussi, l'un de ces facteurs est l'antécédent u ; mais comment déterminer l'autre ? Sur ce point les divergences s'accusent, et l'on se sépare.

C'est la spontanéité, croyons-nous, qui, dans ce cas, comme dans les cas innombrables de déviations analogues, descend dans le nécessaire et vient modifier l'œuvre de la nature. Pour le déterministe, au contraire, tout s'explique par des mouvements de phénomènes, tout se règle par les principes d'une géométrie intérieure qui fait penser au parallélogramme des forces. Il y a déviation au point *v*; c'est qu'au point *v* aboutit toute une file d'antécédents et de conséquents invisibles[1], en qui se résout l'acte que, tout à l'heure, nous appelions spontané. Cet acte, sans doute, apparaît dans le champ de la conscience, mais ce n'est qu'à la façon d'un résultat, et les raisons de ce résultat vont s'échelonnant sans fin dans un passé où elles plongent, de plus en plus indistinctes, et où elles s'effacent enfin d'un effacement absolu.

Est-il besoin de faire observer qu'une telle conception est pleine de contradictions latentes? Elle n'a d'appui, en vérité, ni dans la conscience, dont elle suspecte le clair témoignage, ni dans la raison, dont elle méconnaît les lois essentielles. Et puis, que de complications n'engendre-t-elle pas? A quel inextricable écheveau de causes n'a-t-elle pas recours pour expliquer les moindres effets? Le principe dont s'inspire le déterminisme est, on l'avouera, tout le contraire du principe d'économie. Quoi, ce geste rapide, que je me commande et que je crois mien, vient de l'infini! Mais, en même temps que lui, combien d'autres se produisent! Autant d'actes semblables, autant de séries, et, autant de séries, autant d'impossibilités, puisque leurs commencements sont inconcevables. Veut-on que ces séries soient parallèles? Alors, plus de rencontre, plus de groupement; le monde s'échappe à lui-même en sa multiplicité éparse et rigide. Préfère-t-on qu'elles déclinent comme les atomes, et se rejoignent? L'imagination maintenant s'effraie du nombre des combinaisons nécessaires à l'effet qu'on vise. Ne faudra-t-il pas, pour aboutir, multiplier l'infinité des séries par l'infinité des déviations?

Un écrivain de l'ancienne Rome, homme d'esprit, et railleur agréable des astrologues de son temps, s'étonnait, en une de ses plus jolies pages, qu'il suffît « de la vie d'un

1. Ce sont ces termes problématiques que nous avons représentés. dans la figure ci-dessus, sous la forme de la ligne pointillée A'*v*.

mortel pour mettre en mouvement tous les Dieux[1] ». Les spéculations que nous critiquons sont plus graves sans doute, les théories plus rigoureuses ; raison de plus pour leur demander comment elles s'accommodent d'une telle disproportion de moyens à fin. Se peut-il, par exemple, que tant de mouvements précis et concertés aient eu lieu dès les premiers jours de l'humanité ou même du monde pour amener quoi ? Des actes sans signification et sans portée : quelque signe de tête, quelque clignement d'yeux, un pas en avant ou en arrière, tous mouvements que je crois pourtant vouloir, et que, malgré tout, je m'attribue. Il était donc écrit et décidé d'une décision qui a traversé les âges, qu'à date fixe et en une portion prédéterminée de l'espace, se produiraient ces faits minuscules. Quelle extraordinaire dépense de moyens ! Quelle étonnante longueur de parturition, pourrait-on dire, et quel pauvre enfantement !

On pense bien que notre intention n'est point ici de condamner ou même de déprécier la poursuite méthodique des causes, et nous ne saurions faire fi de ces longues « *chaînes de raisons* » dont s'éprenait, dès les années de sa jeunesse, le génie tout géométrique de notre Descartes. Mais autre chose est la science, et autre chose la spéculation dans le réel. L'entendement veut et doit vouloir qu'en ses recherches nul antécédent sensible ne soit négligé ; c'est qu'il importe au plus haut point qu'avant toute vue d'ensemble, aucune lacune ne subsiste dans le recensement des raisons phénoménales ; mais la raison, qui se meut dans l'absolu et se donne pour objet l'action elle-même, ne saurait se satisfaire des antécédents ; elle va droit à l'invisible spontanéité : et n'admettra, en aucun cas, qu'une série puisse équivaloir, ainsi que le veut le déterminisme, à la plus petite parcelle de force ou de vie, à la moindre manifestation du désir ou du vouloir.

Une fois de plus, la comparaison ne s'impose-t-elle pas entre l'antinomie actuelle et les antinomies qui précèdent ? Sous le règne de la nécessité, comme dans le milieu de

1. Tot circa unum caput tumultuantes Deos.

l'infini, la continuité, divisée en son essence et contradictoire, est, pour ainsi dire, de *droit*. C'est qu'aussi bien que l'infini, le nécessaire est subjectif et illusoire. Dans le nécessaire, en effet, comme dans l'infini, la pensée voit du dehors, et, comme, en ce point de vue, tout est indistinct, rien ne peut fixer son mouvement; elle est condamnée, pour représenter soit un terme fini, soit un mouvement spontané de l'âme à la répétition sans fin.

Quelles conclusions se dégagent des considérations qui précèdent? Le voici en deux mots :

Les *faits* sont dans la nature étroitement liés les uns aux autres. Telle est la loi supérieure du phénomène, et nul ordre de science ne lui échappe. Ainsi dans les séries innombrables de phénomènes qui composent l'univers visible, tout terme est à la fois antécédent et conséquent, conséquent de celui qui le précède, antécédent de celui qui le suit[1].

Mais le phénomène n'est pas le tout des choses; à côté du phénomène, il y a place pour l'action; à côté du nécessaire, pour le spontané.

Et la spontanéité, nous le savons maintenant, peut pénétrer dans les séries de la nature, sans se laisser ni confondre avec elles, ni éliminer par elles. Reste à savoir si, en fait, elle intervient dans le phénomène, et s'il est possible, dans le phénomène, de lui mesurer sa place.

IV

Le nécessaire; comment il est absorbé peu à peu par le spontané.

La solution d'un tel problème n'est plus qu'une question

1. Ce principe est d'une nécessité si absolue que l'existence même de la liberté ne l'entame pas. Nous pouvons, on le verra plus tard, créer des antécédents nouveaux en tendant ou en laissant se détendre le ressort de notre énergie, mais nous ne ferons jamais qu'un antécédent, s'il est donné, produise autre chose que le conséquent qu'il doit produire.

Posé, l'antécédent appartient au phénomène; c'est le tout fait sans progrès possible, et le conséquent dès lors est fixé.

d'observation intérieure. Oui ou non, apercevons-nous dans le champ de la conscience des désirs et des vouloirs ? Si le fait est indéniable, il est indéniable aussi que c'est la spontanéité qui les pose, et nous nous trouvons, sans doute possible, en face de l'action.

On n'entend pas dire par là, bien entendu, que rien ne méritra plus le nom d'état parmi les événements de la vie mentale. Il est d'expérience, au contraire, que les groupes d'états font toujours cortège aux mouvements spontanés de la vie intérieure, soit pour en préparer l'apparition, soit pour en représenter les suites.

S'il en est ainsi, le terrain va se trouver momentanément partagé entre les deux puissances rivales de la spontanéité et de la nécessité, et rien, de prime abord, ne semble plus acceptable que ce *condominium* où chacune doit rester maîtresse chez elle. Nous serions, au moins, dans cette hypothèse, déjà à demi libérés d'un déterminisme rigide. Au lieu d'un tissu serré d'inerties qui se tiennent toutes, sans qu'on puisse savoir comment, immobiles, elles se réunissent, ou, inconsistantes, elles subsistent, nous apercevons des séries multiples, nettement distinctes les unes des autres et créées par les modes innombrables du vouloir de la nature. Le monde est devenu, de la sorte, un compromis entre le fait et l'action. Le fait, sans doute, continue à appeler le fait, et, comme toujours, il suit, sans dévier, son mouvement automatique ; mais l'action, maintenant, peut intervenir, et elle intervient. De là des coupures et, par suite, des commencements spontanés, où se font jour des directions nouvelles et des combinaisons inattendues.

En ce monde nouveau, toutefois, la nécessité a vu singulièrement diminuer sa puissance et se resserrer les bornes de son empire. On peut encore, dans la vie universelle, lui abandonner ce qui est passi. ; mais devant la spontanéité, il faut qu'elle recule. Elle gouvernera sans conteste ce qui subit l'action et ce qui est mû ; elle n'a plus rien à voir avec ce qui produit l'action et ce qui meut.

Est-ce là, du moins, le terme des sacrifices qu'on a le droit de lui demander ? N'en croyons rien. Sur le terrain, déjà limité, qui lui reste, elle recule encore, elle recule toujours, sans rencontrer nulle part le point d'appui qui la soutienne ou le cran d'arrêt qui la fixe.

C'est que l'énergie, pour peu qu'elle se glisse entre les mailles du mécanisme, le *confisque peu à peu à son profit, et l'absorbe tout entier.*

Tout plein de promesses, le dualisme semble vouloir donner à la spontanéité et à la nécessité même réalité et mêmes droits ; mais les faits eux-mêmes protestent contre la conception où l'on voudrait les faire entrer. La vérité est que le monde, en son unité réelle, est tout autre que le monde artificiellement divisé qu'on imagine : la spontanéité n'est point ici, la nécessité, là ; partout où la nécessité apparaît à la surface des choses, se pose au fond et s'affirme l'invisible spontanéité.

Réaliser la nécessité et la faire ainsi l'égale de la spontanéité, ce n'est donc pas résoudre l'antinomie, c'est, au contraire, la rendre insoluble. Disons plus : la seule hypothèse qui retranche, à première vue, toute espérance de conciliation, et la seule aussi que nous devions d'abord écarter, est précisément celle qu'on nous propose. Si l'on croit à l'existence de deux solutions *réelles*, comme les deux conclusions qu'on affirme sont rigoureusement contradictoires, on affirme, à la fois, catégoriquement et sans différence de point de vue, le *oui* et le *non*.

Il faut donc qu'ici, comme toujours, l'un des termes opposés soit subordonné à l'autre, et que la réalité prime l'apparence.

Or, nous l'avons vu, l'apparence, c'est la nécessité, c'est l'état ; la réalité, c'est la spontanéité, c'est l'action.

Des deux idées en lutte, quelle est celle qui, marquée d'un signe de vie, se pose d'elle-même et d'abord ? Quelle est celle, au contraire, qui, toujours défaillante, suppose l'autre et ne saurait intelligiblement s'en passer ?

La réponse est facile. Le monde ne saurait se concevoir comme une collection d'*états purs*. De tels états, vides d'action, ne sont en définitive les *états de rien*. Ils ne se groupent ni ne se posent. Tout ressort leur manque, toute énergie leur fait défaut. Vus de près, ils s'évanouissent dans le néant.

L'action seule leur rend le fantôme d'être qu'ils possèdent ; elle les ranime en les expliquant, mais, avant tout, elle s'explique elle-même par les trésors d'énergie dont elle dispose.

« *Au commencement de tout était l'action* » ; ajoutons, *au centre et au fond de tout*. Partout où se montre le phénomène, elle est présente ; dans le champ de l'intuition sensible, elle double, comme d'elle-même, sous le nom de substance, et consolide dans l'être les fuyantes apparences parmi lesquelles nous vivons, et il n'est pas de science de la nature [1], à commencer par la plus générale de toutes, la mécanique, qui ne fasse de l'action, par l'intermédiaire du mouvement, le principe de l'explication totale des choses.

1. L'énergie est partout en physique. C'est le principe à chaque instant invoqué et nécessaire. L'antécédent empirique n'est que l'accident qui lui permet de se déployer, la condition qui, de virtuelle, la fait actuelle. L'immersion n'allège pas, à proprement parler, le corps immergé, elle détermine une poussée qui contrarie la pesanteur et donne lieu à une diminution de poids. Le grave tombe, dit-on, si on l'abandonne à lui-même. Sans doute, mais le fait de l'abandon est, comme cause, sans aucune valeur théorique. Il n'y a au phénomène de la chute qu'une cause véritable, l'attraction qui, elle encore, est *action*. En physique, la loi de pure *séquence* s'imposait à l'origine, et a rendu les plus utiles services ; elle a catégorisé les faits, comme la classification, les espèces ; mais comment, au point de vue théorique, lui trouver un sens ? Je fais le vide, et j'y vois monter un liquide. Vide et ascension, si l'expérience s'est produite dans les conditions voulues, vont former couple, et les deux faits seront liés de telle sorte que, le vide posé, l'ascension suivra. Mais quels rapports peuvent bien exister entre deux termes aussi hétérogènes que le vide et l'ascension, l'un statique, l'autre dynamique ? Lorsque la séquence est aperçue, [illegible]lication reste tout entière à donner. C'est ce qui n'échappe pas à un [illegible] comme celui de Pascal. Il vient, étudie le vrai problème, multiplie [illegible]périences et s'aperçoit que le liquide, lorsqu'il s'élève, ne fait [illegible] céder à l'air qui le presse. Voilà une loi plus haute, la seule réellement explicative, la seule qui puisse satisfaire un théoricien. Avec elle nous sortons de l'abstrait et nous touchons le réel des choses, car qui dit pression dit action.

La physique, au fond, n'est qu'une mécanique. *Dilatation*, *condensation*, *attraction*, *répulsion*, tout cela est *mouvement* et enveloppe l'*énergie*. Lier selon la diversité des accidents et des circonstances l'énergie au mouvement, voilà le but qu'elle poursuit, et qui domine et inspire toute sa méthode.

Et maintenant que visiblement l'action est partout, n'est il pas évident que la nécessité n'est plus nulle part ? Nous l'avons vue tout d'abord maîtresse incontestée d'un domaine sans limites ; puis les libres mouvements de la vie et de la pensée sont venus borner sa puissance en la contraignant de se réfugier dans le phénomène ; voilà enfin que le phénomène lui fait défaut et que l'inertie qu'elle lui prêtait apparaît active. Et de ces diminutions successives c'est la spontanéité qui profite. Peu à peu, mais d'un pas sûr, elle avance. On dirait un rayon de lumière qui, de degré en degré, descend dans l'ombre et pénètre enfin jusque dans ses profondeurs la nuit qu'il efface.

Si donc nous nous plaçons en pensée à l'échelon le moins élevé de la hiérarchie des choses, ce que nous apercevrons tout d'abord, c'est une forme de *spontanéité* encore pauvre où la pensée, bein que présente, semble néanmoins incertaine, tant elle est obscure. Au-dessus, croissant toujours en complexité et en richesse, la *spontanéité* deviendra vie, conscience, réflexion, jusqu'à ce que, de puissance en puissance et de perfection en perfection, elle se donne enfin à elle-même, en un progrès qui graduellement l'affranchit, l'idéale limite de la liberté.

Telle est son œuvre ; elle apparaît, on le voit, toujours identique sous ses manifestations les plus diverses, et c'est son active et industrieuse unité qui les explique.

Déjà, sans doute, il est pour elle du plus favorable augure qu'elle ait pu se poser rationnellement et échapper aux contradictions de sa rivale, mais son triomphe ne sera complet, sa victoire définitive, que si, défiant tout soupçon d'impuissance, elle se propose et atteint un double but : *satisfaire aux exigences de la science, et fonder la vie morale sur la liberté.*

Nous allons aborder ce double problème.

TROISIÈME ANTINOMIE

TROISIÈME PARTIE

SPONTANÉITÉ

I

Spontanéité et science.

L'hypothèse de la spontanéité est-elle ou n'est-elle pas compatible avec les exigences de la science ?

Le savoir scientifique, dans la pensée commune, requiert la constance ; or il semble que partout où se rencontre la spontanéité, la constance soit impossible. Comment en serait-il autrement ? Qu'un pouvoir qui paraît uniquement fait de souplesse et de libre fantaisie pénètre à un moment quelconque dans l'une des séries de la nature, et ausitôt va se produire une déviation du cours des choses. Que deviendra alors cette sûreté de prévision, orgueil du savant que les faits viennent partout et toujours justifier ?

Le problème ainsi présenté est troublant, mais il ne l'est, c'est notre persuasion profonde, que par suite de préjugés et de malentendus qu'il n'est peut-être pas impossible de dissiper.

Nous ne nierons pas, sans doute, que la spontanéité introduise dans le mouvement régulier des phénomènes un élément de variation accidentelle et de trouble. Que va-t-il arriver, en effet, si un antécédent se trouve modifié au moment de l'acte, et si, parmi les circonstances dont il est, nous le savons, le produit et le produit rigoureux, se trouve précisément celle que la spontanéité vient d'y introduire? L'écart alors devient fatal entre ce qui paraissait devoir arriver et ce qui arrive, et l'on ne peut plus échapper à cette conséquence que la série où s'est produite l'addition de spontanéité imprévue est, en ce quelle a de purement naturel, détournée de la direction qu'elle devait suivre et qui allait la porter ailleurs.

En vain alléguerait-on que, dans l'hypothèse même où nous sommes placés, le conséquent survenu *devait* survenir, et que, par suite, rien de réellement nouveau ne s'est produit quand s'est produit l'accident dont on fait une cause de déviation; il est aisé de répondre que, si le conséquent a *dû* survenir, ce n'est point pour une raison de nécessité édictée *a priori* et éternelle, mais par le fait et le fait seul de la circonstance qui s'est au dernier moment ajoutée à toutes les autres. Cette circonstance posée, l'effet suit, aussi nécessaire que l'eût été, sans le changement survenu, l'effet naturel, mais sa nécessité, toute relative d'ailleurs, ne saurait empêcher qu'on le distingue de l'événement dont il tient la place; c'est un fait sans antécédent qui se suffise dans la série naturelle qui l'a amené, c'est un fait sans passé et sans histoire, un *fait nouveau.*

Or la science, précisément, ne saurait s'accommoder du fait nouveau; elle n'est possible que par des suites non interrompues et des enchaînements réguliers de phénomènes qui supposent la constance. Si la constance fait défaut, rien ne peut plus être dans la nature ni expliqué ni prévu.

Mais quelle idée se faire de la constance? Admet-elle des degrés et à quelles conditions est-elle possible?

Il faut, nous le savons, pour que soit sauve et hors de conteste la régularité des faits scientifiques, le concours de deux conditions : la première, dictée par le principe même du déterminisme, c'est que, dans les séries naturelles, il y ait toujours entre l'antécédent et le conséquent équation exacte; la seconde, c'est qu'à son tour l'antécédent ait une raison déterminante de se produire, *au moment, parmi les circonstances, et dans le cadre exact des particularités individuelles où il se produit.* Il est clair que si, d'une part, nul obstacle ne vient s'interposer entre deux termes dont l'un est la condition suffisante de l'autre, et que, d'autre part, le premier de ces termes doive être posé *tel qu'il est*, *là où il est*, rien ne peut plus s'opposer à la régularité des événements et à la constance absolue des lois.

Or, on ne saurait soutenir que, dans tout ordre de sciences, la seconde de ces conditions soit toujours donnée en toute rigueur. Elle l'est, ou du moins on peut le croire, dans les sciences expérimentales les plus pénétrées de raison et les plus abstraites, la physique par exemple et l'astronomie, qu'on peut regarder comme des formes de la mécanique universelle ; mais l'est-elle et le sera-t-elle jamais dans les sciences aussi concrètes et aussi complexes que la biologie ou l'anthropologie, unies par tant de liens aux sciences hiérarchiquement inférieures, et envahies, pourrait-on dire, par tant de principes extérieurs et empruntés ? Dans des sciences aussi riches et aussi pleines de toutes les autres, il faut bien reconnaître, si l'on ne se contente pas d'analyses superficielles et incomplètes, que le retour régulier des mêmes phénomènes, avec le détail des moindres circonstances qui les ont faits ce qu'ils sont, ne s'imagine pas facilement. C'est plutôt un idéal qu'une réalité, une conception théorique plutôt qu'un fait.

On a plus d'une fois fait observer que la spontanéité, prise au sens le plus usuel de ce terme, se refuse à des conclusions absolues, et c'est pour cela qu'on l'exclut si volontiers de la science ; mais la science, en dehors de ses affirmations les plus générales, a-t-elle le droit de se croire aussi absolue qu'on le suppose ? Un principe, qu'il se nomme spontanéité ou nécessité, n'est chargé d'expliquer, en définitive, que ce qui est ; et ce qui est, c'est le fait positif, non le fait idéalisé et illusoire. La nécessité seule, on le verra, se trompe et nous trompe, non parce qu'elle reste, comme on accuse volontiers la spontanéité de le faire, en deçà de la solution, mais parce qu'elle va au delà. Elle dépasse la donnée, se crée un but imaginaire, et outre si bien les choses qu'elle semble souvent, pour vouloir expliquer ce qu'elle croit être, occupée à justifier ce qui n'est pas.

Dans quelle mesure, en fait, pénètrent, au sein des événements naturels, les deux facteurs de la variabilité et de la constance, c'est une question à laquelle nous ne pouvons décidément plus échapper.

Pour y répondre, jetons un regard d'ensemble sur les choses, et rappelons les grandes lignes auxquelles nos réflexions antérieures nous ont conduits.

Aux degrés inférieurs de la réalité se dessine obscurément, on s'en souvient, une forme de spontanéité qu'on peut appeler *simple* ou *fondamentale ;* c'est celle-là même que, dans la précédente étude, nous avons conquise sur la nécessité amoindrie graduellement et enfin exclue. On la nommera encore *primitive*, parce qu'elle seule, à l'origine, occupe la scène, ou *diffuse* parce qu'elle s'étend à tout et est en même temps partout, sans se concentrer encore et s'organiser nulle part.

En ce premier moment, semble-t-il, la spontanéité n'a d'autre but que celui de créer dans le champ indéfini de l'espace une provision indéfinie de mouvement. C'est à ce trésor, toujours renouvelé, que s'alimentera tout ce qui doit prendre forme dans les régions supérieures de l'organisation et de la vie. Une telle conception n'a rien assurément d'invraisemblable, mais, ce qui n'est pas douteux, c'est que, dans le milieu d'homogénéité où elle nous place, la constance des lois s'impose ; elle s'impose au phénomène comme à l'être, au mécanisme comme à la spontanéité ; d'une part, en effet, l'énergie demeure la même, et de l'autre, puisqu'il est simple, le désir possède nécessairement uniformité et fixité.

Donc, dans l'une et l'autre hypothèse, nulle possibilité de déviation, nulle raison de changement ; les lois seront ou paraîtront inflexibles, parce qu'elles ne connaîtront ni modification ni exception.

Mais la spontanéité progresse et, au lieu de flotter dispersée dans l'espace, elle se concentre et cherche à s'unifier dans le temps. C'est ainsi qu'apparaît, lorsqu'on monte les degrés de l'échelle qui va du vivant à l'homme, une forme de spontanéité qu'on peut appeler, en l'opposant à la spontanéité éparse, spontanéité de *concentration* ou d'*individualisation*. On dirait qu'alors l'activité constitutive de l'être se replie sur elle-même, qu'elle se recueille, et ramasse, en quelque sorte, toutes les forces pour leur donner, dans un minimum d'étendue, un maximum de vertu vive et de perfection.

Les auxiliaires de cette activité du groupement, d'où l'individualité va sortir, paraissent être, à ne considérer que ceux qui se montrent au premier plan, l'*affinité* et l'*attraction* : l'affinité, plus circonscrite, l'attraction plus vaste et plus uniformément imprimée au cœur des choses ; mais si hautes que soient ces lois, au delà desquelles il semble, d'ordinaire, que nous ne puissions plus rien atteindre, elles n'en sont pas moins subordonnées l'une et l'autre à une pensée de *concentration* qu'elles tendent de plus en plus à réaliser, et qui, au même titre que l'*expansion* primitive, apparaît souveraine dans l'univers.

Concentration, *expansion*, voilà l'opposition éclatante, indiscutable, à laquelle il nous faut quand mêm revenir, et qui plane au-dessus de tout dans la nature. Ajoutons que cette opposition pénètre en même temps partout, puisque nous la voyons descendre, toujours identique à elle-même, des sommets de l'être aux plus obscures et aux plus imperceptibles pulsations de la vie individuelle. On dirait les deux moments du rythme où partout le mouvement s'oppose à lui-même, et qu'il répétera sans fin. N'y a-t-il donc là que deux modes de mécanisme, deux formes de je ne sais quelle nécessité inintelligible et aveugle, ou plutôt ne semble-t-il pas que derrière ces deux faits universels, éternels, se laïsse deviner et apercevoir à un point de vue qui passe la science, une pensée profonde, peut-être le désir fondamental de se *garder* et de se *donner* qui fait le fond même de toute nature, et porte en soi, pourrait-on dire, toute l'histoire de toutes les destinées dans le monde ?

Mais revenons à l'examen exclusif de la spontanéité réfléchie, et suivons-la dans la voie où peu à peu elle se concentre. A chaque étape répond un progrès, et à chaque progrès l'apparition d'un groupement où se fait jour, à travers la complexité toujours croissante, une individualité toujours mieux marquée et plus forte. C'est, sans parler du cristal, construction rigide encore et inanimée, le vivant, pensée obscure, qui saura pourtant s'ajuster à un milieu et s'affirmer dans l'harmonie sans cesse renouvelée d'un organisme; puis l'animal, chez qui déjà s'est éveillée la conscience, et qui pourra, éclairé de ce sens intérieur, multiplier ses relations et se faire une unité plus robuste; l'homme enfin, raison qui se réfléchit sur elle-même, volonté qui se possède, et en qui pour la première fois apparaît, mais seulement comme en une lueur d'aurore, ce don merveilleux de la liberté.

Or il est manifeste, à qui embrasse d'un regard d'ensemble tout ce progrès, qu'entre les divers degrés de la spontanéité de concentration éclate partout la relation de moyen à fin. Le mouvement qui vibre, éternel, dans l'immensité de l'espace semble n'avoir été conçu et créé, nous l'indiquions tout à l'heure, que pour porter l'énergie partout où la vie, faite de groupements d'énergie, pourra éclore. De même, on l'a maintes fois remarqué, la vie, en chacun des moments de son ascension vers l'homme, semble poursuivre un idéal qui la domine et qu'elle ne réalise jamais qu'imparfaitement, bien que toujours de mieux en mieux. On peut dire d'un mot, pour exprimer une pensée familière, depuis Aristote, à tous les penseurs, que le végétal est le moyen de l'animal, et l'animal le moyen de l'homme.

Voici maintenant ce qui en résulte.

Comme, dans la hiérarchie des choses, chaque forme d'être enveloppe, sous la loi commune, un système de lois qui lui appartient en propre, et que ce système, eu égard à la différence des fins et par conséquent des voies à suivre, contrarie partiellement au moins et gêne les autres, il arrive que nulle législation, sauf la plus générale et la seule qu'on puisse appeler indépendante, celle du *mécanisme*, ne peut apparaître dans les faits telle qu'elle est en elle-même et dans sa rigidité abstraite. Les déviations, dès lors, sont non seulement possibles, mais nécessaires.

Disons donc que, dans le milieu de la spontanéité primitive, règnent, sans obstacle et sans coopération d'autres lois, les lois essentielles du mouvement ; y toucher serait toucher à la charpente même de la science. Mais reconnaissons aussi qu'au moment même où nous entrons dans le domaine supérieur de la *spontanéité de concentration*, les problèmes se compliquent et deviennent d'une solution de plus en plus difficile. Il doit arriver alors, et effectivement il arrive, ou bien que les lois les plus générales du mécanisme entrent en lutte avec des lois plus compréhensives et plus spécifiées, ou que ces dernières se modifient les unes les autres, se pénètrent, et en se pénétrant, se combinent. Pour ne citer que quelques faits, ne sait-on pas que les lois les plus hautes du mouvement sont, chez le vivant, en conflit avec les lois de la vie, et n'est-ce pas d'une sorte de compromis entre les unes et les autres que résulte pour lui la réalité de l'existence ? Il est de même parfaitement certain que les lois du végétal peuvent à chaque instant contrarier celles de l'animal, les lois de l'animal celles de l'homme, et les lois de l'homme, celles de la société où il lui faut vivre.

Et qu'on veuille bien le remarquer, nous n'avons encore envisagé le problème que sous son aspect le plus abstrait. Sans doute les lois particulières se rencontrent et se limitent, mais il n'y a là qu'un élément de variation. On peut aller plus loin et affirmer qu'il n'est peut-être pas de lois au monde dont l'expression à deux moments différents de la durée puisse être la même dans les faits. C'est que les innombrables vouloirs qui constituent la nature possèdent tous une vie individuelle, et que chaque vie individuelle est faite *d'accidents et de nuances*. Il suit de là qu'un être quelconque, lorsqu'il s'affirme au choc des activités rivales, risque fort de ne jamais s'affirmer le même. Toujours, sans doute, il obéit à la loi générique qui le maintient dans les grandes lignes de son espèce, mais il y obéit *diversement*, parce que ses dispositions individuelles *varient* et qu'elles dépendent à la fois de ce qui l'entoure et de lui-même.

En bref, et du point de vue finaliste qui s'est constamment imposé à nos analyses, *tout acte, en toute forme d'être, résulte à la fois du besoin essentiel qu'éprouve l'être de se perpétuer dans cette forme, et du désir accidentel de s'y perpétuer à chaque instant dans les conditions qui lui conviennent, à son gré et selon son vœu.*

La première de ces aspirations est la loi elle-même, que modifie plus ou moins, selon les cas, la rencontre de lois rivales, mais qui se trouve, en un moment quelconque, déterminée à l'avance par l'ensemble de toutes les conditions extérieures où elle se produit ; l'autre exprime ce qu'il y a de mobile et de vivant dans l'individu qui ne peut rechercher le but voulu par l'espèce qu'en se recherchant lui-même, et qui n'obéit à la loi qu'en s'y ajoutant.

Ainsi coopèrent, en chaque être, le *vouloir expressif de la nature propre* et le *vouloir plus profond et moins flexible de l'espèce.* Ce dernier, sans doute, n'est point étranger à l'individu ; il répond même en lui à ce qu'il y a d'essentiel, mais il est en lui sans être proprement lui, et il ne se réalise, en chaque circonstance déterminée, qu'à la condition de prendre la forme précise que lui prête l'individu.

Vouloir générique, vouloir individuel, telle est la dualité que toute spontanéité enveloppe. C'est un fait que la plus simple des analyses rend sensible ; c'est aussi une nécessité qu'impose la raison.

En veut-on la preuve ? Essayons de supprimer par la pensée le vouloir individuel, et la nature, pure abstraction, ne peut plus se distinguer de la science. Il ne reste, à la place de ses énergies profondes, que des cadres, et au lieu de ses vivantes réalités, qu'une vaste hiérarchie des lois subordonnées les unes aux autres. Sans doute, dans une telle hypothèse, on peut prononcer encore le mot de *vouloir ;* mais, détaché de l'individu, le vouloir générique est un vouloir sans force, qui se résout, dès qu'on le fixe du regard, en une formule. Plus d'action alors, plus de ressort, et lorsque vient à se poser, car il se pose inévitablement, le problème de la personnalité humaine, il faut, ou bien demeurer conséquent avec soi-même et, faute d'activité, nier la liberté qui la suppose, ou créer de toutes pièces avec l'homme, le pouvoir supérieur qui fait de lui une nature capable d'effort et de progrès. Peut-on s'arrêter à l'une ou l'autre de ces suppositions déraisonnables, et n'est-il pas aussi absurde de réduire l'homme à un jeu de phénomènes que de le faire, par le plus étonnant des prestiges et comme d'un coup de baguette, sortir d'une nature sans énergie et incapable de le porter ?

Voulons-nous, d'autre part, écarter la spontanéité générique, et supprimer, dans la théorie, la forme de vouloir qui s'impose aux individus d'un même groupe ? Ce n'est plus, en ce cas, la vie qui va disparaître, c'est l'ordre, c'est l'intelligibilité qui feront défaut. Et il est aisé de s'en rendre compte. Chaque vouloir, en une telle conception, demeure isolé, puisque nulle part ne se conçoit plus rien de commun. Il en résulte que tout est particularité et variété, et qu'on n'imagine plus alors d'autre opération logique que celle qui consiste à additionner, ici ou là, des mouvements et des actes. Tout à l'heure, il ne restait plus que des lois ; à présent, il n'est plus de lois possibles, excepté celle qui veut que le pur adventice soit seul au monde, et que la libre fantaisie individuelle occupe désormais toute la place.

La conclusion qui se dégage des précédentes hypothèses, c'est que ni l'une ni l'autre, prise isolément, ne satisfait la raison. Il faut donc admettre que, dans la nature, nulle forme de spontanéité n'existe et ne se suffit sans une double aspiration : celle qui résulte des désirs essentiels de l'espèce, et celle aussi qui particularise ces désirs eux-mêmes, en leur prêtant la forme et comme la couleur de l'individu.

Et maintenant, la spontanéité, ainsi analysée et définie, a-t-elle rien qui gêne l'essor de la science, ou que la science puisse regarder comme incompatible avec ses données et ses principes ? Loin de là ; on se propose d'établir, au contraire, qu'il existe, entre la science et cette spontanéité, double d'aspect, une si exacte harmonie que c'est dans la donnée où nous nous plaçons ainsi, et dans *cette donnée seule*, que la science éclaire ses voies et s'explique. La *dualité du vouloir*, en effet, lui fournit tout ce dont elle a besoin pour résoudre le problème que sa définition enveloppe, et réconcilier, en cette définition même, l'élément de constance qui la fonde et l'élément de mobilité qui, malgré tout, s'y fait jour.

Expliquons-nous.

Dans la science, l'élément de régularité et d'invariabilité, c'est la loi ; l'élément d'irrégularité et de variabilité, c'est l'accident.

Si donc on peut établir qu'en l'une de ses deux fonctions la spontanéité est aussi régulière que la loi, et que, dans l'autre, elle est aussi irrégulière que l'accident, on aura par là même établi qu'entre la science et la spontanéité sous ses deux formes, il y a, non désaccord, mais, tout au contraire, parallélisme, et il ne restera plus, pour donner à cette thèse toute sa force, qu'à montrer qu'en ce parallélisme, ce n'est pas la science qui crée et explique la spontanéité, mais la spontanéité qui crée et explique la science.

Et, cette fois encore, il apparaîtra avec la plus parfaite netteté qu'au lieu de subir une loi rivale, la spontanéité s'impose précisément à ce qui semblait tout d'abord devoir l'exclure.

a) Montrons donc d'abord que *la spontanéité, en son vouloir générique, est aussi constante que la loi elle-même.*

Qu'est-ce qu'une loi ? Ce qu'on y voit d'abord, c'est la concomitance régulière de deux phénomènes, ou, si l'on veut, le lien qui les attache l'un à l'autre, et fait qu'un des deux posé, l'autre suit. Voilà une définition qu'on peut croire inattaquable, parce qu'elle est strictement phénoménale ; mais la question est de savoir si, strictement phénoménale, elle garde un sens. Le phénomène pur, nous le savons [1], ne peut se poser ; encore moins peut-il agir sur un autre phénomène ; et si l'action, en cette analyse, ne se rencontre nulle part, on ne conçoit plus, dans la loi, ni la liaison des deux termes qui font couple, ni même, isolément prise, l'existence de chacun d'eux.

Il faut donc que le phénomène, tel qu'il entre dans la définition de la loi, soit le phénomène concret, le phénomène

1. Voir p. 164 et suiv.

pénétré d'énergie vive, et plein de l'action qu'à chaque instant il rend sensible au dehors.

Ainsi entendu, le phénomène est toujours, en son fond, activité, et les séries naturelles ne se conçoivent plus alors que comme autant de modes successifs du mouvement qui surgissent d'un passé indéfiniment profond pour venir, de vibration en vibration et d'onde en onde, aboutir partout au moment présent.

Dire que tel phénomène est lié à tel autre phénomène, c'est donc implicitement affirmer que, par delà l'apparence sensible, tel acte est lié à tel autre acte, telle forme du mouvement à telle autre forme du mouvement.

Et, comme il est entendu que les phénomènes n'existent que par les actes qui leur correspondent, on ne saurait se soustraire à cette conséquence que la constance apparente des successions phénoménales accuse la même constance, mais réelle et logiquement antérieure, dans les successions de mouvements.

Que peuvent bien être, maintenant, ces mouvements cachés sous les phénomènes ? Modes d'énergie, à quelle énergie les rattacher ? Où vont-ils ? Dans le passé, leur raison échappe ; s'ils se dérobent ainsi et se perdent à leur origine, ont-ils un but et quel est ce but ?

Obscurs problèmes, et qu'on ne peut pas même songer à éclaircir, si l'on ne veut faire avec nous un pas de plus dans l'analyse. Le succès est à ce prix. Ici, comme toujours, les sens doivent le céder à la raison qui a chance de dissiper tout malentendu.

On s'imagine parfois que la loi, au lieu de faire partie intégrante de l'être, et de jaillir de son propre fond, *s'ajoute* à lui pour lui communiquer ses propriétés caractéristiques et l'enrichir peu à peu de ses attributs. La réalité, dans une conception semblable, est donc, en quelque sorte, posée à l'avance, nue et sans détermination aucune ; chaque loi y introduit ensuite les modes d'être qu'elle est appelée à manifester. Hypothèse gratuite, pure illusion de la pensée imaginative ! Que peut valoir, en effet, une conception qui, créant l'être de toutes les manières d'être qu'elle y importe, le ferait en quelque sorte extérieur à lui-même? Faut-il dire, par exemple, que la force primitive, diffuse à l'infini dans l'espace, obéit, pour se condenser ou se dilater, à des lois purement adventices d'attraction ou d'expansion? Ou bien va-t-on supposer que la vie peut se concevoir toute seule et sans les moyens de réalisation que viendraient lui fournir, après coup, les lois de la vie? Ou enfin peut-on supposer un seul moment que la pensée, au lieu de faire corps avec les lois qui la constituent, emprunte à une sorte de « logique en soi » ses démarches les plus naturelles et les plus essentielles de ses fonctions?

La raison, c'est l'évidence même, ne saurait s'arrêter à aucune de ces hypothèses; jamais elle ne consentira à affirmer que la loi, en un être, puisse être ici, l'essence, là. Loi et essence partout coïncident, et il est impossible de les séparer.

C'est que la loi est l'expression même de l'essence, l'acte qui lui donne à chaque instant une forme déterminée et la réalise. Veut-on détacher l'un de l'autre et isoler ces deux termes? On se trouve aussitôt pris dans un dilemme rigoureux et contraint d'admettre, ou bien que l'essence contient explicitement le tout de la loi, ce qui rend la loi inutile; ou au contraire que la loi contient explicitement le tout de l'essence, ce qui détache de l'essence tout pouvoir de production et fait ainsi évanouir ce qu'il y a de plus réel et de plus solide dans la nature.

Que conclure de ce qui précède sinon que la *loi*, en chaque genre, n'est, au fond, que le *désir essentiel* qui le constitue? *C'est d'abord, sous le phénomène, l'activité qui le crée, puis, par delà cette activité elle-même, le besoin pour toute essence d'exprimer les conditions de sa vie, et de se déployer, diverse d'aspect à travers les circonstances diverses, en se reconnaissant et en s'affirmant toujours la même.*

Doute-t-on de la légitimité de cette analyse? Il suffira de retourner le problème, et de montrer qu'en suivant la marche inverse, on peut aller du vouloir à la loi, aussi facilement qu'on a été de la loi au vouloir. Soit donc un « vouloir être » naturel, effort continu pour se perpétuer en son être, acte toujours tendu à la réalisation du genre qu'il doit exprimer. On admettra, sans aucun doute, qu'il ne peut exister qu'en s'ajustant au milieu et, en demandant à la constance des actes utiles la constance des résultats d'où dépend sa vie. Or, comment se traduit dans la langue du phénomène ce rapport régulier et continu de moyen à fin ? Nous n'en saurions douter, il devient, dès qu'il se pose comme couple de faits accomplis, le lien même qui unit l'antécédent au conséquent dans la science, et ce lien, sans lequel il n'y aurait plus de science imaginable, est précisément ce que tout le monde appelle loi.

Il n'y a donc de différence entre le vouloir et la loi qu'une différence de points de vue. Le vouloir, c'est la *loi en sa spontanéité*, la *loi active* et *réclamée en quelque sorte du dedans dans un intérêt de salut ;* la loi, c'est le vouloir exprimé et traduit au dehors dans des formules qui ne paraissent *impératives* que parce que la continuité d'une existence exige et implique à chaque instant leur maintien.

On le voit, la simple analyse des faits nous place, une fois de plus, en face d'une distinction qui domine toute cette étude, et, on peut le dire, la philosophie tout entière : celle du phénomène et du noumène. *La loi est le vouloir tel qu'il apparaît, le vouloir est la loi telle qu'elle est.*

Si, maintenant, sous deux aspects différents, vouloir et loi coïncident, il est absolument impossible d'admettre ou même de supposer que l'un apparaisse plus constant que l'autre. *Là où est le vouloir, là est la loi, et réciproquement.*

Et lorsqu'on imagine que le vouloir, tel qu'il s'affirme dans la doctrine de la spontanéité, offre plus de jeu et laisse apercevoir plus de mobilité que la loi, c'est qu'on est dupe d'un mot, et que l'on confond le vouloir générique, pour le moment seul en cause, avec le vouloir individuel. Sans doute, on le verra tout à l'heure, le vouloir individuel peut créer des déviations dans les séries phénoménales, mais il n'arrivera jamais, on n'a nullement lieu de le craindre, que cette déviation atteigne le vouloir sans atteindre du même coup la loi, puisque, encore une fois, vouloir et loi sont même chose.

La première partie de notre démonstration nous paraît faite ; il ne reste qu'à tenter une explication de ce qu'il entre de variabilité et, comme on dit, inexactement peut-être, de *contigence* dans la loi. Mais, avant de nous suivre sur ce terrain, que le lecteur veuille bien jeter un rapide regard sur l'état du problème tel qu'il apparaît maintenant, transformé par l'analyse. Nous étions tout à l'heure en pleine antinomie, et nous nous interrogions sans trouver de réponse. Pourquoi et comment se produisent dans le monde ces courants de faits, tantôt parallèles, tantôt de sens divers ou même contraires ? Pourquoi aussi les faits entraînés par ces courants apparaissent-ils nécessaires, sans que pourtant puisse être établie leur nécessité, subordonnée en chacune des innombrables séries de la nature, à un premier terme introuvable ?

Le problème assurément est toujours ardu, mais il ne paraît plus insoluble ; c'est que notre orientation a changé ; c'est que, sortis du phénomène pour monter au plein jour de l'être, nous avons enfin rencontré le point de vue où les problèmes ont chance de se résoudre parce qu'ils se posent rationnellement.

En veut-on d'un mot la preuve ? Cette nécessité qui semble d'abord gouverner le monde et, dans l'ordre des faits, paraît souveraine, n'est plus à présent pour nous que constance, et la constance, que perpétuité de vouloirs. Ce sont les vouloirs de la nature qui, sollicitant au lieu de contraindre, font sortir de la vague obscurité du devenir les moyens qui doivent les réaliser. Mais ces vouloirs se hiérarchisent ; il faut donc que se hiérarchisent aussi les moyens qui, dans l'illusion sensible, apparaîtront comme autant de lois superposées.

Qu'importe, maintenant, qu'au cours des événements qui les expriment, le passé de tout événement soit incertain ? Ce passé existe, puisque l'événement est venu ; mais l'origine vraie de l'événement n'est pas dans un antécédent visible, si reculé qu'on le suppose ; elle est dans une fin transcendante à tout antécédent et à tout conséquent, parce que seule la fin est vraiment active, et que, toujours capable d'ajouter les moyens aux moyens pour se réaliser de mieux en mieux, elle crée ainsi l'apparence d'antécédents qui reculent, et d'un passé qui semble, en même temps, se creuser toujours.

On conçoit également comment, au point de vue de la raison, se concilient, dans l'univers, des mouvements qui paraissent se contrarier et se heurter. Le fait de leur altération réciproque est d'abord inquiétant, il semble accuser multiplicité de plans et incohérence ; il n'implique, on le devine, qu'une multiplicité de fins à atteindre dans un plan unique. Si le monde, en effet, est un progrès de vouloirs superposés, n'est-il pas nécessaire que les modes de mouvements qui les réalisent, en se rencontrant, *se déforment* ? Il faut donc qu'il y ait partout, à divers degrés, des déviations, mais des déviations, si j'ose dire, *régulières*, et telles qu'une pensée parfaite, en tenant compte de toutes les circonstances qui concourent à leur production, pourrait, dans chaque cas, les définir exactement et les évaluer sans erreur.

L'ordre reparaît donc encore, et, avec l'ordre, l'intelligibilité dans les choses, dès que la pensée pure, en dépit de phénomènes qui semblent s'exclure, a compris que des raisons positives et précises les font à chaque instant ce qu'ils doivent être ; dès qu'elle a pu se prouver à elle-même que, toujours variables, sans doute, ces phénomènes n'en ressortissent pas moins à la loi invariable qui veut qu'à chaque instant un conséquent déterminé réponde, sans écart possible, à l'appel de l'antécédent qui le détermine.

b) Mais reprenons la démonstration interrompue.

Loi et vouloir, disions-nous tout à l'heure, se répondent. Voilà ce qui, pour nous, ne fait plus de doute. Il existe donc un plan des choses, et les grandes lignes de l'ordre sont assurées. Reste à savoir comment, en ses manifestations particulières, la loi générale s'ouvre à l'accident.

L'accident existe ; le fait n'est pas contestable ; prise seule, la loi *abstraite* serait rigide ; avec la loi *réelle*, il faut compter, si légères qu'elles soient, sur d'inévitables variations. On n'a donc, pour ainsi dire, jamais affaire, dans les sciences de la nature, à des antécédents ou à des conséquents qui reparaissent strictement identiques, mais seulement à des antécédents ou à des conséquents qu'on pose semblables et qui, selon la formule du physicien, sont sensiblement les mêmes. Rien de moins, mais rien de plus.

Ceci posé, comment justifier la présence de l'accident dans la loi ? Là est le problème.

Deux explications du fait ont été tentées qui, toujours renaissantes dans l'histoire, semblent marquer une dualité de points de vue irréductible.

D'après la première, l'accident de variation est pure apparence. Tout s'explique du dehors par l'action de lois que l'ordre régulier des choses appelle ou écarte, et qui, par suite, s'ajoutent ou se retranchent, se renforcent ou se neutralisent, sans qu'on puisse, eu égard à la ténuité des mouvements, démêler ni l'apport exact de chacune, ni surtout la règle selon laquelle chacune, à son moment, doit intervenir. C'est la conception déterministe ou nécessitaire.

Celle de la contingence se place au pôle opposé.

Comment définir la contingence ? Sans racine dans les faits, sans point d'appui dans la pensée, c'est avant tout un principe d'indétermination, un pouvoir de flottement qui fait penser au hasard. Activité, mais activité aveugle, elle s'affirme, dirait-on, pour s'affirmer, vit dans l'accident et ne se meut que dans l'à peu près. Si telle est la contingence, rien ne paraîtra plus naturel que de lui confier, dans la théorie qui nous occupe, le soin d'expliquer l'inexplicable et de justifier l'inattendu.

Mais quand on y regarde d'un peu près, on ne tarde pas à s'apercevoir que ni la nécessité ni le hasard ne suffisent à l'explication de l'accident.

Et voici pourquoi :

Attribuer l'accident au hasard de la contingence, c'est le laisser inexpliqué ; que dis-je ? c'est en faire quelque chose d'inexplicable, puisqu'il faut, dans cette hypothèse, nier la loi fondamentale de la raison et poser en principe qu'un antécédent donné peut, tel qu'il est et sans variation aucune, engendrer un autre conséquent que celui qu'il doit amener et qui est le sien[1].

Et, d'autre part, attribuer l'accident à la nécessité c'est en faire la conséquence de lois prédéterminées et certaines, et, par suite, le supprimer comme accident.

Or l'accident existe, l'accident proprement dit, l'accident vrai ; c'est, dans la constance des lois cosmiques, l'élément mobile et variable. Le retrancher de la nature, c'est substituer à la vie des choses le dessin sans profondeur qui les fixe dans une attitude et ne nous les montre plus qu'immobiles.

Sans doute l'accident vrai a sa raison ; autrement, il échapperait à toute intelligibilité ; mais cette raison ne peut être que l'acte de vouloir spontané d'où il est sorti. Si, en effet, l'accident ne résulte ni du hasard qui ne produit rien, ni d'une raison extérieure qui le ferait nécessaire, il faut qu'il ait son principe explicatif dans une raison intérieure

1. Essayons de donner plus de précision à notre pensée :

Soit un antécédent *a*, et son conséquent naturel *b*. L'un posé, l'autre doit suivre. Or, dans la contingence, *a* posé, *b*, au lieu de suivre, cède sa place à un conséquent *b'*, autre que *b*, et cependant conséquent de *a*.

Une telle conception est-elle intelligible?

Au point de vue de la spontanéité qui est le nôtre, l'apparition de *b'* s'explique aisément. L'antécédent *a*, bien qu'en apparence toujours le même, est, en réalité, double. Il l'est parce qu'il a varié, et, s'il a varié, il est clair que *b* et *b'* ont chacun leur raison d'être.

C'est ce qui ne se conçoit plus du tout dans l'hypothèse de la contingence. *a* demeure alors immobile. S'il en est ainsi, comment d'un antécédent unique faire sortir deux conséquents ?

L'écart entre *b* et *b'* qu'affirme *a priori* une telle doctrine est, quoi qu'on fasse, injustifiable ; *b* devait paraître ; *b'* a paru ; *a* mis hors de cause, il faut donc que, sans raison, l'événement soit devenu de lui-même autre que lui-même, c'est-à-dire qu'en s'affirmant il se soit nié et se soit supprimé en se posant.

Nous entendons bien que ce n'est pas ce sens strict que donne à l'idée de contingence une élite de penseurs avec qui nous sommes en pleine sympathie de conviction. Pour eux, contingence et spontanéité sont des idées si voisines qu'on peut, dans la plupart des cas, les substituer l'une à l'autre. Il est certain qu'aperçues du point de vue lointain de la nécessité, ces conceptions se rapprochent, et que, par suite, les distinctions que nous venons de tracer s'effacent. Nous croyons pourtant utile de les maintenir. On verra plus tard dans quel intérêt et pour quel but.

et automotrice qui ne peut être que la spontanéité du désir.

C'est ce qu'on prouvera autrement encore, en faisant observer que, si le vouloir de chaque espèce s'exprime en lois nécessaires, ce n'est que par l'intermédiaire et comme au travers des individus que cette expression se réalise. Or l'individu ne saurait s'abstraire de lui-même, et ici, comme dans l'acte de perception, il faut qu'en affirmant ce qui n'est pas lui, il s'affirme encore et toujours lui-même avec ce qui le caractérise et le fait lui. Qui ne voit alors que, l'individu posé, l'accident s'impose ? Il s'impose parce qu'il est précisément le trait spécial où l'individu met sa marque, et que songer à le détacher de la loi ne serait ni plus ni moins chimérique que de chercher à retrancher l'individu de l'espèce.

On peut donc conclure du vouloir à l'accident comme on a déjà conclu de l'accident au vouloir. Nous nous trouvons, dans les deux arguments qui précèdent, en face de deux propositions réciproques dont la vérité ne saurait faire le moindre doute.

Mais allons plus loin, et jetons plus de lumière encore sur l'étroite parenté des idées que nous comparons. L'une supprimée, venons-nous de dire, l'autre est exclue ; l'une posée, l'autre apparaît nécessaire ; il ne reste qu'à faire voir qu'au progrès de l'une répond exactement le progrès de l'autre, et qu'ainsi les variations de l'une et l'autre sont parallèles.

Les faits sur ce point parleront d'eux-mêmes.

A l'origine, et parmi les lois primitives, nous l'avons vu, le vouloir proprement individuel n'existe pas ou n'existe qu'en promesse dans la force encore éparse. Or, pour cela même, l'accident est impossible. De quelles circonstances naîtrait-il, et comment arriverait-il à se faire jour ?

Mais la spontanéité se concentre ; avec elle une lueur d'individualité commence à poindre, et plus, dans le progrès des choses, elle devient visible, plus l'accident se montre en relief ; c'est que l'accident, encore une fois, est le détail qui doit entrer dans la composition de l'individu, et qu'il ne saurait y entrer s'il ne tranche sur la loi et ne la tient, partiellement au moins, en échec.

D'un mot, l'accident est au vouloir de l'individu ce qu'est la fonction à la variable. Or, de ce fait, il n'est qu'une explication plausible : il faut que ce soit le vouloir de l'individu qui crée l'accident.

Que conclure de l'ensemble des considérations exposées dans cette étude ?

D'abord que dans la science comme dans la nature, la loi s'explique par la volonté immobilisée de l'espèce.

Ensuite, que l'écart entre la loi et le fait a sa raison dans le vouloir, TOUJOURS LIBRE AU FOND, *de l'individu.*

Un tel écart, dès que le vouloir individuel intervient, est nécessaire [1] ; ajoutons que le libre mouvement de la spontanéité fait de cet écart quelque chose d'essentiellement variable et que, par suite, il ne saurait tomber sous la loi de la détermination scientifique.

1. Dans le problème, tel que nous le posons, le cadre de la troisième antinomie s'est, on le voit, singulièrement élargi. Il ne s'agit plus maintenant, en effet, d'une simple opposition, si intéressante qu'elle soit, entre la liberté humaine et la nécessité des lois naturelles ; nous opposons, en toute nature, la spontanéité vive à la spontanéité condensée et déjà rigide qu'est la loi.

C'est là qu'apparaît, en ce qu'elle a de plus profond, l'antinomie : d'une part, la constance qui donne l'illusion du nécessaire ; de l'autre, le pouvoir visible, incontestable, de faire dévier le mouvement par auto-accroissement d'énergie.

Le fait de la déviation n'est pas douteux ; mais ce qu'il faut bien comprendre, c'est qu'il n'intéresse pas seulement la liberté. Tout vouloir peut modifier la pente de tout désir, tout désir la pente de toute énergie. S'il en était autrement, nous ne verrions pas, en même temps que s'accuse le progrès des choses, les lois inférieures de la nature se laisser peu à peu fléchir, elles pourtant si implacables lorsqu'on les attaque de front, pour concourir, en quelque mesure au moins, à l'harmonie universelle.

Le déterminisme n'a jamais voulu voir en face de lui que la liberté qu'il croit illusoire et qu'il nie. « Ne laissez pas, dit-il, la liberté pénétrer dans le monde; autrement l'ordre des choses serait compromis. » Mais l'ordre des choses, quand on y réfléchit, ne résistera pas davantage à la pénétration d'une forme quelconque de la spontanéité individuelle ; or l'existence de cette spontanéité, sous toutes les formes et à tous les degrés de l'être, est un fait si fort au-dessus du doute qu'il ne viendra à l'esprit de personne de le contester. Qu'en conclure sinon qu'il faut bien que l'ordre des choses s'en accommode, et que, par suite, il n'a plus de raison de se refuser à la liberté ?

L'analyse rencontrera donc toujours dans le *fait*, lorsque, totalement ou partiellement, il exprimera l'acte d'un vouloir, quelque chose d'accidentel et de mobile qui ne pourra être ni mesuré ni même prévu, *un élément de réalité et de vie* qu'aucune loi ne sera capable de fixer, aucune formule de définir.

C'est cet élément, d'une importance capitale, qu'il fallait avant tout dégager et mettre en lumière.

Nous avons surpris son action dans la science à laquelle, par essence, il est étranger, et où il n'entre que comme accident ; mais l'accident méritait de fixer notre attention : il nous a paru révélateur.

A première vue, en effet, on peut croire que le vouloir individuel, en ce qu'il a de plus profond et de plus libre, gêne l'essor de la science dont il particularise les formules ; mais on s'aperçoit bien vite, à la réflexion, qu'il ne gêne, dans la science, que l'entendement, toujours prêt à se séparer des faits pour leur substituer ses abstractions. Le monde de l'entendement est un monde abstrait, et un tel monde est tout autre chose que le monde que nous connaissons et où nous vivons.

Mais l'entendement n'appauvrit pas seulement la réalité ; en perdant de vue le fait, il la modifie et l'altère. Et rien ne s'explique mieux. Le fait est tantôt *nature*, tantôt *vouloir*, tantôt *l'un et l'autre*. C'est qu'il implique, en nombre de cas, la coopération de notre spontanéité propre et des spontanéités étrangères. Or, cette coopération, précisément, l'entendement ne veut pas la voir ; le monde qu'il affirme est un monde de pure nature, et rien de ce qui est l'œuvre du vouloir individuel n'y trouve accès.

Conception artificielle et incomplète. L'ordre abstrait n'est qu'un rêve de géomètre ; l'ordre réel, l'ordre qui frappe nos regards, est fait de souplesse et de règle, de variété et d'harmonie ; c'est qu'il résulte, en même temps que des lois de la nature, des innombrables suggestions de la spontanéité, qui partout et à chaque instant les modifient.

S'il est vrai, maintenant, comme tout invite à le croire, que la nature elle-même ne soit en son fond que spontanéité consolidée, on s'expliquera mieux encore, par cette parenté latente, que la science *concrète*, la science qui embrasse en son objet *nature* et *vouloir*, *loi* et *accident*, ait sa raison d'être dans la double spontanéité que nous a révélée l'analyse.

Il ne faut pas croire toutefois que les deux formes de la spontanéité se présentent devant nous avec les mêmes titres ; l'une visiblement explique l'autre. C'est la spontanéité individuelle qui fait comprendre la spontanéité générique ; c'est le vouloir *vif*, si j'ose dire, qui rend compte du vouloir *éteint*.

Le vouloir vif, le vouloir toujours tendu à l'acte, est, en définitive, de la cellule à l'homme, à travers toutes les concentrations progressives de la spontanéité, le principe de tout ce qu'il y a de jeu et d'élasticité dans le concret de la science. On ne saurait dire pourtant que la science soit son domaine ; il y est hors de chez lui. C'est chez lui et dans l'action, qu'il nous faut maintenant l'étudier.

II

Spontanéité et liberté.

Que la liberté, issue de la spontanéité, en soit l'épanouissement naturel, c'est ce qui nous reste maintenant à établir.

Pour le faire, il faut soumettre l'idée de liberté à une analyse aussi rigoureuse que possible. On verra que, plus cette idée se précise, plus il est aisé d'apercevoir le rapport de filiation qui, de l'acte spontané, nous permet de passer à l'acte libre.

Faut-il rappeler les grandes lignes du problème que pose la troisième antinomie ? Nous avons, on s'en souvient, essayé d'établir que la nécessité n'est qu'une illusion, derrière laquelle la raison reconnaît et affirme la spontanéité créatrice, et c'est de cette spontanéité, seule réelle bien que le plus souvent inaperçue, que nous sommes partis, dans le précédent chapitre, pour rendre raison de la science, et essayer d'y réconcilier *loi* et *accident*. Reste à montrer maintenant que, dans la sphère de l'action, plus encore que dans celle de la théorie, la même spontanéité s'impose, et que c'est d'elle, comme de sa source, que jaillit enfin la liberté.

On a cru peut-être, au moment où s'ouvrait la discussion actuelle, qu'entre la nécessité et la liberté, la spontanéité occupait une situation moyenne, trait d'union naturel entre deux idées extrêmes. Cette conception à présent n'est plus possible, puisque la nécessité a disparu de la scène, et le problème ne comporte désormais que deux solutions. Ou bien, en effet, la liberté s'oppose à la spontanéité, comme la spontanéité, tout à l'heure, s'opposait à la nécessité, son contraire, et le principe des choses redevient double ; ou, si la liberté n'est que l'achèvement de la spontanéité primitive, la spontanéité reste seule, et au lieu de se subordonner à une puissance opposée et supérieure, rayonne en une progression continue de netteté et de relief dans le champ infini de la nature.

C'est à cette dernière hypothèse que nous croyons devoir nous rallier, et notre conviction très arrêtée et très ferme est que, sous une forme ou sous une autre, on verra toujours se reproduire la contradiction de la troisième antinomie, si l'on ne fait disparaître du problème la trace de ce dualisme irrationnel qui, opposant la nature à elle-même, rompt la loi de continuité, et rend impossible, en même temps qu'une totale unité de vues sur les choses, toute spéculation d'ensemble en philosophie.

Sans doute, l'acte libre se produit dans un milieu de circonstances plus complexes que l'acte simplement spontané, et comme, à la clarté de la conscience, l'analyse s'y meut à l'aise, il apparaît plus plein, plus riche, et, en même temps, plus étroitement uni à la vie morale ; mais est-ce à dire pour cela qu'une décisive coupure le sépare de la spontanéité primitive ? Nous ne saurions le croire, et, si séduisante que soit l'opinion que nous nous proposons de combattre, nous ne voyons, pour notre part, entre ces deux modes d'activité, d'autre différence que celle qui résulte, pour l'un d'eux, d'un plus haut degré de puissance, et de puissance toujours dilatable parce qu'*elle est pénétrée de réflexion*.

Si l'hypothèse que nous adoptons est la vraie, nous avons un moyen très simple de le savoir. Comparons entre elles les deux notions de spontanéité et de liberté, et cherchons si, de la comparaison ainsi établie il ne se dégage pas toujours, en dépit de différences accidentelles, un élément essentiel et commun.

Cet élément existe, nous n'en doutons pas, et c'est lui qu'a pour but de mettre en lumière la présente étude ; nous voulons montrer que ce qui s'ajoute dans l'acte libre à la spontanéité fondamentale, loin de la contrarier, la développe, et, si l'on nous permet d'indiquer dès maintenant la conclusion à laquelle vont tendre tous nos efforts, nous dirons que sous le voile de la nécessité phénoménale et derrière des états, par eux-mêmes immobiles, tout ce qui se pose spontanément se pose déjà, à quelque degré, librement. C'est que le voile de la nécessité phénoménale et derrière des états la nature, aussi bien que l'homme, est, en soi, quelque chose qui se fait, et que ce qui se fait, plus ou moins libre selon le degré de l'être, est libre toujours. La liberté n'est réalisée ; elle est partout, dès qu'on veut la voir telle qu'elle est, en mouvement et en devenir.

Entrons dans le vif du sujet et prenons pour type de spontanéité élémentaire la somme d'activité propre qu'enferme déjà le plus humble des organismes, la cellule, lorsque l'analyse en a épuisé le contenu intelligible. Nous ne saurions, on le reconnaîtra, nous placer plus près de l'individualité naissante, et nous mettre, par conséquent, en situation meilleure pour savoir si, dans l'élément de vie que nous avons sous les yeux, n'apparaît pas déjà comme une première lueur de liberté.

Observons donc attentivement les faits.

Comment se pose, comment s'affirme, dès l'origine, la spontanéité la plus simple ? Nul doute. Dès qu'une telle spontanéité entre en scène, elle se révèle à la fois absolue et autonome ; absolue, parce qu'elle agit d'elle-même et tire son acte de son propre fond ; autonome parce qu'elle ne connaît, en agissant, d'autre loi que son vouloir.

Sans doute, l'organisme à peine perceptible qu'anime la

spontanéité primitive, obéit aux lois générales de la vie, mais ces lois elles-mêmes, nous l'avons précédemment démontré, subissent, par une sorte de choc en retour, l'action de l'individu qui leur obéit. Cette action peut passer pour infiniment petite, bien qu'elle se révèle de plus en plus accusée et nette à mesure qu'on s'élève dans le progrès de la vie ; il n'est pas moins nécessaire cependant d'en tenir compte, et de faire, à chaque instant, dans le phénomène qu'on veut expliquer, sa part, si petite qu'elle soit, au vouloir individuel.

Que ce vouloir existe, c'est ce que nous n'avons plus à établir. Sous le tissu des faits qui constituent une existence phénoménale et des lois qui la rendent intelligible, nous avons partout rencontré, dans nos précédentes analyses, le centre d'énergie vive qui, en chaque être, fait le fond original de l'individu. Étranger à la mesure et au calcul, fermé à ce qui est intelligibilité pure, il est, en même temps qu'énergie, élasticité et souplesse, et par suite, il peut, selon les cas, ou prendre relief et grandir, ou s'amoindrir jusqu'à s'effacer et disparaître.

Pour tout dire d'un mot, *spontanéité* et *vouloir* sont synonymes. Un être agit *spontanément* quand il agit *à son gré* et *pour son compte*, quand le but auquel il tend, loin de s'imposer à lui du dehors, répond à son désir et complète son existence.

« *Je pose l'acte que je veux, parce que je le veux* », voilà la formule même de la spontanéité. Agir pour une raison autre que la volonté, n'est-ce pas subir l'action du dehors, n'est-ce pas « être agi », eût dit Malebranche ?

Nous ne prétendons pas, certes, que le vouloir d'une nature simple soit identique au vouloir d'une nature aussi complexe que celle de l'homme. Il en est du moins un premier dessin, et assez précis déjà pour qu'on y démêle, avec l'agent et le but, le mouvement qui jaillit de l'un, et de lui-même mène à l'autre.

Un tel vouloir, dira-t-on, n'est que tendance. Tendance, soit, si l'analyse y peut apercevoir, bien qu'avec moins de réflexion et de lumière, tout l'essentiel du vouloir. Nous n'en demandons pas davantage, et cette conception laisse absolument intacte la thèse que nous nous proposons d'établir.

Pour la mieux circonscrire, d'ailleurs, et éviter tout malentendu, il faut faire remarquer que l'acte spontané n'atteint pas nécessairement et toujours le but qu'il vise. Dire de la spontanéité que c'est le pouvoir de faire ce qu'on veut, n'a donc, et ne peut avoir pour nous, qu'un sens que nous entendons dès maintenant limiter nous-mêmes. Faire ce qu'on veut, c'est aller au but sans obstacle. Or, en fait, tout acte individuel est contrarié à chaque instant par le jeu d'individualités rivales, et il en résulte que l'élan du vouloir propre est souvent, dans le cours régulier de l'existence, si atténué qu'on le dirait réduit à rien.

Mais, même en ce dernier cas, qui est celui de l'équilibre entre des tendances contraires, l'activité individuelle, bien que pratiquement annulée, n'est jamais nulle, elle s'affirme, au contraire, sous la forme d'une réaction qui maintient dans leurs sphères d'activité les forces adverses, et sans laquelle l'équilibre, rompu au profit du dehors, n'existerait plus.

Agir spontanément n'est donc pas, à proprement parler, *faire ce qu'on veut, mais agir seulement dans le sens qu'on veut, quels que soient le degré d'énergie qu'on y dépense et les résultats qui le traduisent dans les faits.*

Cette courte analyse sera, croyons-nous, complète, si nous ajoutons que la fin poursuivie par cette demi-liberté qui fait le fond de la spontanéité individuelle est, toujours et à tous les degrés de l'être, liée à une pensée d'*affranchissement* et de *délivrance.*

Que peut donc être l'affranchissement pour le plus simple des organismes ? A qui aura bien voulu nous suivre, la réponse sera facile. La lutte, en effet, dans le milieu de la spontanéité élémentaire où nous nous plaçons, se dessine nettement entre le déterminisme de la loi et la tendance de l'être, ou, pour en mieux parler, entre le vouloir constant de l'espèce et le vouloir variable de l'individu. Le premier ne s'impose qu'à un monde d'essences pures ; du second jaillit la réalité vivante C'est que, dans le second, *l'acci-*

dent a paru et qu'il a fait éclater le tissu serré des faits. S'il est arrivé à se poser, si partout, dès l'origine, la déviation individuelle s'est créé sa place, si le monde enfin a ce qu'il faut de souplesse pour posséder une existence qui lui appartienne et dont il soit maître, ne peut-on dire qu'il est sauvé de la rigidité des formules, et que, sorti de la vague région des possibles, il échappe maintenant pour toujours à l'immobilité de la mort ?

Si paradoxale que paraisse au premier abord cette conception, elle ne fait que traduire, on l'aura bien vu, la pensée d'un des maîtres de la philosophie grecque sur l'origine des choses. Pour faire de la loi, en même temps qu'une idée, une force, pour l'affranchir de sa régularité mathématique et mortelle, Épicure ne réclame qu'une concession, celle d'un peu d'imprévu dans les données et de souplesse sous les phénomènes. Ce n'est presque rien, en vérité ; un écart insensible, un infiniment petit de mouvement indéterminé [1] lui suffit ; ce « presque rien » [2] pourtant lui est nécessaire, puisque c'est par là que doit passer la vie, et avec la vie, déjà à demi libre, la liberté.

Epicure l'avait compris : l'acte qui doit à travers les âges faire sortir la vie de l'être et la pensée de la vie n'est autre que celui qui, dès l'origine, dispute et soustrait l'être au néant. Libre ou spontané, cet acte est, à des degrés divers de tension, toujours le même, et l'on peut dire qu'il est l'expression d'une puissance unique qui, par d'insensibles progrès portant tout au mieux, finit par opposer à la nécessité amoindrie et aux destins refoulés le libre et fier arbitre de l'homme.

Touchez, si vous le croyez possible, à cette unité continue et nécessaire ; détachez, pour les opposer l'une à l'autre, la spontanéité de la liberté, et aussitôt que s'ensuit-il ? La liberté n'a plus d'origine, l'autonomie plus d'histoire. Toutes deux apparaissent tout à coup dans le temps tout achevées, et, pour ainsi parler, naissent adultes. Est-il conception plus irrationnelle et plus étrange ? Il faut que dans la nature

1. Nec regione loci certâ, nec tempore certo.
2. Tantum quod nomen mutatum dicere possis.

l'acte d'affranchissement partout se produise ou ne se rencontre nulle part. Si donc la liberté le révèle, il est de toute nécessité que déjà la spontanéité l'enveloppe. Et rien de plus aisé à concevoir. Puisque, en effet, le vouloir supérieur sauve l'homme en l'affranchissant de l'animalité qui le nie, n'est-il pas naturel qu'à l'origine le vouloir primitif ait, de son côté, sauvé l'être en l'affranchissant de la pure possibilité qui le supprime ?

Et pour cela, qu'a-t-il eu à faire ? *Se poser.*

S'il en est ainsi, la spontanéité, à tous les degrés de l'être, apparaît en libératrice de l'individu ; c'est elle qui l'oppose à la loi et le révèle, au delà de la loi, dans l'infiniment petit de sa sphère, indépendant.

On peut *donc dire que tout acte spontané implique un « vouloir se libérer » en même temps qu'un « vouloir être »* ; et comment s'en étonner ? Vouloir être, nous le verrons mieux plus tard, c'est vouloir non seulement se maintenir dans le degré d'être qu'on possède, mais encore, s'il se peut, le dépasser ; or un tel besoin de progrès ne se conçoit dans une nature que si le dedans, en elle, cherche à s'affranchir de plus en plus des exigences et comme de la compression du dehors.

Tel est, en bref, le contenu de la spontanéité.

Si l'étude que nous allons faire de la liberté n'y ajoute rien de nouveau ni d'original, il sera établi, conformément à notre thèse, qu'il n'existe et ne peut exister aucune antinomie réelle dans le domaine de l'action. D'une part, en effet, la nécessité exclue, et, de l'autre, la liberté ramenée à un progrès de la spontanéité primitive, les extrêmes s'effacent, la spontanéité demeure, et, faute de combattants, le combat finit.

Analysons donc, et de très près, l'acte libre. Il importe, dans le travail de réduction que nous allons entreprendre, de faire en sorte qu'aucun de ses traits caractéristiques ne soit omis.

On pourrait croire, à première vue, que l'acte libre est un acte « sui generis », un acte à part, et que ce qui le fait tel, c'est la multiplicité qu'il enferme. L'acte spontané est, dirait-on, l'expression d'un désir unique; l'acte libre se produit dans un milieu de tendances et de désirs si pressés et si denses, qu'on ne l'en dégage que malaisément. On simplifie sans doute, en rangeant sous deux titres, passion et raison, le monde de spontanéités diverses qu'enveloppe le microcosme humain, mais, quand cette simplification est faite, le problème n'en est pas d'une solution beaucoup plus facile, et, à le poser même, on éprouve quelque embarras.

La raison en est bien simple : dans le milieu où nous entrons, la formule usuelle : « faire ce qu'on peut » devient ambiguë, et l'on peut croire qu'elle est susceptible d'autant de sens qu'on peut distinguer de facteurs dans la production de l'acte libre. Pour ne citer que ceux auxquels nous avons ramené tous les autres, n'est-ce pas faire également ce qu'on veut que céder à la nature sensible ou se donner à la raison ? La sensation ne nous entraîne pas malgré nous, et la raison, à en croire certains penseurs, est en nous ce qu'il y a de plus nous-mêmes.

Que veut-on dire alors quand on affirme qu'être libre, c'est agir selon son vouloir ? Si le vouloir est multiple, non seulement la liberté devient impossible, mais l'idée qu'on cherche à s'en faire n'a plus de sens.

Nous voilà ainsi arrêtés dès le début, et le problème, au lieu de se résoudre, se complique ; c'est qu'il est mal posé, c'est qu'on n'en a pas démêlé tous les éléments.

On est souvent tenté de croire, en effet, qu'à l'acte de liberté suffisent les deux facteurs de raison et de passion qui le conditionnent, et l'on pose en principe que l'un et l'autre sont donnés, en chaque individu et à chaque instant, avec un degré d'activité défini. Rien d'abord ne paraît moins contestable. Que les événements de la vie psychologique se déroulent et que par conséquent les données changent, toujours apparaîtra, à travers d'incessantes variations, *l'acte rigoureusement expressif des circonstances qui l'ont créé.* Or c'est cet acte, nous dit-on, qui représente le vouloir, et comme on peut croire que de lui-même il se dégage des faits, on le juge libre. Ainsi tout peut s'expliquer, semble-t-il, dans le problème qui nous intéresse, et s'explique avec un minimum de moyens.

Minimum sans doute, mais minimum trop économique, on va le voir.

N'est-ce pas tout d'abord se payer de mots que d'imaginer que, de son propre mouvement, une pure résultante se dégage des faits et s'affirme ? Se dégager, c'est déjà se poser, et l'on ne saurait dire qu'un acte se pose, alors qu'il a son principe hors de lui-même. Comment croire, d'ailleurs, qu'un tel acte conçoive un but et le veuille ? Il est si loin de vouloir pour son compte, qu'on peut dire, au contraire, qu'il est voulu. Il est voulu, en effet, par le mouvement des séries naturelles, voulu par les circonstances qui, au moment où il apparaît, le font nécessaire, et lui retranchent, en même temps que toute inclination individuelle, tout jeu d'activité vive et imprévue. Mais que dis-je ? Avant même qu'on puisse songer à définir un tel acte, quel rapport peut bien exister, et par suite aussi, quelle commune mesure entre les deux facteurs, sensible et rationnel, qui le déterminent ? Chacun d'eux existe et agit pour lui seul, et comme des énergies que tout sépare ne peuvent ni se connaître, ni, à plus forte raison, se mesurer et s'additionner, il faut accepter tout de suite cette conséquence qu'en une telle hypothèse l'acte réel, qui est un acte plein et total, n'existe plus. Le moi, au lieu d'agir, laisse ses fonctions agir à sa place, et il ne reste plus, dans l'homme ainsi déformé, qu'une dualité qui le supprime, en faisant de lui une vivante contradiction.

Que manque-t-il donc à cette analyse, et que faut-il ajouter au mécanisme par trop simplifié de l'acte libre ? La pièce essentielle, rien de moins, c'est-à-dire la liberté elle-même, tout entière concentrée dans le vouloir conscient de soi qui est proprement le vouloir humain.

Ce vouloir, en effet, bien que tout l'y appelât, ne s'est montré nulle part encore dans notre analyse, et, si nous l'avons entrevu ici ou là, c'est surtout en puissance et sous la forme de ces tendances vaguement éparses qu'on rencontre aux régions inférieures de la spontanéité pure. Nous le savons d'ailleurs, ces tendances, à peine esquissées, se condensent, à mesure qu'elles se produisent, en états solides, et il semble, à voir les choses du dehors, que c'est sur une surface de phénomènes unis et sans mouvement que tranche tout à coup la volonté humaine lorsqu'elle apparaît.

Au fait, dans quelles circonstances apparaît-elle ? Quel sens peut avoir son intervention, et quelle est sa part dans l'acte libre ?

Le plus simple, pour répondre, est d'interroger les faits. Plaçons-nous par la pensée au moment où l'acte de liberté va se produire, et supposons, pour que les faits prennent un relief suffisant, que cet acte implique un certain degré d'énergie. Voici ce qui se passe. De la raison, semble-t-il, si c'est l'acte rationnel qui doit se produire, monte vers la volonté un appel de force, et cet appel est entendu ; le but alors apparaît plus net ; le résultat voulu, comme s'il venait de lui-même au-devant de nous, se fait plus visible ; l'activité intérieure, enfin, à la demande d'énergie, virtuelle encore, qui lui est faite, répond par un don libéral d'énergie vive. Tel est le fait qu'atteste la conscience, le spectacle que chacun, à son gré et quand il le veut, peut se donner à lui-même. Et maintenant, est-ce non plus de la raison, mais de la passion qu'il s'agit ? L'hypothèse change, le « process » reste identique. Il faut qu'à son tour la passion s'affirme, et que, pour s'affirmer, elle essaie de distraire à son profit les éléments de force que seule, en son autonomie et en sa richesse, le vouloir peut lui donner.

Il faut donc croire que, dans l'acte libre, le facteur important, l'élément essentiel et fécond, c'est le pouvoir volontaire. Placé, dirait-on, entre la sensation et la raison, il a action sur toutes deux, et se trouve toujours prêt à communiquer ses énergies à l'une ou à l'autre. Nul doute sur la réalité d'un tel fait ; il appartient à la vie quotidienne et s'impose avec la clarté de l'évidence. Cependant il n'est pas aisé de l'expliquer, parce qu'on ne comprend guère qu'une fonction toute dynamique, comme celle de l'énergie volontaire, puisse entrer en commerce avec les fonctions auxiliaires de sensation et de raison. La sensation, comme telle, est étrangère à l'activité, et la raison, immobile dans l'éternité de ses idées, semble absolument l'exclure. Quel rapport peut-il y avoir entre la puissance vive et les phénomènes qu'elle engendre, entre le mouvement et les principes immobiles de la pensée pure ?

On ne saurait trop insister sur cette difficulté préjudicielle. Le vouloir pénètre la raison. Comment la pénètre-t-il? Veut-on qu'en se donnant il modifie sa nature et devienne, pour communiquer avec la raison, autre que lui ? Ce serait l'impossible. Un atome de volonté n'a rien de commun avec un atome de raison, et, si le vouloir s'incorpore à la raison, ce n'est pas apparemment pour devenir raison lui-même.

La raison, pas davantage, ne saurait se transformer en vouloir. Si elle se concentre et se fait robuste, ce n'est point par sa vertu propre et comme raison, mais par l'intermédiaire de la faculté active qui, selon le cas, se donne ou se retire, se répand au dehors ou se concentre.

La raison, dit-on, juge et décide ; soit, mais cela ne suffit pas. Il faut à la raison la force de faire passer dans les faits la décision prise. Or, encore une fois, une telle force n'est pas de la nature, ou, si l'on veut, de l'essence de la raison. La raison éclaire, elle n'entraîne pas ; elle conseille, mais ne saurait agir au sens où nous l'entendons ici, et si elle fait appel à l'énergie, c'est sans créer jamais, d'un mouvement intérieur et qui véritablement lui appartienne, la moindre parcelle d'énergie.

Comment donc résoudre cette sorte d'antinomie entre le fait qui s'impose et son intelligibilité qui nous échappe ? Par l'analyse, comme tant d'autres. On n'est que trop souvent incliné, en philosophie, à prendre pour clairs, parce qu'ils sont populaires, des énoncés où le sens d'un terme est flottant, et il en résulte d'inévitables confusions. Dans le cas présent, le piège est visible. Ce n'est pas, en effet, de la *raison* elle-même qu'on entend parler quand on dit que la volonté la pénètre et tend son ressort, mais de l'*aspiration rationnelle*, si étroitement liée à la raison qu'on dirait qu'elle ne fait qu'un avec elle .Comme les deux fonctions se correspondent et qu'entre elles le parallélisme est rigoureux[1], on s'imagine que c'est sur la raison, en tant que raison, qu'agit le vouloir, alors qu'il n'entre en contact qu'avec une spontanéité adhérente à la raison et qui a déjà traduit en désirs toutes ses idées[2].

Il est évident que ce que nous venons de dire de la raison peut se dire également du fait sensible, non moins immobile que l'idée pure. Convenons donc qu'un fait quelconque, rationnel ou sensible, s'il est pénétré de vouloir, ne sera plus pour nous un simple fait, mais le mouvement intérieur que détermine ce fait, ou, si l'on veut, la tendance qu'il engendre et qui lui répond dans l'ordre dynamique de la virtualité et de l'énergie.

Si l'on regarde comme fondées les distinctions qui précèdent, on s'expliquera que nous soyons amenés à préciser la formule de notre thèse et à remplacer les termes de raison et de sensation par ceux des spontanéités qui leur correspondent. Nous dirons alors que l'énergie humaine peut se donner ou se refuser à des tendances préexistantes, les unes supérieures ou rationnelles, les autres inférieures ou sensibles, pour les accroître ou les affaiblir, et modifier ainsi, à chaque instant, les rapports qu'elles ont naturellement entre elles.

La question, dans ces conditions, se simplifie. Trois éléments, l'un autonome, les deux autres subordonnés et auxiliaires, on peut dire que le problème est là tout entier. L'élément autonome, c'est l'énergie ; elle nous est connue parce qu'elle nous est intime, et qu'en même temps que force, elle est conscience et réflexion ; les tendances auxquelles elle s'applique et qu'elle modifie sont données à chaque instant, et dépendent à la fois d'elles-mêmes et de l'intervention du

1. On peut le remarquer, chaque fonction statique, sensibilité ou raison, est doublée dans l'âme d'une spontanéité correspondante. C'est que l'objet, dès qu'il a agi sur nous, nous paraît favorable ou contraire, et provoque dès lors ou le désir de le posséder ou la tendance à le fuir.

2. La raison peut se pénétrer d'énergie sans devenir énergie elle-même. Il y a donc entre l'énergie et la raison interpénétration, non identité. La raison peut bien agir sans doute, mais spéculativement et comme pensée ; elle crée des conceptions, non de la force.

vouloir qui les met en œuvre. Il est clair que si le vouloir, avec ce qu'il a de force, s'est souvent prêté aux sollicitations de l'appétit, l'appétit, en se développant outre mesure, a dû fortifier en nous, plus qu'il ne convient, la nature de l'animal, tandis que si c'est la raison qui a reçu un surcroît de puissance, elle trouve, dans cette puissance même, plus d'élan pour monter toujours et résister de mieux en mieux à la passion.

Nous avons, dès maintenant, tout ce qu'il nous faut pour pénétrer dans le problème et chercher utilement si la liberté est en son essence autre chose que la spontanéité. Il est certain que ces deux modes d'action ont chacun leur terrain propre et que les milieux où ils se produisent diffèrent ; il est également certain que, considéré en lui-même, l'acte libre apparaît plus complexe que l'acte de spontanéité pure, et qu'il se détache plus en relief dans la conscience ; mais qu'on veuille bien nous suivre, et l'on pourra voir, à chaque pas que nous allons faire, devenir toujours plus visible le lien qui unit les deux fonctions. Nul doute qu'elles n'aient un fond commun, et la formule : *agir selon son vouloir*[1], est, on s'en convaincra, l'essentiel de leur définition à toutes d'eux. En face de la solution kantienne, à ce point limitative de la liberté qu'on se demande si, dans l'antinomie, c'est la liberté ou la nécessité qui triomphe, le but que nous poursuivons apparaîtra toujours de plus en plus net. Répétons-le : *action* ou *état*, tout est dans ces deux mots, et il n'est rien de plus au monde. Or l'état, par définition, est la stérilité même ; seule, dans la vie universelle, l'action crée. Que maintenant elle prenne les noms de spontanéité ou de liberté, peu importe ; son essence, faite d'élasticité et de souplesse, demeure la même, et l'on a parfaitement le droit de dire qu'elle est, à ses degrés divers, toujours libre. C'est que, pour exprimer d'un mot toute notre pensée, la liberté est l'action adulte, déployée déjà et tendue, tandis que l'action est la liberté à son origine, la liberté enveloppée encore et virtuelle.

1. Au sens précis que nous avons donné à cette formule.

Nous n'en saurions douter; le parallélisme qu'établira cette étude entre les deux formes d'activité que le plus souvent on oppose, nous permettra de rendre sensible ce fait capital que ce que la liberté possède d'*qctuel* au moment où elle se manifeste dans l'homme, la spontanéité, aux régions inférieures de l'animalité et de la vie, le possédait déjà en *puissance*, et peut-être paraîtra-t-il d'un vif intérêt de constater qu'en ce duel de prétentions rivales, le plus modeste et le moins en vue des deux combattants, loin de céder et d'abandonner jamais le champ de bataille, se trouve toujours prêt à expliquer, par les phases de son développement propre, un progrès, quel qu'il soit, dans la sphère de la liberté.

TROISIÈME ANTINOMIE

QUATRIÈME PARTIE

LE VOULOIR

Entrons dans le vif du problème.

Si l'on peut prouver que le vouloir est, en même temps que le tout de l'acte spontané, le fond même de l'acte libre, la thèse que nous entendons soutenir est établie, et l'unité originelle des deux grandes formes de l'activité dans la nature et dans l'homme défie, semble-t-il, toute contestation.

Or une telle démonstration est non seulement possible, mais facile. Il est aisé de voir, en effet, que, placé entre l'aspiration rationnelle et l'attrait sensible, qui composent avec lui ce qu'on pourrait appeler l'*organisme de la liberté*, le vouloir, par voie de pénétration progressive, fait peu à peu la conquête de tout ce qui n'a pas sa propre essence, de tout ce qui, près de lui, n'est pas absolument et rigoureusement lui.

Double, dans ce but, est son action.

Il tend d'abord à dominer de son autorité les tendances auxiliaires qu'il rejette au second plan, puis il achève son œuvre en y faisant pénétrer sa propre unité. Là, véritablement, est son triomphe. L'organisme intérieur une fois unifié, l'unité du vouloir, en dépit d'activités étrangères, devient possible, et c'est cette unité même, on va le voir, qui, présente à la liberté comme à la spontanéité, fait de l'une et de l'autre, sur un terrain à la vérité différent, les deux modes d'une même action.

Qu'en premier lieu la volonté domine à la fois la raison et l'appétit, c'est ce dont il est aisé de s'apercevoir au premier regard.

On s'imagine quelquefois que la volonté et les pouvoirs associés à son œuvre ont, dans l'acte total de liberté, même vrait bien vite que la difficulté créée à l'origine ,par l'oppo- représenter tous trois sur un même plan. C'est là une erreur, et le penseur qui risquerait semblable hypothèse s'apercevrait bien vite que la difficulté créée à l'origine, par l'opposition des tendances fondamentales, ne fait que s'aggraver si l'on introduit dans le problème un élément nouveau et sans autorité sur les autres [1]. Comment, en effet, s'il ne les domine, cet élément pourrait-il les concilier ? Dès qu'on peut croire qu'il ne s'impose pas, dès qu'on estime que ses droits ne dépassent pas ceux des tendances auxquelles il se trouve associé, ce n'est plus un trait d'union qu'il apporte, c'est un obtacle nouveau qu'il dresse devant tout essai de solution.

En fait, la simple tendance est au vouloir qui la domine ce qu'est, en un corps organisé, une fonction particulière à la fonction dirigeante. Il faut que cette dernière soit partout maîtresse ; il faut, pour agir sur les fonctions qu'elle doit gouverner, qu'elle les tienne toutes en sa dépendance, et se *superpose*, si j'ose dire, *exactement*, *sans vide ni lacune*, *à leur ensemble*.

Et c'est parce qu'il se superpose ainsi à des tendances naturellement divergentes, que le vouloir les rapproche et les unifie.

Un rapide examen des faits nous en convaincra.

1. Nous avons critiqué plus haut l'hypothèse d'une simple dualité de facteurs pour expliquer l'acte libre ; nous voulons montrer ici qu'un troisième facteur est nécessaire, mais serait insuffisant s'il ne se subordonnait pas les facteurs qui coopèrent avec lui.

I

Analyse de l'acte libre.

Quelle est, dans l'acte libre, la fonction précise du vouloir ? Il doit, venons-nous de dire, dominer de son autorité les fonctions auxiliaires. S'il en est ainsi, c'est à lui de les embrasser d'un regard, puis de subordonner, selon les cas, l'une à l'autre. *Comparaison* et *choix*, tels sont, à un instant quelconque, les deux éléments de son acte.

Il *compare* d'abord, et il faut qu'il compare, parce que chaque facteur, au moment où on l'envisage, s'est fait une place telle ou telle dans l'organisme constitutif de la liberté ; il *choisit*, parce que l'acte qu'on pose libre ne le serait plus s'il n'aboutissait à la préférence ou au choix.

Or comparaison et choix impliquent une unité qui compare et qui choisit, et cette unité est elle-même, dans l'acte libre aussi bien que dans l'acte spontané, celle que lui confère le vouloir.

Mais pénétrons plus avant dans l'analyse et rapprochons-nous encore des faits.

Au moment où va se poser l'acte libre, l'inclination rationnelle possède, par répétition d'actes qui lui sont conformes, et conséquemment par condensation de vouloir, un degré précis et positif d'énergie ; de même l'appétit sensible apparaît, eu égard aux circonstances, plus ou moins développé : plus, si la raison l'est moins ; moins, si la raison l'est davantage. Ces deux facteurs sont en raison inverse l'un de l'autre, et il faudrait le rappeler, si l'on nous faisait une objection de la constance de l'énergie dans le monde.

En attendant, il n'est nullement douteux que le premier souci de la volonté intelligente doive être de se rendre compte d'un état de choses qu'elle a pu contribuer elle-même à créer, et qu'elle peut modifier à son gré d'un instant à l'autre. Et rien ne lui sera plus facile. Il faut bien comprendre, en effet, que, dans l'hypothèse que nous faisons, il n'y a pas seulement action du vouloir sur les tendances, mais pénétration intime des tendances par le vouloir. Le vouloir est donc présent tout entier à chacune des parties de l'organisme mental, et, présent, il ne peut pas ne pas prendre conscience des fonctions qu'il enveloppe et qu'il pénètre ; il aperçoit leurs limites, mesure leur degré de tension, démêle même avec une précision suffisante l'acte que va entraîner, s'il n'intervient, le surplus d'énergie localisé dans l'un des deux grands ordres de tendances. On conçoit maintenant qu'à ce *surplus* réponde un *défaut* dans l'ordre des tendances contraires, et il en résulte, si l'on compare les deux mouvements opposés, une *différence* qui traduit, à elle seule, l'acte complexe soumis à notre examen. C'est cette *différence* dont le vouloir a le sentiment ; c'est du vouloir, à son tour, que la *différence* tient tout ce qu'elle possède d'unité. Il est donc clair qu'avant même que la volonté soit intervenue pour s'affirmer, elle a réduit *à un fait unique* l'ensemble des circonstances qui ont concouru à le produire. C'est qu'elle a besoin de ce fait pour se déployer elle-même, c'est qu'il faut savoir quel degré de résistance elle va rencontrer pour lui proportionner, s'il le faut, l'effort à faire.

Qu'on le comprenne bien : le besoin d'unifier dans de telles conditions n'est qu'un simple moyen pour le vouloir. Si le vouloir, en effet, se sent instinctivement porté à mesurer l'énergie du vouloir contraire, c'est qu'il doit lui opposer, le cas échéant, une énergie non seulement égale, mais, s'il se peut, supérieure.

Jusqu'ici cependant, l'unité du vouloir n'est encore que supposée ou induite, et l'on peut dire que son opération seule a permis de l'entrevoir. Où elle s'accuse d'elle-même et se produit en pleine lumière, c'est quand l'acte d'évaluation posé, la force, cédant enfin à l'appel intérieur, entre en scène et se déploie. A ce moment précis, la liberté se fait jour ; à ce moment, dis-je, et à ce moment seul, car auparavant l'acte n'est pas, et posé, il ne peut plus apparaître que nécessaire.

Voyons donc ce qui se passe quand le commandement de la volonté s'est fait entendre aux puissances sur lesquelles s'exerce son action. Celles-ci, il n'y a qu'un moment, traitaient avec elle d'égal à égal et, opposant la réaction à l'action, faisaient entrer leurs tendances respectives dans un équilibre commun. Tout maintenant a changé de face et des rapports inattendus ont surgi : ici, tel mouvement s'interrompt; là tel autre commence, créé, dirait-on, de toutes pièces. Ce serait le désordre même, si l'on ne sentait au travers de ces changements l'action d'une pensée unique ou, pour mieux dire, la poussée d'un vouloir autonome à qui tout désormais est subordonné. Plus de coopération à présent, ni de concours, et, par suite aussi, plus de résultante. C'est que la résultante se calcule et qu'il vient d'entrer dans l'acte un élément imprévu et incalculable. Qu'il se montre, il suffit, tout ce qui précède est non avenu, ou devient autre. On peut donc, si l'on y regarde d'un peu près, noter ce fait indéniable à la fois et caital : dès que les désirs contraires ont reçu dans la conscience humaine l'ordre du vouloir, on les voit céder peu à peu et se rejeter comme d'eux-mêmes au second plan. D'abord intérieurs à l'acte qu'ils concouraient à produire et dont ils faisaient partie intégrante, ils en sortent maintenant comme s'ils voulaient s'exclure de sa libre essence, et n'apparaissent plus, derrière lui et dans le passé, qu'à titre de conditions, et de conditions encore inadéquates à l'explication des faits.

Tel est, en son autonomie, le pouvoir que le sens intime nous révèle. Chaque fois qu'il lui plaît de se dégager des circonstances et du milieu, il montre ce qu'il est, centre profond de la personne, énergie vive du *moi*. Oui, l'être qui, dans le fond de ma pensée, se nomme *moi*, n'est autre que le vouloir indéfectible et toujours présent qui constitue à lui seul ce qui m'appartient en propre dans l'existence. Ce vouloir, sans doute, semble souvent s'oublier lui-même, et l'on dirait que son activité est coupée de longs sommeils, mais, dès qu'il s'y résout, il sait se reprendre et imposer à la multiplicité confuse des appétits et des passions la loi de sa toute-puissante unité.

On dit souvent que la conscience pose le moi. Ce n'est là qu'une demi-vérité. Il serait plus juste de dire qu'elle le reconnaît, parce que, logiquement au moins, le moi la précède. Le moi est déjà là, en effet, lorsque la conscience l'affirme ; il est là, en sa nature propre et son individuelle énergie ; c'est le *vouloir* qui ne relève que de lui-même et explique tout sans que rien l'explique.

Disons mieux : l'idée du *moi*, en sa généralité, paraît toujours envelopper quelque chose d'abstrait ; le *vouloir*, lui, lorsqu'il s'affirme, s'affirme comme actuel et comme présent. Quel est le sens de cette distinction ? On va répétant toujours que, dans l'acte libre, la lutte est entre l'homme et l'animal. Formule bien imprécise. Sans doute, ce qui est en nous passion est purement animal, mais ce qui est pure raison, est plus qu'humain. La raison met donc devant nos yeux et propose à nos efforts, non l'homme actuel, mais l'homme idéal, non l'homme d'aujourd'hui, mais celui de demain ; or cet homme-là nous domine, et l'on peut dire qu'il est autant au-dessus de l'homme vrai que l'appétit est au-dessous. En d'autres termes, l'homme qu'illumine la raison est un homme transfiguré par la vision de l'avenir, car l'avenir, à certains moments, ne nous est pas moins présent que le passé. Il semble donc que nous soyons comme suspendus à chaque instant, dans la durée, entre ce qui n'est plus et ce qui sera, et, si le présent est fait de l'un et de l'autre, que ce soit, à chaque instant aussi, le *vouloir* et le *vouloir* seul qui fonde l'actualité de notre être et lui confère le degré de réalité concrète qu'il possède.

L'acte libre, en définitive, implique donc, avec l'unité de la personne, l'unité de chacun des moments où la personne s'exprime avec ce qu'elle a d'énergies vives.

Voyons où nous en sommes, et fixons, d'une part, ce qui dans la démonstration paraît acquis ; de l'autre, ce qu'il reste encore à établir.

Ce qui est acquis, c'est cette vérité qu'à mesure qu'on pénètre dans l'analyse de l'acte libre, on le trouve toujours plus voisin de l'acte spontané d'où il dérive. Les deux termes se rapprochent, ou plutôt on peut dire que, l'acte spontané restant ce qu'il est, l'acte libre devient autre qu'il n'avait paru. *Ce qu'il enferme de multiplicité, en effet, s'efface*, et dès qu'on a compris qu'il n'est de vraiment libre, dans l'acte libre, que ce qu'y met le vouloir autonome, les fonctions auxiliaires, réduites à l'état de moyens, ne font plus partie de son essence et, à rigoureusement parler, ne comptent plus. Leur place, dans l'organisme du vouloir, était, avant l'acte, tout accidentelle ; après l'acte, elles occupent seulement la place que le vouloir a consenti à leur laisser.

Quoi qu'il arrive, et si faible que soit la réaction de la volonté humaine quand elle modifie le cours des choses, le fait de réaction, dès qu'il est posé, ne peut plus être que l'expression d'un pouvoir unique. Ni le sentiment ni la raison, fonctions d'ailleurs purement statiques, n'en sauraient fournir une explication suffisante, et, si l'on veut aboutir, il faut, de toute nécessité, en chercher la cause dans un vouloir qui les domine tous deux et où n'entre plus la division.

Tel est le point précis que nous avons atteint dans la démonstration que nous voulions faire. Il suffira maintenant d'un court effort d'attention pour comprendre que, si l'acte libre, complexe en son organisation totale, est simple dans l'activité fondamentale qui le constitue, l'acte spontané, simple aussi lui-même, est, vu du dehors, et placé dans le cadre de circonstances où il se produit, moins étranger à la complexité qu'une première observation ne l'eût fait croire.

Pour le montrer, à quoi bon recourir aux arguments ? Les faits suffisent. Qu'on élargisse l'horizon humain, qu'on passe de la nature qui est la nôtre à celles qui l'ont précédée dans le cours des âges, et l'on se convaincra qu'il n'est pas de forme de l'existence à qui le *choix* puisse être étranger. Peut-on douter, en effet, qu'en une espèce quelconque, l'individu, tout en visant les fins de l'espèce, obéisse aux libres suggestions d'un vouloir qui lui soit propre ? On dirait que tout être animé trouve devant lui deux questions vitales à résoudre ; l'une, celle du but à atteindre, toujours le même en ce qu'il a de général pour le même groupe ; l'autre, celle des voies multiples qui y conduisent, et parmi lesquelles chaque individu, précisément parce qu'il est tel ou tel, fera son choix.

Quoi, nous objectera-t-on, la plus simple, la plus pauvre des cellules choisirait ? Si l'on parle d'un choix réfléchi, nul ne songera à le soutenir, mais ne suffit-il pas, pour que le choix soit expliqué, ou que du moins il paraisse possible, d'une premièré lueur de conscience ; et comment la refuser à la vie naissante, lorsqu'on réfléchit surtout qu'en elle tout est ajustement et adaptation ?

Nous n'avons pas, d'ailleurs, à revenir sur une démonstration déjà faite dans cette étude [1]. On l'a vu, ce qu'il y a de *contingent* ou, pour en parler plus exactement, de *spontané*, dans le réel des faits et des lois, prouve à l'évidence que l'individu, à quelque degré qu'il appartienne, est loin de se décider toujours dans les mêmes circonstances pour le même acte ; or, si les circonstances demeurant les mêmes, l'acte varie, c'est qu'il résulte d'une préférence spontanée et cette préférence, à son tour, implique, en même temps que l'unité du but, la diversité vaguement démêlée des moyens.

Ici donc, comme dans l'acte libre, nous retrouvons l'évidente dualité de la matière et de la forme ; la matière n'est autre que la multiplicité idéale des actes possibles à un moment donné de la vie individuelle ; la forme, c'est précisément celui de ses actes qu'élit à son gré et appelle à l'existence le libre vouloir.

De part et d'autre, on le voit, dans la double forme d'activité soumise à notre examen, on peut dire que l'acte voulu est unique ; de part et d'autre aussi, les actes éliminés tendent à disparaître, non toutefois sans dessiner encore, dans une sorte d'arrière-plan, la pluralité d'où l'acte voulu est sorti, et qui, pour l'imagination, semble de loin encore lui faire cortège.

La partie la plus délicate de notre tâche est achevée. On oppose ordinairement ce qu'il y a de multiplicité apparente dans l'acte libre à ce qui dans l'acte spontané paraît simple et un ; c'est négliger, en chaque cas, un point de vue, et l'on ne saurait mieux faire si l'on était décidé d'avance à créer dans le problème des oppositions factices ; le vrai, c'est qu'ici et là il y a place à la fois pour l'un et pour le multiple.

1. Voir précédemment : Spontanéité et science.

Seulement, dans l'un des deux cas, c'est l'unité qui se voile, tandis que dans l'autre, c'est la multiplicité qui, restant dans l'ombre, semble vouloir s'effacer.

La spontanéité et la liberté se révèlent maintenant telles qu'elles sont, plongeant toutes deux par leurs racines en un fond d'activité pure où elles trouvent leur commune indépendance, et il en résulte, encore une fois, qu'aucune opposition radicale ne les sépare. Elles viennent à des heures différentes dans l'histoire des choses et apparaissent successives dans le progrès. Nous ne voyons, pour notre part, rien de plus à postuler en vue d'une explication totale des faits.

II

L'Acte libre et l'acte d'affranchissement moral.

Il serait donc possible, à la rigueur, de s'en tenir là.

Mais notre démonstration appelle un important corollaire.

Nous venons d'établir que les deux formes de l'action, spontanéité et liberté, sont étroitement liées entre elles ; nous pouvons appuyer cette preuve en montrant que les formes de l'affranchissement engendrées par elles sont, à leur tour, beaucoup plus voisines l'une de l'autre qu'on ne le croit.

Que, sous sa forme la plus générale, l'idée d'affranchissement se fasse jour en même temps que se pose la plus humble individualité dans le monde, c'est ce que l'étude de la spontanéité nous a déjà laissé entrevoir. Il faut donc admettre que, dès la primitive cellule, une pensée, mal éclairée encore, mais profonde et sûre d'elle-même, soustrait à leur existence éparse les énergies élémentaires et produit la vie ; puis, l'affranchissement se faisant de plus en plus large, de plus en plus aussi la vie progresse, et l'être monte toujours jusqu'au moment où tout se passant à la pleine lumière de la conscience, la lutte finalement paraisse circonscrite entre l'appétit sensible qui représente la fatalité relative du passé et la raison où se laisse apercevoir le libre idéal de l'avenir.

Tel est le fait. Nul ne le contestera, sans doute, mais peut-être relèvera-t-on le double sens qui paraît attaché au terme d'affranchissement. L'affranchissement pris du point de vue de la spontanéité n'est, dira-t-on, qu'un affranchissement purement physique ; seule, la liberté humaine donne pour but à la vie l'affranchissement moral, l'affranchissement vrai.

Une telle conception manque, selon nous, de profondeur. Ce n'est pas seulement à la dernière étape du progrès des choses que la moralité jaillit et se révèle ; tout acheminement vers l'idéal de la vie humaine est lui-même et, dès le principe, moral.

De quoi, en effet, s'affranchit l'être aux divers moments de son ascension vers le bien ? Nul doute. C'est d'un vouloir inférieur, d'un vouloir consolidé et inconscient qui, répondant pour chaque espèce aux pouvoirs déjà acquis, ne surveille plus que de loin leur jeu devenu facile. Et pourquoi l'être maintenant s'affranchit-il ? Nul doute encore. C'est qu'il existe une loi, loi supérieure et toute-puissante, qui appelle chaque ordre d'êtres à une perfection toujours plus haute, et que tout ce que le vouloir, en se condensant, laisse d'énergie disponible, est comme réclamé et retenu d'avance par cette loi.

Reste à savoir, maintenant, quelle est la forme de perfection que cette loi poursuit et peu à peu réalise. Sur ce point, comment hésiter ? Les faits montrent clairement que nul progrès important ne se produit dans les choses que par la concentration progressive de multiplicités toujours plus riches en unités toujours plus compréhensives et plus fortes. Or, qui ne le voit ? Ce sont ces unités que recherche en tout et avant tout la nature. Elles lui sont précieuses, parce qu'elles portent la marque de l'individu et que l'individu est l'ébauche de la personne. *Préparer la personne*, tel est donc le sens du travail profond qui se produit dans les choses et dont bénéficie constamment l'individu. Il s'agit, à chaque étape de la vie, d'aider à la formation d'un vouloir nouveau en le dégageant de ce vouloir consolidé et figé en qui le pouvoir créateur est déjà éteint. Or, je le demande, un tel acte n'est-il pas vraiment moral ? Vouloir, à travers tous les degrés de la spontanéité, l'affranchissement de l'individu pour mieux fonder un jour celui de la personne, y a-t-il là un objectif double, ou une pensée attachée partout à la raison et orientée vers la libération continue de l'être et vers le bien ?

Disons donc que la spontanéité, comme la liberté, tend à dégager et par suite à affranchir du dehors tout ce qui, en chaque être, est vraiment lui.

Il faut noter néanmoins que, si étroit qu'apparaisse le lien entre l'idée de libération et celle de puissance libre, l'une n'est pas rigoureusement et absolument identique à l'autre. Autre chose, en effet, est de faire *ce que l'on veut*, et de faire, pour se libérer, *ce qu'on doit vouloir*. La raison, par exemple, me conseille un acte moralement bon et je m'y résous. Que signifie ce conseil ? Il a pour but de rapprocher deux termes distincts ; il tend à unir, dans l'acte que je pose, le libre arbitre et le devoir : le libre arbitre est mien, puisque je ne fais en définitive que ce que je veux ; mais il faut, si je tiens à être affranchi, que ce que je veux soit, à quelque degré au moins, ce que je dois.

Ainsi la raison conseille, et comme, de son côté, l'énergie du vouloir a mis plus d'une fois et met encore, au moment de l'acte, un certain degré de puissance à son service, je puis sinon réaliser l'affranchissement total auquel j'aspire, du moins chercher, par des actes répétés et convergents, à en approcher de plus en plus.

Prenons, pour nous mieux faire entendre, un cas de conscience particulier. La raison m'interdit le mensonge, et il m'arrive de mentir. Or, en mentant, j'ai bien fait ce que j'ai voulu [1], non ce qu'eût voulu la raison qui m'ordonne de vou-

1. Un grand nombre de moralistes, sans doute, s'inscriraient en faux contre cette affirmation ; c'est qu'ils confondent, ce qu'on n'est que trop porté à faire, liberté et affranchissement. Est-ce donc être libre, disent-ils, que de céder à la passion ou même de se donner tout entier à elle ? Il y a là un malentendu. Sans doute céder à la passion, c'est travailler à son propre asservissement, et qui travaille à son asservissement ne saurait, au sens moral des termes, faire

loir tout le contraire. Tel est l'écart entre mon acte et l'acte moral, entre l'acte voulu par la liberté et l'acte inspiré par le devoir. Puis-je le combler ? Progressivement, ce n'est pas douteux, et chaque tentative d'affranchissement sera fonction à la fois, si je puis dire, des énergies que j'aurai d'avance accumulées et de celles que je déploierai à l'instant décisif. Il est clair que si, faute de culture, la raison dans un être humain est à peu près sans vertu, l'effort, pour ne pas demeurer infécond, n'en sera pas moins très éloigné de donner ce qu'il promet, et, d'autre part, si l'effort est languissant ou discontinu, le capital d'aspirations rationnelles antérieurement amassé risquera de ne pouvoir lui prêter l'appui suffisant.

Il faut donc reconnaître qu'entre nos velléités et le bien, il existe un médiateur nécessaire, et que ce médiateur, de qui seul nous pouvons espérer le salut, c'est l'énergie. Seule, en effet, l'énergie traduit nos désirs en faits ; seule elle actualise nos puissances et peu à peu nous délivre.

Ce fait capital paraît avoir échappé à l'idéalisme. Qui le voit bien, pensait Platon, dès l'antiquité, ne peut pas ne pas l'aimer, et qui l'aime, spontanément se donne à lui. Vue admirable, mais incomplète. Le bien qu'on aime est souvent un bien qu'on ne peut atteindre ; pour le posséder, il faut le conquérir, et pour le conquérir il faut être fort. *Je trouve deux hommes en moi*, dit, avec la tradition religieuse tout entière, notre grand Racine. Il voit alors et oppose l'un à l'autre l'homme de la concupiscence et celui de la raison. Comment les réconcilier ? En recourant à une autorité plus

œuvre de liberté ; pourtant, à un point de vue plus profond et qu'on pourrait appeler métaphysique, la conclusion serait tout autre. Il faut bien reconnaître en effet que c'est librement qu'en nombre de cas on s'asservit. S'il en était autrement, il est d'évidence que tout acte passionnel devrait être excusé, n'étant pas libre.

Il me faut donc dire qu'en faisant ce que je veux *passionnellement* ou *rationnellement*, je m'asservis ou je m'affranchis, mais par des actes de liberté.

Quand je me donne à la passion, je me donne librement aux puissances inférieures, et le mal est précisément que, sauf le cas où faute d'exercice ma liberté a succombé, c'est avec ma liberté que je me donne.

haute, celle de la *grâce* qui, d'un effort à la fois doux et puissant, nous entraîne au bien. Nous sommes, est-il besoin de le dire? de l'avis du poète. La grâce, pour nous, c'est *l'action supérieure de l'idéal*, mais cette action ne suffit pas; il faut que nous agissions nous-mêmes, et le plus solide appui de la vie morale, c'est le surcroît de force que peuvent prêter à la raison, à mesure qu'elles s'y concentrent, les énergies plus ou moins tendues du vouloir.

Lorsque le courage fait défaut, c'est que la raison n'a pas su conquérir la volonté, c'est que la prière à l'énergie, prière toujours partiellement exaucée par l'élan qu'elle donne et l'addition d'être qu'elle crée, a manqué de continuité et de ferveur.

Que faut-il conclure de l'ensemble des considérations que nous avons présentées dans cette étude?

C'est que la liberté n'est pas, comme on pourrait le croire et comme on le croit assez généralement, un progrès sur la spontanéité, mais un progrès dans la spontanéité elle-même dont elle est la forme la plus haute parce qu'elle la porte ou tend à la porter à sa perfection.

A quels signes maintenant peut se constater et se reconnaître un tel progrès?

Au double fait d'une conscience plus nette et d'un objectif plus haut. L'acte libre, nous n'avons cessé de le remarquer, se produit en pleine lumière, et le milieu où il se rencontre est exclusivement celui de l'homme.

Or l'homme se superpose à la nature; il faut, par conséquent, que l'acte libre se superpose à l'acte spontané dans la conscience.

On peut donc dire, et c'est ce que nous comprendrons mieux tout à l'heure, que la liberté est une forme de spontanéité qui se donne comme matière une spontanéité semblable à elle-même, mais inférieure; ou encore, si l'on veut, que c'est une spontanéité du *second degré* ou du *second ordre*; toutes ces définitions ont leur raison d'être, mais quelque différence que présentent les deux fonctions ainsi comparées, on n'y pourra jamais voir autre chose qu'une différence accidentelle; le fond toujours restera le même, l'essence immuable tiendra toujours dans ces simples mots : « *Je veux parce que je me sens force ; je veux parce que je veux.* »

III

La liberté est un pouvoir d'expansion.

On objectera peut-être que c'est précisément sur ce point essentiel que nous nous faisons illusion. Sans doute, entre la liberté de vouloir, la parenté est évidente, mais on peut croire qu'en sa compréhension totale, la liberté est quelque chose de plus complexe et surtout de plus riche que le vouloir. Il faut, en effet, pour rendre compte des phénomènes de la vie morale, non seulement que le vouloir soit, mais encore qu'il puisse, à son gré, ou se dilater et s'étendre, ou se replier sur lui-même pour concentrer ses énergies et faire effort. Ce double mouvement qui s'impose à la totalité des êtres, puisqu'en cosmologie, nous l'avons vu, il domine les lois les plus hautes, est également essentiel à l'activité humaine dont il laisse apparaître le libre jeu.

Parlons d'abord du mouvement d'expansion. Il est certain qu'il y a dans le fait de grandir, et de grandir de soi-même, quelque chose qui déconcerte la raison humaine et nous passe. Comment le moins pourrait-il produire le plus ? Comment la pauvreté, la richesse ? Et cependant il n'y a pas à en douter : le vouloir libre ne s'use ni ne se dépense ; que dis-je ? il s'accroît à mesure qu'il s'exerce, et loin de s'épuiser, il se fortifie.

Voilà le fait. Comment l'expliquera une philosophie décidée à ne connaître d'autres moyens d'investigation que l'expérience sensible ou le mécanisme scientifique ?

D'ordinaire, au lieu de chercher à expliquer les faits, elle les conteste, et s'inspirant de méthodes qui le condamnent d'avance à un certain ordre d'affirmations, le savant, en beaucoup de cas, écarte sans preuve tout ce qui peut faire échec à ses théories. Il dira donc, dans le cas présent, que l'activité qui s'exerce doit nécessairement se dépenser. Pourquoi? Parce que, sans doute, suppose-t-il, tout doit se passer dans le devenir actif comme dans le phénomène inerte. Mais une telle supposition n'est ni acceptable, ni même seulement intelligible.

C'est ce qu'il est aisé de montrer en opposant une fois de plus, au phénomène le vouloir, à l'état l'action.

Dans la statique du phénomène, le résultat, dès qu'une hypothèse est faite, se trouve fixé. C'est qu'il a sa raison déterminante dans des données posées à l'avance et immuables. Avant une opération, par exemple, qu'il s'agisse d'addition ou de soustraction, ce qu'on ajoute ou ce qu'on retranche est quelque chose d'arrêté et de défini ; et pendant l'opération, ce à quoi l'on ajoute ou ce dont on retranche un quantum quelconque demeure absolument et sans variation tel qu'on l'a posé. Est-il possible d'appliquer semblable conception à la force, toujours en voie de production et perpétuellement tendue à l'acte? Un cercle de rayon donné ne saurait être autre qu'on ne le conçoit, parce que, phénomène, il ne dépend, en son existence, que de l'affirmation d'un sujet. Une force autonome, au contraire, une force qui a en elle-même sa raison d'être, ne se laisse pas prendre, si j'ose dire, au filet d'une définition ; elle doit pouvoir se donner à elle-même ce qui constitue son essence, et, par suite, dans la mesure au moins où les forces rivales le lui permettent, se dilater ou tendre à se dilater sans fin.

L'expansion de l'énergie est donc, quoi que puisse objecter l'entendement imaginatif, un fait certain, et l'on peut affirmer sans crainte que le pouvoir de se dilater est donné au vouloir par le vouloir même.

Vouloir, en effet, c'est agir, et agir, pour qui réfléchit, c'est tendre à agir encore. Le doute sur ce point est impossible ; la force, en effet, appelle la force, et l'action, l'action. Quand donc on affirme la fixité relative de telle forme ou de tel degré d'énergie, on use d'une formule empruntée à la langue du phénomène, mais en pleine contradiction avec la donnée où tout notre théorème s'appuie. L'énergie, à proprement parler, ne connaît point le repos ; c'est qu'il est impossible qu'elle devienne autre qu'elle-même, c'est qu'il faut, pour répondre à son idée et obéir à la loi de son essence, ou qu'elle se déploie, ou qu'au moins elle fasse effort pour se déployer : *actuelle* lorsqu'elle se manifeste, *virtuelle* lorsqu'elle se dissimule dans la tension.

C'est dans une analyse comme celle que nous esquissons que l'imagination trop souvent s'abuse. Elle ne veut voir que le phénomène, et le phénomène, répondant toujours à un cas d'équilibre, rejette toujours et par cela même l'action vive, seule réalité pourtant, ou dans le passé ou dans l'avenir.

Mais que la raison intervienne et l'illusion s'évanouit. Sur le terrain des principes, en effet, son argumentation est sans réplique. Comment concevoir, nous dira-t-elle, qu'une nature dont l'essence est d'agir et qui, dans toute la rigueur du terme, est *action*, se condamne elle-même à *l'inertie ?* Autant croire alors qu'elle aspire au néant qui la supprime ; autant affirmer que dans les profondeurs de sa vie, c'est à un élément de mort qu'elle vient se heurter. Une telle conception est, on en conviendra, le plus audacieux des défis à la logique ; il faut que l'action choisisse entre sa suppression absolue et son expansion indéfinie ; il le faut, parce que, si l'on veut qu'elle s'affirme, elle ne peut le faire qu'en se déployant.

Ces considérations nous autorisent à croire qu'en sa spontanéité primitive le vouloir se développe de lui-même. Si donc l'acte libre le montre plus tard effectivement dilaté et amplifié, c'est qu'en même temps que cet acte a paru et a pris sa place dans notre existence, une puissance s'est réalisée, une virtualité, d'abord latente, s'est rendue visible.

Et l'on ne saurait supposer qu'en ce passage le vouloir se soit altéré ; au contraire, en s'affranchissant de l'obstacle, il a été à son but, il s'est accompli.

— Le vouloir est donc déjà liberté ?

— Il l'est, ou, selon le sens qu'on donne à ce mot, il peut l'être. Qu'on pose la spontanéité, et l'on pose avec elle la tendance à l'accroissement et le besoin de progrès. Nous ne demandons rien de plus.

C'est donc en vain qu'on objecte qu'il y a, dans l'acte libre, une sorte d'irréductible surplus qui dépasse le vouloir en s'y ajoutant. Ce surplus n'est rien de nouveau ; le vouloir, en s'affirmant, nous l'avait promis, et pour le réaliser, il n'a rien dû emprunter qu'à son essence.

— Mais une autre nature, quand elle évolue, ne peut le faire, à chaque instant, que dans un cercle de conditions tracé à l'avance. — Qu'importe, si, à chaque instant, le cercle de ces conditions peut de lui-même s'élargir.

— On ne fait que ce qu'on peut, insiste-t-on. Soit, en un sens peut-être, mais, dans l'ordre des résolutions qu'il nous appartient de prendre, rien ne limite le champ du vouloir, parce que c'est de lui-même qu'il s'accroît.

Ainsi nous nous retrouvons une fois de plus en face de la définition qui s'impose aux deux formes de la spontanéité. Elle tient en ces mots : « *Faire ce qu'on veut* » ; agir spontanément ou librement, c'est toujours, si peu que ce soit, *réagir* et *réagir* avec plus ou moins de conscience dans le sens de la tendance individuelle contre la nature, du vouloir vif contre le vouloir condensé et éteint.

IV

La liberté est un pouvoir de concentration. L'effort.

Avons-nous, en donnant au vouloir une vertu d'expansion spontanée, épuisé tout le contenu de l'acte libre ?

Peut-être est-il encore permis d'en douter.

Lorsqu'au début de cette étude nous essayions de nous faire des choses une idée d'ensemble, il nous parut que la raison mettait d'elle-même sous nos yeux une loi supérieure à tous les autres et que l'on peut énoncer ainsi :

« *L'être, lorsqu'il a cédé au besoin de se répandre et de se dilater à l'infini, revient sur lui-même et se concentre.* »

Rien n'est plus certain ; il lui importe alors, et souverainement, de pouvoir, sur ce point ou sur un autre, doubler ses énergies ; et, après s'être déployé dans le sens de la quantité, il tient encore à croître en qualité et en perfection.

Au vrai, rien, à l'origine des choses, n'a la moindre chance de s'expliquer, si une loi d'*attraction* et de *concentration universelle* ne vient corriger dans le monde l'universelle *expansion*. Après s'être dissipé et comme perdu, l'être doit en quelque sorte se reconquérir, et s'il faut que partout il soit présent, il est également nécessaire qu'ici ou là il se ramasse pour que l'organisation apparaisse et que la vie à tous ses degrés en puisse sortir.

Mais laissons là l'hypothèse, si vraisemblable qu'elle soit, et attachons-nous aux faits. Nous nous apercevons bien vite, dès que nous descendons dans l'intime de notre pensée, que la loi d'alternative qui paraît dominer toute la nature s'impose, sans qu'il soit possible d'en douter, à l'activité humaine.

L'activité humaine, en effet, est à la fois pensée et vouloir ; or l'une et l'autre fonctions se concentrent aussi naturellement qu'elles se dilatent. Se concentrer, pour la pensée, c'est réfléchir ; pour le vouloir, c'est se posséder.

Certes, rien n'est plus digne de fixer nos regards que le double mouvement dont nous parlons. La pensée, d'abord sous le charme, est d'autant plus aisément fascinée par le dehors que l'attraction qu'elle subit répond à son propre besoin de mouvement et s'ajoute à son expansion essentielle ; mais bientôt se dessine, en sens inverse, l'acte du retour sur soi, le sujet veut assister à sa vie ; la conscience peu à peu s'illumine et la réflexion paraît.

De même, au premier stade de son progrès, le vouloir, en même temps qu'il cède à un mouvement spontané de dilatation, s'oriente naturellement vers tout ce qui, autour de lui, peut être objet de désir. Ce n'est qu'après avoir rayonné au dehors, et s'être laissé, en quelque sorte, confisquer par la nature, qu'il se replie sur lui-même et se prend pour but.

Comment expliquer dans les choses l'existence de ce double mouvement ? Assez vraisemblablement, croyons-nous, par le fait d'une nécessité inhérente à la donnée du problème. Il faut que la nature soit elle-même avant d'être connue, qu'elle existe avant d'être pénétrée par la réflexion ; il faut donc aussi que, d'abord et avant tout mouvement de retour sur soi, l'activité spontanée de chaque être se soit adaptée à l'activité spontanée de tous les autres. Sans ce fait d'adaptation primitive qui répond au premier jaillissement de la vie, il est évident que ce qu'on croirait pouvoir appeler nature n'aurait aucun sens intelligible, puisque manquerait encore l'objet même qu'on veut pénétrer par la réflexion. En d'autres termes, et pour mieux faire comprendre notre pensée, nous dirons que la loi des choses est une loi d'harmonie qui s'impose à chaque individu dans l'ensemble et lui interdit de vivre isolé. Il en résulte que, mû par le sentiment de ce qui lui manque, tout être va d'instinct, soit par la pensée, soit par l'action, à ce qui pourra le compléter. Seul, à proprement parler, il ne serait pas ; comment donc s'étonner qu'il s'oriente tout de suite vers ce qui fondera son existence, et s'oublie lui-même pour s'absorber dans le but visé par lui ?

Mais il faut, d'autre part, le bien comprendre, le tout des choses n'est pas dans cette première couche de phénomènes que crée et projette autour d'elle, à l'obscure clarté de l'inconscient, la spontanéité primitive. Au-dessus de cette région profonde, se détache vigoureusement et éclate en pleine lumière l'œuvre de l'activité réfléchie[1]. Dès que la nature est fondée, dès que l'individu, en entrant dans le concert universel, a acquis le droit de se poser, il lui est permis d'entrer dans des voies nouvelles. On le voit donc se replier sur lui-même et tendre par degrés à la possession de soi. Tout à l'heure, il paraissait près de se confondre avec ce qui, autour de lui, n'était pas lui ; maintenant il se revendique, et, rentrant en lui, s'individualise ; il s'était comme aliéné de lui-même, il se retrouve tel qu'il est, et s'appartient à présent de mieux en mieux.

Quoi que l'on puisse penser de cet essai d'explication, le fait subsiste, il est incontestable. La liberté n'implique pas seulement l'*expansion* spontanée du vouloir, ainsi que nous

1. Nous ne saurions trop insister sur le fait de ces deux vies, dont l'une est comme superposée à l'autre dans notre existence. On le verra en conclusion, c'est cette dualité même qui rend la liberté intelligible et fait d'elle autre chose qu'une énigme impénétrable.

croyons l'avoir établi, mais sa *condensation* et sa *tension*. Or qui se tend cherche à se dégager du dehors, à s'appartenir ; qui se concentre est en voie de se posséder.

Se posséder ou plutôt avoir, à certaines heures privilégiées, la faculté de se posséder par la pensée et par l'action, voilà toute la liberté, telle qu'elle apparaît à qui veut la voir en son principe objectif et essentiel. Pour se posséder, il faut se tendre ; pour se tendre, se dilater ; pour se dilater enfin, sortir de la donnée expérimentale où se trouve nécessairement enfermée une nature définie, dès qu'elle est posée comme telle.

Et cependant, du point de vue de l'action et du perfectionnement moral, le fait de la possession de soi ne donne tout ce qu'il promet qu'à une condition. Il faut que l'être libre puisse se *rendre compte* des initiatives qu'il possède et mesurer le pouvoir d'organisation et de gouvernement qui lui appartient. C'est demander qu'il se rende témoignage à lui-même et se pénètre par la réflexion. La possession de soi, en effet, n'existe pour l'être libre que s'il *sait* qu'il y peut atteindre, et il est clair que ce n'est qu'à cette condition qu'il fera l'effort qui l'affranchit.

Seul, l'homme qui réfléchit peut organiser sa vie ; seul il est vraiment maître de sa destinée, seul il saura entreprendre méthodiquement et avec succès la noble lutte où il faut disputer pied à pied à l'homme du passé l'homme de l'avenir, à l'homme passionnel l'homme idéal.

Le déterminisme qui explique tout par le dehors et n'attend de secours que des circonstances, en vient à croire que le mieux que l'homme puisse faire, c'est de cultiver sa raison et de se donner, quand il le peut et dans la mesure où il le peut, à l'entraînement du bien ; mais la raison ne se laisse déterminer au bien que si elle dispose contre la passion d'une somme d'énergie suffisante, et pour se créer intérieurement le trésor de force indispensable, il ne suffit pas d'attendre du hasard d'utiles occasions, il faut avoir compris que le but supérieur, le but unique de la vie est l'accroissement indéfini de l'énergie libre, et que cet accroissement n'est possible que par une tension constante, un effort répété et continu.

Nous n'entendons certes pas nier l'action, et même, si l'on insiste, l'action régulière et constante du dehors sur les événements de la vie humaine ; mais nous n'hésitons pas non plus à affirmer que cette action est de beaucoup inférieure en puissance à celle que nous pouvons exercer du dedans quand nous usons du pouvoir de nous replacer de nous-mêmes dans les circonstances dont nous avons déjà tiré profit. Connaître ce pouvoir, avoir le droit de se dire qu'il est entre nos mains et que nous pourrons, à l'aide d'une discipline méthodique, tendre sans fin le ressort de ses énergies, c'est la suprématie assurée sur la passion, c'est, du point de vue moral, la délivrance. Et, au vrai, nul n'est absolument privé de ce minimum de réflexion qui permet d'entrevoir la grandeur de la destinée humaine. Le fait de se sentir puissance volontairement grandissante, force souple, gênée parfois et entravée par les circonstances, mais capable à certains moments de les dominer, s'impose, un jour ou l'autre, à la pensée, et dès qu'a paru cette lumière, dès que s'est produite cette révélation du génie intérieur, l'homme nouveau, l'homme qui, les yeux fixés sur l'idéal, va se recréer lui-même, est fondé en nous.

Les considérations qui précèdent nous ont permis d'esquisser peu à peu et progressivement les traits de la liberté idéale, de cette liberté que conçoit et affirme la pensée pure, et au delà de laquelle il n'est plus rien qui n'appartienne à l'illusion et au rêve. Reste pour achever notre tâche et nous mettre une fois de plus en face du problème qui fait le fond de cette étude, à nous demander si le pouvoir créateur qu'est la liberté ne domine pas à ce point le simple pouvoir de spontanéité primitive, qui le transfigure et, en le transfigurant, altère ce qu'il y a de plus profond et de plus spécial dans son essence.

Il est clair qu'au cas où cette hypothèse serait fondée, il n'y aurait plus rien de commun entre les deux termes que nous comparons, et, dans ce cas, il ne nous serait plus permis, contrairement à notre dessein, de faire de la nature un progrès unique ; il faudrait, dans la continuité des choses, imaginer une scission en deçà de laquelle rien ne serait qu'activité simple, tandis que tout, au delà, devrait être, on ne sait comment, plus qu'activité. Une telle hypothèse est absurde, et, comme toute hypothèse irrationnelle, elle trahit d'abord le vice qu'elle enferme, car « *plus qu'activité* » n'a aucun sens, et si l'on entend ne pas sortir de l'activité, l'activité, quelque forme supérieure et idéale qu'on lui prête, est et sera toujours de même famille que l'activité fondamentale.

Ne nous attardons pas à cette critique préjudicielle, et allons au fond des choses.

Le problème est celui-ci :

Quel rapport peut bien exister entre la liberté qui se possède par la réflexion et la spontanéité qui s'ignore ?

Notons d'abord que ce qui, dans la spontanéité, paraît défaut de conscience, est, en fait, conscience éveillée, bien qu'obscure encore, et que, d'autre part, dans l'acte libre, la réflexion admettant tous les degrés, se prête à toutes les diminutions qui peuvent la ramener à la conscience pure et simple. Entre les extrêmes que l'objection nous oppose, les intermédiaires ne manquent donc pas, et ces intermédiaires sont autant de traits d'union.

Mais pourquoi chercher à rapprocher du dehors, ce qu'unit au dedans une commune essence ? *La spontanéité peut se poser, nous dit-on, seule la liberté se possède.* Il y a là un malentendu. « Se *poser* » et « se *posséder* » ne sont pas termes qui s'excluent ; ils se concilient, au contraire et s'expliquent. Se *poser*, en effet, même sous forme irréfléchie, c'est déjà se *posséder* en puissance.

En veut-on la preuve ? L'être qui se pose[1], dirons-nous d'un mot, n'est possible que si, de façon ou d'autre, il est

1. On nous permettra d'écarter ici, comme étrangère à notre sujet, l'importante question de savoir si l'activité individuelle, lorsqu'elle se pose, est ou n'est pas une activité *absolument absolue*. Nous tenons, en ce qui nous concerne, pour la négative, et peut-être un travail ultérieur en fera-t-il connaître les raisons

son propre principe ; or qui est son propre principe s'appartient, et par conséquent se possède.

Cette déduction éveillera peut-être quelques scrupules. Regardons-y donc de plus près, et entrons sans trouble dans une hypothèse d'où l'imagination doit être exclue. « Se poser », voilà l'acte miraculeux mais nécessaire qui s'impose à l'origine, et d'où nous sommes tenus de partir. L'être se pose donc spontanément, mais alors il ne doit l'être qu'à lui-même, et s'il ne possède pas, à quelque point de vue du moins, l'être qu'il pose, où pourra-t-il le prendre et comment pourra-t-il se le donner ?

Nul ne prétendra sans doute qu'avant le moment où il apparaît, l'être soit déjà dans le sujet qui va le poser comme une existence dans une existence. Ce serait tout confondre et faire pénétrer, malgré l'hypothèse, la dualité dans un être unique. Il faut bien convenir cependant qu'en tant que posé, l'être doit, d'une certaine façon, appartenir à qui le pose. Si donc il ne peut s'y rencontrer à l'avance comme réalité concrète, il ne reste plus à faire qu'une hypothèse, c'est qu'il y soit comme simple possibilité ou pure vertu. En d'autres termes, l'être qui se donne l'être le possède comme la cause possède l'effet qu'elle va mettre au jour, avec cette différence que, dans la causalité ordinaire, l'effet apparaît autre que la cause, tandis que, dans le mode de causalité réfléchie qui nous occupe, cause et effet se pénètrent et ne font qu'un.

Disons donc que l'être qui se pose se crée au sens le plus rigoureux du terme ; il se crée parce qu'il appelle la virtualité qui le constitue à la réalité et à la vie ; il se crée parce qu'il actue son essence et qu'il ne peut l'actuer que si de quelque façon elle lui appartient.

De quelque point de vue que nous envisagions le problème, il nous faut toujours en venir à cette conclusion : « *Se poser et se posséder, dans l'intime de leur essence, ne font qu'un.* » Certes la liberté se possède, et supérieurement, pourrait-on dire, parce qu'elle se possède en pleine réflexion ; mais la réflexion, à ce degré du moins, n'est nullement indispensable à la possession de soi.

Et maintenant, si l'on constate qu'entre la liberté idéale

et la spontanéité primitive la possession de soi passe par un nombre indéfini de degrés, c'est, on le concevra sans peine, que la réflexion, qui la révèle à elle-même, passe, de son côté, par toutes les variations imaginables de diminution ou d'accroissement.

Il ne faut donc pas croire que la réflexion s'ajoute comme une sorte de terme ultime à tous les degrés de la conscience croissante, et que, par suite, elle soit comme le point qui achève la ligne ou la limite qui, en mathématiques, clôt un progrès. C'est là une illusion de la fantaisie. Le pouvoir de se replier sur soi apparaît bien plutôt sous la forme d'un devenir, en fonction duquel la liberté varierait sans fin. Qui pourrait en méconnaître les manifestations progressives? Ne voyons-nous pas que la réflexion est déjà en germe dans la conscience, que la conscience, au-dessous d'elle, plonge, pour ainsi dire, dans le vague sentiment des plaisirs ou des douleurs organiques, et que ce sentiment lui même répond au besoin profond autant qu'obscur de s'adapter pour vivre aux circonstances et au milieu? Allons plus loin. Si la conception de l'unité cosmique est une nécessité de la pensée rationnelle, on peut croire que la plus humble spontanéité se sent vivre, et que le vouloir de la primitive cellule, ce vouloir attesté par la science même, qui l'enregistre comme accident, va s'acheminant de loin et dans l'ombre, mais sans perdre des yeux le but à atteindre, vers ce qui sera tout à l'heure *conscience*, un jour *réflexion*. Et entre ces deux termes, quelle discontinuité serait concevable? La conscience n'est-ce pas le rayon spontané et direct, la réflexion, le rayon replié sur lui-même et infléchi? Le phénomène, voilà la surface où la conscience répand uniformément sa lumière; la réflexion c'est cette lumière elle-même progressivement accrue et concentrée peu à peu sur un point unique : le sujet d'où elle émane.

V

La liberté est la possession de soi par la réflexion.

Nous avons cru devoir insister jusqu'ici sur les traits de ressemblance qui rapprochent les deux grandes fonctions de l'activité ; mais on a pu voir que nous n'avons jamais songé à méconnaître les différences parfois importantes, toujours accidentelles, qui les séparent. Ce qui nous paraît établi au moment où se termine cette étude, c'est que dans le progrès de l'action, la spontanéité est le point de départ et l'ébauche, la liberté, le terme et l'achèvement.

Nous pouvons donc affirmer qu'à mesure qu'on s'élève dans l'échelle de l'être, le principe d'autonomie va s'éclairant et se fortifiant toujours ; il s'éclaire, parce qu'il répond à un progrès continu de la pensée ; il se fortifie, parce qu'il progresse lui-même, et que le progrès, pour l'énergie, est dans la possession toujours plus complète d'une puissance toujours croissante, et supérieure, à chaque instant, à elle-même.

Si maintenant, au lieu de considérer les degrés constamment progressifs de l'évolution, on ne s'attache qu'au point de départ qui est spontanéité, et au terme qui est liberté, on verra que le monde de l'action[1], vu de haut et pris en son ensemble, peut être figuré par deux étages de vouloir. Or qu'aperçoit-on à l'étage le plus voisin du sol et le plus obscur ? Un monde d'idées éparses, une poussée immense de tendances et de désirs de toute sorte. En ce milieu, vague-

1. A l'*action* il faut opposer la *nature*, composée, selon nous, de tous les états successifs qu'a produits l'action. La nature répond donc à ce qui est déjà fait, l'action à ce qui se fait. La nature est le propre objet de la science qui n'existe et n'a de raison d'être que si le phénomène est déjà posé. L'action, au contraire, est saisie en elle-même, sans intermédiaire aucun entre elle et nous. Qu'on la nomme spontanéité ou liberté, c'est le propre objet de la Métaphysique qui voit tout du dedans dans l'acte de la génération et du devenir.

Tout ce que Spinoza appelait *nature naturée*, nous l'appelons simplement nature ; tout ce qu'il appelait *nature naturante* est pour nous action.

ment éclairé, tout est éphémère, et pourtant tout est déjà mouvement et action; des courants et des contre-courants s'y dessinent, qu'y tracent les innombrables impulsions de la vie; la vie est là, en effet, multiple jusqu'à l'infini en ses essais, bien que nulle part elle n'éclate en sa plénitude. A ce premier stade de son progrès, l'activité peut déjà se reconnaître, elle va parfois jusqu'à s'affirmer avec netteté, mais elle ne se possède pas encore ou ne se possède qu'imparfaitement.

Tel est le domaine de la spontanéité; elle occupe toute la moitié inférieure du monde animé de l'action.

Au-dessus s'étend le règne de cette volonté réfléchie qui va montant sans cesse vers l'absolu et dont la présente esquisse a précisément pour but de fixer les traits Comment donc, après les analyses que nous venons de faire, concevoir la liberté? On pourrait dire, semble-t-il, que c'est une énergie qui se déploie, non plus contre les lois de la nature extérieure, mais contre les spontanéités qui s'en sont partiellement dégagées, et qui se trouvent rejetées par là au second plan. Certes, il faut bien que la volonté libre compte avec les éléments que l'appétit et le désir lui fournissent, mais, dans la lutte, ces éléments sont loin de subsister tous; quelques-uns perdent ou gagnent en importance; tous semblent momentanément oublier ce qu'il y a d'imprévu et de fortuit dans leur jaillissement primitif, pour se laisser pénétrer d'en haut par une pensée dirigeante et grouper dans les ensembles qui l'expriment.

Nous pouvons donner à notre pensée une forme plus sensible encore. Supposons que les deux plans que nous venons d'imaginer se déploient devant nos yeux comme deux cartes où viennent s'enregistrer, dans leur multiplicité toujours renaissante, les phénomènes qui doivent s'y produire. On notera, d'une part, des tendances dispersées et des mouvements arbitraires; de l'autre, des groupements de phénomènes que la volonté crée et domine; ici, des faits qu'explique suffisamment la spontanéité naissante, là des actes dont l'homme a la responsabilité et qui prennent en lui un caractère moral.

Ainsi s'opposent, en ces deux couches de vouloirs, l'individu et la personne. Une telle opposition n'est évidemment pas absolue, autrement nous détruirions notre thèse de nos propres mains ; on peut dire du moins que, dans le domaine de l'activité, fond commun de tout ce qui est spontané ou libre, la distance qui sépare la liberté de la spontanéité est précisément celle qui sépare la personne de l'individu.

Aussi ne rencontrera-t-on jamais, dans le plan inférieur de la spontanéité, que des vouloirs fragmentaires, incapables de s'unir pour se concerter. On peut bien dire qu'ils sont autonomes, et ne relèvent en dernière analyse que d'eux-mêmes, mais c'est pour cela justement qu'ils ne sauraient sortir de leur point de vue et, par suite, s'entendre et s'unir dans un intérêt commun. En dehors des lois génériques qui ne représentent que des volontés éteintes, ils vivent donc, pour tout ce qui concerne leur individualité propre, d'une vie isolée, féconde au dedans, sans doute, mais stérile et impuissante au dehors. Aussi l'œil qui pénétrerait un coin de vie animale ou même humaine, sur qui ne se serait point encore exercée l'action supérieure et dominante d'un pouvoir central, chercherait vainement à lui trouver un sens intelligible : il n'apercevrait qu'anarchie et confusion.

C'est pourtant de ces vouloirs juxtaposés et comme localisés, ici ou là, dans l'organisme, que la volonté libre va faire sortir quelque chose d'un. Tout dans la sphère de la spontanéité paraissait disséminé et accidentel. Tout est lié à présent, tout s'appelle, tout se groupe et se coordonne en systèmes. Parmi les mouvements d'ensemble que dessine une activité supérieure, les vouloirs primitifs ont sans doute toujours une place, mais ils entrent dans un organisme qui les informe, en quelque sorte, et appartiennent à une pensée qui leur imprime sa loi. Il est donc permis de dire qu'aux deux pôles de l'action les éléments restent les mêmes, et que le dessin seul diffère. Les fils, dans le tissu, n'ont pas changé, parce qu'ils représentent l'action essentielle et fondamentale, l'action, en son fond, toujours identique à elle-même ; mais la trame est devenue nôtre, parce que c'est notre raison qui l'a conçue et notre libre volonté qui la tisse, toutes les fois du moins que, pour s'affirmer, ces puissances se décident à entrer en jeu.

Disons donc, d'un mot, que, dans le plan de la spontanéité, les vouloirs sont fragmentaires et s'appartiennent, tandis qu'au-dessus et dans le plan de la volonté réfléchie, ils nous appartiennent à nous-mêmes, et composent ainsi l'étoffe dont le moi est fait.

Et voici ce qui en résulte : Tant que s'écoule, devant nous, le flot de la vie spontanée et vaguement consciente, nous sommes simples témoins, non acteurs ; nous n'agissons véritablement que lorsque agit en nous la volonté personnelle qui concentre ou peut concentrer toutes nos puissances et se confond en définitive avec nous.

On ne peut donc affirmer, c'est l'évidence même, que la vie spontanée soit *morale ;* il serait également inexact, pour les raisons exposées plus haut, de soutenir qu'elle est *amorale*, parce qu'alors on l'estimerait indifférente au bien, ce qui n'est pas. Il serait plus juste de dire qu'elle est *antémorale*, si ce néologisme nous était permis, parce qu'elle annonce, bien que de loin, la morale humaine, la morale vraie, comme l'aube, encore pénétrée d'ombre, annonce un beau jour.

VI

Conclusion.

Nous ne nous attarderons pas aux conséquences qu'entraîne la conception que nous nous sommes faite de la liberté ; elles sont trop visiblement hors de notre cadre, et nous avons hâte de conclure pour permettre au lecteur d'apercevoir, d'un coup d'œil, les grandes lignes qui, dans les problèmes de la troisième antinomie, séparent notre point de vue de celui de Kant.

La solution que nous proposons tient tout entière dans la série des propositions qui vont suivre et que nous avons essayé d'établir successivement au cours de la présente étude.

Nous accordons, en premier lieu, que la liberté est une fonction d'ordre supérieur et qu'elle se superpose à la spontanéité pure comme la réflexion à la simple conscience; mais nous croyons que, malgré cette différence, quelque importance qu'on lui prête, l'action, qui fait le fond commun de l'une et de l'autre, demeure toujours, comme telle, semblable à elle-même, et se reconnaît à ce trait essentiel qu'elle se montre partout, comme la vie d'où elle émane, mouvement, élasticité et souplesse.

Partout, en effet, où se rencontre l'action, elle apparaît toujours prête, ou à se dilater pour se répandre, ou à revenir sur elle-même et à se ramasser en quelque sorte, pour doubler sa puissance par l'effort.

On peut donc dire que la spontanéité et la liberté ne représentent, dans le progrès continu de l'action, que deux moments différents, et il n'existe entre l'un et l'autre que l'intervalle qui sépare la puissance de l'acte, l'enveloppement de l'expansion.

Supposer une activité qui ne pourrait ni se déployer ni se tendre serait, nous ne cesserons de le dire, supposer une activité *statique*. Est-il plus flagrante contradiction? Autant soutenir qu'action et état sont identiques. L'état sans doute implique l'action, mais il ne se confond pas avec elle, et même il n'existe, comme état, que parce qu'il implique la rencontre d'une activité étrangère qui le détermine et le limite.

Si, maintenant, entre la spontanéité et la liberté, il n'existe pas d'intervalle infranchissable, si, sous l'apparente dualité de ces deux termes, il n'en existe réellement et effectivement qu'un seul, il est clair que, dans cette donnée nouvelle, il n'y a plus de place pour une opposition d'idées quelconque; l'antinomie qui essaierait de les mettre en présence est impossible.

Dira-t-on qu'elle existe au moins, et que même elle apparaît fatale entre la nécessité, d'une part, et, de l'autre, les deux modes de l'action?

Qu'on y regarde. La nécessité est loin de se présenter dans la nature sur le même plan que l'action. Spontanée ou libre, l'action se pose elle-même ; la nécessité, au contraire, implique toujours et nécessairement, pour apparaître, autre chose qu'elle.

En deux mots, l'action est *catégorique*, la nécessité *hypothétique*.

C'est là une vérité que nous avons aperçue sous tous ses aspects dans le cours de ce travail.

Nous savons maintenant que la nécessité est la loi apparente de tout ce qui est état ou connexion d'états ; or ni un état ni une connexion d'états ne s'expliquent d'eux-mêmes.

L'état qui se suffirait, l'état qui se créerait, serait action; or c'est ce qu'il est impossible de supposer, les termes d'action et d'état s'opposant l'un à l'autre comme ceux de principe et de conséquence. La conséquence, c'est l'évidence même, ne saurait devenir son propre principe.

Veut-on pourtant que l'état existe par soi et soit de lui-même intelligible ? Qu'est-ce qu'une connexion d'états dont la nécessité serait absolue ? Faut-il croire que les lois existent toutes faites dans l'infinité d'un ciel abstrait, et planent au-dessus de nous comme des nécessités extérieures à la réalité et aux choses ? On ne voit plus alors ni comment elles se maintiennent sans support dans l'être, ni par quel intermédiaire elles peuvent s'appliquer, inertes qu'elles sont, à la vivante réalité des faits.

La vérité, nous l'avons vu, c'est qu'une connexion d'états, quelle qu'elle soit, a sa raison d'être, non dans l'un ou dans l'autre de ces deux états, non dans l'un et l'autre, mais dans un principe supérieur à l'un et à l'autre, qui, en les dominant, les rapproche et les unit.

C'est ce principe qui, derrière la prétendue nécessité, laisse apparaître son contraire, savoir la finalité elle-même.

Expliquons-nous.

Si l'on veut échapper à la contradiction, il faut admettre que toute connexion d'états, ou si l'on veut, toute loi naturelle, puisse prendre, dès qu'on analyse son contenu, la forme suivante :

Tel état doit être lié à tel autre état, dans telles circonstances données, *pour* que soit assuré, au plus profond des choses, l'ordre lui-même, et avec l'ordre, toutes ses spécifications et tous ses progrès.

On conçoit que, dans une telle conception, la seule qui se tienne, le monde est un vaste organisme où les raisons finales se hiérarchisent et appellent successivement à l'existence les moyens de se réaliser elles-mêmes.

Ces moyens, ce sont les lois. Elles répondent, en ce quelles ont de contingent, au contraire, à ce que tout vouqu'elles ont de contingent au contraire, à ce que tout vouloir enferme, en se posant, d'individuel et de spontané.

Le système des lois n'est donc, en définitive, qu'*un système de moyens subordonnés à certaines fins conçues et voulues par la nature.*

Un tel système, sans doute, semblera, du dehors, nécessaire, mais nécessaire seulement dans l'*hypothèse d'un plan à réaliser*; encore, dans cette hypothèse même, sa nécessité n'apparaîtra-t-elle pas absolue ; il faut, pour qu'elle apparaisse telle, un état de choses purement mathématique où la spontanéité n'aurait pas de place.

Entre la nécessité et l'action, la partie n'est pas égale ; l'action en ce qu'elle a d'essentiel et de générique peut fort bien produire le degré de constance dont la science a besoin lorsqu'elle observe ; mais la nécessité est d'une pièce ; elle ne saurait ni diminuer ni s'accroître ; elle est, en sa rigidité, tout elle-même, ou elle n'est plus.

Ce qui est pour nous l'absolue évidence, après l'étude que nous terminons, c'est que la nécessité est un postulat scientifique, non une affirmation de la raison ; pure suggestion de l'entendement, on peut dire qu'elle est, dans l'antithèse de la troisième antinomie, ce que l'infiniment petit est dans l'antithèse de la seconde et l'infiniment grand dans l'antithèse de la première : un besoin du sujet sensible, et rien de plus.

Et le concept de nécessité n'est pas seulement parallèle à celui d'infinité ; il entretient avec lui d'étroits rapports. Qu'on se rappelle l'antithèse de la troisième antinomie : là où l'action spontanée recule sans fin, il faut bien admettre que l'enchaînement rigoureux des faits est inévitable.

Allons plus loin : le fait capital que nous avons voulu établir et qui apparaîtra de plus en plus éclatant à la réflexion, c'est que les trois thèses comme aussi les trois antithèses de l'antinomie se tiennent. Ce sont deux touts compacts. Êtes-vous pour l'infini ? Vous devez rejeter la première thèse, qui borne les mondes ; la seconde, qui limite, dans le continu, le recul vers l'élément ; la troisième, qui veut que les séries commencent, et résultent, à leur origine, d'un principe actif. On ne saurait, en bonne logique, admettre l'existence d'une liberté fondée sur un acte de foi au fini, pour ramener triomphant sur la scène, quand il s'agit de l'univers visible, l'infini déjà proscrit et exclu.

Il n'y a, en définitive, que deux mondes, et voilà ce que l'antinomie nous apprend. L'un est le monde mathématique, l'autre le monde réel. Le premier, qu'avait déjà nettement conçu Descartes, est formé des trois antithèses qu'a exposées Kant ; il apparaît, dans l'infini de l'espace, étendue et mouvement sans fin divisibles; l'autre, que Leibniz eût affirmé sans réserve s'il n'avait pas subi la fascination de l'infini mathématique, se montre détaché de tout sensible, et explique l'infini par le fini, le continu par l'élément, le mouvement par l'action.

Ces deux mondes semblent s'opposer ; ils se complètent : l'un est celui de l'entendement scientifique qui voit en surface ; l'autre, celui de la raison, qui pénètre jusqu'aux principes et donne individualité et vie à ce qui, dans le phénomène, semblait continu et éteint.

Kant a distingué l'un de l'autre dans les deux dernières antinomies : il devait ou les distinguer partout ou partout les confondre ; mais alors l'antinomie lui eût manqué et, avec l'antinomie, toute raison valable de tenir en suspicion la raison pure et de créer un abîme entre la réalité et l'esprit.

QUATRIÈME ANTINOMIE

L'INCONDITIONNÉ

Le problème que pose la quatrième antinomie, bien qu'il doive, on le verra, se dédoubler, apparaît simple au premier regard, et le philosophe qui l'aborde ne poursuit, semble-t-il, qu'un but : celui de savoir si, oui ou non, il existe un être nécessaire, premier dans le temps et absolu.

Nous tenons, en ce qui nous concerne, pour une dualité latente dans l'antinomie ; mais avant de chercher à éclaircir ce point de doctrine, nous devons nous faire une idée suffisamment nette de l'être que la discussion va mettre en cause.

Qu'est-ce, avant tout, que l'être nécessaire ? On ne saurait dire qu'il soit, du dehors, contraint d'être tel ou tel ; la nécessité qui, au lieu d'émaner du fond même de son essence, s'imposerait à son acte, le ferait passif. Elle serait analogue à celle que l'on prête le plus souvent aux lois lorsqu'au lieu d'en faire l'expression de vouloirs génériques, on les considère comme produisant du dehors les états qui se succèdent dans le déterminisme de la nature.

L'être vraiment et absolument nécessaire est celui qui trouve sa raison d'être en lui-même, et existe par la toute-puissance de sa nature. On peut dire alors que son essence implique l'action et qu'en se définissant il se réalise.

Le vrai nom d'un tel être est celui d'inconditionné. Il conditionne tout, en effet, dans le monde, sans dépendre lui-même d'aucune condition ; sa naissance est spontanée, son développement intérieur est autonome.

Déjà, au cours d'analyses antérieures, l'inconditionné s'est offert à notre examen, et nous l'avons reconnu dans cette unité d'énergie qui échappe, en son fond, à toute détermination étrangère ; mais autre chose est cet inconditionné élémentaire, et autre chose l'inconditionné suprême d'où il émane. Le premier est, de façon mystérieuse, autonome à la fois et dépendant. Il se pose, mais sous réserves, et l'on peut croire qu'il se donne ses déterminations plutôt qu'il ne se fonde lui-même dans l'existence. Le second est l'indépendance sans restriction, l'indépendance absolue.

On se persuadera d'autre part, pour peu qu'on y réfléchisse, que l'inconditionné, dans le monde, admet des degrés. Dans le monde, en effet, l'inconditionné n'existe qu'en devenir, et nous voyons l'énergie qui le constitue monter, en son évolution, de la spontanéité irréfléchie à la liberté qui se possède. Mais cette liberté elle-même, si haute qu'elle soit, n'est pas encore l'inconditionné que nous cherchons ; c'est qu'elle n'est pas la toute-puissance absolue, le trésor où s'alimente toute énergie. Elle se saisit, puis s'échappe à elle-même, se ressaisit et s'échappe encore. Au contraire, l'inconditionné pur s'appartient absolument ; maître et roi de l'être, il irradie, comme d'un centre, jusqu'aux extrémités des mondes toutes les puissances d'une activité toujours pleine et indéfectible.

Ces courtes observations vont nous permettre, dès à présent, d'aborder utilement le problème qui nous occupe. La conception d'une nature qui nous domine, d'une liberté en qui l'activité n'implique plus l'effort, est-elle ou n'est-elle pas une illusion de la raison pure ? Ici, comme toujours, thèse et antithèse se heurtent. Voyons s'il ne nous sera pas donné une fois de plus d'échapper à la contradiction en opposant l'être au paraître, la réalité au phénomène.

I

La thèse et l'antithèse kantiennes.

Mettons-nous tout d'abord en face des textes.

Voici la thèse :

« *Au monde sensible appartient quelque chose qui, soit qu'il en fasse partie ou qu'il en soit cause, est un être absolument nécessaire.* »

Preuve :

Le monde sensible, comme ensemble de tous les phénomènes, contient en même temps une série de changements, car, sans cette série, la représentation même de la succession du temps comme condition de la possibilité du monde sensible ne nous serait pas donnée. Mais tout changement est soumis à sa condition qui le précède dans le temps, et sous laquelle il est donné. Or tout conditionné actuel présuppose, par rapport à son existence, une série complète de conditions jusqu'à l'inconditionné absolu, qui, seul, est absolument nécessaire. Par conséquent, quelque chose d'absolument nécessaire doit exister si un changement comme sa conséquence existe.

Mais ce nécessaire appartient lui-même au monde sensible, car, supposé qu'il soit en dehors, alors la série des changements dans le monde en tirerait son origine, sans cependant que cette cause nécessaire appartînt elle-même au monde sensible. Or c'est ce qui est impossible. En effet, le commencement d'une succession ne pouvant être déterminé par ce qui précède, la suprême condition du commencement d'une série de changements devait donc exister alors que cette série n'était pas encore, car le commencement est un événement précédé par un temps où la chose qui commence n'a pas encore paru. La causalité de la cause nécessaire des changements, et, par conséquent, aussi la cause elle-même, appartient donc à un temps (par conséquent au phénomène dans lequel seulement le temps est possible, comme étant la forme) ; elle ne peut donc être conçue isolée du monde sensible comme ensemble de tous les phénomènes. Il y a donc, dans le monde même, quelque chose d'absolument nécessaire, que ce soit la série cosmique tout entière ou une partie de cette série seulement.

ANTITHÈSE :

Il n'existe aucun être absolument nécessaire, soit dans le monde, soit hors du monde, comme en étant la cause.

PREUVE :

Supposé que le monde soit lui-même ou qu'il enveloppe un être nécessaire ; alors il y aurait dans la série de ses changements un commencement qui serait absolument nécessaire et par conséquent serait sans cause ; ce qui répugne à la loi dynamique de la détermination de tous les phénomènes dans le temps. Ou bien la série même serait sans commencement aucun, et quoique contingente et conditionnée dans toutes ses parties, elle serait cependant dans le tout, nécessaire et inconditionnée ; ce qui est contradictoire, puisque l'existence d'une multiplicité ne peut être nécessaire si aucune de ses parties n'a en soi une existence nécessaire.

Supposé qu'il y ait, au contraire, une cause absolument nécessaire du monde hors du monde, alors cette cause, comme premier membre dans la série des causes de changement du monde, *commencerait* d'abord l'existence de ces causes et de leur série. Mais alors il serait nécessaire aussi qu'elle *commençât* à agir, et sa causalité aurait lieu dans le temps, et par cette raison ferait justement partie de l'ensemble des phénomènes, c'est-à-dire du monde ; ce qui contredit la supposition. Il n'y a donc, ni dans le monde, ni hors du monde (mais avec lui en union causale), un être absolument nécessaire.

II

Dédoublement de l'antinomie.

Une première observation que suggèrera, sans doute, l'examen de l'antinomie, c'est que la thèse qu'elle pose n'est pas, à rigoureusement parler, une thèse, mais l'ensemble, ou mieux, la juxtaposition de deux thèses.

Qu'on veuille bien, en effet, considérer avec quelque attention la thèse telle qu'elle est exposée par Kant. Il apparaîtra bientôt qu'elle a deux objets distincts, et que, pour cette raison même, elle fait successivement appel à deux ordres d'arguments différents.

C'est une thèse complète, en effet, que celle qui répond, dans l'antinomie actuelle, à la première moitié de la thèse kantienne ; elle ne vise en effet qu'un but, celui de fonder l'existence de l'inconditionné primitif sur chacun des conditionnés qui à chaque instant l'impliquent, et cette argumentation aussi nette que décisive nous conduit jusqu'à la conclusion du premier paragraphe de la thèse, conclusion ainsi conçue :

« Quelque chose d'absolument nécessaire doit exister si un changement comme sa conséquence existe. »

Or ce paragraphe est à peine clos que le philosophe, sans sortir de ce qu'il appelle la thèse, passe, visiblement, à un tout autre ordre d'idées, et change, à la fois, d'orientation et de but. Il ne s'agit plus maintenant de se décider pour l'affirmation ou la négation d'une nature indépendante et première. L'option a eu lieu, et nous n'avons plus à y revenir. Reste à savoir, puisqu'il est entendu que l'inconditionné existe, comment il peut entretenir des relations avec le monde, et de quelle nature sont ces relations.

Donc deux problèmes se posent et, par suite, deux thèses se dégagent de leur unité apparente, parce qu'il est impossible de confondre une question de pure existence avec une question de rapports. Celle-ci ne peut se poser que si la première est résolue. Comment ne s'en distinguerait-elle pas ?

Passons à l'antithèse ; il faut que, comme la thèse, elle se scinde à son tour et se dédouble. Si toute dualité de points de vue est interdite à l'antithèse, il n'est plus entre les propositions à comparer d'opposition symétrique, et il doit arriver alors que, l'une des deux thèses niant l'antithèse unique, l'autre, faute de proposition qui lui soit opposée, demeure inutile, et reste en l'air sans emploi possible dans le débat.

Dans le cas présent, par exemple, il est visible que l'antithèse répond à cette *seconde moitié de la thèse* où se pose la question des rapports de l'inconditionné aux choses ; mais cette question même n'existerait pas, si l'inconditionné n'était pas, au préalable, posé ou nié. Il faut donc, qu'explicitement ou implicitement, il soit nié dans l'antithèse.

Voilà, sans doute, ce qui n'apparaît pas tout d'abord au travers du texte de l'antinomie kantienne ; à première vue, en effet, l'antithèse tient en une proposition unique.

« Il n'existe nulle part, affirme-t-elle, aucun être absolument nécessaire, soit dans le monde, soit hors du monde, au cas où il en serait la cause. »

Nulle dualité n'apparaît ici clairement. Qu'on y regarde à deux fois, cependant, et l'on détachera sans trop de difficultés, de cette formule ce qui, en son énoncé, se rapporte à l'existence pure et simple ; l'on dira alors :

« Il n'existe aucun être absolument nécessaire. » *Première antithèse.*

Puis, passant aux rapports que l'on conçoit entre l'absolument nécessaire et le phénomène, on niera, dans une *seconde antithèse*, que ce « nécessaire » puisse avoir sa place soit dans le sensible, soit hors du sensible, et il faudra ajouter alors, en opposition avec la seconde thèse :

« L'être absolument nécessaire, s'il existe, n'a de situation intelligible *nulle part.* »

Si l'on regarde comme suffisamment justifiée l'analyse que nous proposons, on croira avec nous que la quatrième antinomie, différente en cela des trois autres, enveloppe et dissimule deux antinomies distinctes.

La première serait faite de la première partie de la thèse

et de la première partie, dissimulée mais réelle, de l'antithèse ; la seconde, de la seconde partie de l'une et de l'autre.

Pour plus de clarté, appelons *t* et *t'* les deux thèses ; ces deux thèses répondront chacune à *a* et à *a'* les deux antithèses, et nous aurons le tableau suivant :

Première antinomie :

THÈSE (*t*) :

L'inconditionné existe.

C'est, on peut le voir, la première partie de la thèse telle que Kant l'a conçue et exposée.

ANTITHÈSE (*a*) :

L'inconditionné n'existe pas.

La proposition n'est que latente dans l'antithèse kantienne, mais sa présence dans cette antithèse est certaine.

Seconde antinomie :

Elle est suspendue à la première, qu'on regarde alors comme résolue positivement.

THÈSE (*t'*) :

L'inconditionné, s'il existe, ne peut être intelligiblement situé que dans le sensible.

ANTITHÈSE (*a'*) :

L'inconditionné, s'il existe, ne peut être situé intelligiblement nulle part.

C'est la seconde partie de l'antithèse kantienne.

Le terrain est aplani, mais le principal de notre tâche demeure. Il nous faut maintenant étudier en elles-mêmes, pour fixer leur sens et mesurer leur portée, les propositions que nous avons ramenées à deux antinomies régulières.

III

L'antinomie relative à l'existence de l'inconditionné.

Abordons la première de ces antinomies, celle qui se donne pour objet l'existence ou la non existence de l'inconditionné.

Comment doit-elle se poser? Quels rapports entretient-elle avec les antinomies déjà présentées à notre examen? Est-il permis d'espérer qu'elle pourra se résoudre comme les autres, et, ce qui ne nous intéresse pas moins, d'après les mêmes principes que les autres? Il nous sera maintenant aisé de répondre à ces questions. Nous n'avons point oublié, en effet, que, dans les précédentes oppositions d'idées, les thèses apparaissent toujours fondées sur la raison pure, tandis que les antithèses rattachées à l'entendement dépendent de considérations imaginatives. La présente antinomie n'échappe point à cette loi, et il suffit d'un regard jeté sur son contenu pour s'apercevoir que la thèse posée par elle s'inspire uniquement des données de la raison. Qu'affirme, en effet, cette thèse, sinon que le conditionné, donné à chaque instant comme fait, implique, sous la garantie du principe de contradiction, l'inconditionné lui-même, et qu'une raison relative, si loin de la raison absolue qu'on l'imagine, n'a pourtant d'explication définitive et de solide point d'appui qu'en elle?

Au contraire, l'antithèse, dans l'antinomie, est visiblement imaginative. C'est qu'elle ne peut se détacher d'une conception empirique de la nature, et qu'ici, comme dans les oppositions d'idées précédentes, elle n'a d'autre but que celui de traduire fidèlement la pensée scientifique toujours occupée de faits ou de connexions de faits.

Mais pénétrons plus profondément dans l'examen de l'antinomie, et serrons de plus près, s'il se peut, les deux propositions qu'elle oppose : antithèse d'abord, thèse ensuite.

Quel est le point de vue de l'antithèse ? Pour elle, comme pour la science, la réalité c'est le phénomène. Comment donc s'étonner qu'elle écarte de parti pris ce qui n'est ni tangible ni visible, et que la seule hypothèse d'un inconditionné, en venant rompre la trame de ses conceptions, soit, à son point de vue, une impossibilité et un contre-sens ?

On ne saurait trop insister sur cet ordre de considérations, toujours le même en toute antithèse, et il est curieux de voir, ici comme partout, le savant aux prises avec le problème que posent incessamment devant lui ces conceptions *mixtes*, où l'inconditionné, malgré tout, pénètre. Qu'est-ce pour lui, par exemple, que *l'action ?* Non, certes, l'énergie en tension ou l'action vive, mais l'énergie déjà développée, l'action déjà accomplie. La *force*, à ce point de vue, n'est plus que mouvement, et il lui faut se produire dans le continu de l'espace pour avoir accès aux spéculations scientifiques. D'un mot, la spontanéité qui est, en réalité, le tout de l'être, ne compte pas pour le savant ; il la sous-entend, n'ayant rien à en dire, ou ne veut la voir que modifiée et altérée dans le phénomène. Masse, poids, densité, toutes les notions de ce genre sont définies par les résultats que fournit l'expérience, et les lois les plus pénétrées d'activité comme l'attraction universelle ou l'affinité chimique, sont ramenées, s'il se peut, à des pressions qui, trop actives encore, cèdent la place à une conception statique des choses où l'esprit n'aperçoit plus enfin que des points de l'espace successivement occupés.

A vrai dire, il est tout naturel que la science se crée à part un domaine où il lui soit permis de vivre avec ses moyens spéciaux sur son propre fonds. Ainsi se verront peu à peu bannies de ses controverses les questions d'un caractère trop spéculatif, et si l'on ne peut, sur certains points toujours obscurs, parvenir définitivement à s'entendre, on peut toujours convenir de sous-entendre à propos et de se taire. C'est là une règle de prudence à laquelle nous ne faisons, pour notre part, aucune objection. Du moment que la raison, de l'aveu de tous, n'a rien à voir avec la phénoménologie scientifique, le plus simple n'est-il pas de ramener tous les problèmes à des problèmes de surface, et de se représenter le monde comme un vaste et impénétrable tissu d'effets ? — Mais le concevoir tel, c'est le dépouiller, va-t-on dire, de tout ce qui, en lui, est déviation ou accident ; c'est retrancher de sa nature tout ce qui est spontanéité et vie. — Qu'importe ? La science, encore une fois, a le droit d'être chez elle, et il faut pour cela que, dans les choses, tout apparaisse strictement et rigoureusement lié ; si dans la chaîne des conditions qui rendent sensible à nos yeux l'idée du « cosmos », une seule se rencontre qui ne soit pas elle-même conditionnée, c'en est fait de tout l'édifice de la science construite sur la base du principe de causalité empirique comme sur son axiome fondamental.

L'inconditionné n'est pas. Voilà donc, en même temps que l'énoncé de l'antithèse, l'acte de foi que suppose toute aspiration vraiment scientifique.

Au contraire, la réalité interprétée par la thèse exige que *l'inconditionné soit*, et va jusqu'à poser en principe que, sans l'inconditionné, rien n'est plus.

Nous ne voudrions pas tomber dans des redites, mais nous estimons utile de noter une fois de plus le caractère de nécessité rationnelle qui, dans la thèse actuelle, semble plus visible encore qu'en toutes les autres. Sans doute, dans toutes les antinomies, la raison pure se subordonne l'entendement imaginatif ; mais comme, en chacune, les circonstances, bien qu'analogues, diffèrent, on conçoit que le jugement de la faculté supérieure prenne, selon les cas, une forme spéciale, et dès lors il y a intérêt à s'en rendre compte.

Voici, dans le cas présent, comment ce jugement se formule :

« *Tout conditionné actuel présuppose, par rapport à son existence, une série complète de conditions jusqu'à l'absolu inconditionné, seul absolument nécessaire. Il faut, en conséquence, qu'il existe quelque chose d'absolument nécessaire dès qu'un changement, comme sa conséquence, existe.* »

La conclusion est rigoureuse, et jamais le témoignage de la raison pure ne nous parut plus décisif. Il faut bien, en effet, que la série des événements qui aboutissent en chaque instant indivisible à chacun de nos actes, se soit, en quelque sorte, *complétée elle-même*, au moment où le terme en qui elle se complète apparaît. Or, comment pourrait-elle se compléter? Il n'y a dans l'hypothèse opposée à l'hypothèse rationnelle ni commencement ni progrès possible : pas de progrès, d'abord, car, entre deux progrès, même les moindres, il y aura toujours autant de conditionnés qu'on le voudra, le nombre des conditionnés ne dépendant que du libre mouvement de l'imagination; pas de commencement même, car on aurait beau rétrograder et rétrograder encore dans le passé, chaque condition, à mesure qu'on avance, se doublerait d'un conditionné nouveau et cela sans fin.

La série des conditionnés qui aboutissent à un acte peut donc être considérée, du dedans ou du dehors, du point de vue du réel ou du point de vue du sensible. Si je demeure dans le sensible, je ne puis me placer qu'à la surface de la série, et comme, pour le regard, cette surface est continue, j'ai le droit de croire que je puis toujours essayer de l'épuiser en multipliant à mon gré les divisions. Je le puis, en effet, et rien, si je suis seul en cause, ne m'empêche de dilater ou de restreindre, à ma fantaisie, la grandeur à laquelle mon esprit s'applique; mais si, sortant de mes créations imaginaires, j'entends juger de la réalité comme j'ai fait de l'apparence, je me trouve arrêté tout de suite; c'est qu'une donnée nouvelle, sans que j'y aie pris garde, a été introduite dans le problème; c'est qu'il y a dans la série, vue du dedans et dans le nombre certain de ses changements élémentaires, quelque chose d'objectif, quelque chose de réfractaire et qui résiste. Il faut, dès lors, que je renonce à ma toute-puissance subjective, ou que du moins je la subordonne aux exigences d'une réalité qui lui fait obstacle, et qui doit, en dépit de tout, être telle ou telle.

En résumé, une série, dès qu'elle aboutit dans le temps à un fait déterminé, est finie. Cette proposition est absolue, et, en l'affirmant, je me sens aussi sûr de ce que j'affirme que si je pouvais, dans un état de clairvoyance idéale, me rendre compte du nombre des éléments naturels de cette série.

Une fois de plus, nous voici en face de l'acte rationnel qui vise, en chaque antinomie, la réalité elle-même. Je ne vois pas, je ne perçois pas ; mais je fais mieux que voir ou que percevoir, parce qu'avec la raison pure, je puis dire : « *Il faut.* » Ce qui est vision me trompe en faisant de l'être un phénomène. Au contraire, c'est le réel en soi, le réel invisible, et tel que je le pose hors du sujet que cet « il faut » me révèle, et appuyé sur le principe de contradiction, je puis affirmer, dans la grandeur, l'existence de l'élément que je ne vois pas, avec la même certitude que l'existence du tout que je vois.

« *Il faut* », c'est toujours en ces termes que, dans les problèmes du réel, la raison, dès qu'elle entre en scène, se fait connaître. Pratique ou théorique, dans l'un ou l'autre cas, elle s'impose. Kant a compris que la raison pure pratique doit se subordonner la passion ; comment n'a-t-il pas vu que, de même façon, la raison pure théorique doit se subordonner le sensible pour faire évanouir les antinomies et réconcilier les contraires ?

Le premier devoir de la pensée spéculative, quelque nom qu'elle prenne, est *le renoncement de l'apparence et la foi en l'invisible nécessaire.*

Disons donc que l'inconditionné existe ; il existe, parce qu'il n'est pas, dans la série des événements naturels, un seul fait qui ne l'implique, parce que, si l'inconditionné n'est pas, le conditionné, à son tour, rentre au néant.

IV

Idée qu'il faut se faire de l'inconditionné s'il existe.

L'existence de l'inconditionné est, dès maintenant, hors de cause ; reste à étudier de plus près sa nature. Est-ce un fait ou un être ? Une simple formule ou une vivante réalité ? En d'autres termes, à quelle conclusion nous conduit la présente thèse et que nous engageons-nous à croire quand nous affirmons comme la raison des raisons l'inconditionné primitif ?

Kant s'est posé cette question dans les « observations » destinées à mettre sa thèse en lumière et voici comment il y répond :

L'idée qu'on se fait de l'inconditionné doit dépendre, en dernière analyse, de celle qu'on se fait de la nature. L'un de ces termes, en effet, est fonction de l'autre.

Si donc la nature est une chaîne d'événements, l'inconditionné en est le *premier chaînon*. Rien de plus simple, semble-t-il, mais est-il nécessaire d'y regarder à deux fois pour s'apercevoir que, mise en face des faits, une conception semblable n'est, en vérité, que trop simple ? Elle rapetisse la nature dont elle donne une définition incomplète, et, ce qui n'est pas moins grave, elle risque de nous entraîner à la plus fâcheuse des confusions, en faisant entrer, comme le chaînon dans la chaîne, l'inconditionné dans la nature.

Devant ce péril pourtant Kant n'hésite pas. L'inconditionné est, pour lui, un anneau tout comme un autre ; c'est un phénomène semblable à tous les phénomènes qu'il détermine, sous cette *réserve unique* qu'aucun phénomène antérieur n'a pu venir du dehors le déterminer lui-même.

Mais qui ne voit surgir aussitôt, dans cette hypothèse, une inquiétante difficulté ? Si le phénomène initial n'est déterminé par rien, c'est — puisqu'il existe — qu'il s'est déterminé lui-même ; il faut donc accorder qu'il se pose ; or, nous le savons, un phénomène qui se pose n'est plus un phénomène, mais une énergie. Nous voilà condamnés, dès le début, à ce saut mortel qu'impose le passage d'un monde à un autre, et que Kant, non moins que nous, tient à éviter[1].

Laissons de côté le problème posé sous cette forme, et, au lieu de nous demander si le phénomène initial se pose ou non en vertu de sa propre énergie, n'affirmons rien de plus, pour le moment, que son existence. Ne faut-il pas, du moins, puisqu'il est conçu comme premier, qu'il détermine

1. Μετάβασις εἰς ἄλλο γένος.

la série de tous les autres, et le fait seul de cette détermination ne va-t-il pas lui créer une supériorité évidente ? Qui pourra croire que, réserve faite de son rang, le phénomène créateur soit en tout semblable aux phénomènes créés ? Ceux-ci sont passifs ; celui-là est l'activité même ; les uns sont produits ; l'autre leur sert de principe et les produit.

Kant, cependant, s'ingénie à unir des notions contradictoires, et il rapproche, au point de paraître les confondre, le phénomène primitif et les phénomènes dérivés. Il suit de là que l'anneau auquel tout est suspendu n'a, pour lui, qu'une priorité toute temporelle, et il affirme nettement que, si l'on part, dans la série, d'un terme quelconque pour remonter à son origine, on ne rencontrera, à cette origine même, lorsqu'on y sera parvenu, que ce qu'on aura rencontré partout, nul trait caractéristique ne permettant, à la limite où l'opération s'achève, de rien concevoir de nouveau ni d'original.

Ce serait donc en vain qu'on demanderait à l'opération régressive autre chose qu'une conclusion phénoménale. On ne peut sortir du phénomène, lorsqu'on y est établi, qu'en faussant la donnée d'après laquelle on entend résoudre le problème.

« Si l'on pose en principe, dit Kant[1], la série des phénomènes et leur régression suivant les lois empiriques de la causalité, on ne peut plus la quitter ensuite *pour passer à quelque autre chose qui n'appartiendrait pas à la série comme un de ses termes*, car ce quelque chose doit être considéré comme condition au même sens où l'on prend la relation du conditionné à la condition dans la série[2], laquelle série a dû conduire à cette condition suprême par une progression continue. Or, si ce rapport est sensible, et s'il appartient à l'usage empirique possible de l'entendement, la condition ou cause suprême ne peut *terminer la régression que suivant les lois de la sensibilité*, et par conséquent, comme *appar-*

1. Kant, *Critique de la Raison pure*, trad. Tissot, n° 547.
2. Kant veut dire, sans doute, que la relation de *b* à *a*, condition suprême, doit être la même que celle du conditionné *c* à la condition *b*, du conditionné *d* à la condition *c*, et ainsi de suite.

tenant exclusivement à la succession, et l'être nécessaire doit être considéré comme l'anneau le plus élevé de la chaîne cosmique. »

Que faut-il penser d'une telle conception ? Acceptable à première vue, elle se heurte, dès qu'elle se pose, à une objection préjudicielle des plus graves. Comment croire, en effet, que l'ensemble des phénomènes constitutifs de la nature puisse être figuré par une ligne ? On suppose donc, pour expliquer l'univers, une série unique ? Elle existe comme telle, peut-être, pour chaque être pris à part et isolé de tous les autres ; mais le vaste ensemble créé par la somme de tous les actes individuels dans le monde entier est, en lui-même, autrement complexe. Le monde vrai, le monde vu de haut, est fait d'un nombre innombrables de séries qui divergent ou se rapprochent, s'accompagnent ou se pénètrent ; si bien qu'en se répétant toujours, le changement crée la série, puis qu'en se répétant partout, dans la largeur comme dans la profondeur de l'espace, la série se multiplie sans fin par elle-même et donne au monde son intégralité et sa plénitude.

D'un mot, et pour rendre notre pensée plus sensible, le monde des faits successifs est plus qu'un simple courant de phénomènes ; c'est le large mouvement d'un grand fleuve, ou mieux encore, l'agitation en sens divers de tous les flots d'un océan.

Et maintenant, si les séries cosmiques sont multiples, ne faudra-t-il pas, dans la conception de l'inconditionné qu'on nous propose, admettre à l'origine de ces séries l'existence de *faits premiers*, multiples à leur tour, et aussi nombreux que les séries qu'ils conditionnent ?

La conséquence est rigoureuse, et cependant on ne saurait s'arrêter à une aussi étrange hypothèse. Si on la jugeait fondée, le plus simple serait de reconnaître sans plus d'examen et tout de suite, que l'inconditionné n'est pas. Dans ce cas, en effet, chacun des faits premiers ayant même droit à l'existence que l'un quelconque des autres, nous nous verrions dans l'alternative, ou de les accepter tous, ce qui est absurde, ou de n'en admettre aucun.

On le voit, c'est la logique elle-même qui nous expulse du phénomène ; c'est la raison qui, mise en présence du *fait*, se refuse à y reconnaître l'inconditionné. Où donc chercher alors le principe solide de ce qui passe, la raison supérieure de tout relatif et de tout sensible ? N'hésitons pas à répondre : dans *l'action*. Ce qui est, nous l'avons dit et redit, ne peut être qu'action ou état. Or l'état est inerte, seule l'action peut se poser. Il faut donc que l'inconditionné qui se pose et, en se posant, pose tout le reste, soit spontanéité pure, activité autonome et maîtresse de soi.

L'inconditionné se reconnaît à ce double signe : il est un, parce que c'est le principe suprême ; il est absolu, parce qu'il se donne l'être, et que, sans rival dans l'être, il s'y déploie librement.

Faut-il, maintenant, comme le fait Kant dans la présente thèse ; affirmer qu'un conditionné quelconque suppose l'inconditionné ainsi conçu et défini ?

Oui, sans aucun doute, répondrons-nous, sous l'expresse réserve que le conditionné, qui est phénomène, ait toute la réalité que peut comporter un phénomène.

Je m'explique.

Si, au lieu de prendre le phénomène pour ce qu'il est, et de l'affirmer tel qu'il se produit dans la réalité de la vie universelle, on le détache de ce fond de spontanéité qui le double intérieurement et le supporte, il est clair que, quelque opération que l'on fasse subir à ce qui en reste, à quelque élaboration qu'on soumette cette frêle enveloppe du fait, flottant entre l'être et l'esprit sans appartenir absolument à l'un ou à l'autre, on n'arrivera jamais ni à l'être lui-même, ni à plus forte raison à l'inconditionné pur qui, dans le domaine de l'être, est souverain.

Ce qu'on atteindrait peut-être ainsi, et au cas seulement où pourrait finir la régression qu'on imagine, c'est un fait supérieur aux autres et qu'on pourrait appeler absolu parce qu'il occuperait la place de l'absolue réalité, mais que néanmoins nous ne pourrions jamais confondre avec elle parce qu'il serait toujours et quand même un fait, et par suite quelque chose de *produit* et de *passif*.

On suppose volontiers, lorsqu'on a l'habitude des spéculations scientifiques, que le phénomène nous conduit de lui-même et comme tel à la réalité suprême ; mais qu'on l'analyse, ce phénomène, qu'on l'ouvre, si j'ose dire, et l'on s'apercevra bien vite que le résultat est dû, non au phénomène lui-même, mais à l'activité qu'il enveloppe et qui peut seule, de degré en degré, nous conduire par voie de régression à l'acte absolu.

Reconnaissons donc que, si, dans le milieu superficiel des faits, antécédent et conséquent sont unis, ce n'est pas que, pour s'unir, ils aient directement agi l'un sur l'autre, c'est qu'une influence *indirecte* et comme *latérale* les a rapprochés. Soit *a* un antécédent, *b* son conséquent. Ce n'est pas parce que *b* dépend réellement et effectivement de *a* qu'on voit toujours *a* suivi de *b*, c'est parce que le mode d'énergie que recouvre *b* dépend, dans le plan général des choses, du mode d'énergie que recouvre *a*.

Ainsi tout fait est conditionné par un mode d'énergie sans lequel il ne serait pas ; mais il n'est pas, d'autre part, de mode d'énergie que ne conditionne, à son tour, l'énergie suprême, source de toute activité et de toute vive vertu dans la nature. Seule une telle énergie répond à l'idée qu'il faut se faire de l'inconditionné véritable.

La conclusion à tirer de ce qui précède, c'est qu'on ne peut pas dire que le fait, en tant que fait, soit lié directement et sans aucun intermédiaire à sa dernière raison. Entre le phénomène, effet ultime, et l'être absolu, première cause, se déploie, dans l'immensité des mondes, une activité encore relative, réelle pourtant et concrète dont nous avons, dans cette étude, reconnu et esquissé les principales formes. Spontanée, elle nous a paru se faire jour dans le jeu primitif des forces élémentaires, puis s'accuser, plus nette, à l'origine de l'organisation et de la vie, et se marquer enfin, en un relief saisissant dans l'acte supérieur de la liberté.

C'est, on ne saurait trop y insister, ce monde de l'activité latente, ou, si l'on veut, du noumène, qui, bien que dissimulé sous le monde phénoménal, est le monde vrai. C'est lui qui, sans que nous y prenions garde, prête à l'inconditionné son plus solide, ou mieux, son unique appui.

Le conditionné réel, voilà le médiateur nécessaire entre le sensible essentiellement *multiple* et l'inconditionné essentiellement *un*. C'est la multiplicité des éléments qui, confusément aperçue, donne naissance, dans le sensible, à la continuité apparente ; mais les éléments, considérés en eux-mêmes, n'en subsistent pas moins hors de nous dans leur absolue simplicité, et bien que conditionnés dans leur existence, ils sont uns comme la nature supérieure qui les conditionne.

Le monde « en soi », le monde affranchi des modes subjectifs que nous lui prêtons, est donc, par l'indivisibilité même des natures qui le constituent, de la famille de l'inconditionné, et lorsque, conformément aux exigences de la raison, le voile qui le recouvre est tombé, il ne reste plus devant nos yeux que des unités gouvernées par une Unité souveraine qui, sous le nom d'inconditionné, les domine et les explique.

Si maintenant on veut suivre un ordre inverse, si, descendant de ce sommet de l'être, on passe de l'Unité première aux unités secondes et des unités secondes à ces touts continus où il semble qu'elles se pénètrent, on remarquera qu'au terme de ce mouvement, l'unité, bien que très effacée, s'oppose encore et s'impose à la multiplicité diffuse. C'est le point sur la ligne, la ligne sur la surface, la surface dans le volume ; ainsi, avec l'unité, la détermination est toujours possible ; la lumière peut toujours pénétrer l'ombre pour y tracer un dessin précis et des formes intelligibles.

Et déjà la science le pressent, ce qu'il y a d'illusoire dans le spectacle qui s'offre à nous, c'est la continuité de la couleur et de la forme ; ce qu'il y a de réel, c'est l'indivisible inétendu qui marque l'origine de tout progrès et le terme de toute décroissance dans le mouvement de la grandeur.

Et ce que je dis de ces conceptions abstraites peut être affirmé avec non moins de certitude des réalités naturelles. Ce qui fait vivre un organisme, du plus simple au plus compliqué et au plus riche, c'est le concert des éléments qui le composent, lorsqu'ils cherchent, pures unités d'action, à se rallier autour d'une pensée unique.

L'unité est donc partout où la multiple continuité se rencontre, et rien de plus aisément explicable, la continuité ne se concevant que par l'action d'une unité sur d'autres unités fondues en un tout et embrassées d'un seul regard.

Or, n'en doutons pas, l'unité est précisément la forme que prend l'inconditionné lorsqu'il intervient dans le phénomène et descend dans le sensible. Dire, comme le fait Kant, que le conditionné, quel qu'il soit, et où qu'il soit, le suppose, c'est trop peu dire. Il faut ajouter que, dans le conditionné, l'inconditionné met partout et à chaque instant sa marque qui est celle même de l'unité.

Cette marque, à la vérité, est, selon les cas, plus ou moins visible. C'est que l'inconditionné peut être directement ou indirectement impliqué dans le conditionné qui le nie à la fois et le rappelle.

Il l'est *directement* lorsque le conditionné est réel ou nouménal, parce que toute énergie réelle a sa raison d'être immédiate dans l'énergie absolue.

Il l'est indirectement lorsque le conditionné, au contraire, est phénoménal, parce que le conditionné phénoménal dépend tout d'abord, ainsi que nous venons de le voir, d'un conditionné réel qui, lui-même, sous sa forme relative, dépend ensuite de l'inconditionné absolu.

C'est pour avoir omis de tenir un compte suffisant de cette distinction que Kant, dans la thèse actuelle, paraît imprécis, et laisse le lecteur inquiet sur la portée de son argumentation. Parti du fait pur, du fait abstrait et isolé de l'énergie qui le porte, il croit aboutir à l'inconditionné ; mais c'est en vain ; il se heurte, avant d'y atteindre, à un dilemme rigoureux. Ou bien, en effet, l'inconditionné qu'on pose est un inconditionné illusoire, simple *fait premier* et utile seulement à la science, et il est clair que le but alors nous échappe, puisqu'il nous faut un être et qu'au terme de notre dialectique nous n'avons qu'un fait. Ou, au contraire, l'inconditionné est l'inconditionné réel, l'être absolu et nécessaire, et, dans ce cas, la logique de Kant est en défaut, car on peut lui demander comment, avec la seule donnée du phénomène, il a pu, à un moment quelconque de sa régression, rencontrer sur son chemin autre chose qu'un phénomène.

Pour échapper à l'alternative, il faut sortir du phénomène appauvri qui n'ouvre devant nous qu'une double impasse ; il faut poser en principe, non plus l'état inerte et stérile, mais l'énergie active et féconde.

Aussi bien, qu'on la pose ou non après coup par un acte de volonté réfléchie, peu importe ; elle se pose d'elle-même dans la nature, et cela suffit pour que la certitude de la thèse soit absolue et défie toute objection.

Nous ne voulons donc pas savoir, pour le moment, si Kant part ou ne part pas, dans son argumentation, du *phénomène pur*, et nous ne rechercherons pas s'il a ou n'a pas totalement négligé le noumène dans la régression qu'il propose. Nous n'y avons, encore une fois, aucun intérêt et la question que nous nous posons est tout autre. Oui ou non, que nous y prenions garde ou que nous n'y attachions qu'une pensée distraite, le phénomène, considéré objectivement et tel qu'il est donné dans la réalité de sa vie, enferme-t-il d'abord et comme *a priori* le noumène ? On n'en doutera pas après les observations déjà faites, et, s'il en est ainsi, si, avant tout travail de la pensée, l'apparence est déjà pénétrée intérieurement de l'action qui la fait vivre, il est acquis que le phénomène, qu'on le veuille ou non, est plein du noumène et qu'on ne peut consciemment poser le premier sans avoir déjà inconsciemment posé le second.

La thèse, à ce compte, nous paraît établie et si solidement qu'elle est au-dessus de toute controverse. La pensée qui croirait pouvoir la nier aurait dû, auparavant, se nier elle-même.

V

Antinomie relative aux rapports de l'inconditionné avec le monde.

La thèse.

Il faut entrer maintenant dans l'étude du second des problèmes que pose la quatrième antinomie, et s'il existe, comme nous croyons l'avoir établi, une nature absolument nécessaire, rechercher quel mode de relations cette nature peut et doit entretenir avec le monde.

Sur ce terrain, nous rencontrons une antinomie nouvelle. La *thèse*, telle que la conçoit Kant, veut que l'inconditionné soit en rapports directs avec le sensible ; l'antithèse nie l'existence de ces rapports et affirme que du sensible, à quelque point de vue qu'on se place, l'inconditionné est nécessairement et absolument exclu.

Étudions l'un et l'autre mode d'argumentation.

Et, d'abord, que faut-il penser de la thèse ?

« *L'inconditionné appartient au monde sensible.* » Tel est son énoncé. Comment le justifie-t-elle ?

L'argument décisif, l'argument qu'il faut regarder comme le plus rationnel à la fois et le plus solide, est celui qui repose sur l'acte essentiel de l'inconditionné. « *Supposez*, dit Kant, *que le principe absolument nécessaire soit hors du sensible, alors la série des changements dans le monde en tirerait son origine sans cependant que ce principe appartînt lui-même au monde sensible.* » La contradiction, dans ce cas, est évidente. Quelle est, en effet, l'hypothèse dans le problème que nous nous posons ? C'est que l'inconditionné agit sur les termes qu'il conditionne. Si donc ces termes appartiennent au monde sensible, il faut que l'inconditionné lui appartienne également.

Comment se refuser à cette conclusion ? N'est-il pas de nécessité absolue que l'être soit précisément où il agit ? Or c'est ce qui serait impossible si l'effet était, je ne dis pas distinct, mais séparé de sa cause, et s'il se produisait une coupure entre l'agent placé hors du sensible et son activité tenue à chaque instant de s'y déployer.

Vouloir qu'une nature *se manifeste ici et existe là*, c'est se heurter à l'inintelligible, c'est purement et simplement vouloir l'absurde.

L'argument ainsi présenté est inattaquable ; il eût, selon nous, fallu s'y tenir, et l'on peut craindre que, pour avoir voulu y faire pénétrer l'idée auxiliaire de temps, Kant, au lieu de le fortifier, ne l'ait singulièrement affaibli.

Qu'on en juge.

La thèse, telle que l'expose le philosophe critique, admet deux moments[1]. Il faut établir d'abord que l'inconditionné appartient au temps ; puis, qu'appartenant au temps, il appartient et doit appartenir au sensible.

Comment prouver la première affirmation ? Kant, pour cela, cherche à établir de façon précise ce que c'est que commencer. Un commencement, dit-il, est une *existence précédée d'un temps où n'était pas encore ce qui commence.*

Soit, pour rendre cette définition sensible, un commencement *a* ; *a*, d'une part, ouvre une série de phénomènes ; *a*, *b*, *c*, *d*, *e*, *f*, *g*, *h*, etc. ; de l'autre, il succède à un *temps* vide où les phénomènes, simplement possibles, seraient représentés par des points. On verra se développer alors sous la forme :

. . . . *a*, *b*, *c*, *d*, *e*, etc., une série

1. Voici la traduction du passage sur lequel va porter notre examen :

« Le commencement d'une série temporelle ne pouvant être déterminé que par ce qui précède dans le temps, la plus haute condition du commencement d'une série de changements doit exister alors que cette série n'était pas encore, parce que le commencement est une existence précédée d'un temps en qui la chose qui commence n'était pas encore. En conséquence, la causalité de la cause nécessaire des changements et par conséquent la cause elle-même *appartient au temps et, par suite, aux phénomènes en qui seul le temps est possible comme leur forme*. Elle ne peut donc être isolée du monde des sens comme ensemble de tous les phénomènes. Il y a donc dans le monde même qui l'enveloppe quelque chose d'absolument nécessaire, que ce soit la série tout entière ou une partie de cette série seulement. »

mi-partie idéale, mi-partie réelle ; l'une, faite de moments imaginaires ; l'autre, de changements concrets.

Appliquons cette conception à l'ensemble des événements naturels. Le point de départ des phénomènes cosmiques ne se conçoit, dirons-nous, qu'après un temps vide, un temps où le monde n'est pas encore.

Et c'est dans ce temps seulement, parce qu'on le pose antérieur au monde, que la suprême condition du monde doit rationnellement trouver sa place.

Telle est, en bref, l'argumentation kantienne ; quelques esprits pourront croire qu'en dépit du péril que l'on court à faire descendre l'absolu dans le relatif, la première partie de la thèse ainsi divisée est admissible.

Disons donc, si l'on veut, mais sous les réserves les plus expresses, et sauf étude plus approfondie de la question, que l'inconditionné appartient au temps [1].

Ce premier pas fait, la plus longue part du chemin nous reste à faire. Il faut établir que, s'il appartient au temps, l'inconditionné, pour cela même et par voie de conséquence logique, appartient au sensible.

Or c'est là précisément que gît la difficulté. Qu'est-ce que le temps auquel vient d'aboutir l'argumentation précédente ? Un trait d'union, sans doute, entre l'inconditionné et le sensible. Soit, mais qu'on y regarde. Le prétendu trait d'union est absolument incapable de rien unir. Le temps, en effet, tel que l'affirme ici la thèse kantienne, est un temps vide, un temps dont nous avons pris soin nous-mêmes de détacher, en le rejetant hors des séries cosmiques, tout ce qui pouvait y laisser pénétrer une raison d'être objective. Comment donc maintenant songer à lui pour ouvrir devant l'inconditionné les voies de la réalité et de la vie ?

La vérité, c'est que le temps, destiné dans la pensée de

1. On comprendra à la réflexion, que l'Inconditionné échappe au temps, qui est un *ordre*, parce que lui-même est un facteur indispensable de cet ordre. Et comment lui est-il indispensable ? On l'a vu introduit dans ce qui est pur changement un élément d'unité dont la combinaison avec le changement constitue précisément la durée. Cette durée, il ne la subit donc point, il la crée, ou il contribue à la créer.

Kant, à jeter un pont entre l'absolu et le monde, n'est rien qu'une ombre de temps, enfermé, pour n'en pas sortir, dans la pensée humaine qui le crée. Réel et adhérent encore au phénomène, il eût pu jouer le rôle d'intermédiaire ; abstrait et imaginaire, il n'est plus pour nous qu'un obstacle.

Mais supposons que l'obstacle soit levé, admettons contre toute vraisemblance que l'idée de temps puisse, dans la discussion actuelle, prendre une valeur objective. Dirons-nous que nous tenons, cette fois, pour certaine la démonstration que nous voulions faire, et aurons-nous enfin le droit d'affirmer, sans ombre d'hésitation, que l'inconditionné appartient au phénomène ?

Pas encore. Ce qu'il nous faut, en effet, ce n'est pas une certitude quelconque, longuement peut-être et laborieusement acquise ; c'est une vérité d'elle-même visible, c'est l'évidence.

Expliquons-nous : le problème que nous agitons, en ce moment, n'est pas de ceux dont la solution affirmative ou négative, s'impose ou puisse s'imposer à tous les esprits. On peut croire même que la question de savoir si le temps est ou n'est pas le lien nécessaire entre l'inconditionné et le monde des sens, demeurera toujours ouverte à la discussion. S'il en est ainsi, comment faire entrer dans la structure de l'antinomie actuelle une affirmation ou une négation qui, loin de forcer notre assentiment, n'aurait jamais, même après le plus sévère examen, que le caractère d'une hypothèse plus ou moins justifiée et probable ?

Laissons donc hors du cadre de notre argumentation l'idée accessoire de temps que Kant a voulu y faire entrer. Il a cru donner ainsi à sa thèse un supplément de valeur probante ; mais ce supplément paraîtra inutile, dès qu'on aura compris que la probabilité n'ajoute rien à la certitude ; on verra même qu'il ne peut qu'embarrasser notre marche, s'il faut que cette probabilité soit longuement et laborieusement établie.

Cela seul — nous ne saurions trop le redire — peut trouver place dans une antinomie rigoureuse, dont l'évidence est éclatante et immédiate.

Ne faut-il pas, en effet, que ce soit une évidence, celle de la thèse, qui s'oppose à une autre évidence, celle de l'antithèse, et réciproquement, pour qu'on se croie le droit d'incriminer la raison pure, et de soutenir que, sous la forme de propositions contradictoires et également acceptables, elle affirme à la fois le « oui » et le « non ».

En conséquence, nous faisons deux parts de la thèse posée par l'antinomie finale, et abandonnant, dans cette thèse, la question de savoir si c'est parce qu'il entre en rapport avec le temps que l'inconditionné peut pénétrer ensuite dans le phénomène, nous n'entendons retenir pour la suite de cette discussion qu'un argument simple, précis, décisif, qui se suffira à lui-même et en qui se condensera pour nous toute la preuve.

C'est cet argument qu'au début de la thèse, Kant nous avait paru entrevoir et implicitement accepter, lorsque, l'idée de temps écartée, il se contentait d'une comparaison directe entre l'inconditionné et le sensible pour les unir l'un à l'autre.

Telle est la méthode que nous voulons suivre nous-même. C'est la seule qui nous paraisse appropriée au but et rigoureuse.

« *L'inconditionné appartient au sensible* », voilà la thèse.

Et la preuve en est bien simple :

« *Si l'inconditionné doit agir sur ce qu'il conditionne, il faut qu'il soit là où il agit.* »

VI

L'Antithèse. Comment la poser correctement.

Passons à l'antithèse : voyons si elle est rationnellement posée et peut dès lors nous conduire à une conclusion.

« *Il n'existe nulle part*, affirme Kant, *aucun être absolument nécessaire, soit dans le monde, soit hors du monde, comme en étant la cause.* »

Et l'argumentation qui a pour but de l'établir est la suivante :

« Supposez que le monde[1] soit lui-même ou qu'il enveloppe un être nécessaire, alors il y aurait, dans la série de ses changements, un commencement qui serait absolument nécessaire, par conséquent, qui serait sans cause, ce qui répugne à la loi dynamique de la détermination de tous les phénomènes dans le temps. Ou bien la série même serait sans aucun commencement, et quoique contingente et conditionnée dans toutes ses parties, elle serait cependant, dans le tout, nécessaire et inconditionnée, ce qui est contradictoire, puisque l'existence d'une multitude ne peut être nécessaire si aucune de ses parties n'a en soi une existence nécessaire. »

« Supposé qu'il y ait, au contraire, une cause absolument nécessaire du monde hors du monde ; alors cette cause, comme premier membre dans la série des causes de changements du monde, commencerait d'abord l'existence de ces causes[2] et de leur série. Mais alors il serait nécessaire aussi qu'elle commençât à agir, et sa causalité aurait lieu dans le temps, et, par cette raison, ferait justement partie de l'ensemble des phénomènes. Par conséquent, la cause elle-même ne serait pas hors du monde, ce qui contredit l'hypothèse où l'on s'est placé. Il n'y a donc, ni dans le monde, ni hors du monde — mais avec lui en connexion causale — un être absolument nécessaire. »

Telle est l'argumentation de Kant. On aura remarqué, au premier examen, que l'antithèse, ainsi présentée, déborde la thèse, et va, pour la contredire, fort au delà de la négation pure et simple. Que se propose-t-on, en effet, d'établir ? Que le sensible exclut l'inconditionné ? Nul doute. Il suffit alors de montrer que l'hypothèse de l'inconditionné dans le sensible enferme une contradiction : l'antinomie n'exige rien de plus. Pourquoi donc ne pas s'en tenir là ? Et à quoi bon vouloir démontrer, par surcroît, que, *hors du monde*, comme dans le monde, l'inconditionné n'a point de place ?

Plus on y songe et moins paraît concevable une antithèse

1. *Dialectique transcendantale*, § 542.
2. *Commencer* est pris ici au sens actif de *faire commencer*.

aussi soudainement élargie et aussi différente de celle qu'on avait le droit d'attendre. Faut-il croire, peut-on même sérieusement supposer que Kant ait perdu de vue la portée exacte de la première des deux propositions de l'antinomie, lorsqu'il s'est décidé à fixer le sens de la seconde ? Ce serait lui prêter avec une véritable irrévérence une façon de raisonner tout à fait indigne de la Critique. La vérité nous paraît tout autre. Ce n'est pas l'antithèse, c'est la thèse dont Kant, sans le vouloir, a dilaté l'extension.

Expliquons-nous.

On a plus d'une fois relevé, dans la doctrine critique, une tendance décidée à étendre la sphère du sensible et à y absorber, comme d'instinct, l'universalité des faits et des choses. Il en résulte qu'en nombre de rencontres, et même, pourrait-on dire, presque toujours, lorsque la distinction fondamentale du noumène et du phénomène ne s'impose pas, le monde sensible se confond ou tend à se confondre, dans l'esprit de Kant, avec le *monde tout entier*, surface et profondeur, apparence et force. Il n'est donc pour lui que deux termes bien distincts dans l'ensemble des existences ; d'une part, l'inconditionné, adéquat au *sensible agrandi*[1] ; de l'autre, l'inconditionné, où le sensible agrandi trouve son point d'appui et sa raison définitive.

Voyons à présent comment, dans l'antinomie soumise à notre examen, la thèse et l'antithèse doivent différer selon qu'on incline vers la conception imaginative de Kant ou vers la nôtre. La thèse, dans notre point de vue, vise un milieu défini, le sensible pur ; si donc nous pouvons affirmer avec elle que l'inconditionné est partout, il nous faut en même temps limiter cette affirmation et reconnaître qu'elle ne vaut que dans le sensible strictement pris. Kant, au contraire, dans la sphère de sensibilité dilatée où il se place, doit proposer une formule plus compréhensive ; il soutiendra donc que l'inconditionné est partout, absolument partout, sans limite, sans réserve, sans restriction d'aucune sorte.

1. Nous verrons plus loin en quoi diffèrent le conditionné et le sensible. Le sensible est toujours et nécessairement conditionné, mais la réciproque n'est pas vraie.

Une telle proposition niée en toute son extension par l'antithèse deviendra alors : « L'inconditionné n'est nulle part », ce qui revient à affirmer qu'il n'est *ni dans le sensible ni hors du sensible*. Il ne peut être dans le sensible puisque, nous le savons, la loi du sensible est de se répéter sans fin ; il ne saurait être non plus hors du sensible, puisque le sensible, dans l'hypothèse, ne se trouvant plus limité par rien, il faut qu'il soit partout et même que l'inconditionné à part, il soit tout [1].

Mais quelle que soit la raison qui a pu décider Kant à élargir plus qu'il n'eût fallu l'antithèse, il est certain que l'antithèse, telle qu'il l'énonce, se résout en deux propositions dont l'une est la stricte négation de l'autre; la première est, pour qui la considère avec un peu d'attention, l'antithèse *vraie*, l'antithèse qu'on ne peut songer à écarter, parce qu'elle affirme, en opposition avec la thèse, que l'inconditionné n'est pas *dans* le monde ; la seconde est l'antithèse même de cette antithèse, pur accident, et qui n'existe que pour qui consent à croire que le sensible est le tout des choses.

Quelle antinomie, dans de telles conditions, serait possible ? Il est clair que les deux antithèses ainsi opposées s'annulent, et il ne reste sur le champ de la lutte que la thèse qui s'affirme maintenant sans rivale et ne laisse plus à la contradiction aucune prise.

Pour que l'antinomie dont Kant a besoin reparaisse, il faut décidément que l'hypothèse « hors du monde » soit écartée. N'est-ce pas dans le monde, et dans le monde seul que nous enferme la discussion actuelle ? Nous voulons savoir si, oui ou non, l'inconditionné peut avoir accès dans l'univers

1. C'est sur ce second membre de l'alternative qu'insiste Kant lorsqu'il essaie d'établir que l'Inconditionné ne peut échapper à la loi du temps. Il semble bien, en effet, que, s'il est, l'Inconditionné doit avoir commencé d'être ; que, s'il agit, il doit avoir commencé d'agir. Mais nous l'avons déjà fait observer à propos de la thèse, l'idée de temps, sous sa forme abstraite, est une idée mal définie et qui ne peut avoir qu'une valeur toute subjective, parce qu'elle crée d'elle-même, et par un acte en quelque sorte automatique, le milieu qui paraît toujours la déborder.

phénoménal, non ailleurs. La thèse affirme ; l'antithèse naturellement nie ; ainsi se pose le problème.

Or, c'est en sortir que sortir du monde ; c'est retrancher à l'antinomie l'unité de point de vue sans laquelle nulle contradiction ne se conçoit. On fait, si l'on tente d'échapper à cette logique élémentaire, ce que ferait quelque dialecticien novice qui, pour avoir pris dans un syllogisme deux termes de comparaison à la fois, mettrait les « extrêmes » de son argument, non en face d'un « moyen » unique, mais de deux « moyens » différents.

Les réflexions qui précèdent nous ont peu à peu conduits à une conception de plus en plus nette de l'antithèse dans l'antinomie finale : « Pas de place pour l'inconditionné dans le sensible », voilà l'énoncé précis qui l'exprime, et il est tout de suite aisé de voir que cet énoncé remplit les deux conditions sans lesquelles nulle antinomie n'est concevable : d'une part, en effet, l'antithèse se pose comme la rigoureuse négation de la thèse, et, de l'autre, l'antithèse ainsi posée s'affirme avec une autorité telle qu'on ne saurait lui refuser la clarté de l'évidence.

Résumons d'un mot la présente étude.

La thèse *vraie* et l'antithèse *vraie* sont dès maintenant déterminées : la première veut que l'inconditionné implique le sensible ; la seconde que le sensible exclue l'inconditionné.

L'une et l'autre, on le voit, enferment les éléments indispensables à l'antinomie et n'enferment qu'eux.

Et, d'autre part, l'une et l'autre possèdent, en dehors de toute dialectique, une certitude qui s'impose.

Veut-on s'en rendre compte ? « L'inconditionné, affirme la thèse, appartient au sensible. » Pourquoi ? Parce que si, par définition, il conditionne le sensible, il est de nécessité qu'il lui soit présent. Et cela suffit.

Une telle preuve est si simple à la fois et si lumineuse, qu'on peut se demander si c'est là un argument ou une intuition de la pensée.

Et de même la preuve de l'antithèse saute aux yeux :

« Le sensible exclut l'inconditionné. » — Sans aucun doute. — Il n'est plus, en effet, de monde sensible, si, en un point quelconque du tissu des événements naturels, il peut se produire une discontinuité quelconque.

Le travail préliminaire que nous achevons était, on le verra mieux plus tard, indispensable. Il importait, avant tout, que les termes du débat fussent exactement circonscrits et définis. Maintenant que nous nous sommes mis en règle avec la méthode, n'avons-nous pas quelque droit de regarder comme possible la solution du problème que nous nous sommes posé ?

Entrons dans la discussion de l'antinomie.

VII

Solution provisoire.

Ce qu'on arrive à démêler peu à peu lorsque l'on compare avec une grande attention les deux propositions où sensible et inconditionné s'appellent et s'excluent, c'est ici, comme toujours, — et l'analogie eût suffi à le faire pressentir, — la supériorité de la thèse sur l'antithèse. La thèse, qui rapproche et unit les deux conceptions opposées s'affirme absolue, et sa valeur objective se reconnaît à ce signe même qu'elle force notre adhésion. Quoi de plus naturel ? Elle parle au nom de ce qu'il y a d'essentiel dans la pensée ; elle s'inspire de la raison même qui défend et doit maintenir inviolable le principe de contradiction. Dans le cas présent, par exemple, peut-on nier que l'être soit inséparable de son acte ? Si l'inconditionné meut le sensible, soit comme cause efficiente, soit plutôt comme cause finale, c'est, à n'en pas douter, qu'il est en contact avec lui ; c'est que nul intervalle n'apparaît possible entre le phénomène créé et l'agent qui l'a créé.

L'antithèse est-elle aussi solide ? On pourrait le croire. Pourtant on s'aperçoit, à la réflexion, que la dialectique qui est la sienne n'a d'emploi que dans le phénomène, et que ses régressions à l'infini ne peuvent être acceptées que sous réserve. Pourquoi donc l'inconditionné paraît-il devoir être exclu « *a priori* » de toute argumentation imaginative ? C'est, nous le savons, que la pensée sensible est condamnée à ne rien voir que superficiellement, et qu'alors elle ne peut plus ajouter que la représentation à la représentation, l'image à l'image. De là, le fait, maintes fois constaté déjà, qu'une pensée commune se dégage, dans l'antinomie, de toutes les antithèses partielles. La même loi dialectique les domine, le même esprit les pénètre. C'est cet esprit qui, circulant dans la science, crée ses conceptions et ses méthodes, et les prête, contre la raison pure, à ce que chaque antinomie doit renfermer d'imaginatif. C'est lui qui affirme en conséquence que l'univers est infiniment grand, l'élément, infiniment petit, lui encore, qui, pour expliquer la constance des inclinations génériques dans la nature, imagine une multitude de lois nécessitantes suspendues, dans je ne sais quel ciel abstrait, au-dessus de nos têtes, lui enfin, qui, refusant de s'arrêter dans la série des reculs où nous entraîne comme mécaniquement le sensible, aime mieux laisser le présent inexpliqué que renoncer, dans le passé, à la vision toujours renaissante du phénomène.

Il faut donc reconnaître que, dans l'antinomie finale comme dans celles qui la précèdent, l'antithèse apparaît invariablement subordonnée à la thèse. La thèse se meut dans le réel ; c'est par là qu'elle vaut et que son excellence éclate ; l'antithèse, au contraire, dominée par le sensible, est livrée à toutes les exigences du relatif.

Aussi, à mesure qu'on pénètre plus profondément dans le problème, s'aperçoit-on que chaque antinomie est un épisode dans le grand débat où il faut reconnaître la supériorité de la raison sur l'entendement, et prendre parti, contre les séductions de la pensée sensible, pour les conclusions abstraites, mais toujours fortement motivées de la pensée pure.

Et cependant à un examen plus approfondi du problème ne suffirait plus, on va le voir, un tel mode de solution. Ce n'est pas qu'on prétende l'exclure, mais il ne répond, croyons-nous, qu'à un premier moment de pénétration dans l'antinomie. Nous pouvons, nous devons aller plus loin.

Expliquons sur ce point toute notre pensée.

VIII

Aggravation de l'antinomie. La raison contre la raison.

Si l'on s'en tient au point de vue de la Critique, si l'on est décidé d'avance à ne voir, dans le problème, que ce que Kant y a vu, l'opposition évidente de la métaphysique et de la science, de la raison et de la faculté imaginative suffit ici, comme toujours, à écarter la contradiction ; mais, si l'on veut pénétrer plus avant, si l'on croit pouvoir affirmer que, dans la présente antinomie, étudiée et scrutée à fond, l'antithèse a des exigences plus que scientifiques, et que, comme la thèse elle-même, elle peut prendre et prend en effet une valeur absolue, la voie alors semble décidément fermée, et la situation apparaît inextricable. On peut le dire : dans l'âpre chemin où nous a engagés, à son tour, chaque antinomie, nous atteignons, cette fois, le point culminant.

C'est qu'en effet, c'est sur le terrain du réel et du réel seul que le débat, maintenant, va se trouver circonscrit ; c'est la raison, s'il y a véritablement antinomie, qui, sans le secours d'aucune autre faculté, va lutter seule contre la raison.

Mais y a-t-il véritablement antinomie ? Regardons-y de près. Plus que jamais il importe en cette lutte, la plus dramatique de toutes celles que nous avons rencontrées jusqu'ici, que l'opposition des idées n'ait rien de factice et soit rigoureuse.

La thèse, d'abord, appuyée sur un principe absolu, ne peut reculer d'un pas, et la modifier si légèrement que ce soit serait la détruire. L'inconditionné ne conditionne-t-il pas le sensible ? Il agit donc sur lui, et, dès lors, il est de toute nécessité qu'il lui soit présent. Que répondre à une dialectique aussi pressante ? Fondée sur le principe de contradiction dont elle se distingue à peine, elle défie le doute et coupe court à l'objection.

Venons à l'antithèse. Sans changer d'énoncé, on vient de

voir qu'elle s'est élargie ou plutôt approfondie. Est-il donc, comme elle l'affirme, *vrai en soi*, est-il *réellement et absolument vrai* que le sensible se refuse à tout rapport avec l'inconditionné ? — Rien n'est plus certain, répondra la raison elle-même et il ne lui sera pas difficile de le prouver.

Considérez, dira-t-elle, en leur franche opposition, les natures contradictoires de l'inconditionné et du sensible. L'inconditionné est l'unité absolue ; le sensible, l'absolue multiplicité. Tout sensible, en effet, est continu, et la forme de continuité qui lui appartient apparaît, soit dans l'étendue, soit dans la durée, comme l'expression d'une pluralité mal définie, mais persistante, où les parties ont perdu toute individualité et se pénètrent.

Nul doute d'ailleurs que cette pénétration, qui met sur le multiple du continu la marque de l'unité, ne trahisse l'action du moi dans la construction du monde sensible ; il faut donc croire qu'un tel monde, partiellement au moins, est notre œuvre, et le continu, dès lors, n'est plus que la trame uniforme que nous créons, sans le savoir, pour servir, au défaut de l'action, de point d'appui et de lien aux phénomènes épars.

Or cette trame, parce qu'elle a son origine en nous-mêmes, renaît sans fin sous les divisions qui paraissent l'entamer et il en résulte que le sensible est absolument inconciliable avec l'unité pure de l'inconditionné transcendant.

Où trouver, en effet, dans le sensible, une place assignable à l'unité pure ? De deux choses l'une : ou l'unité, en pénétrant dans un milieu continu, se divise et, dépouillant sa propre nature, se fait, en quelque sorte, autre qu'elle-même ; ou c'est le continu, au contraire, qui, pour entrer en relation avec l'inconditionné, devient unité pure, ce qui ne répugne pas moins à la raison [1].

1. On objectera peut-être que la Mathématique impose bien au continu le point, la ligne, la surface, qui le limitent ou le contiennent, et pour cela même d'une certaine façon y pénètrent. Il est certain que le point rompt la continuité de la ligne, la ligne celle de la surface, la surface celle du volume ; mais a-t-on le droit de dire, en géométrie, que, réellement, l'indivisible pénètre le divisible essentiel, et ne faut-il pas plutôt reconnaître, après les analyses déjà faites, qu'un discontinu

Que conclure des considérations qui précèdent, sinon que, dans la présente antinomie, l'antithèse est absolument solide et défie tout assaut, lorsque, au lieu de se limiter aux perspectives de la science, elle prend toute l'extension et acquiert toute la portée dont elle est capable.

Mais la thèse, nous venons de le voir, n'est pas moins certaine. Quel étrange conflit d'idées, et dans quelle impasse nous a jetés la dialectique ! Il serait donc également vrai, et sous la garantie de la même faculté rationnelle, que l'inconditionné implique le sensible et que le sensible exclut l'inconditionné ! S'il faut affirmer à la fois les deux propositions, la contradiction éclate, l'une ne pouvant ni supprimer l'autre ni même l'entamer.

Et nous ne pouvons plus maintenant essayer de sauver la situation, faute d'une dualité de points de vue que la présente hypothèse nous interdit.

Tout à l'heure, alors que nous n'apercevions, dans l'antithèse actuelle, que le sens amoindri qu'une première analyse y démêle, nous pouvions dire que l'exclusion de l'inconditionné par le sensible est sans doute une nécessité, mais une nécessité *relative*. Pourquoi *relative ?* Parce qu'au lieu d'être liée à l'existence ou à la non existence de la pensée, qui est l'intérêt suprême, l'intérêt métaphysique, elle ne s'affirmait alors qu'en vue de satisfaire à des exigences,

quelconque, absolu comme le point, relatif comme la ligne ou la surface, serait, dans le continu, tout à fait inconcevable, si le réel qui lui sert de support et que la raison affirme, en dépit de tout, sous le sensible, n'était pas lui-même discontinu ?

Disons donc, pour ne nous attacher dans cette théorie qu'au fait le plus simple, que le savant qui trouve partout sur la ligne le point qu'il cherche ne fait que ramener à la lumière les points constitutifs de la *ligne vraie* recouverte par la *ligne géométrique* et toujours supposée au-dessous d'elle. La ligne vraie, trace du mouvement que le point dessine en se répétant lui-même, est, alors même qu'il n'y réfléchirait pas, toujours présente à la pensée du géomètre, et c'est pour cela, nous l'avons vu, qu'il échappe à la contradiction ; mais la contradiction, au contraire, est inévitable dès que disparaît ce terme moyen de la ligne vraie qui est une ligne *ponctuelle*, entre la pure apparence et le point. Dès qu'on affirme que le continu se suffit et est autonome, dès qu'on peut croire qu'il n'existe au monde qu'un *sensible en soi*, au delà duquel il n'y a plus rien, il est impossible de concevoir un rapport quelconque entre le pur sensible et l'unité pure.

plus spéciales et seulement hypothétiques, comme celles du physicien ou du géomètre. A présent, tout a changé de face, et le problème, avec ses données nouvelles, appelle un nouvel l'examen. Il est *vrai*, cette fois, nous venons de le démontrer, il est *absolument vrai* que l'inconditionné ne peut pénétrer dans le continu du sensible, et cela pour des raisons décisives, absolues, indépendantes de tout point de vue particulier, affranchies de toute réserve, telles enfin qu'il faut ou renoncer à toute logique ou les accepter.

Voici, en définitive, l'état du problème : La thèse, aux deux points de vue successifs où s'est placée l'antinomie, a paru et est demeurée rationnelle ; l'antithèse, d'abord imaginative, s'est finalement inspirée d'un principe de raison pure ; et il résulte de là que maintenant les droits de l'une et de l'autre de ces propositions contradictoires sont égaux.

Comment en douter ? Prétendre, contre l'antithèse, qu'il y a place pour l'unité pure dans le continu du sensible, c'est précisément nier le continu que l'on pose, et soutenir contre la thèse que l'être n'est pas présent là où il agit, c'est supprimer l'action au moment même où l'on affirme qu'elle est posée.

Il y a là — qui ne le verrait ? — deux impossibilités du même ordre, et l'on peut mettre l'esprit le plus pénétrant au défi de prouver que l'une est plus ou moins visiblement irrationnelle que l'autre.

Quelle atteinte à la pensée pure, et, après tant d'espérances, tant de moyens de conciliation aperçus ou pressentis, quelle décourageante perspective ! Quoi ! le jour aurait pu se faire, dans les précédentes antinomies, sur des problèmes du même ordre que celui qui nous arrête, et ce dernier seul, en dépit d'efforts multipliés, demeurerait réfractaire à la critique ! Encore s'il existait au monde quelque puissance supérieure à la raison pour nous tirer d'un si redoutable embarras ! Si nous pouvions faire appel à une faculté d'arbitrage qui, citant la pensée pure à son tribunal, jugerait ses jugements et lui donnerait, selon les cas, raison ou tort ? Mais il est trop clair qu'une telle faculté est étrangère à la nature de l'homme, et, si la raison devient suspecte, c'est en vain qu'on espère trouver dans une lumière plus haute un guide plus sûr ; il faut craindre, au contraire, qu'en son centre et comme en son boulevard, la pensée humaine ne soit asservie à une loi de contradiction qui, s'affirmant essentielle en dehors de toute diversité de points de vue, ne puisse plus, pour cela même, se prêter à aucun essai d'explication.

Quelle voie reste-t-il à suivre, et quelle issue nous permettra d'échapper ?

Il n'est pas dans la spéculation philosophique de problème plus inquiétant et plus grave que celui en face duquel la raison elle-même vient de nous placer. Si la pensée pure, au lieu d'ouvrir devant nous la voie du vrai, nous égare, et s'il faut croire qu'elle tend à faire passer dans la vie réelle des oppositions qui n'appartiennent qu'à l'incohérence du rêve, alors, certes, « la philosophie ne vaut pas le quart d'heure de peine que lui refusait Pascal » ; aussi bien n'est-ce plus qu'une insaisissable chimère, si l'instrument qui était le sien propre lui fait maintenant défaut. Il ne subsiste plus, à sa place, qu'une science incertaine et flottante qui, à son tour, va, dans ses plus hautes hypothèses, se heurter à la loi d'antinomie, sans pouvoir d'ailleurs par elle-même et avec ses seuls moyens l'expliquer jamais.

Mais comment croire que la raison soit irrévocablement condamnée ?

Peut-être se soustraira-t-elle à l'arrêt d'impuissance qui voudrait l'atteindre ; peut-être par des moyens dont le secret nous échappe encore, sera-t-il possible de la réconcilier avec elle-même.

« *In spem contra spem.* » Cette pensée, qui inspira jusqu'ici toutes nos démarches, est un acte de foi sans réserve en la raison.

La raison nous conduit aux abîmes, mais c'est elle aussi qui nous en retire. Lorsque nous l'avons longtemps suivie avec confiance, lorsque nous sommes descendus, sur sa trace, en d'obscurs problèmes, la peur nous prend parfois, et nous nous sentons tout près de douter d'elle et de nous. Mais la raison, suffisamment informée, ne se trompe pas, et plus nous pénétrerons en profondeur dans les questions qui l'intéressent, plus nous nous convaincrons que c'est à elle qu'appartient toujours le dernier mot.

Faisons, une fois de plus, appel à l'analyse, et examinons avec un soin scrupuleux les termes que l'antinomie finale met en présence.

IX

Principe d'une solution définitive.

Est-ce, oui ou non, *le même inconditionné* qui, placé en face *du même monde sensible*, se trouve être, à la fois, en rapport nécessaire et sans rapport possible avec lui ?

Voilà tout le problème.

Nous répondrons d'un mot :

L'inconditionné est le même ; nul doute ; mais le *monde sensible* enferme une dualité qui, bien qu'invisible au regard, est nettement affirmée par la raison.

Et c'est cette dualité qui va, nous l'allons voir, éclaircir tout le problème.

Notons d'abord qu'elle a toujours été ou aperçue ou pressentie.

S'il est une conception qui ait le droit de revendiquer pour elle-même, avec le caractère franchement rationnel de son énoncé, le témoignage des temps et l'accord presque complet des philosophes, c'est bien celle d'un monde qui, caché sous le phénomène, le double à la fois et l'explique par la vivante réalité de l'action.

Nous ne saurions nous attarder aux noms ni aux faits. N'est-il pas cependant digne de remarque que le contraste qui frappa le plus fortement les premiers penseurs grecs fut celui de *l'être* et du *paraître*, du *réel* et du « *devenir* », comme ils l'appelaient ? Les deux maîtres de génie qui, plus tard, recueillirent leur héritage, et dont les noms dominent encore toute l'histoire de la philosophie ancienne, n'eurent, à leur tour, rien de plus à cœur que de dégager le sens de cette opposition fondamentale. Leur but fut de montrer partout le stable sous le mobile ; leur œuvre, d'assurer sur ce qui passe le triomphe de « l'idée » et de « l'acte » qui ne passent pas.

Même préoccupation chez les modernes. Descartes, au travers de la sensation, aperçoit le mouvement ; Leibniz, plus profondément encore, la force ; Kant lui-même, Kant, si près pourtant de l'idéalisme, entend appuyer le phénomène sur le noumène. Aucun de ces puissants esprits ne crut possible, pour expliquer le monde, de se contenter du sensible pur, du sensible seul.

Et leur croyance, d'accord avec la foi instinctive de l'humanité, pénétra si profondément à travers les générations qui suivirent, qu'on peut l'affirmer sans crainte, s'il existe, malgré des divergences de détail, une « philosophie éternelle », un des premiers, sinon le premier de ses dogmes est celui d'une *dualité* qui, en dépit de l'hypothèse idéaliste, a toujours opposé et opposera toujours, dans l'unité de l'être, le dedans au dehors, le réel inaperçu, mais solide, au sensible éphémère et sans appui.

Que résulte-t-il de ce fait capital ? Que va nous apprendre cette dualité essentielle imprimée partout au fond des choses ? C'est que le monde est, selon le point de vue où l'on se place pour l'examiner, *actif* ou *passif* : *actif*, lorsque spontanément ses énergies se déploient ; passif, lorsqu'elles subissent le contre-coup d'énergies antagonistes. Le monde se prête ainsi à des points de vue contraires : *action*, c'est le pouvoir de produire ; *état*, c'est l'ensemble des faits produits.

Mais le monde, considéré comme état, est vu du dehors, et, vu du dehors, il faut qu'il apparaisse continu. Pourquoi ? Nous le savons. Dans un monde privé de ressort propre et créé tout entier par la pensée, la possibilité de la division et, plus généralement, d'une opération mentale quelconque, est indéfinie.

Au contraire, lorsqu'on n'y veut apercevoir que l'action, le monde se révèle discontinu. Il l'est, en effet, parce que l'activité, au lieu de s'étendre en surface et de se fixer dans le divisible, tend à se condenser en unités vives dont le progrès, tout intérieur, fonde peu à peu, dans le domaine de la qualité, le règne de la spontanéité et de la personne.

D'un mot, la *discontinuité* est la condition de *l'unité*, et l'unité, celle de *l'être*.

Ces distinctions faites et ces éclaircissements fournis, la rasion ne saurait plus, semble-t-il, nous refuser la solution du présent problème.

Comment donc le résoudra-t-elle ?

A l'aide même de la précédente analyse.

Nous venons de faire, en effet, un pas décisif.

Tout à l'heure nous nous heurtions à l'absurde. Il fallait que l'inconditionné se trouvât en relations antinomiques avec le même monde, le monde sensible. *Maintenant ce monde s'est dédoublé.* Il est, selon le point de vue, *spontanéité* ou *phénomène*, *action* ou *état*.

Et l'on peut pressentir que la contradiction va disparaître.

Il est clair, en effet, que c'est seulement lorsqu'on le considère comme *phénomène* ou comme *état* que le monde exclut l'inconditionné ; s'il est pris, au contraire, comme spontanéité ou comme action, rien ne l'empêche d'entrer avec le même inconditionné en relations aussi naturelles que parfaitement intelligibles.

C'est ce qu'il est aisé de démontrer.

Prenons, d'une part, le monde posé et donné, *le monde état*. Il est *comme tel*, au moment, quel qu'il soit, où on l'envisage, sans tendance à réaliser, puisque c'est l'accomplissement de la tendance qu'il réalise qui le fait, en ce moment-là même, ce qu'il est. On ne saurait donc trouver en lui le moindre excédent d'activité à dépenser, et il est condamné à l'inertie. Comment concevoir, alors, qu'une nature active comme celle de l'inconditionné agisse sur lui ? Rien n'agit que sur ce qui a le pouvoir de réagir.

Ce n'est pas tout : le discret, nous venons de le voir, ne peut entrer avec le continu en rapport quelconque ; or, c'est ce qu'il faudrait pourtant supposer, si la pure unité de l'inconditionné devait avoir action sur la *divisibilité essentielle d'un monde* purement *phénoménal*. Cette divisibilité, en effet, subsistant toujours, la place de l'unité qu'il faudrait enfin trouver reculerait sans cesse et ne serait intelligible nulle part.

Faisons maintenant l'hypothèse contraire : imaginons que l'inconditionné soit mis en rapport avec un monde d'activités vives ; il n'est rien alors, sauf l'*absence de condition* constitutive de son essence propre, qu'il ne possède en commun avec ces activités. Il se meut au sens supérieur de ce terme, et elles se meuvent ; il pense et elles pensent ; il veut et elles veulent : rien entre elle et lui de contradictoire ; rien même de choquant ou de simplement disparate. Il y a mieux. L'inconditionné, en pénétrant de sa vertu la multiplicité des natures qu'il conditionne, ne fait, au lieu d'en troubler le développement, qu'y introduire une raison d'harmonie et d'unité.

X

Les conséquences de la solution proposée.

L'antinomie écartée, voici quelques-unes des conséquences que sa solution entraîne.

Notons d'abord que les deux mondes de l'état et de l'action qui, déployés parallèlement, se doublent l'un de l'autre, sont toujours distincts, jamais séparés. Il faut qu'ils soient distincts, puisqu'ils s'opposent ; ils ne sauraient cependant être séparés, puisqu'ils n'existent qu'à l'état de *points de vue* ou *d'aspects* dans une même nature. Le monde de l'action, en effet, c'est le monde de la spontanéité génératrice des phénomènes, et le monde de l'état, c'est le même monde, vu des phénomènes engendrés par lui.

On peut donc dire qu'à chaque instant ces deux aspects se complètent, et, s'il en est ainsi, comment supposer que l'activité qui produit le phénomène puisse être séparée du phénomène qu'elle produit ? L'effet, en ce cas, serait, on ne sait comment ni pourquoi, détaché de sa cause, ce qui entraînerait cette conséquence que ni l'effet ni la cause n'auraient plus de sens.

Remarquons, d'autre part, que l'état et l'action, bien qu'ils soient toujours associés et répondent, dans chaque être, au rythme de l'évolution universelle, n'ont ni logiquement, ni métaphysiquement, la même valeur. L'action, métaphysiquement, c'est la vie elle-même ; l'état, c'est, à chaque élan de la vie, le moment d'arrêt qui le limite. Non moindre au point de vue logique, est la différence des deux termes : l'action engendre l'état et, pour cette raison même, l'explique ; l'état, au contraire, ne saurait de lui-même engendrer l'action, car s'il l'engendrait, ainsi que nous l'avons maintes fois fait observer, il faudrait que, détaché de sa propre nature, il fût devenu actif et par suite autre que lui.

Nous voici donc replacés en face d'un monde qui, dans sa plus haute universalité, enveloppe deux mondes qui se pénètrent. L'un, fonction de la pensée sensible, est le monde du phénomène, et pourrait, à juste titre, être appelé *notre monde ;* l'autre, construit par la raison et posé à la fois comme antérieur et nécessaire au monde des sens, est le monde du noumène, le monde tel qu'il est et tel qu'il doit être en dehors des formes et des couleurs que nous lui prêtons, ou, si l'on veut, *le monde* tout court.

Et de ces deux mondes étroitement unis, l'un se révèle tout de suite comme supérieur à l'autre.

C'est que le monde du noumène, le monde tel qu'il est, le *monde* enfin, se subordonne notre monde, puisqu'il l'explique, tandis que ce dernier ne saurait, par voie de réciprocité, expliquer le monde tel qu'il est ; il le modifie en le revêtant de sensations qui sont nôtres ; il l'altère en faisant de ses unités disséminées des touts compacts.

Concluons de là que l'action, ou, ce qui revient au même, le noumène[1], représente, contrairement au préjugé commun, *l'endroit* des choses ; l'état ou phénomène en serait *l'envers.*

C'est ce que rendra plus sensible encore la suite de cette analyse. Si l'on se range, sans critique préalable, à l'opinion la plus répandue dans la science, si l'on se laisse per-

1. Nous croyons inutile de revenir sur ce point de doctrine déjà mis hors de doute que partout, dans l'acte sensible, l'action est au fond, l'état seulement à la surface.

suader sans preuve que le sensible occupe dans le monde toute la place, le problème, ne l'oublions pas demeure insoluble, et la contradiction devient la loi même de la pensée. Il faut, pour que l'accord succède à la confusion, que l'activité du pur noumène soit remplacée en son rang et reprenne toute la part d'autorité qui lui est due.

Comment en faire comprendre la nécessité ?

Nous savons dès maintenant, et de science sûre, qu'à moins d'intermédiaire, l'intervalle qui sépare l'inconditionné du sensible est infranchissable. Sur ce point, l'antithèse de la présente antinomie échappe à tout essai de réfutation Sensible et inconditionné s'excluent donc ; mais comme il faut, d'autre part, qu'à l'inconditionné le conditionné réponde, puisque le premier de ces termes implique l'autre, l'inconditionné ne peut plus trouver de place que dans le seul milieu qui lui reste, le milieu phénoménal écarté, celui du noumène.

Et ce qui prouve que le noumène joue ici le rôle d'intermédiaire, c'est qu'à y regarder d'un peu près, il tient à la fois de l'inconditionné et du sensible. Comme le sensible, il est conditionné, puisqu'il dépend lui-même d'une nature absolue et souveraine ; mais aussi comme l'inconditionné lui-même, bien qu'à un degré infiniment moindre, il possède ce pouvoir de spontanéité vive qui lui donnera, à chaque étape du progrès régulier des choses, une part de plus en plus marquée dans son acte.

Le vrai nom du noumène est, en définitive, celui de *médiateur*. C'est avec le noumène seul que l'inconditionné peut entretenir des rapports directs ; c'est par l'intermédiaire du noumène seul que, descendu jusqu'au phénomène, il remonte ensuite du phénomène jusqu'au point d'où il avait rayonné. Dans le multiple discret, qui est son domaine, le noumène apparaît toujours à mi-chemin entre l'absolu de l'unité pure et le continu diffus.

Ce médiateur, comme le *Logos* de l'Évangéliste, a été et est encore méconnu, et pourtant ne faut-il pas affirmer qu'il nous est partout présent ? Interrogeons sur ce point le sens intérieur qui, voyant du dedans, ne trompe pas. Ces énergies qui, à chaque instant, se déploient en nous, ces énergies qui sont *nous*, ne se laissent-elles pas apercevoir, encore qu'à demi-effacées par l'habitude, tendues et agissantes sous l'écorce rigide des sensations ?

On objectera, peut-être, que l'inconditionné doit, en vertu de sa définition même, être partout présent à son œuvre. Nous n'en doutons pas, mais l'œuvre de l'inconditionné est précisément le *noumène*, c'est-à-dire le monde de ces réalités actives sur lesquelles viendra s'appliquer ensuite et comme se modeler, d'après des lois invariables, le monde symbolique de nos sensations. Ces sensations, — la science l'a compris de bonne heure, — sont toutes *expressives du mouvement*, et, par le mouvement même, de la *force*, où le mouvement trouve sa raison concrète et solide.

Le monde des phénomènes, nous ne saurions trop le rappeler, n'est pas l'œuvre de l'inconditionné, c'est la nôtre. Pourquoi donc l'inconditionné devrait-il emprunter à l'esprit de l'homme ses bornes nécessaires et la radicale imperfection de ses moyens ? Pourquoi s'appliquerait-il, non à la réalité telle qu'elle est, mais à la réalité telle qu'elle s'offre au regard, lorsque déjà l'action des sens l'a déformée ? Si l'acte de connaissance sensible implique être et phénomène, réalité et apparence, quelle raison pourrait avoir l'inconditionné de se mettre en face, non de l'être lui-même, sur lequel pourtant il doit, par définition, avoir prise, mais du phénomène complexe derrière lequel l'être pur, l'être nu, échappe nécessairement à l'intuition [1] ?

Il faut, en dernière analyse, que l'inconditionné habite le seul milieu qu'on puisse appeler réel, et qu'il règne ainsi sans rival sur le monde invisible des pensées et des acti-

1. Peut-être fera-t-on remarquer qu'il est impossible d'atteindre *intuitivement le noumène*. Tel est aussi notre avis, et c'est précisément pour cela que notre théorie de la Raison pure fait de l'absolu non une perception immédiate, mais une conclusion. Cela seul, selon nous, peut être posé comme réel et affirmé comme absolu, que requiert absolument la pensée pure pour expliquer le sensible, et qu'il serait impossible d'écarter sans toucher à ce qu'il y a de fondamental dans la pensée, savoir le principe de contradiction.

vités créatrices. Maître de toutes les énergies, capable de mettre en jeu tous les ressorts d'où dépend le mouvement dans l'univers, n'est-il pas, par cela même, aussi près que possible du phénomène qui va traduire en langage sensible chacun de ses actes ?

Soit, dira-t-on ; mais ce rapport de proximité ne peut nous suffire ; c'est un acte de pénétration qu'il faut expliquer. Si le noumène, d'ailleurs, est, entre les deux termes « extrêmes » de l'inconditionné et du phénomène, le « moyen » indispensable, il semble bien que, dans la tâche assumée par nous, ce soit le plus difficile qui reste à faire. Certes, nous sommes passés, sans grande difficulté, de l'inconditionné au noumène ; c'est qu'une secrète parenté d'action unit ces deux termes ; mais comment mener à bien, maintenant, la seconde moitié de notre tâche ? Comment passer du noumène au phénomène ? Comment franchir l'intervalle qui sépare l'action de l'état, le discontinu du continu, le contraire, enfin, de son contraire ?

Le problème paraît d'abord insoluble, et cependant, le terrain préparé comme il l'est, sa solution on va le voir, est relativement facile. Le vrai, c'est que nous sommes dupes d'une illusion, lorsque nous nous imaginons que le continu est une nature spéciale, non seulement distincte, mais encore séparée du discontinu, et, comme le discontinu, s'appartenant à elle-même. Or le continu, à le bien prendre, n'est rien de donné à l'avance, rien *de tout fait* qu'on puisse considérer *a priori* comme une réalité objective. Lors donc que l'unité vive de l'être nous paraît agir sur la continuité phénoménale, ce n'est là qu'une erreur des sens, elle agit, en réalité, — et cela suffit, — sur chacun des termes dont le *complexus*, comme tel, va créer la continuité visible. On peut donc dire, en résumé, qu'il n'est rien de plus dans la nature des choses que le noumène, et que le continu, au lieu d'être un terme à part et différent du noumène, n'est rien qu'une manière de l'apercevoir.

On le voit, le fait capital dans cette analyse, celui qu'il faut dégager et mettre en pleine lumière, c'est l'existence d'un monde de noumènes entre l'absolu et nous. Si le *média teur fait défaut, si les extrêmes, entre lesquels il a sa place, demeurent seuls en présence, rien ne s'explique plus dans l'ensemble des choses et l'antinomie triomphe.*

Qu'on imagine, en effet, du point de vue élevé et dominant où nous sommes montés peu à peu, les hypothèses que l'on peut faire sur le *cosmos*.

Vous écartez le facteur nouménal, il vous faut alors tout expliquer avec l'inconditionné et le phénomène, soit que vous mainteniez à la fois ces deux termes, soit que vous n'en conserviez qu'un seul.

Les deux termes sont-ils maintenus ? La contradiction éclate et nous ne la ferons pas ressortir une fois de plus. Reste que l'inconditionné ou le phénomène demeure seul. Si c'est l'inconditionné, il est clair que l'un des termes indispensables à la position du problème nous fait défaut, et ce terme n'est rien moins que le monde sensible, qu'on élimine ; si c'est, au contraire, le phénomène que l'on garde, le monde, sans doute, subsiste, mais seulement à l'état de fantôme, faute d'un principe concret d'activité qui le fonde dans l'existence et lui donne, en le fondant, une réalité en soi.

Il faut donc, en définitive, choisir *entre une énergie sans multiplicité, ou une multiplicité sans énergie ;* or, ni dans l'une ni dans l'autre alternative, l'idée qu'on se fait du monde n'est adéquate à son objet ; c'est que le noumène lui manque. Qu'il apparaisse et tout aussitôt change de face. Trait d'union entre l'inconditionné et le phénomène, il réconcilie ces deux termes pour les compléter ensuite l'un par l'autre.

Certains esprits, exclusivement voués à la science, croient néanmoins pouvoir se passer du noumène dans une analyse totale des choses. Ils sont dupes. Ce qu'ils se donnent à expliquer, en effet, ce n'est pas, qu'ils le sachent ou non, le monde lui-même, mais ce *qu'il y a de phénoménal dans le monde* et, pour atteindre ce but, il n'est, en effet, nul besoin de faire appel aux sources profondes de l'énergie ; il suffit de lier entre eux et comme du dehors des états superficiels et de composer avec eux des tissus de faits.

On allègue que l'hypothèse du noumène est loin d'avoir aujourd'hui la faveur des philosophes ; c'est que la philosophie se fait de plus en plus imaginative. Volontiers et trop facilement selon nous, elle écarte de ses spéculations tout ce qui ne tient pas de près à l'expérience, et l'on dirait que, pour elle, tout ce qui n'est pas perception directe ou intuition immédiate est pure entité.

Illusion étrange et qui fait penser à cette allégorie de la « caverne », d'une interprétation parfois malaisée et cependant d'une portée si haute ! Les prisonniers, tels que nous les dépeint l'auteur de la République, se croient libres ; ils sont enchaînés ; ils s'imaginent toucher des réalités, et ils ne font qu'effleurer des ombres ; la nuit est pour eux le jour, et le jour, la nuit [1].

C'est ainsi qu'à notre tour, nous accusons le noumène d'être abstrait. Comment le serait-il, s'il est par définition l'activité même ? On nous objecte qu'il est détaché de la sensation ; il n'en est alors que plus réel, puisque la sensation fait écran entre la réalité et nous.

C'est le sensible qui nous trompe, et les philosophes qui croient que le monde des phénomènes ne fait que doubler celui des noumènes, ne se font ni de l'un ni de l'autre une idée nette. Le temps *réel* [2], l'espace réel, le mouvement réel, n'ont rien ou presque rien de commun avec leurs homonymes sensibles. Dans le réel, en effet, c'est la discontinuité qui s'impose ; dans le sensible, c'est la continuité accidentellement altérée par la nécessité de commencer et de finir, c'est-à-dire par la double affirmation de l'élément et de la limite. D'une part, donc, le fini, de l'autre, l'infini ; ici, le

1. Il importe, dans l'allégorie que nous rappelons, de dégager un détail auquel on n'a pas toujours prêté assez d'importance. Le prisonnier que le philosophe nous montre en chemin vers la pure lumière, ne peut y parvenir sans avoir traversé une région où la lumière est mêlée d'ombre et la réalité de néant. N'y a-t-il pas là comme un pressentiment de ce que sera plus tard le *noumène* et n'aperçoit-on pas déjà assez nettement cete idée *médiatrice* qui se subordonne le sensible comme elle-même est subordonnée à l'absolu ?

2. Voir sur ce point plus longuement étudié dans *Infini et Quantité*, le chapitre second de la deuxième partie : *l'Idole de l'Infiniment Petit et les Quantités analogues à la matière*, p. 63-98.

déterminé dans l'acte, là, l'indéterminé dans la puissance. Comment confondre ces points de vue opposés ?

Que résulte-t-il de tout l'ensemble des considérations qui précèdent ? On le voit à présent sans peine. C'est le noumène, et le noumène seul, qui nous permet d'introduire dans les problèmes de l'antinomie une dualité de points de vue, et cette dualité, à son tour, fonde partout la possibilité d'une solution. Supprimez le noumène et l'antinomie se montre aussitôt inévitable ; posez-le, elle disparaît.

Est-il justification plus éclatante de l'hypothèse, infiniment probable d'ailleurs, d'un monde invisible à la fois et réel ? Tout prouve son existence, et son existence, d'autre part, explique tout jusqu'à la possibilité d'une pénétration de l'inconditionné dans les choses. On craint, parfois, que, situé hors du sensible, l'inconditionné n'apparaisse isolé du monde et comme mort. Mais le sensible, du moins le sensible pur, n'est pas le monde ; c'est quelque chose d'incomplet et de relatif ; le monde vrai, le monde qu'habite l'inconditionné est un monde d'action, un monde de spontanéité et de vie.

Si le voile de la sensation, qui recouvre tout autour de nous, pouvait un seul moment se déchirer, et nous permettre ainsi de prendre contact avec la réalité de l'être, nous verrions au-dessous de ce qui, dans la nature, a forme et couleur, des groupements plus ou moins complexes d'unités pures ; puis, l'œil de la pensée se faisant toujours plus subtil, il nous paraîtrait que ces unités sont mobiles, et que cette mobilité elle-même résulte en chacune d'elles de désirs constitutifs et essentiels. Ainsi se trahirait, au travers de l'inertie opaque des phénomènes, l'expansion vive de l'esprit, et, par delà encore, apparaîtrait, comme à l'infini, une Pensée génératrice et toute-puissante qui, se possédant elle-même, exercerait son action sur toutes les autres.

C'est l'étude de cette Pensée que s'était donnée pour objet la présente antinomie. L'inconditionné existe ; mais comment le concevoir et où le placer ? La raison pure, nous venons de le voir, n'hésite pas. Elle le soustrait à l'apparence pour le fixer dans la réalité même. Son milieu est celui des énergies pensantes, le seul, en définitive, auquel avant de le faire nôtre, nous tenions par nos racines, le seul aussi où, dans l'harmonie des âmes, et le chœur des spontanéités, l'inconditionné puisse régner.

CONCLUSION GÉNÉRALE

Mesurons du regard l'espace parcouru.

Nous sommes partis d'un monde livré à la contradiction et à l'anarchie, et voilà qu'après de scrupuleuses analyses les oppositions s'effacent, les idées se rapprochent et se concilient. Quelles voies avons-nous suivies et de quelles méthodes avons-nous dû nous inspirer pour arriver à ce résultat ? Il ne sera pas inutile, si nous voulons nous en rendre compte, de résumer en les coordonnant les vues éparses dans cette étude. Nous avons tout intérêt à grouper sous des conceptions d'ensemble les conclusions partielles où chacun des débats précédents nous a conduits.

Que signifient, tout d'abord, ces quatre thèses opposées, dans l'antinomie, à des antithèses de nombre égal ? Est-ce un acte purement arbitraire de la pensée qui les sépare à la fois et les unit ? N'en croyons rien ; notons même qu'au premier regard, il se produit une séparation très nette entre les deux premières antinomies et les deux dernières. Ainsi se marquent dans l'ensemble deux groupes distincts : le premier, qui intéresse la grandeur physique et mathématique ; c'est celui des antinomies *quantitatives* ; le second, qui se rapporte non plus à la grandeur, mais à l'être, non plus à la quantité, mais à l'existence ; c'est celui des antinomies qu'on pourrait appeler *existentielles*.

Cette distinction n'est pas la seule qu'on puisse faire.

Il faut signaler, dans le second groupe, une opposition non moins visible entre les existences *relatives* et l'existence *absolue*. Les existences relatives sont l'objet de la troisième antinomie ; l'existence absolue, celui de la quatrième.

Il ne reste plus alors, ainsi que nous l'avons fait dans l'antinomie finale, qu'à considérer les rapports que peut entretenir avec les existences dépendantes l'existence absolue et autonome.

Telle est la conception d'ensemble qui se dégage de l'antinomie vue de haut et prise dans la totalité de ses thèses. Elle répond, il est aisé de s'en rendre compte, à une métaphysique complète. Au degré inférieur, le vague et vide infini, pur indéterminé où n'apparaissent encore que les formes du temps et de l'espace ; plus haut l'unité qui, sous le nom de limite ou d'élément, se fait sa place jusque dans l'extension toujours grandissante et la divisibilité indéfinie de ces formes ; plus haut encore, le réel, dont l'unité abstraite ne pouvait être que la trace ou que le signe ; et, au terme de cette ascension, la nature supérieure qui, se possédant pleinement, peut rayonner partout sans obstacle, je veux dire l'inconditionné lui-même.

Voilà les linéaments du cosmos. Or c'est à ces grandes lignes que s'attaque l'antinomie pour faire pénétrer, s'il se peut, dans le système des choses, un élément de destruction et de mort. A chaque pas décisif que, dans la nature, le progrès nous fait faire vers la perfection, on dirait qu'une puissance d'illusion et de ténèbres vient nier ce que la raison affirme et affirme ce qu'elle nie.

Il est des esprits que rien n'étonne. Peut-on cependant concevoir quelque chose de plus déconcertant que les conséquences auxquelles cet état de choses nous conduit ? Si la raison pure n'a, pour son compte, nulle raison à opposer aux suggestions du sensible ; si l'antinomie, d'un mot, est sans recours et sans appel, dans quel étrange rêve vivons-nous, et que peut valoir une telle vie ?

Mais, nous venons de le montrer : la raison pure est indemne. Ce qu'elle affirme en son domaine propre est bien affirmé, et ce qu'elle nie, bien nié. Seule l'imagination la contredit. En veut-on la preuve? Nous allons la donner d'un mot, et décisive : *toutes les thèses ont un objet commun, le réel; toutes les antithèses, un objet commun, le sensible.*

Prenons la première thèse, celle de la nécessité d'un monde fini. Pourquoi fini ? La raison en est bien simple : c'est qu'il *est réel*, et s'appartient à lui-même, en dehors de toute création de la pensée. Puis-je considérer comme s'appartenant et vivant d'une vie propre un monde livré à ma fantaisie et soumis aux caprices de mon imagination ?

Le fini est donc une forme essentielle de la réalité ; le simple ou indivisible en est une autre, et voilà ce qu'affirme la seconde thèse, non moins rationnelle que la première. Sa dialectique, d'ailleurs, est la même : le composé est donné, donc *réel*, et s'il *est réel*, ses parties ne peuvent fuir à l'infini ; elles sont *réelles* à leur tour ; l'élément existe.

Poursuivons. Si le fini et le simple sont les formes nécessaires du réel, l'action autonome, affirmée par la troisième thèse, est le *réel* lui-même. Seul, en effet, mérite le nom de réel ce qui peut agir ou réagir ; ce qui est « agi » n'est que phénomène. Comment donc poser la réalité sans la force ? Comment affirmer qu'elle existe sans ce qui lui donne droit à l'existence en la distinguant du néant ?

C'est là une vérité qui se manifeste avec la clarté de l'évidence dans l'antinomie finale. L'absolu pur est en même temps le *réel* suprême parce que, indépendant et autonome, il porte partout, avec la plénitude de la puissance qui le constitue, sa vivante raison d'exister.

Disons donc, pour résumer notre pensée, que les attributs exprimés par les termes *fini*, *élément*, *action*, *inconditionné ou absolu*, sont des conceptions dont l'idée de *réalité* fait la base, puisque seule elle les rend intelligibles. Ce qu'on affirme du fini et des natures plus proches parentes n'est ainsi, en dernière analyse, affirmé que du *réel et pour l'unique raison qu'il est réel*.

Le *réel*, voilà, dans la pensée humaine, le pôle *positif*, parce que c'est de ce point de vue que la raison veut que nous considérions les choses pour en saisir l'enchaînement et les comprendre. Au pôle opposé, il faut placer le *sensible* qui, groupant autour de lui les conceptions de l'entendement imaginatif, implique *continuité*, *nécessité*, *relativité*.

L'affirmation du réel se trouve être ainsi la thèse unique, la thèse commune à toutes les thèses, tandis que, de son côté, l'affirmation du sensible est l'antithèse unique, l'antithèse latente sous toutes les autres.

Il n'y a donc eu, si cette analyse est exacte, *il n'y a, et il n'y aura jamais qu'une antinomie, celle qui, dans la nature comme dans la pensée, au dehors comme au dedans, met le réel et le sensible en perpétuelle concomitance et aussi en perpétuelle opposition.*

Faisons maintenant un pas de plus, le dernier.

Faut-il croire que l'opposition d'idées à laquelle nous venons de ramener toutes les autres soit, au sens rigoureux du terme, une *antinomie ?* S'il en est ainsi, c'est que la philosophie et la science sont deux créations irréductibles de la pensée, deux formes de la spéculation intelligible qui ont chacune leur raison dernière en elles-mêmes, sans qu'il soit possible d'expliquer l'une par l'autre ou de les expliquer à la fois toutes deux par un ordre de considérations qui les domine.

Mais comment s'arrêter à une aussi étrange conception ? La pensée humaine, dans cette hypothèse, enfermerait ou plutôt serait elle-même une contradiction vivante ; elle apparaîtrait sous la forme de deux séries qui, faute de pouvoir se subordonner l'une à l'autre, auraient deux commencements simultanés, mais distincts, deux développements parallèles, mais fermés l'un à l'autre et autonomes.

Pas de milieu. Il faut que la science explique la métaphysique ou que la métaphysique explique la science. C'est sur ce point, du plus grave intérêt, que l'examen de l'antinomie va jeter une dernière clarté.

Précisons notre pensée. Si l'on charge la science d'expliquer la métaphysique, c'est qu'on croit que l'infini explique le fini, — le composé, le simple, — l'état, l'action, — le relatif enfin, l'absolu. L'antithèse alors *prime la thèse parce qu'elle la justifie ;* or rien n'est moins conforme aux faits et moins concevable. On peut prouver, au contraire, que toute thèse, dans l'antinomie, *prime, parce qu'elle la justifie*, l'antithèse qui lui correspond.

S'il en est ainsi, la notion qu'affirme chaque thèse doit être, dans une construction métaphysique, toujours posée la première. Partir de la notion affirmée dans une antithèse quelconque, serait se condamner à ne pas avancer d'un pas.

Une courte analyse nous permettra de nous expliquer.

Prenons la première antinomie. La notion qu'implique l'antithèse espace, temps ou nombre, est l'infini ; or, nous l'avons vu dans nos précédentes analyses, l'infini ne se pose pas. Pour être intelligible, sans doute, il paraît toujours susceptible de s'accroître, mais c'est pour cela même qu'il n'est jamais *achevé*, jamais *donné*, et, s'il ne peut être donné, quel point d'appui nous fournira-t-il pour expliquer tout le reste ?

Le fini, au contraire, se pose de lui-même ; rien, du moins, ne l'empêche de se poser ; c'est qu'il est déterminé et circonscrit. Comment donc, ainsi conçu, se refuserait-il à l'existence ? La meilleure raison d'être qu'il puisse avoir est précisément son essence limitée, sa nature définie et distincte des autres ; on n'est que parce qu'on est tel ou tel.

Cette simple considération entraîne comme conséquence la subordination de l'infini au fini. L'infini est *négatif*, parce qu'en définitive il n'est pas ; le fini est *positif*, parce qu'il est, et que, seul, il a le droit d'être.

Ajoutons que la notion du fini, la seule positive, est aussi, pour qui l'examine d'un peu près, la seule féconde.

Pourquoi et comment ? C'est ici que semble se dévoiler tout le plan d'une dialectique cachée au fond des choses et travaillant, dans le mélange même des contraires, à une harmonie pressentie et supérieure. L'infini pur, nous l'avons vu, ne pouvait qu'être écarté ; un infini nouveau, infini où pénètre le fini[1], et que revendique la science, va se poser aussi nettement, aussi intelligiblement que le fini lui-même.

C'est que le fini a transformé l'infini ; il a fixé son

1. Il nous paraît inutile de faire observer, une fois de plus, que l'infini ainsi pénétré n'est et ne peut être que le substitut phénoménal d'un fini réel.

essence mobile, et lui a donné, dans des limites et entre des points de repère créés par lui, le droit d'exister. Ainsi dans l'obscurité descend progressivement la lumière ; ainsi, dans un milieu qui paraissait fuir sous le regard, le statique se substitue au dynamique, l'acte à la virtualité, la détermination au flottement.

L'analyse appliquée à la seconde antinomie nous ferait passer par les mêmes phases : le terme négatif, cette fois, c'est le *composé essentiel*, le terme positif, c'est le *simple*, et, pour que l'analogie soit complète, le *simple* rend intelligible le *composé essentiel* comme le *fini l'infini*.

Est-il nécessaire d'insister ? On voit du premier coup d'œil que le *composé essentiel* n'est pas plus intelligible que l'infini pur. *L'infini pur* ne pouvait atteindre la limite où son déploiement doit s'achever ; le *composé essentiel* ne peut rencontrer le terme où sa décroissance devrait finir. Que dire maintenant dans l'une et l'autre antinomie des termes positifs ? Le *simple*, pas plus que le fini, n'enferme de contradiction interieure ; il y a plus — et c'est sur ce point que notre attention doit tout particulièrement se porter — comme le *fini* informe *l'infini pur*, le *simple* informe le *composé essentiel ;* il y crée, dans l'intérêt de la science, une *continuité nouvelle* que rendront concevable, en y pénétrant, les notions d'élément et de limite.

Poursuivons. On peut craindre, à première vue, que la troisième antinomie ne se laisse pas ramener sans peine aux mêmes éléments que les deux autres. Une telle inquiétude est sans fondement, et il nous suffirait, pour l'établir, de rappeler l'analyse que nous avons faite de la spontanéité dans le cours de cette étude. Disons-le tout de suite : l'idée de nécessité est ici l'idée négative ; l'idée positive répond à la spontanéité, et c'est la pénétration de la nécessité par la spontanéité qui fait de la nécessité une conception scientifique et utile.

On le prouvera aisément. Qu'en premier lieu la nécessité pure et strictement enfermée dans sa définition, soit le pur inintelligible, comment en douter ? La raison d'un fait, dans une telle hypothèse, ne sera jamais que provisoire et subordonnée à d'autres raisons toujours fuyantes. Nul fait n'aura donc plus le droit d'être. Comment concevoir, d'ailleurs, les séries cosmiques, et que veut-on dire lorsqu'on affirme qu'un antécédent donné y déterminera partout et toujours le même conséquent ? Pour déterminer, il faut agir, et le phénomène comme tel, n'agit pas. La loi, à son tour, n'est plus alors qu'une abstraction sans vertu, et l'on se demande où lui trouver une place dans le monde qu'elle devrait expliquer et qu'elle complique.

Plus on s'attache à la conception de la pure nécessité et plus on voit clairement que la raison la répudie.

Au contraire, il est visible que la spontanéité se pose d'elle-même, et elle apparaît aussi indispensable pour fonder la réalité des choses que, dans les deux précédentes antinomies, le fini ou le simple pour en marquer le dessin. Supprimez la spontanéité dans la nature, et vous n'y laissez plus subsister que l'ombre d'elle-même. Si le monde est quelque chose de réel, s'il existe en soi, il est action.

Ce n'est pas tout : comme dans les deux précédentes antinomies, l'idée positive explique, ici encore, l'idée négative ; la spontanéité éclaire la nécessité qui, d'elle-même, est inconcevable, et qui entre maintenant aussi aisément dans la science que l'infini pur ou le composé essentiel.

Nous ne reviendrons pas sur cette démonstration déjà faite ; qu'il nous suffise d'en rappeler les deux moments essentiels. Si l'on admet, d'une part, que la nécessité n'est que *constance*, et, de l'autre, que la constance n'est que *spontanéité consolidée*, tout s'explique et les contradictions tombent ; or l'expérience ne nous fait rien connaître au delà de concomitances régulières, et, en ce qui concerne la spontanéité, il est aisé de concevoir que toute activité vive tende d'un mouvement profond, irrésistible, non seulement à se poser, mais à s'ajuster, pour y réussir, à toutes les autres. Sans doute, pour qui demeure à la surface, il y a bien là quelque chose qui ressemble à la nécessité elle-même ; mais c'est une nécessité intérieure qui, sous la forme d'une tendance fondamentale ou simplement générique, travaille avec plus ou moins de conscience à un but voulu, et se résout, dès qu'on l'analyse, en finalité. Il *n'est pas jusqu'à l'accident de contingence* qui ne trouve sa place dans un monde ainsi conçu ; c'est que l'individu y subsiste encore et qu'il est absolument impossible qu'il ne laisse pas quelque chose de lui-même dans l'acte qu'il a posé.

Ainsi s'explique l'inintelligible nécessité. Pour qu'elle devienne concevable, il faut, on le voit, renoncer à l'impulsion. L'impulsion n'aboutit pas ; elle nous tient toujours comme en suspens, parce qu'elle attend toujours du dehors sa définitive raison d'être. Ce n'est qu'un phénomène au delà duquel il faut chercher le noumène de la spontanéité autonome.

Et l'on ne peut affirmer que la réciproque soit vraie.

Dans ce cas, en effet, l'impulsion devrait expliquer la spontanéité, et le phénomène, le noumène. Autant vaudrait dire alors que l'état explique l'action, l'infini, le fini, le composé essentiel, l'indivisible.

Si maintenant, laissant là le relatif des trois premières antinomies, nous entrons, avec les deux dernières, dans le domaine supérieur de l'absolu, il nous sera aisé de voir que, là comme toujours, la condition explique le conditionné et non le conditionné la condition. L'inconditionné suprême, s'il en est ainsi, se pose d'abord, pour que se posent ensuite les séries de conditions descendantes constituant l'univers.

Que conclure maintenant de toutes ces conclusions partielles, sinon que c'est, en toute antinomie, le terme positif qui prête lumière et intelligibilité à son contraire ? Le terme négatif est aussi stérile que vide.

Il faut donc choisir entre deux alternatives qui s'excluent. Nous sommes tenus, pour donner des choses une explication d'ensemble, ou de partir du terme négatif et de nous trouver arrêtés au premier essai de mouvement, ou de prendre pour principe le terme positif, le seul fécond, le seul qui laisse la voie ouverte à la recherche et conduise aux solutions.

Qu'on ne se méprenne pas sur notre pensée. Nous subordonnons la science à la métaphysique parce que, partout, à l'origine de la science, nous voyons la métaphysique occupée à fonder ses principes et justifier ses méthodes, mais nous ne saurions concevoir et nul ne concevra jamais, sans doute, qu'une métaphysique, quelles que soient ses prétentions, cherche à empiéter sur la science. Comme le noumène, le phénomène existe ; on peut dire même que son existence est nécessaire s'il faut qu'en tout acte de perception, le dedans s'ajoute au dehors, le sujet à l'objet.

Redisons-le donc dans ces dernières lignes : seule la dualité latente du phénomène et du noumène, de l'état et de l'action, crée ici tout le problème ; mais cette dualité ne saurait échapper à l'analyse, et dès qu'elle est reconnue, elle est sans péril ; le problème s'évanouit.

Tout s'explique alors et les antinomies elles-mêmes prennent un sens parce qu'en nous montrant de quelles contradictions intérieures la pensée humaine est assaillie, elles laissent peu à peu apparaître la seule voie à suivre pour y échapper, la seule où puisse s'engager la raison pure, lorsque, pleinement consciente de sa mission, elle voudra donner à la spéculation philosophique un objet nettement défini et une méthode.

TABLE DES MATIÈRES

Paris. — Typ. PHILIPPE RENOUARD, 19, rue des Saints-Pères. — 46479

FÉLIX ALCAN, Éditeur
ANCIENNE LIBRAIRIE GERMER BAILLIÈRE ET Cie

PHILOSOPHIE — HISTOIRE

CATALOGUE
DES
Livres de Fonds

On peut se procurer tous les ouvrages qui se trouvent dans ce Catalogue par l'intermédiaire des libraires de France et de l'Étranger.

On peut également les recevoir franco *par la poste, sans augmentation des prix désignés, en joignant à la demande des* TIMBRES-POSTE FRANÇAIS *ou un* MANDAT *sur Paris.*

108, BOULEVARD SAINT-GERMAIN, 108
PARIS, 6e

OCTOBRE 1905

Les titres précédés d'un *astérisque* sont recommandés par le Ministère de l'Instruction publique pour les Bibliothèques des élèves et des professeurs et pour les distributions de prix des lycées et collèges.

BIBLIOTHÈQUE DE PHILOSOPHIE CONTEMPORAINE

Volumes in-16, brochés, à 2 fr. 50.

Cartonnés toile, 3 francs. — En demi-reliure, plats papier, 4 francs.

La *psychologie*, avec ses auxiliaires indispensables, l'*anatomie* et la *physiologie du système nerveux*, la *pathologie mentale*, la *psychologie des races inférieures et des animaux*, les *recherches expérimentales des laboratoires*; — la *logique*; — les *théories générales fondées sur les découvertes scientifiques*; — l'*esthétique*; — les *hypothèses métaphysiques*; — la *criminologie* et la *sociologie*; — l'*histoire des principales théories philosophiques*; tels sont les principaux sujets traités dans cette Bibliothèque.

ALLIER (R.). ***La Philosophie d'Ernest Renan.** 2e édit. 1903.
ARRÉAT (L.). ***La Morale dans le drame, l'épopée et le roman.** 3e édition.
— ***Mémoire et imagination** (Peintres, Musiciens, Poètes, Orateurs). 2e édit.
— **Les Croyances de demain.** 1898.
— **Dix ans de philosophie.** 1900.
— **Le Sentiment religieux en France.** 1903.
BALLET (G.). **Le Langage intérieur** et les diverses formes de l'aphasie. 2e édit.
BAYET (A.). La morale scientifique. 1905.
BEAUSSIRE, de l'Institut. * **Antécédents de l'hégél. dans la philos. française.**
BERGSON (H.), de l'Institut, professeur au Collège de France. ***Le Rire.** Essai sur la signification du comique. 3e édition. 1904.
BERTAULD. **De la Philosophie sociale.**
BINET (A.), directeur du lab. de psych. physiol. de la Sorbonne. **La Psychologie du raisonnement**, expériences par l'hypnotisme. 3e édit.
BLONDEL. **Les Approximations de la vérité.** 1900.
BOS (C.), docteur en philosophie. * **Psychologie de la croyance.** 2e édit. 1905.
BOUCHER (M.). **L'hyperespace, le temps, la matière et l'énergie.** 2e édit. 1905.
BOUGLÉ, prof. à l'Univ. de Toulouse. **Les Sciences sociales en Allemagne.** 2e éd. 1902.
BOURDEAU (J.). **Les Maîtres de la pensée contemporaine.** 4e édit. 1906.
— Socialistes et sociologues. 1905.
BOUTROUX, de l'Institut. * **De la contingence des lois de la nature.** 5e éd. 1905.
BRUNSCHVICG, professeur au lycée Henri IV, docteur ès lettres. ***Introduction à la vie de l'esprit.** 2e édit. 1906.
— **L'Idéalisme contemporain.** 1905.
CARUS (P.). * **Le Problème de la conscience du moi**, trad. par M. A. MONOD.
COSTE (Ad.). **Dieu et l'âme.** 2e édit. précédée d'une préface par R. Worms. 1903.
CRESSON (A.), docteur ès lettres. **La Morale de Kant.** 2e édit. (Cour. par l'Institut.)
— Le Malaise de la pensée philosophique. 1905.
DANVILLE (Gaston). Psychologie de l'amour. 3e édit. 1903.
DAURIAC (L.). **La Psychologie dans l'Opéra français** (Auber, Rossini, Meyerbeer).
DUGAS, docteur ès lettres. * **Le Psittacisme et la pensée symbolique.** 1896.
— **La Timidité.** 3e éd. 1903.
— Psychologie du rire. 1902.
— L'absolu. 1904.
DUNAN, docteur ès lettres. **La théorie psychologique de l'Espace.**
DUPRAT (G.-L.), docteur ès lettres. **Les Causes sociales de la Folie.** 1900.
— Le Mensonge. *Etude psychologique.* 1903.
DURAND (de Gros). * **Questions de philosophie morale et sociale.** 1902.
DURKHEIM (Émile), chargé du cours de pédagogie à la Sorbonne.* **Les règles de la méthode sociologique.** 3e édit. 1904.
D'EICHTHAL (Eug.). **Les Problèmes sociaux et le Socialisme.** 1899.

Suite de la *Bibliothèque de philosophie contemporaine*, format in-12, à 2 fr. 50 le vo

ENCAUSSE (Papus). **L'occultisme et le spiritualisme.** 2e édit. 1903.
ESPINAS (A.), de l'Institut, prof. à la Sorbonne. * **La Philosophie expérimentale en Italie.**
FAIVRE (E.). **De la Variabilité des espèces.**
FÉRÉ (Ch.). **Sensation et Mouvement.** Étude de psycho-mécanique, avec fig. 2e éd.
— **Dégénérescence et Criminalité,** avec figures. 3e édit.
FERRI (E.). ***Les Criminels dans l'Art et la Littérature.** 2e édit. 1902.
FIERENS-GEVAERT. **Essai sur l'Art contemporain.** 2e éd. 1903. (Cour. par l'Ac. fr.).
— **La Tristesse contemporaine,** essai sur les grands courants moraux et intellectuels du XIXe siècle. 4e édit. 1904. (Couronné par l'Institut.)
— * **Psychologie d'une ville.** *Essai sur Bruges.* 2e édit. 1902.
— **Nouveaux essais sur l'Art contemporain.** 1903.
FLEURY (Maurice de). **L'Âme du criminel.** 1898.
FONSEGRIVE, professeur au lycée Buffon. **La Causalité efficiente.** 1893.
FOUILLÉE (A.), de l'Institut. **La propriété sociale et la démocratie.** 4e éd. 1904.
FOURNIÈRE (E.). **Essai sur l'individualisme.** 1901.
FRANCK (Ad.), de l'Institut. * **Philosophie du droit pénal.** 5e édit.
GAUCKLER. **Le Beau et son histoire.**
GELEY (Dr G.). **L'être subconscient.** 2e édit. 1905.
GOBLOT (E.), professeur à l'Université de Caen. **Justice et liberté.** 1902.
GODFERNAUX (G.), docteur ès lettres. **Le Sentiment et la Pensée,** 2e éd. 1906.
GRASSET (J.), professeur à la Faculté de médecine de Montpellier. **Les limites de la biologie.** 3e édit. 1906. Préface de Paul BOURGET.
GREEF (de). **Les Lois sociologiques.** 3e édit.
GUYAU. * **La Genèse de l'idée de temps.** 2e édit.
HARTMANN (E. de). **La Religion de l'avenir.** 5e édit.
— **Le Darwinisme,** ce qu'il y a de vrai et de faux dans cette doctrine. 6e édit.
HERBERT SPENCER. * **Classification des sciences.** 6e édit.
— **L'Individu contre l'État.** 5e édit.
HERCKENRATH. (C.-R.-C.) **Problèmes d'Esthétique et de Morale.** 1897.
JAELL (Mme). * **La Musique et la psycho-physiologie.** 1895.
— **L'intelligence et le rythme dans les mouvements artistiques,** avec fig. 1904.
JAMES (W.). **La théorie de l'émotion,** préf. de G. DUMAS, chargé de cours à la Sorbonne. Traduit de l'anglais. 1902.
JANET (Paul), de l'Institut. * **La Philosophie de Lamennais.**
LACHELIER, de l'Institut. **Du fondement de l'induction,** suivi de **psychologie et métaphysique.** 4e édit. 1902.
LAISANT (C.). **L'Éducation fondée sur la science.** Préface de A. NAQUET. 2e éd. 1905.
LAMPÉRIÈRE (Mme A.). * **Rôle social de la femme,** son éducation. 1898.
LANDRY (A.), agrégé de philos., docteur ès lettres. **La responsabilité pénale.** 1902.
LANESSAN (J.-L. de). **La Morale des philosophes chinois.** 1896.
LANGE, professeur à l'Université de Copenhague. * **Les Émotions,** étude psycho-physiologique, traduit par G. Dumas. 2e édit. 1902.
LAPIE, maître de conf. à l'Univ. de Bordeaux. **La Justice par l'État.** 1899.
LAUGEL (Auguste). **L'Optique et les Arts.**
LE BON (Dr Gustave). * **Lois psychologiques de l'évolution des peuples.** 7e édit.
— * **Psychologie des foules.** 10e édit.
LÉCHALAS. * **Etude sur l'espace et le temps.** 1895.
LE DANTEC, chargé du cours d'Embryologie générale à la Sorbonne. **Le Déterminisme biologique et la Personnalité consciente.** 2e édit.
— * **L'Individualité et l'Erreur individualiste.** 2e édit. 1905.
— **Lamarckiens et Darwiniens,** 2e édit. 1904.
LEFÈVRE (G.), prof. à l'Univ. de Lille. **Obligation morale et idéalisme.** 1895.
LIARD, de l'Inst., vice-rect. Acad. Paris. * **Les Logiciens anglais contemporains** 4e éd.
— **Des définitions géométriques et des définitions empiriques.** 3e édit.
LICHTENBERGER (Henri), maître de conférences à la Sorbonne. * **La philosophie de Nietzsche.** 9e édit. 1906.
— * **Friedrich Nietzsche. Aphorismes et fragments choisis.** 3e édit. 1905.

Suite de la *Bibliothèque de philosophie contemporaine*, format in-12, à 2 fr. 50 le vol.

LOMBROSO. **L'Anthropologie criminelle et ses récents progrès.** 4ᵉ édit. 1901.
— **Les Applications de l'anthropologie criminelle.** 1892.
LUBBOCK (Sir John). * **Le Bonheur de vivre.** 2 volumes. 9ᵉ édit. 1905.
— * **L'Emploi de la vie.** 6ᵉ éd. 1905.
LYON (Georges), recteur de l'Académie de Lille. * **La Philosophie de Hobbes.**
MARGUERY (E.). **L'Œuvre d'art et l'évolution.** 2ᵉ édit. 1905.
MAUXION, professeur à l'Université de Poitiers. * **L'éducation par l'instruction** *et les Théories pédagogiques de Herbart.* 1900.
— ***Essai sur les éléments et l'évolution de la moralité.** 1904.
MILHAUD (G.), professeur à l'Université de Montpellier. * **Le Rationnel.** 1898.
— * **Essai sur les conditions et les limites de la Certitude logique.** 2ᵉ édit. 1898.
MOSSO. * **La Peur.** Étude psycho-physiologique (avec figures). 3ᵉ édit.
— * **La Fatigue intellectuelle et physique,** trad. Langlois. 5ᵉ édit.
MURISIER (E.), professeur à la Faculté des lettres de Neuchâtel (Suisse). **Les Maladies du sentiment religieux.** 2ᵉ édit. 1903.
NAVILLE (E.), doyen de la Faculté des lettres et sciences sociales de l'Université de Genève. **Nouvelle classification des sciences.** 2ᵉ édit. 1901.
NORDAU (Max). * **Paradoxes psychologiques,** trad. Dietrich. 5ᵉ édit. 1904.
— **Paradoxes sociologiques,** trad. Dietrich. 4ᵉ édit. 1904.
— * **Psycho-physiologie du Génie et du Talent,** trad. Dietrich. 3ᵉ édit. 1902.
NOVICOW (J.). **L'Avenir de la Race blanche.** 2ᵉ édit. 1903.
OSSIP-LOURIÉ, lauréat de l'Institut. **Pensées de Tolstoï.** 2ᵉ édit. 1902.
— * **Nouvelles Pensées de Tolstoï.** 1903.
— * **La Philosophie de Tolstoï.** 2ᵉ édit. 1903.
— * **La Philosophie sociale dans le théâtre d'Ibsen.** 1900.
— **Le Bonheur et l'Intelligence.** 1904.
PALANTE (G.), agrégé de l'Université. **Précis de sociologie.** 2ᵉ édit. 1903.
PAULHAN (Fr.). **Les Phénomènes affectifs et les lois de leur apparition.** 2ᵉ éd. 1901.
— * **Joseph de Maistre et sa philosophie.** 1893.
— * **Psychologie de l'invention.** 1900.
— * **Analystes et esprits synthétiques.** 1903.
— **La fonction de la mémoire et le souvenir affectif.** 1904.
PHILIPPE (J.). **L'Image mentale,** avec fig. 1903.
PHILIPPE (J.) et PAUL-BONCOUR (J.). **Les anomalies mentales chez les écoliers.** 1905.
PILLON (F.). * **La Philosophie de Ch. Secrétan.** 1898.
PIOGER (Dʳ Julien). **Le Monde physique,** essai de conception expérimentale. 1893.
QUEYRAT, prof. de l'Univ. * **L'Imagination et ses variétés chez l'enfant.** 2ᵉ édit.
— * **L'Abstraction,** son rôle dans l'éducation intellectuelle. 1894.
— * **Les Caractères et l'éducation morale.** 2ᵉ éd. 1901.
— * **La logique chez l'enfant et sa culture.** 1902.
— ***Les jeux des enfants.** 1905.
REGNAUD (P.), professeur à l'Université de Lyon. **Logique évolutionniste.** *L'Entendement dans ses rapports avec le langage.* 1897.
— **Comment naissent les mythes.** 1897.
RENARD (Georges), professeur au Conservatoire des arts et métiers. **Le régime socialiste,** *son organisation politique et économique.* 5ᵉ édit. 1905.
RÉVILLE (A.), professeur au Collège de France. **Histoire du dogme de la Divinité de Jésus-Christ.** 3ᵉ édit. 1904.
RIBOT (Th.), de l'Institut, professeur honoraire au Collège de France, directeur de la *Revue philosophique*. **La Philosophie de Schopenhauer.** 10ᵉ édition.
— * **Les Maladies de la mémoire.** 18ᵉ édit.
— * **Les Maladies de la volonté.** 21ᵉ édit.
— * **Les Maladies de la personnalité.** 11ᵉ édit.
— * **La Psychologie de l'attention.** 6ᵉ édit.
RICHARD (G.), chargé du cours de sociologie à l'Université de Bordeaux. * **Socialisme et Science sociale.** 2ᵉ édit.
RICHET (Ch.). **Essai de psychologie générale.** 5ᵉ édit. 1903.
ROBERTY (E. de). **L'Inconnaissable, sa métaphysique, sa psychologie.**
— **L'Agnosticisme.** Essai sur quelques théories pessim. de la connaissance. 2ᵉ édit.

Suite de la *Bibliothèque de philosophie contemporaine*, format in-12 à 2 fr. 50 le vol.

ROBERTY (E. de). **La Recherche de l'Unité.** 1893.
— **Auguste Comte et Herbert Spencer.** 2e édit.
— ***Le Bien et le Mal.** 1896.
— **Le Psychisme social.** 1897.
— **Les Fondements de l'Éthique.** 1898.
— **Constitution de l'Éthique.** 1901.
ROISEL. **De la Substance.**
— **L'Idée spiritualiste.** 2e éd. 1901.
ROUSSEL-DESPIERRES. **L'Idéal esthétique.** *Philosophie de la beauté.* 1904.
SCHOPENHAUER. ***Le Fondement de la morale**, trad. par M. A. Burdeau. 7e édit.
— ***Le Libre arbitre**, trad. par M. Salomon Reinach, de l'Institut. 8e éd.
— **Pensées et Fragments**, avec intr. par M. J. Bourdeau. 18e édit.
— **Écrivains et style.** Traduct. Dietrich. 1905.
SOLLIER (Dr P.). **Les Phénomènes d'autoscopie**, avec fig. 1903.
STUART MILL. ***Auguste Comte et la Philosophie positive.** 6e édit.
— ***L'Utilitarisme.** 4e édit.
— **Correspondance inédite avec Gust. d'Eichthal (1828-1842)—(1864-1871).** 1898. Avant-propos et trad. par Eug. d'Eichthal.
SULLY PRUDHOMME, de l'Académie française, et Ch. RICHET, professeur à l'Université de Paris. **Le problème des causes finales.** 2e édit. 1904.
SWIFT. **L'Éternel conflit.** 1901.
TANON (L.). ***L'Évolution du droit et la Conscience sociale.** 2e édit. 1905.
TARDE, de l'Institut. **La Criminalité comparée.** 5e édit. 1902.
— ***Les Transformations du Droit.** 2e édit. 1899.
— ***Les Lois sociales.** 4e édit. 1904.
THAMIN (R.), recteur de l'Acad. de Bordeaux. ***Éducation et Positivisme** 2e édit.
THOMAS (P. Félix). ***La suggestion**, son rôle dans l'éducation. 2e édit. 1898.
— ***Morale et éducation**, 2e édit. 1905.
TISSIÉ. ***Les Rêves**, avec préface du professeur Azam. 2e éd. 1898.
WECHNIAKOFF. **Savants, penseurs et artistes**, publié par Raphael Petrucci.
WUNDT. **Hypnotisme et Suggestion.** Étude critique, traduit par M. Keller. 2e édit. 1902.
ZELLER. **Christian Baur et l'École de Tubingue**, traduit par M. Ritter.
ZIEGLER. **La Question sociale est une Question morale**, trad. Palante. 3e édit.

BIBLIOTHÈQUE DE PHILOSOPHIE CONTEMPORAINE

Volumes in-8, brochés à 3 fr. 75, 5 fr., 7 fr. 50, 10 fr., 12 fr. 50 et 15 fr.
Cart. angl., 1 fr. en plus par vol.; Demi-rel. en plus, 2 fr. par vol.

ADAM (Ch.), recteur de l'Académie de Nancy. ***La Philosophie en France** (première moitié du XIXe siècle). 7 fr. 50
ALENGRY (Franck), docteur ès lettres, inspecteur d'académie. ***Essai historique et critique sur la Sociologie chez Aug. Comte.** 1900. 10 fr.
ARNOLD (Matthew). **La Crise religieuse.** 7 fr. 50
ARRÉAT. ***Psychologie du peintre.** 5 fr.
AUBRY (Dr P.). **La Contagion du meurtre.** 1896. 3e édit. 5 fr.
BAIN (Alex.). **La Logique inductive et déductive.** Trad. Compayré. 2 vol. 3e éd. 20 fr.
— ***Les Sens et l'Intelligence.** Trad. Cazelles. 3e édit. 10 fr.
BALDWIN (Mark), professeur à l'Université de Princeton (États-Unis). **Le Développement mental chez l'enfant et dans la race.** Trad. Nourry. 1897. 7 fr. 50
BARTHÉLEMY-SAINT-HILAIRE, de l'Institut. **La Philosophie dans ses rapports avec les sciences et la religion.** 5 fr.
BARZELOTTI, prof. à l'Univ. de Rome. ***La Philosophie de H. Taine.** 1900. 7 fr. 50
BAZAILLAS (A.), docteur ès lettres, professeur au lycée Condorcet. **La Vie personnelle**, *Étude sur quelques illusions de la perception extérieure.* 1905. 5 fr.
BERGSON (H.), de l'Institut, professeur au Collège de France. ***Matière et mémoire**, essai sur les relations du corps à l'esprit. 2e édit. 1900. 5 fr.
— **Essai sur les données immédiates de la conscience.** 4e édit. 1901. 3 fr. 75
BERTRAND, prof. à l'Université de Lyon. ***L'Enseignement intégral.** 1898. 5 fr.
— **Les Études dans la démocratie.** 1900. 5 fr.

Suite de la *Bibliothèque de philosophie contemporaine*, format in-8.

BOIRAC (Émile), recteur de l'Académie de Dijon. * **L'Idée du Phénomène.** 5 fr.
BOUGLÉ, prof. à l'Univ. de Toulouse. * **Les Idées égalitaires.** 1899. 3 fr. 75
BOURDEAU (L.). **Le Problème de la mort.** 4ᵉ édition. 1904. 5 fr.
— **Le Problème de la vie.** 1901. 7 fr. 50
BOURDON, professeur à l'Université de Rennes. * **L'Expression des émotions et des tendances dans le langage.** 7 fr. 50
BOUTROUX (E.), de l'Inst. **Etudes d'histoire de la philosophie.** 2ᵉ éd. 1901. 7 fr. 50
BRAUNSCHVICG (M.), docteur ès lettres, prof. au lycée de Toulouse. **Le sentiment du beau et le sentiment poétique.** *Essai sur l'esthétique du vers.* 1904. 3 fr. 75
BRAY (L.). **Du beau.** 1902. 5 fr.
BROCHARD (V.), de l'Institut. **De l'Erreur.** 2ᵉ édit. 1897. 5 fr.
BRUNSCHVICG (E.), prof. au lycée Henri IV, doct. ès lett. **La Modalité du jugement.** 5 fr.
CARRAU (Ludovic), professeur à la Sorbonne. **La Philosophie religieuse en Angleterre,** depuis Locke jusqu'à nos jours. 5 fr.
CHABOT (Ch.), prof. à l'Univ. de Lyon. * **Nature et Moralité.** 1897. 5 fr.
CLAY (R.). * **L'Alternative,** *Contribution à la Psychologie.* 2ᵉ édit. 10 fr.
COLLINS (Howard). * **La Philosophie de Herbert Spencer,** avec préface de Herbert Spencer, traduit par H. de Varigny. 4ᵉ édit. 1904. 10 fr.
COMTE (Aug.). **La Sociologie,** résumé par E. RIGOLAGE. 1897. 7 fr. 50
CONTA (B.). **Théorie de l'ondulation universelle.** 1894. 3 fr. 75
COSENTINI (F.). **La Sociologie génétique.** *Essai sur la pensée et la vie sociale préhistoriques.* 1905. 3 fr. 75
COSTE. **Les Principes d'une sociologie objective.** 3 fr. 75
— **L'Expérience des peuples et les prévisions qu'elle autorise.** 1900. 10 fr.
CRÉPIEUX-JAMIN. **L'Écriture et le Caractère.** 4ᵉ édit. 1897. 7 fr. 50
CRESSON, doct. ès lettres. **La Morale de la raison théorique.** 1903. 5 fr.
DAURIAC (L.). **Essai sur l'esprit musical.** 1904. 5 fr.
DE LA GRASSERIE (R.), lauréat de l'Institut. **Psychologie des religions.** 1899. 5 fr.
DELBOS (V.), maît. de conf. à la Sorb. **La philosophie pratique de Kant.** 1905. 12 fr. 50
DEWAULE, docteur ès lettres. * **Condillac et la Psychol. anglaise contemp.** 5 fr.
DRAGHICESCO. **L'Individu dans le déterminisme social.** 1904. 7 fr. 50
DUMAS (G.), chargé de cours à la Sorbonne. * **La Tristesse et la Joie.** 1900. 7 fr. 50
— **Psychologie de deux messies.** *Saint-Simon et Auguste Comte.* 1905. 5 fr.
DUPRAT (G. L.), docteur ès lettres. **L'Instabilité mentale.** 1899. 5 fr.
DUPROIX (P.), professeur à l'Université de Genève. * **Kant et Fichte et le problème de l'éducation.** 2ᵉ édit. 1897. (Ouvrage couronné par l'Académie française.) 5 fr.
DURAND (DE GROS). **Aperçus de taxinomie générale.** 1898. 5 fr.
— **Nouvelles recherches sur l'esthétique et la morale.** 1899. 5 fr.
— **Variétés philosophiques.** 2ᵉ édit. revue et augmentée. 1900. 5 fr.
DURKHEIM, chargé du cours de pédagogie à la Sorbonne. * **De la division du travail social** 2ᵉ édit. 1901. 7 fr. 50
— **Le Suicide,** *étude sociologique.* 1897. 7 fr. 50
— * **L'année sociologique** : 8 années parues.

1ʳᵉ Année (1896-1897). — DURKHEIM : La prohibition de l'inceste et ses origines. — G. SIMMEL : Comment les formes sociales se maintiennent. — *Analyses* des travaux de sociologie publiés du 1ᵉʳ Juillet 1896 au 30 Juin 1897. 10 fr.

2ᵉ Année (1897-1898). — DURKHEIM : De la définition des phénomènes religieux. — HUBERT et MAUSS : La nature et la fonction du sacrifice. — *Analyses.* 10 fr.

3ᵉ Année (1898-1899). — RATZEL : Le sol, la société, l'État. — RICHARD : Les crises sociales et la criminalité. — STEINMETZ : Classification des types sociaux. — *Analyses.* 10 fr.

4ᵉ Année (1899-1900). — BOUGLÉ : Remarques sur le régime des castes. — DURKHEIM : Deux lois de l'évolution pénale. — CHARMONT : Notes sur les causes d'extinction de la propriété corporative. *Analyses.* 10 fr.

5ᵉ Année (1900-1901). — F. SIMIAND : Remarques sur les variations du prix du charbon au XIXᵉ siècle. — DURKHEIM : Sur le Totémisme. — *Analyses.* 10 fr.

6ᵉ Année (1901-1902). — DURKHEIM et MAUSS : De quelques formes primitives de classification. Contribution à l'étude des représentations collectives. — BOUGLÉ : Les théories récentes sur la division du travail. — *Analyses.* 12 fr. 50

7ᵉ Année (1902-1903). — H. HUBERT et MAUSS : Esquisse d'une théorie générale de la magie. — *Analyses.* 12 fr. 50

Suite de la *Bibliothèque de philosophie contemporaine*, format in-8.

8ᵉ Année (1903-1904). — H. BOURGIN : La boucherie à Paris au XIXᵉ siècle. — E. DURKHEIM : L'organisation matrimoniale australienne. — *Analyses* 12 fr. 50
EGGER (V.), prof. à la Fac. des lettres de Paris. **La parole intérieure** 2ᵉ éd. 1904. 5 fr.
ESPINAS (A.), professeur à la Sorbonne. ***La Philosophie sociale du XVIIIᵉ siècle et la Révolution française.** 1898. 7 fr. 50
FERRERO (G.). **Les Lois psychologiques du symbolisme.** 1895. 5 fr.
FERRI (Louis). **La Psychologie de l'association, depuis Hobbes.** 7 fr. 50
FERRI (Enrico). **La Sociologie criminelle.** Traduction L. TERRIER. 1905. 10 fr.
FINOT (J.). **Le préjugé des races.** 1905. 7 fr. 50
FLINT, prof. à l'Univ. d'Edimbourg. ***La Philos. de l'histoire en Allemagne.** 7 fr. 50
FONSEGRIVE, prof. au lycée Buffon. ***Essai sur le libre arbitre.** 2ᵉ édit. 1895. 10 fr.
FOUCAULT, docteur ès lettres. **La psychophysique.** 1903. 7 fr. 50
— **Le Rêve.** 1906. 5 fr.
FOUILLÉE (Alf.), de l'Institut. ***La Liberté et le Déterminisme.** 4ᵉ édit. 7 fr. 50
— **Critique des systèmes de morale contemporains.** 4ᵉ édit. 7 fr. 50
— ***La Morale, l'Art, la Religion,** d'après GUYAU. 5ᵉ édit. augm. 3 fr. 75
— **L'Avenir de la Métaphysique fondée sur l'expérience.** 2ᵉ édit. 5 fr.
— * **L'Évolutionnisme des idées-forces.** 3ᵉ édit. 7 fr. 50
— * **La Psychologie des idées-forces.** 2 vol. 2ᵉ édit. 15 fr.
— * **Tempérament et caractère.** 3ᵉ édit. 7 fr. 50
— **Le Mouvement positiviste et la conception sociol. du monde.** 2ᵉ édit. 7 fr. 50
— **Le Mouvement idéaliste et la réaction contre la science posit.** 2ᵉ édit. 7 fr. 50
— * **Psychologie du peuple français.** 3ᵉ édit. 7 fr. 50
— * **La France au point de vue moral.** 2ᵉ édit. 7 fr. 50
— ***Esquisse psychologique des peuples européens.** 2ᵉ édit. 1903. 10 fr.
— ***Nietzsche et l'immoralisme.** 2ᵉ édit. 1903. 5 fr.
— **Le moralisme de Kant et l'immoralisme contemporain.** 1905. 7 fr. 50
— **Les éléments sociologiques de la morale.** 1906. 7 fr. 50
FOURNIÈRE (E.). ***Les théories socialistes au XIXᵉ siècle,** de BABEUF à PROUDHON. 1904. 7 fr. 50
FULLIQUET. **Essai sur l'Obligation morale.** 1898. 7 fr. 50
GAROFALO, prof. à l'Université de Naples. **La Criminologie.** 5ᵉ édit. refondue. 7 fr. 50
— **La Superstition socialiste.** 1895. 5 fr.
GÉRARD-VARET, prof. à l'Univ. de Dijon. **L'Ignorance et l'Irréflexion.** 1899. 5 fr.
GLEY (Dʳ E.), professeur agrégé à la Faculté de médecine de Paris. **Etudes de psychologie physiologique et pathologique,** avec fig. 1903. 5 fr.
GOBLOT (E.), Prof. à l'Université de Caen. ***Classification des sciences.** 1898. 5 fr.
GORY (G.). **L'Immanence de la raison dans la connaissance sensible.** 5 fr.
GREEF (de), prof. à l'Univ. nouvelle de Bruxelles. **Le Transformisme social.** 7 fr. 50
— **La sociologie économique.** 1904. 3 fr. 75
GROOS (K.), prof. à l'Université de Bâle. ***Les jeux des animaux.** 1902. 7 fr. 50
GURNEY, MYERS et PODMORE. **Les Hallucinations télépathiques,** préf. de CH. RICHET. 4ᵉ éd. 7 fr. 50
GUYAU (M.). * **La Morale anglaise contemporaine.** 5ᵉ édit. 7 fr. 50
— **Les Problèmes de l'esthétique contemporaine.** 6ᵉ édit. 5 fr.
— **Esquisse d'une morale sans obligation ni sanction.** 6ᵉ édit. 5 fr.
— **L'Irréligion de l'avenir,** étude de sociologie. 9ᵉ édit. 7 fr. 50
— * **L'Art au point de vue sociologique.** 6ᵉ édit. 7 fr. 50
— ***Education et Hérédité,** étude sociologique. 7ᵉ édit. 5 fr.
HALÉVY (Élie), docteur ès lettres, professeur à l'École des sciences politiques. ***La Formation du radicalisme philosophique,** 3 vol., chacun 7 fr. 50
HANNEQUIN, prof. à l'Univ. de Lyon. **L'hypothèse des atomes.** 2ᵉ édit. 1899. 7 fr. 50
HARTENBERG (Dʳ Paul). **Les Timides et la Timidité.** 2ᵉ édit. 1904. 5 fr.
HÉBERT (M.). **L'Évolution de la foi catholique.** 1905 5 fr.
HERBERT SPENCER. ***Les premiers Principes.** Traduc. Cazelles. 9ᵉ éd. 10 fr.
— * **Principes de biologie.** Traduct. Cazelles. 4ᵉ édit. 2 vol. 20 fr.
— * **Principes de psychologie.** Trad. par MM. Ribot et Espinas. 2 vol. 20 fr.
— ***Principes de sociologie.** 4 vol., traduits par MM. Cazelles et Gerschel : Tome I. *Données de la sociologie.* 10 fr. — Tome II. *Inductions de la sociologie. Relations domestiques.* 7 fr. 50 — Tome III. *Institutions cérémonielles et politiques.* 15 fr. — Tome IV. *Institutions ecclésiastiques.* 3 fr. 75. — Tome V. *Institutions professionnelles.* 7 fr. 50

Suite de la *Bibliothèque de philosophie contemporaine*, format in-8.

HERBERT SPENCER. * **Essais sur le progrès.** Trad. A. Burdeau. 5e édit. 7 fr. 50
— **Essais de politique.** Trad. A. Burdeau. 4e édit. 7 fr. 50
— **Essais scientifiques.** Trad. A. Burdeau. 3e édit. 7 fr. 50
— * **De l'Éducation physique, intellectuelle et morale.** 10e édit. 5 fr.
— **Justice.** 7 fr. 50
— **Le rôle moral de la bienfaisance.** 7 fr. 50
— **La Morale des différents peuples.** 7 fr. 50
HIRTH (G.). ***Physiologie de l'Art.** Trad. et introd. de L. Arréat. 5 fr.
HOFFDING, prof. à l'Univ. de Copenhague. **Esquisse d'une psychologie fondée sur l'expérience.** Trad. L. POITEVIN. Préf. de Pierre JANET. 2e éd. 1903. 7 fr. 50
— **Histoire de la Philosophie moderne.** Traduit de l'allemand par M. BORDIER, préf. de M. V. DELBOS. 1906. T. I. 10 fr. Le tome II terminant l'ouvrage, paraîtra en 1906.
ISAMBERT (G.). **Les idées socialistes en France** (1815-1848). 1905. 7 fr. 50
JACOBY (Dr P.). **Études sur la sélection chez l'homme.** 2e édition. 1904. 10 fr.
JANET (Paul), de l'Institut. * **Les Causes finales.** 4e édit. 10 fr.
— * **Œuvres philosophiques de Leibniz.** 2e édit. 2 vol. 1900. 20 fr.
JANET (Pierre), professeur au Collège de France. * **L'Automatisme psychologique,** 4e édit. 7 fr. 50
JAURÈS (J.), docteur ès lettres. **De la réalité du monde sensible.** 2e éd. 1902. 7 fr. 50
KARPPE (S.), docteur ès lettres. **Essais de critique d'histoire et de philosophie.** 1902. 3 fr. 75
LALANDE (A.), maître de conférences à la Sorbonne, ***La Dissolution opposée à l'évolution,** dans les sciences physiques et morales. 1899. 7 fr. 50
LANDRY (A.), docteur ès lettres, agrégé de philosophie. **Principes de morale rationnelle.** 1906. 5 fr.
LANESSAN (J.-L. de). **La Morale des religions.** 1905. 10 fr.
LANG (A.). ***Mythes, Cultes et Religion.** Introduc. de Léon Marillier. 1896. 10 fr.
LAPIE (P.), maît. de conf. à l'Univ. de Bordeaux. **Logique de la volonté** 1902. 7 fr. 50
LAUVRIÈRE, docteur ès lettres, prof. au lycée Charlemagne. **Edgar Poë.** *Sa vie et son œuvre. Essai de psychologie pathologique.* 1904. 10 fr.
LAVELEYE (de). ***De la Propriété et de ses formes primitives.** 5e édit. 10 fr.
— ***Le Gouvernement dans la démocratie.** 2 vol. 3e édit. 1896. 15 fr.
LE BON (Dr Gustave). ***Psychologie du socialisme.** 4e éd. refondue. 1905. 7 fr. 50
LECHALAS (G.). **Études esthétiques.** 1902. 5 fr.
LECHARTIER (G.). **David Hume, moraliste et sociologue.** 1900. 5 fr.
LECLÈRE (A.), docteur ès lettres. **Essai critique sur le droit d'affirmer.** 1901. 5 fr.
LE DANTEC, chargé de cours à la Sorbonne. **L'unité dans l'être vivant.** 1902. 7 fr. 50
— **Les Limites du connaissable,** *la vie et les phénom. naturels.* 2e éd. 1904. 3 fr. 75
LÉON (Xavier). ***La philosophie de Fichte,** *ses rapports avec la conscience contemporaine,* Préface de E. BOUTROUX, de l'Institut. 1902. (Couronné par l'Institut.) 10 fr.
LEROY (E. Bernard). **Le Langage.** *La fonction normale et pathologique de cette fonction.* 1905. 5 fr.
LÉVY (A.), maître de conf. à l'Un. de Nancy. **La philosophie de Feuerbach.** 1904. 10 fr.
LÉVY-BRUHL (L.), prof. adjoint à la Sorbonne. ***La Philosophie de Jacobi.** 1894. 5 fr.
— ***Lettres inédites de J.-S. Mill à Auguste Comte,** *publiées avec les réponses de Comte et une introduction.* 1899. 10 fr.
— ***La Philosophie d'Auguste Comte.** 2e édit. 1905. 7 fr. 50
— ***La Morale et la Science des mœurs.** 2e édit. 1905. 5 fr.
LIARD, de l'Institut, vice-recteur de l'Acad. de Paris. ***Descartes,** 2e éd. 1903. 5 fr.
— * **La Science positive et la Métaphysique,** 5e édit. 7 fr. 50
LICHTENBERGER (H.), maître de conférences à la Sorbonne. ***Richard Wagner, poète et penseur.** 3e édit. 1902. (Couronné par l'Académie française.) 10 fr.
— **Henri Heine penseur.** 1905. 3 fr. 75
LOMBROSO. * **L'Homme criminel** (criminel-né, fou-moral, épileptique), précédé d'une préface de M. le docteur LETOURNEAU. 3e éd., 2 vol. et atlas. 1895. 36 fr.
LOMBROSO et FERRERO. **La femme criminelle et la prostituée.** 15 fr.
LOMBROSO et LASCHI. **Le Crime politique et les Révolutions.** 2 vol. 15 fr.
LUBAC, prof. au lycée de Constantine. * **Esquisse d'un système de psychologie rationnelle.** Préface de H. BERGSON. 1904. 3 fr. 75
LYON (Georges), recteur de l'Académie de Lille. * **L'Idéalisme en Angleterre au XVIIIe siècle.** 7 fr. 50

Suite de la *Bibliothèque de philosophie contemporaine*, format in-8.

MALAPERT (P.), docteur ès lettres, prof. au lycée Louis-le-Grand. ***Les Éléments du caractère et leurs lois de combinaison.** 1897. 5 fr.

MARION (H.), prof. à la Sorbonne. ***De la Solidarité morale.** 6e édit. 1897. 5 fr.

MARTIN (Fr.), docteur ès lettres, prof. au lycée Voltaire. ***La Perception extérieure et la Science positive**, essai de philosophie des sciences. 1894. 5 fr.

MAXWELL (J.), docteur en médecine, avocat général près la Cour d'appel de Bordeaux. **Les Phénomènes psychiques.** Recherches, Observations, Méthodes. Préface de Ch. RICHET. 2e édit. 1904. 5 fr.

MULLER (MAX), prof. à l'Univ. d'Oxford. ***Nouvelles études de mythologie.** 1898. 12 f. 50

MYERS. **La personnalité humaine.** *Sa survivance après la mort, ses manifestations supra-normales.* Traduit par le docteur JANKÉLÉVITCH. 1905. 7 fr. 50

NAVILLE (E.), correspondant de l'Institut. **La Physique moderne.** 2e édit. 5 fr.

— ***La Logique de l'hypothèse.** 2e édit. 5 fr.

— ***La Définition de la philosophie.** 1894. 5 fr.

— **Le libre Arbitre.** 2e édit. 1898. 5 fr.

— **Les Philosophies négatives.** 1899. 5 fr.

NORDAU (Max). ***Dégénérescence.** Tome I. 7 fr. 50. Tome II. 7e éd. 1904. 2 vol. 10 fr.

— **Les Mensonges conventionnels de notre civilisation.** 7e édit. 1904. 5 fr.

— ***Vus du dehors.** *Essais de critique sur quelques auteurs français contemp.* 1903. 5 fr.

NOVICOW. **Les Luttes entre Sociétés humaines.** 3e édit. 10 fr.

— ***Les Gaspillages des sociétés modernes.** 2e édit. 1899. 5 fr.

— **La Justice et l'expansion de la vie.** *Essai sur le bonheur des sociétés.* 1905. 7 fr. 50

OLDENBERG, professeur à l'Université de Kiel. ***Le Bouddha,** *sa Vie, sa Doctrine, sa Communauté*, trad. par P. FOUCHER, maître de conférences à l'École des Hautes Études. Préf. de SYLVAIN LÉVI, prof. au Collège de France. 2e éd. 1903. 7 fr. 50

— **La religion du Véda.** Traduit par V. HENRY, prof. à la Sorbonne. 1903. 10 fr.

OSSIP-LOURIÉ. **La philosophie russe contemporaine.** 2e édit. 1905. 5 fr.

— **La Psychologie des romanciers russes au XIXe siècle.** 1905. 7 fr. 50

OUVRÉ (H.), professeur à l'Université de Bordeaux. ***Les Formes littéraires de la pensée grecque.** 1900. (Couronné par l'Académie française.) 10 fr.

PALANTE (G.). **Combat pour l'individu.** 1904. 1 vol. in-8. 3 fr. 75

PAULHAN. **L'Activité mentale et les Éléments de l'esprit.** 10 fr.

— ***Les Caractères.** 2e édit. 5 fr.

— **Les Mensonges du caractère.** 1905. 5 fr.

PAYOT (J.), Recteur de l'Académie de Chambéry. **La croyance.** 2e édit. 1905. 5 fr.

— ***L'Éducation de la volonté.** 21e édit. 1905. 5 fr.

PÊRÈS (Jean), professeur au lycée de Toulouse. ***L'Art et le Réel.** 1898. 3 fr. 75

PÉREZ (Bernard). **Les Trois premières années de l'enfant.** 5e édit. 5 fr.

— **L'Éducation morale dès le berceau.** 4e édit. 1901. 5 fr.

— ***L'Éducation intellectuelle dès le berceau.** 2e éd. 1901. 5 fr.

PIAT (C.). **La Personne humaine.** 1898. (Couronné par l'Institut). 7 fr. 50

— ***Destinée de l'homme.** 1898. 5 fr.

PICAVET (E.), secrét. général du Collège de France, directeur à l'École des hautes études. ***Les Idéologues.** (Couronné par l'Académie française.) 10 fr.

PIDERIT. **La Mimique et la Physiognomonie.** Trad. par M. Girot. 5 fr.

PILLON (F.). ***L'Année philosophique,** 14 années : 1890, 1891, 1892, 1893 (épuisée), 1894, 1895, 1896, 1897, 1898, 1899, 1900, 1901, 1902, 1903, 1904. 14 vol. Chac. 5 fr

PIOGER (J.). **La Vie et la Pensée,** essai de conception expérimentale. 1894. 5 fr.

— **La Vie sociale, la Morale et le Progrès.** 1894. 5 fr.

PREYER, prof. à l'Université de Berlin. **Éléments de physiologie.** 5 fr.

PROAL, conseiller à la Cour de Paris. ***La Criminalité politique.** 1895. 5 fr.

— ***Le Crime et la Peine.** 3e édit. (Couronné par l'Institut.) 10 fr.

— **Le Crime et le Suicide passionnels.** 1900. (Couronné par l'Ac. française.) 10 fr.

RAGEOT (G.), professeur au Lycée Saint-Louis. **Le Succès.** 1906. 5 fr.

RAUH, chargé de cours à la Sorbonne. ***De la méthode dans la psychologie des sentiments.** 1899. (Couronné par l'Institut.) 5 fr.

— ***L'Expérience morale.** 1903. (Récompensé par l'Institut.) 3 fr. 75

RÉCEJAC, doct. ès lett. **Les Fondements de la Connaissance mystique.** 1897. 5 fr.

RENARD (G.), professeur au Conservatoire des arts et métiers. ***La Méthode scientifique de l'histoire littéraire.** 1900. 10 fr.

RENOUVIER (Ch.) de l'Institut. ***Les Dilemmes de la métaphysique pure.** 1900. 5 fr.

Suite de la *Bibliothèque de philosophie contemporaine*, format in-8.

RENOUVIER (Ch.). ***Histoire et solution des problèmes métaphysiques.** 1901. 7 fr. 50
— **Le personnalisme**, avec une étude sur la *perception externe et la force*. 1903. 10 fr.
— **Critique de la doctrine de Kant.** 1906. 7 fr. 50
RIBERY, doct. ès lett. **Essai de classification naturelle des caractères.** 1903. 3 fr. 75
RIBOT (Th.), de l'Institut. * **L'Hérédité psychologique.** 5ᵉ édit. 7 fr. 50
— * **La Psychologie anglaise contemporaine.** 3ᵉ édit. 7 fr. 50
— * **La Psychologie allemande contemporaine.** 5ᵉ édit. 7 fr. 50
— **La Psychologie des sentiments.** 4ᵉ édit. 1903. 7 fr. 50
— **L'Evolution des idées générales.** 2ᵉ édit. 1903. 5 fr.
— * **Essai sur l'Imagination créatrice.** 2ᵉ édit. 1905. 5 fr.
— **La logique des sentiments.** 1905. 3 fr. 75
RICARDOU (A.), docteur ès lettres. * **De l'Idéal.** (Couronné par l'Institut.) 5 fr.
RICHARD (G.), chargé du cours de sociologie à l'Univ. de Bordeaux. ***L'idée d'évolution dans la nature et dans l'histoire.** 1903. (Couronné par l'Institut.) 7 fr. 50
RIGNANO (E.). **La transmissibilité des caractères acquis.** 1906. 5 fr.
ROBERTY (E. de). **L'Ancienne et la Nouvelle philosophie.** 7 fr. 50
— * **La Philosophie du siècle** (positivisme, criticisme, évolutionnisme). 5 fr.
— **Nouveau Programme de sociologie.** 1904. 5 fr.
ROMANES. * **L'Evolution mentale chez l'homme.** 7 fr. 50
RUYSSEN (Th.), chargé de cours à l'Université d'Aix. **Essai sur l'évolution psychologique du jugement.** 5 fr.
SABATIER, doyen de la Fac. des sc. de Montpellier. ***Philosophie de l'effort.** 1903. 7 fr. 50
SAIGEY (E.). ***Les Sciences au XVIIIᵉ siècle.** La Physique de Voltaire. 5 fr.
SAINT-PAUL (Dʳ G.). **Le Langage intérieur et les paraphasies.** 1904. 5 fr.
SANZ Y ESCARTIN. **L'Individu et la Réforme sociale**, trad. Dietrich. 7 fr. 50
SCHOPENHAUER. **Aphor. sur la sagesse dans la vie.** Trad. Cantacuzène. 7ᵉ éd. 5 fr.
— ***Le Monde comme volonté et comme représentation.** 3ᵉ éd. 3 vol. chac. 7 fr. 50
SÉAILLES (G.), prof. à la Sorbonne. **Essai sur le génie dans l'art.** 2ᵉ édit. 5 fr.
— **La Philosophie de Ch. Renouvier.** *Introduction au néo-criticisme.* 1905. 7 fr. 50
SIGHELE (Scipio). **La Foule criminelle.** 2ᵉ édit. 1901. 5 fr.
SOLLIER. **Le Problème de la mémoire.** 1900. 3 fr. 75
— **Psychologie de l'idiot et de l'imbécile**, avec 12 pl. hors texte. 2ᵉ éd. 1902. 5 fr.
— **Le Mécanisme des émotions.** 1905. 5 fr.
SOURIAU (Paul), prof. à l'Univ. de Nancy. **L'Esthétique du mouvement.** 5 fr.
— **La Beauté rationnelle.** 1904. 10 fr.
STEIN (L.), professeur à l'Université de Berne. ***La Question sociale au point de vue philosophique.** 1900. 10 fr.
STUART MILL. * **Mes Mémoires.** Histoire de ma vie et de mes idées. 3ᵉ éd. 5 fr.
— * **Système de Logique déductive et inductive.** 4ᵉ édit. 2 vol. 20 fr.
— * **Essais sur la Religion.** 3ᵉ édit. 5 fr.
— **Lettres inédites à Aug. Comte et réponses d'Aug. Comte**, 1899. 10 fr.
SULLY (James). **Le Pessimisme.** Trad. Bertrand. 2ᵉ édit. 7 fr. 50
— * **Études sur l'Enfance.** Trad. A. Monod, préface de G. Compayré. 1898. 10 fr.
— **Essai sur le rire.** Trad. Terrier. 1904. 7 fr. 50
SULLY PRUDHOMME, de l'Acad. franç. **La vraie religion selon Pascal.** 1905. 7 fr. 50
TARDE (G.), de l'Instit., prof. au Coll. de France. ***La Logique sociale.** 3ᵉ éd. 1898. 7 fr. 50
— ***Les Lois de l'imitation.** 3ᵉ édit. 1900. 7 fr. 50
— **L'Opposition universelle.** *Essai d'une théorie des contraires.* 1897. 7 fr. 50
— ***L'Opinion et la Foule.** 2ᵉ édit. 1904. 5 fr.
— ***Psychologie économique.** 1902. 2 vol. 15 fr.
TARDIEU (E.). **L'Ennui.** *Étude psychologique.* 1903. 5 fr.
THOMAS (P.-F.), docteur ès lettres. **Pierre Leroux, sa philosophie.** 1904. 5 fr.
— ***L'Éducation des sentiments.** (Couronné par l'Institut.) 3ᵉ édit. 1904. 5 fr.
THOUVEREZ (Émile), professeur à l'Université de Toulouse. **Le Réalisme métaphysique.** 1894. (Couronné par l'Institut.) 5 fr.
VACHEROT (Et.), de l'Institut. * **Essais de philosophie critique.** 7 fr. 50
— **La Religion.** 7 fr. 50
WEBER (L.). ***Vers le positivisme absolu par l'idéalisme.** 1903. 7 fr. 50

COLLECTION HISTORIQUE DES GRANDS PHILOSOPHES

PHILOSOPHIE ANCIENNE

ARISTOTE (Œuvres d'), traduction de J. BARTHÉLEMY-SAINT-HILAIRE, de l'Institut.

— * **Rhétorique.** 2 vol. in-8. 16 fr.

— * **Politique.** 1 vol. in-8... 10 fr.

— **Métaphysique.** 3 vol. in-8. 30 fr.

— **Traité du ciel.** 1 vol. in-8. 10 fr.

— **Table alphabétique des matières de la traduction générale d'Aristote,** par M. BARTHÉLEMY-SAINT-HILAIRE, 2 forts vol. in-8. 1892 .... 30 fr.

— **L'Esthétique d'Aristote,** par M. BÉNARD. 1 vol. in-8. 1889. 5 fr.

— **La Poétique d'Aristote,** par HATZFELD (A.), prof. hon. au Lycée Louis-le-Grand et M. DUFOUR, prof. à l'Univ. de Lille. 1 vol. in-8 1900.................... 6 fr.

SOCRATE. * **La Philosophie de Socrate,** p. A. FOUILLÉE. 2 v. in-8 16 fr.

— **Le Procès de Socrate,** par G. SOREL. 1 vol. in-8...... 3 fr. 50

PLATON. **La Théorie platonicienne des Sciences,** par ÉLIE HALÉVY. In-8. 1895............. 5 fr.

— **Œuvres,** traduction VICTOR COUSIN revue par J. BARTHÉLEMY-SAINT-HILAIRE : *Socrate et Platon* ou *le Platonisme* — *Eutyphron* — *Apologie de Socrate* — *Criton* — *Phédon*. 1 vol. in-8. 1896. 7 fr. 50

ÉPICURE. * **La Morale d'Épicure** et ses rapports avec les doctrines contemporaines, par M. GUYAU. 1 volume in-8. 5ᵉ édit...... 7 fr. 50

BÉNARD. **La Philosophie ancienne,** ses systèmes. *La Philosophie et la Sagesse orientales. — La Philosophie grecque avant Socrate. Socrate et les socratiques. — Les sophistes grecs.* 1 v. in-8... 9 fr.

FAVRE (Mᵐᵉ Jules), née VELTEN. **La Morale de Socrate.** In-18. 3 50

— **La Morale d'Aristote.** In-18. 3 fr. 50

OUVRÉ (H.) **Les formes littéraires de la pensée grecque.** 1 vol. in-8. (*Couronné par l'Acad. franç.*) 10 fr.

GOMPERZ. **Les penseurs de la Grèce.**

I. *La philosophie antésocratique.* Préface de A. CROISET, de l'Institut. 1 vol. gr. in-8 .... 10 fr.

II. *Athènes, Socrate et les Socratiques.* 1 vol. gr. in-8 .... 12 fr.

III. (*Sous presse*).

RODIER (G.). * **La Physique de Straton de Lampsaque.** In-8. 3 fr.

TANNERY (Paul). **Pour la science hellène.** In-8........ 7 fr. 50

MILHAUD (G.). * **Les philosophes géomètres de la Grèce.** 1 vol. in-8. 1900. (*Couronné par l'Institut.*) .... 6 fr.

FABRE (Joseph). **La Pensée antique** *De Moïse à Marc-Aurèle.* 2ᵉ éd. In-8. 5 fr.

— **La Pensée chrétienne.** *Des Évangiles à l'Imitation de J.-C.* In-8. 9 fr.

— **L'Imitation de Jésus-Christ.** Trad. nouv. avec préface. In-8. (*Sous presse*).

LAFONTAINE (A.). **Le Plaisir,** *d'après Platon et Aristote.* In-8. 6 fr.

PHILOSOPHIE MODERNE

* DESCARTES, par L. LIARD. 2ᵉ éd. 1 vol. in-8............ 5 fr.

— **Essai sur l'Esthétique de Descartes,** par E. KRANTZ. 1 vol. in-8. 2ᵉ éd. 1897............ 6 fr.

— **Descartes, directeur spirituel,** par V. de SWARTE. Préface de E. BOUTROUX. 1 vol. in-16 avec pl. (*Couronné par l'Institut*). 4 fr. 50

LEIBNIZ. * **Œuvres philosophiques,** pub. p. P. JANET. 2ᵉ éd. 2 v. in-8. 20 f.

— * **La logique de Leibniz,** par L. COUTURAT. 1 vol. in-8.. 12 fr.

— **Opuscules et fragments inédits de Leibniz,** par L. COUTURAT. 1 vol. in-8............ 25 fr.

PICAVET. **Histoire générale et comparée des philosophies médiévales.** 1 v. in-8. 1905 7 fr. 50

WULF. (M. de) **Histoire de la philosophie médiévale.** 2ᵉ éd. 1 vol. in-8 .... 10 fr.

SPINOZA. **Benedicti de Spinoza opera,** quotquot reperta sunt, recognoverunt J. Van Vloten et J.-P.-N. Land. 2 forts vol. in-8 sur papier de Hollande............ 45 fr.

Le même en 3 volumes. 18 fr.

SPINOZA. **Inventaire des livres**

formant sa bibliothèque, publié d'après un document inédit avec des notes et une introduction par A.-J. SERVAAS VAN ROOIJEN. 1 v. in-4 sur papier de Hollande.... 15 fr.

SPINOZA. **La Doctrine de Spinoza**, exposée à la lumière des faits scientifiques, par E. FERRIÈRE. In-16.................. 3 fr. 50

FIGARD (L.), docteur ès lettres. **Un Médecin philosophe au XVI° siècle.** *La Psychologie de Jean Fernel.* 1 v. in-8. 1903. 7 fr. 50

GASSENDI. **La Philosophie de Gassendi**, par P.-F. THOMAS. In-8. 1889 .... 6 fr.

MALEBRANCHE. * **La Philosophie de Malebranche**, par OLLÉ-LAPRUNE, de l'Institut. 2 v. in-8. 16 fr.

PASCAL. **Le scepticisme de Pascal**, par DROZ. 1 vol. in-8........ 6 fr.

VOLTAIRE. **Les Sciences au XVIII° siècle.** Voltaire physicien, par Em. SAIGEY. 1 vol. in-8. 5 fr.

DAMIRON. **Mémoires pour servir à l'histoire de la philosophie au XVIII° siècle.** 3 vol. in-8. 15 fr.

J.-J. ROUSSEAU* **Du Contrat social**, édition comprenant avec le texte définitif les versions primitives de l'ouvrage d'après les manuscrits de Genève et de Neuchâtel, avec introduction par EDMOND DREYFUS-BRISAC. 1 fort volume grand in-8. 12 fr.

ERASME. **Stultitiæ laus des. Erasmi Rot. declamatio.** Publié et annoté par J.-B. KAN, avec les figures de HOLBEIN. 1 v. in-8. 6 fr. 75

PHILOSOPHIE ANGLAISE

DUGALD STEWART. * **Éléments de la philosophie de l'esprit humain.** 3 vol. in-16..... 9 fr.

BACON. **Étude sur François Bacon**, par J. BARTHÉLEMY-SAINT-HILAIRE. In-18......... 2 fr. 50

— * **Philosophie de François Bacon**, par CH. ADAM. (Couronné par l'Institut). In-8..... 7 fr. 50

BERKELEY. **Œuvres choisies.** *Essai d'une nouvelle théorie de la vision. Dialogues d'Hylas et de Philonoüs.* Trad. de l'angl. par MM. BEAULAVON (G.) et PARODI (D.). In-8. 1895. 5 fr.

PHILOSOPHIE ALLEMANDE

FEUERBACH. **Sa philosophie**, par A. LÉVY. 1 vol. in-8..... 10 fr.

KANT. **Critique de la raison pratique**, traduction nouvelle avec introduction et notes, par M. PICAVET. 2° édit. 1 vol. in-8.. 6 fr.

— **Critique de la raison pure**, traduction nouvelle par MM. PACAUD et TREMESAYGUES. Préface de M. HANNEQUIN. 1 vol. in-8.. 12 fr.

— **Éclaircissements sur la Critique de la raison pure**, trad. TISSOT. 1 vol. in-8........ 6 fr.

— **Doctrine de la vertu**, traduction BARNI. 1 vol. in-8......... 8 fr.

— * **Mélanges de logique**, traduction TISSOT. 1 v. in-8..... 6 fr.

— * **Prolégomènes à toute métaphysique future** qui se présentera comme science, traduction TISSOT. 1 vol. in-8......... 6 fr.

— * **Anthropologie**, suivie de divers fragments, traduction TISSOT. 1 vol. in-8 .... 6 fr.

—* **Essai critique sur l'Esthétique de Kant**, par V. BASCH. 1 vol. in-8. 1896......... 10 fr.

— **Sa morale**, par CRESSON. 2° éd. 1 vol. in-12.......... 2 fr. 50

— **L'Idée ou critique du Kantisme**, par C. PIAT, Dr ès lettres. 2° édit. 1 vol. in-8....... 6 fr.

KANT et FICHTE **et le problème de l'éducation**, par PAUL DUPROIX. 1 vol. in-8. 1897....... 5 fr.

SCHELLING. **Bruno**, ou du principe divin. 1 vol. in-8........ 3 fr. 50

HEGEL. * **Logique.** 2 vol. in-8. 14 fr.

— * **Philosophie de la nature.** 3 vol. in-8.............. 25 fr.

— * **Philosophie de l'esprit.** 2 vol. in-8.................. 18 fr.

— * **Philosophie de la religion.** 2 vol. in-8............. 20 fr.

— **La Poétique**, trad. par M. Ch. BÉNARD. Extraits de Schiller, Gœthe, Jean-Paul, etc., 2 v. in-8. 12 fr.

— **Esthétique.** 2 vol. in-8, trad. BÉNARD.............. 16 fr.

— **Antécédents de l'hégélianisme dans la philos. franç.**, par E. BEAUSSIRE. In-18. 2 fr. 50

— **Introduction à la philosophie de Hegel**, par VÉRA. in-8. 6 fr. 50

—* **La logique de Hegel**, par EUG. NOEL. In-8. 1897.... 3 fr.

HERBART. * **Principales œuvres pédagogiques**, trad. A. PINLOCHE. In-8. 1894........... 7 fr. 50

La métaphysique de Herbart et la critique de Kant, par M. MAUXION. 1 vol. in-8... 7 fr. 50

MAUXION (M.). **L'éducation par l'instruction** *et les théories pédagogiques de Herbart*. In-12. 1901................ 2 fr. 50

SCHILLER. **Sa Poétique**, par V. BASCH. 1 vol. in-8. 1902... 4 fr.

Essai sur le mysticisme spéculatif en Allemagne au XIVe siècle, par DELACROIX (H.), maître de conf. à l'Univ. de Montpellier. 1 vol. in-8, 1900. 5 fr.

PHILOSOPHIE ANGLAISE CONTEMPORAINE

(Voir *Bibliothèque de philosophie contemporaine*, pages 2 à 10.)

ARNOLD (Matt.). — BAIN (Alex.). — CARRAU (Lud.). — CLAY (R.). — COLLINS (H.). — CARUS. — FERRI (L.). — FLINT. — GUYAU. — GURNEY, MYERS et PODMORE. — HALÉVY (E.). — HERBERT SPENCER. — HUXLEY. — JAMES (William). — LIARD. — LANG. — LUBBOCK (Sir John). — LYON (Georges). — MARION. — MAUDSLEY. — STUART MILL (John). — RIBOT. — ROMANES. — SULLY (James).

PHILOSOPHIE ALLEMANDE CONTEMPORAINE

(Voir *Bibliothèque de philosophie contemporaine*, pages 2 à 10.)

BOUGLÉ. — GROOS. — HARTMANN (E. de). — LÉON (Xavier). — LÉVY (A.). — LÉVY-BRUHL. — MAUXION. — NORDAU (Max). — NIETZSCHE. — OLDENBERG. — PIDERIT. — PREYER. — RIBOT. — SCHMIDT (O.). — SCHOPENHAUER. — SELDEN (C.). — WUNDT. — ZELLER. — ZIEGLER.

PHILOSOPHIE ITALIENNE CONTEMPORAINE

(Voir *Bibliothèque de philosophie contemporaine*, pages 2 à 10.)

BARZELOTTI. — ESPINAS. — FERRERO. — FERRI (Enrico). — FERRI (L.). — GAROFALO. — LOMBROSO. — LOMBROSO et FERRERO. — LOMBROSO et LASCHI. — MOSSO. — PILO (Mario). — SERGI. — SIGHELE.

LES GRANDS PHILOSOPHES

Publié sous la direction de M. C. PIAT

Agrégé de philosophie, docteur ès lettres, professeur à l'École des Carmes.

Chaque étude forme un volume in-8° carré de 300 pages environ, dont le prix varie de 5 francs à 7 fr. 50.

***Kant**, par M. RUYSSEN, maître de conférences à la Faculté des lettres d'Aix. 2e édition. 1 vol. in-8. (*Couronné par l'Institut.*) 7 fr. 50
***Socrate**, par l'abbé C. PIAT. 1 vol. in-8. 5 fr.
***Avicenne**, par le baron CARRA DE VAUX. 1 vol. in-8. 5 fr.
***Saint Augustin**, par l'abbé JULES MARTIN. 1 vol. in-8. 5 fr.
***Malebranche**, par Henri JOLY. 1 vol. in-8. 5 fr.
***Pascal**, par A. HATZFELD. 1 vol. in-8. 5 fr.
***Saint Anselme**, par DOMET DE VORGES. 1 vol. in-8. 5 fr.
Spinoza, par P.-L. COUCHOUD, agrégé de l'Université. 1 vol. in-8. (*Couronné par l'Académie Française*). 5 fr.
Aristote, par l'abbé C. PIAT. 1 vol. in-8. 5 fr.
Gazali, par le baron CARRA DE VAUX. 1 vol. in-8. (*Couronné par l'Académie Française*). 5 fr.

MINISTRES ET HOMMES D'ÉTAT

HENRI WELSCHINGER. — ***Bismarck**. 1 vol. in-16. 1900....... 2 fr. 50
H. LÉONARDON. — ***Prim**. 1 vol. in-16. 1901.......... 2 fr. 50
M. COURCELLE. — ***Disraëli**. 1 vol. in-16. 1901.......... 2 fr. 50
M. COURANT. — **Okoubo**. 1 vol. in-16, avec un portrait. 1904.. 2 fr. 50
A. VIALLATE. — **Chamberlain**. Préface de E. BOUTMY. 1 vol. in-16. 2 fr. 50

BIBLIOTHÈQUE GÉNÉRALE
des
SCIENCES SOCIALES

SECRÉTAIRE DE LA RÉDACTION : DICK MAY, Secrétaire général de l'École des Hautes Études sociales.
Chaque volume in-8 de 300 pages environ, cartonné à l'anglaise, 6 fr.

1. **L'Individualisation de la peine**, par R. SALEILLES, professeur à la Faculté de droit de l'Université de Paris.
2. **L'Idéalisme social**, par Eugène FOURNIÈRE.
3. * **Ouvriers du temps passé** (XVe et XVIe siècles), par H. HAUSER, professeur à l'Université de Dijon.
4. * **Les Transformations du pouvoir**, par G. TARDE, de l'Institut.
5. **Morale sociale.** Leçons professées au Collège libre des Sciences sociales, par MM. G. BELOT, MARCEL BERNÈS, BRUNSCHVICG, F. BUISSON, DARLU, DAURIAC, DELBET, CH. GIDE, M. KOVALEVSKY, MALAPERT, le R. P. MAUMUS, DE ROBERTY, G. SOREL, le PASTEUR WAGNER. Préface de M. EMILE BOUTROUX, de l'Institut.
6. **Les Enquêtes**, pratique et théorie, par P. DU MAROUSSEM. (*Ouvrage couronné par l'Institut.*)
7. * **Questions de Morale**, par MM. BELOT, BERNÈS, F. BUISSON, A. CROISET, DARLU, DELBOS, FOURNIÈRE, MALAPERT, MOCH, PARODI, G. SOREL (*Ecole de morale*).
8. **Le développement du Catholicisme social** depuis l'encyclique *Rerum novarum*, par Max TURMANN.
9. * **Le Socialisme sans doctrines.** *La Question ouvrière et la Question agraire en Australie et en Nouvelle-Zélande*, par Albert MÉTIN, agrégé de l'Université, professeur à l'École Coloniale.
10. * **Assistance sociale.** *Pauvres et mendiants*, par PAUL STRAUSS, sénateur.
11. * **L'Éducation morale dans l'Université.** (*Enseignement secondaire.*) Conférences et discussions, sous la présid. de M. A. CROISET, doyen de la Faculté des lettres de Paris, par MM. LÉVY-BRUHL, DARLU, M. BERNÈS, KORTZ, CLAIRIN, ROCAFORT, BIOCHE, Ph. GIDEL, MALAPERT, BELOT. (*Ecole des Hautes Etudes sociales*, 1900-1901).
12. * **La Méthode historique appliquée aux Sciences sociales**, par Charles SEIGNOBOS, maître de conf. à l'Université de Paris.
13. * **L'Hygiène sociale**, par E. DUCLAUX, de l'Institut, directeur de l'instit. Pasteur.
14. **Le Contrat de travail.** *Le rôle des syndicats professionnels*, par P. BUREAU, prof. à la Faculté libre de droit de Paris.
15. * **Essai d'une philosophie de la solidarité.** Conférences et discussions sous la présidence de MM. Léon BOURGEOIS et A. CROISET, par MM. DARLU, RAUH, F. BUISSON, GIDE, X. LÉON, LA FONTAINE, E. BOUTROUX (*Ecole des Hautes Etudes sociales*).
16. * **L'exode rural et le retour aux champs**, par E. VANDERVELDE, professeur à l'Université nouvelle de Bruxelles.
17. * **L'Education de la démocratie**, par MM. E. LAVISSE, A. CROISET, Ch. SEIGNOBOS, P. MALAPERT, G. LANSON, J. HADAMARD (*Ecole des Hautes Etudes soc.*).
18. * **La Lutte pour l'existence et l'évolution des sociétés**, par J.-L. DE LANNESSAN, député, prof. agr. à la Fac. de méd. de Paris.
19. **La Concurrence sociale et les devoirs sociaux**, par le MÊME.
20. **L'Individualisme anarchiste, Max Stirner**, par V. BASCH, professeur à l'Université de Rennes.
21. * **La démocratie devant la science**, par C. BOUGLÉ, prof. de philosophie sociale à l'Université de Toulouse. (*Récompensé par l'Institut.*)
22. * **Les Applications sociales de la solidarité**, par MM. P. BUDIN, Ch. GIDE, H. MONOD, PAULET, ROBIN, SIEGFRIED, BROUARDEL. Préface de M. Léon BOURGEOIS (*Ecole des Hautes Etudes soc.*, 1902-1903).
23. **La Paix et l'enseignement pacifiste**, par MM. Fr. PASSY, Ch. RICHET, d'ESTOURNELLES DE CONSTANT, E. BOURGEOIS, A. WEISS, H. LA FONTAINE, G. LYON (*Ecole des Hautes Etudes soc.*, 1902-1903).
24. * **Etudes sur la philosophie morale au XIXe siècle**, par MM. BELOT, A. DARLU, M. BERNÈS, A. LANDRY, Ch. GIDE, E. ROBERTY, R. ALLIER, H. LICHTENBERGER, L. BRUNSCHVICG (*Ecole des Hautes Etudes soc.*, 1902-1903).
25. **Enseignement et démocratie**, par MM. APPELL, J. BOITEL, A. CROISET, A. DEVINAT, Ch.-V. LANGLOIS, G. LANSON, A. MILLERAND, Ch. SEIGNOBOS (*Ecole des Hautes Etudes soc.*, 1903-1904).
26. **Religions et Sociétés**, par MM. TH. REINACH, A. PUECH, R. ALLIER, A. LEROY-BEAULIEU, le baron CARRA DE VAUX, H. DREYFUS (*Ecole des Hautes Etudes soc.*, 1903-1904).

BIBLIOTHÈQUE D'HISTOIRE CONTEMPORAINE

Volumes in-12 brochés à 3 fr. 50. — Volumes in-8 brochés de divers prix

EUROPE

DEBIDOUR, inspecteur général de l'Instruction publique. * **Histoire diplomatique de l'Europe, de 1815 à 1878.** 2 vol. in-8. (*Ouvrage couronné par l'Institut.*) 18 fr.

DOELLINGER (I. de). La papauté, ses origines au moyen âge, son influence jusqu'en 1870. Traduit par A. GIRAUD-TEULON, 1904. 1 vol. in-8. 7 fr.

SYBEL (H. de). * **Histoire de l'Europe pendant la Révolution française,** traduit de l'allemand par Mlle DOSQUET. Ouvrage complet en 6 vol. in-8. 42 fr.

FRANCE

AULARD, professeur à la Sorbonne. * **Le Culte de la Raison et le Culte de l'Être suprême,** étude historique (1793-1794). 2e édit. 1 vol. in-12. 3 fr. 50

— * **Études et leçons sur la Révolution française.** 4 vol. in-12. Chacun. 3 fr. 50

CAHEN (L.), agrégé d'histoire, docteur ès lettres. * **Condorcet et la Révolution française.** 1 vol. in-8. (*Récompensé par l'Institut.*) 10 fr.

DESPOIS (Eug.). * **Le Vandalisme révolutionnaire.** Fondations littéraires, scientifiques et artistiques de la Convention. 4e édit. 1 vol. in-12. 3 fr. 50

DEBIDOUR, inspecteur général de l'instruction publique. * **Histoire des rapports de l'Église et de l'État en France** (1789-1870). 1 fort vol. in-8. 1898. (*Couronné par l'Institut.*) 12 fr.

MATHIEZ (A.), agrégé d'histoire, docteur ès lettres. **La théophilanthropie et le culte décadaire,** 1796-1801. 1 vol. in-8. 12 fr.

ISAMBERT (G.). * **La vie à Paris pendant une année de la Révolution** (1791-1792). In-16. 1896. 3 fr. 50

MARCELLIN PELLET, ancien député. **Variétés révolutionnaires.** 3 vol. in-12, précédés d'une préface de A. RANC. Chaque vol. séparém. 3 fr. 50

DRIAULT (E.), professeur au lycée de Versailles. **La politique orientale de Napoléon.** Sébastiani et Gardane (1806-1808). 1 vol. in-8 (*Récompensé par l'Institut.*) 7 fr.

SILVESTRE, professeur à l'École des sciences politiques. **De Waterloo à Sainte-Hélène** (20 Juin-16 Octobre 1815). 1 vol. in-16. 3 fr. 50

BONDOIS (P.), agrégé de l'Université. * **Napoléon et la société de son temps** (1793-1821). 1 vol. in-8. 7 fr.

CARNOT (H.), sénateur. * **La Révolution française,** résumé historique. In-16. Nouvelle édit. 3 fr. 50

ROCHAU (M. de). **Histoire de la Restauration,** In-16. 3 fr. 50

WEILL (G.), docteur ès lettres, agrégé de l'Université. **Histoire du parti républicain en France, de 1814 à 1870.** 1 vol. in-8. 1900. (*Récompensé par l'Institut.*) 10 fr.

— * **Histoire du mouvement social en France** (1852-1902). 1 v. in-8. 1905. 7 fr.

BLANC (Louis). * **Histoire de Dix ans** (1830-1840). 5 vol. in-8. 25 fr.

GAFFAREL (P.), professeur à l'Université d'Aix. * **Les Colonies françaises.** 1 vol. in-8. 6e édition revue et augmentée. 5 fr.

LAUGEL (A.). * **La France politique et sociale.** 1 vol. in-8. 5 fr.

SPULLER (E.), ancien ministre de l'Instruction publique. * **Figures disparues,** portraits contemp., littér. et politiq. 3 vol. in-16. Chacun. 3 fr. 50

— **Hommes et choses de la Révolution.** In-16. 1896. 3 fr. 50

TAXILE DELORD. * **Histoire du second Empire** (1848-1870). 6 v. in-8. 42 fr.

TCHERNOFF (J.) **Associations et Sociétés secrètes sous la deuxième République** (1848-1851). 1 vol. in-8. 1905. 7 fr.

VALLAUX (C.). * **Les campagnes des armées françaises** (1792-1815). In-16, avec 17 cartes dans le texte. 3 fr. 50

ZEVORT (E.), recteur de l'Académie de Caen. **Histoire de la troisième République:**

Tome I. * **La présidence de M. Thiers.** 1 vol. in-8. 2e édit. 7 fr.
Tome II. * **La présidence du Maréchal.** 1 vol. in-8. 2e édit. 7 fr.
Tome III. **La présidence de Jules Grévy.** 1 vol. in-8. 2e édit. 7 fr.
Tome IV. **La présidence de Sadi Carnot.** 1 vol. in-8. 7 fr.

WAHL, inspect. général, A. BERNARD, professeur à la Sorbonne. * **L'Algérie.** 1 vol. in-8. 4e édit., 1903. (*Ouvrage couronné par l'Institut.*) 5 fr.

LANESSAN (J.-L. de). *L'Indo-Chine française. Étude économique, politique et administrative. 1 vol. in-8, avec 5 cartes en couleurs hors texte. 15 fr.

PIOLET (J.-B.). La France hors de France, notre émigration, sa nécessité, ses conditions. 1 vol. in-8. 1900. (*Couronné par l'Institut.*) 10 fr.

LAPIE (P.), chargé de cours à l'Université de Bordeaux. * Les Civilisations tunisiennes (Musulmans, Israélites, Européens). In-16. 1898. (*Couronné par l'Académie française.*) 3 fr. 50

WEILL (Georges), professeur au lycée Louis-le-Grand. L'Ecole saint-simonienne, son histoire, son influence jusqu'à nos jours. In-16 1896. 3 fr. 50

LEBLOND (Marius-Ary). La société française sous la troisième République. 1905. 1 vol. 5 fr.

ANGLETERRE

REYNALD (H.), doyen de la Faculté des lettres d'Aix. * Histoire de l'Angleterre, depuis la reine Anne jusqu'à nos jours. In-16. 2e éd. 3 fr. 50

MÉTIN (Albert), Prof. à l'Ecole Coloniale. * Le Socialisme en Angleterre. In-16. 3 fr. 50

ALLEMAGNE

SCHMIDT (Ch.), docteur ès lettres. Le grand duché de Berg (1806-1813) 1905. 1 vol. in-8. 10 fr.

VÉRON (Eug.). * Histoire de la Prusse, depuis la mort de Frédéric II. In-16. 6e édit. 3 fr. 50

— * Histoire de l'Allemagne, depuis la bataille de Sadowa jusqu'à nos jours. In-16. 3e éd., mise au courant des événements par P. Bondois. 3 fr. 50

ANDLER (Ch.), prof. à la Sorbonne. *Les origines du socialisme d'État en Allemagne. 1 vol. in-8. 1897. 7 fr.

GUILLAND (A.), professeur d'histoire à l'Ecole polytechnique suisse. * L'Allemagne nouvelle et ses historiens. (Niebuhr, Ranke, Mommsen, Sybel, Treitschke.) 1 vol. in-8. 1899. 5 fr.

MILHAUD (G.), professeur à l'Université de Genève. *La Démocratie socialiste allemande. 1 vol. in-8. 1903. 10 fr.

MATTER (P.), doct. en droit, substitut au tribunal de la Seine. *La Prusse et la révolution de 1848. In-16. 1903. 3 fr. 50

— Bismarck et son temps. I. *La préparation* (1815-1863). 1 vol. in-8. 10 fr. II. *L'action* (1863-1870). 1 vol. in-8. 10 fr.

AUTRICHE-HONGRIE

BOURLIER (J.). * Les Tchèques et la Bohême contemporaine. In-16. 1897. 3 fr. 50

AUERBACH, professeur à l'Université de Nancy. *Les races et les nationalités en Autriche-Hongrie. In-8. 1898. 5 fr.

SAYOUS (Ed.), professeur à la Faculté des lettres de Besançon. Histoire des Hongrois et de leur littérature politique, de 1790 à 1815. In-16. 3 fr. 50

*RECOULY (R.), agrégé de l'Univ. Le pays magyar. 1903. In-16. 3 fr. 50

ITALIE

SORIN (Élie). *Histoire de l'Italie, depuis 1815 jusqu'à la mort de Victor-Emmanuel. In-16. 1888. 3 fr. 50

GAFFAREL (P.), professeur à l'Université d'Aix. *Bonaparte et les Républiques italiennes (1796-1799). 1895. 1 vol. in-8. 5 fr.

BOLTON KING (M. A.). *Histoire de l'unité italienne. Histoire politique de l'Italie, de 1814 à 1871, traduit de l'anglais par M. Macquart; introduction de M. Yves Guyot. 1900. 2 vol. in-8. 15 fr.

ESPAGNE

REYNALD (H.). * Histoire de l'Espagne, depuis la mort de Charles III In-16. 3 fr. 50

ROUMANIE

DAMÉ (Fr.). * Histoire de la Roumanie contemporaine, depuis l'avènement des princes indigènes jusqu'à nos jours. 1 vol. in-8. 1900. 7 fr.

SUISSE

DAENDLIKER. *Histoire du peuple suisse. Trad. de l'allem. par Mme Jules Favre et précédé d'une Introduction de Jules Favre. 1 vol. in-8. 5 fr.

SUÈDE

SCHEFER (C.). * Bernadotte roi (1810-1818-1844). 1 vol. in-8. 1899. 5 fr.

GRÈCE, TURQUIE, ÉGYPTE

BÉRARD (V.), docteur ès lettres. * La Turquie et l'Hellénisme contemporain. (*Ouvrage cour. par l'Acad. française*). In-16. 5e éd. 3 fr. 50

RODOCANACHI (E.). *Bonaparte et les Iles Ioniennes, (1797-1816). 1 volume in-8. 1899. 5 fr.

MÉTIN (Albert), professeur à l'École coloniale. ***La Transformation de l'Égypte.** In-16. 1903. (Cour. par la Soc. de géogr. comm.) 3 fr. 50

INDE

PIRIOU (E.), agrégé de l'Université. **L'Inde contemporaine et le mouvement national.** 1905. 1 vol. in-16. 3 fr. 50

CHINE

CORDIER (H.), professeur à l'École des langues orientales. ***Histoire des relations de la Chine avec les puissances occidentales (1860-1902)**, avec cartes. 3 vol. in-8, chacun séparément. 10 fr.

— **L'Expédition de Chine de 1857-58.** Histoire diplomatique, notes et documents. 1905. 1 vol. in-8. 7 fr.

— **L'Expédition de Chine de 1860.** Histoire diplomatique, notes et documents. 1906. 1 vol. in-8. 7 fr.

COURANT (M.), maître de conférences à l'Université de Lyon. **En Chine.** *Mœurs et institutions. Hommes et faits.* 1 vol. in-16. 3 fr. 50

AMÉRIQUE

DEBERLE (Alf.). * **Histoire de l'Amérique du Sud**, in-16. 3ᵉ éd. 3 fr. 50

BARNI (Jules). * **Histoire des idées morales et politiques en France au XVIIIᵉ siècle.** 2 vol. in-16. Chaque volume. 3 fr. 50

— * **Les Moralistes français au XVIIIᵉ siècle.** In-16. 3 fr. 50

BEAUSSIRE (Émile), de l'Institut. **La Guerre étrangère et la Guerre civile.** In-16. 3 fr. 50

LOUIS BLANC. Discours politiques (1848-1881). 1 vol. in-8. 7 fr. 50

BONET-MAURY. * **Histoire de la liberté de conscience (1598-1870).** In-8. 1900. 5 fr.

BOURDEAU (J.). * **Le Socialisme allemand et le Nihilisme russe.** In-16. 2ᵉ édit. 1894. 3 fr. 50

— * **L'évolution du Socialisme.** 1901. 1 vol. in-16. 3 fr. 50

D'EICHTHAL (Eug.). **Souveraineté du peuple et gouvernement.** In-16. 1895. 3 fr. 50

DESCHANEL (E.), sénateur, professeur au Collège de France. ***Le Peuple et la Bourgeoisie.** 1 vol. in-8. 2ᵉ édit. 5 fr.

DEPASSE (Hector). **Transformations sociales.** 1894. In-16. 3 fr. 50

— **Du Travail et de ses conditions** (Chambres et Conseils du travail). In-16. 1895. 3 fr. 50

DRIAULT (E.), prof. agr. au lycée de Versailles. * **Les problèmes politiques et sociaux à la fin du XIXᵉ siècle.** In-8. 1900. 7 fr.

— * **La question d'Orient**, préface de G. MONOD, de l'Institut. 1 vol. in-8. 3ᵉ édit. 1905. (*Ouvrage couronné par l'Institut*). 7 fr.

GUÉROULT (G.). * **Le Centenaire de 1789.** In-16. 1889. 3 fr. 50

LAVELEYE (E. de), correspondant de l'Institut. **Le Socialisme contemporain.** In-16. 11ᵉ édit. augmentée. 3 fr. 50

LICHTENBERGER (A.). * **Le Socialisme utopique**, *étude sur quelques précurseurs du Socialisme.* In-16. 1898. 3 fr. 50

— * **Le Socialisme et la Révolution française.** 1 vol. in-8. 5 fr.

MATTER (P.). **La dissolution des assemblées parlementaires**, étude de droit public et d'histoire. 1 vol. in-8. 1898. 5 fr.

NOVICOW. **La Politique internationale.** 1 vol. in-8. 7 fr.

PAUL LOUIS. **L'ouvrier devant l'Etat.** Etude de la législation ouvrière dans les deux mondes. 1904. 1 vol. in-8. 7 fr.

REINACH (Joseph). **Pages républicaines.** In-16. 3 fr. 50

— * **La France et l'Italie devant l'histoire.** 1 vol. in-8. 5 fr.

SPULLER (E.).* **Éducation de la démocratie.** In-16. 1892. 3 fr. 50

— **L'Évolution politique et sociale de l'Église.** 1 vol. in-12. 1893. 3 fr. 50

TARDIEU (A.). **Questions diplomatiques de l'année 1904.** 1 volume in-12 3 fr. 50

PUBLICATIONS HISTORIQUES ILLUSTRÉES

***DE SAINT-LOUIS A TRIPOLI PAR LE LAC TCHAD**, par le lieutenant-colonel MONTEIL. 1 beau vol. in-8 colombier, précédé d'une préface de M. DE VOGÜÉ, de l'Académie française, illustrations de RIOU. 1895. *Ouvrage couronné par l'Académie française (Prix Montyon)*, broché 20 fr., relié amat., 28 fr.

***HISTOIRE ILLUSTRÉE DU SECOND EMPIRE**, par Taxile DELORD. 6 vol. in-8, avec 500 gravures. Chaque vol. broché, 8 fr.

BIBLIOTHÈQUE DE LA FACULTÉ DES LETTRES DE L'UNIVERSITÉ DE PARIS

HISTOIRE et LITTÉRATURE ANCIENNES

***De l'authenticité des épigrammes de Simonide**, par H. Hauvette, maître de conférences à la Sorbonne, 1 vol. in-8. 5 fr.

***Les Satires d'Horace**, par M. le Prof. A. Cartault. 1 vol. in-8. 11 fr.

***De la flexion dans Lucrèce**, par M. le Prof. A. Cartault, 1 v. in-8. 4 fr.

***La main-d'œuvre industrielle dans l'ancienne Grèce**, par M. le Prof. Guiraud. 1 vol. in-8. 7 fr.

***Recherches sur le Discours aux Grecs de Tatien**, suivies d'une *traduction française du discours*, avec notes, par A. Puech, maître de conférences à la Sorbonne. 1 vol. in-8. 1903. 6 fr.

***Les « Métamorphoses » d'Ovide et leurs modèles grecs**, par A. Lafaye, maître de conférences à la Sorbonne. 1 vol. in-8. 1904. 8 fr. 50

MOYEN AGE

***Premiers mélanges d'histoire du Moyen âge**, par MM. le Prof. A. Luchaire, Dupont-Ferrier et Poupardin. 1 vol. in-8. 3 fr. 50

Deuxièmes mélanges d'histoire du Moyen âge, publiés sous la direct. de M. le Prof. A. Luchaire, par MM. Luchaire, Halphen et Huckel, 1 vol. in-8. 6 fr.

Troisièmes mélanges d'histoire du Moyen âge, par MM. Luchaire. Beyssier, Halphen et Cordey. 1 vol. in-8. 8 fr. 50

Quatrièmes mélanges d'histoire du Moyen âge, par MM Jacqueмin, Faral, Beyssier. 1 vol. in-8. 7 fr. 50

***Essai de restitution des plus anciens Mémoriaux de la Chambre des Comptes de Paris**, par MM. J. Petit, Gavrilovitch, Maury et Téodoru, préface de M. Ch.-V. Langlois, prof. adjoint. 1 vol. in-8. 9 fr.

Constantin V, empereur des Romains (740-775). *Étude d'histoire byzantine*, par A. Lombard, licencié ès lettres. Préface de M. Ch. Diehl, maître de conférences. 1 vol. in-8. 6 fr.

Étude sur quelques manuscrits de Rome et de Paris, par M. le Prof. A. Luchaire, membre de l'Institut. 1 vol. in-8. 6 fr.

PHILOLOGIE et LINGUISTIQUE

***Le dialecte alaman de Colmar (Haute-Alsace) en 1870**, grammaire et lexique, par M. le Prof. Victor Henry. 1 vol. in-8. 8 fr.

***Études linguistiques sur la Basse-Auvergne, phonétique historique du patois de Vinzelles (Puy-de-Dôme)**, par Albert Dauzat, préface de M. le Prof. Ant. Thomas. 1 vol. in-8. 6 fr.

***Antinomies linguistiques**, par M. le Prof. Victor Henry, 1 v. in-8. 2 fr.

Mélanges d'étymologie française, par M. le Prof. A. Thomas. In-8. 7 fr.

PHILOSOPHIE

L'imagination et les mathématiques selon Descartes, par P. Boutroux, licencié ès lettres. 1 vol. in-8. 2 fr.

GÉOGRAPHIE

La rivière Vincent-Pinzon. *Étude sur la cartographie de la Guyane*, par M. le Prof. Vidal de la Blache. In-8, avec grav. et planches hors texte. 6 fr.

HISTOIRE CONTEMPORAINE

***Le treize vendémiaire an IV**, par Henry Zivy. 1 vol. in-8. 4 fr.

TRAVAUX DE L'UNIVERSITÉ DE LILLE

PAUL FABRE. **La polyptyque du chanoine Benoît**, in-8. 3 fr. 50

MÉDÉRIC DUFOUR. **Sur la constitution rythmique et métrique du drame grec.** 1re série, 4 fr.; 2e série, 2 fr. 50; 3e série, 2 fr. 50.

A. PINLOCHE. ***Principales œuvres de Herbart.** 7 fr. 50

A. PENJON. **Pensée et réalité**, de A. Spir, trad. de l'allem. in-8. 10 fr.

G. LEFÈVRE. **Les variations de Guillaume de Champeaux et la question des Universaux.** Etude suivie de documents originaux. 1898. 3 fr.

A. PENJON. **L'énigme sociale.** 1902. 1 vol. in-8. 2 fr. 50

ANNALES DE L'UNIVERSITÉ DE LYON

Lettres intimes de J.-M. Alberoni adressées au comte J. Rocca, par Emile BOURGEOIS, 1 vol. in-8. 10 fr.

La républ. des Provinces-Unies, France et Pays-Bas espagnols, de 1630 à 1650, par A. WADDINGTON. 2 vol. in-8. 12 fr.

Le Vivarais, essai de géographie régionale, par BURDIN. 1 vol. in-8. 6 fr.

---

*RECUEIL DES INSTRUCTIONS

DONNÉES AUX AMBASSADEURS ET MINISTRES DE FRANCE

DEPUIS LES TRAITÉS DE WESTPHALIE JUSQU'A LA RÉVOLUTION FRANÇAISE

Publié sous les auspices de la Commission des archives diplomatiques au Ministère des Affaires étrangères.

Beaux vol. in-8 rais., imprimés sur pap. de Hollande, avec Introduction et notes.

I. — AUTRICHE, par M. Albert SOREL, de l'Académie française. *Épuisé.*

II. — SUÈDE, par M. A. GEFFROY, de l'Institut .... 20 fr.

III. — PORTUGAL, par le vicomte DE CAIX DE SAINT-AYMOUR ..... 20 fr.

IV et V. — POLOGNE, par M. LOUIS FARGES. 2 vol. .... 30 fr.

VI. — ROME, par M. G. HANOTAUX, de l'Académie française ..... 20 fr.

VII. — BAVIÈRE, PALATINAT ET DEUX-PONTS, par M. André LEBON. 25 fr.

VIII et IX. — RUSSIE, par M. Alfred RAMBAUD, de l'Institut. 2 vol. Le 1er vol. 20 fr. Le second vol. .... 25 fr.

X. — NAPLES ET PARME, par M. Joseph REINACH .... 20 fr.

XI. — ESPAGNE (1649-1750), par MM. MOREL-FATIO et LÉONARDON (t. I). 20 fr.

XII et XII *bis*. — ESPAGNE (1750-1789) (t. II et III), par les mêmes .... 40 fr.

XIII. — DANEMARK, par M. A. GEFFROY, de l'Institut .... 14 fr.

XIV et XV. — SAVOIE-MANTOUE, par M. HORRIC de BEAUCAIRE. 2 vol. 40 fr.

XVI. — PRUSSE, par M. A. WADDINGTON. 1 vol. (Couronné par l'Institut.) 28 fr.

---

*INVENTAIRE ANALYTIQUE

DES ARCHIVES DU MINISTÈRE DES AFFAIRES ÉTRANGÈRES

Publié sous les auspices de la Commission des archives diplomatiques

Correspondance politique de MM. de CASTILLON et de MARILLAC, ambassadeurs de France en Angleterre (1537-1542), par M. JEAN KAULEK, avec la collaboration de MM. Louis Farges et Germain Lefèvre-Pontalis. 1 vol. in-8 raisin .... 15 fr.

Papiers de BARTHÉLEMY, ambassadeur de France en Suisse, de 1792 à 1797 par M. Jean KAULEK. 4 vol. in-8 raisin. I. Année 1792, 15 fr. — II. Janvier-août 1793, 15 fr. — III. Septembre 1793 à mars 1794, 18 fr. — IV. Avril 1794 à février 1795. 20 fr.

Correspondance politique de ODET DE SELVE, ambassadeur de France en Angleterre (1546-1549), par M. G. LEFÈVRE-PONTALIS. 1 vol. in-8 raisin .... 15 fr.

Correspondance politique de GUILLAUME PELLICIER, ambassadeur de France à Venise (1540-1542), par M. Alexandre TAUSSERAT-RADEL. 1 fort vol. in-8 raisin .... 40 fr.

Correspondance des Deys d'Alger avec la Cour de France (1759-1833), recueillie par Eug. PLANTET, attaché au Ministère des Affaires étrangères. 2 vol. in-8 raisin avec 2 planches en taille-douce hors texte. 30 fr.

Correspondance des Beys de Tunis et des Consuls de France avec la Cour (1577-1830), recueillie par Eug. PLANTET, publiée sous les auspices du Ministère des Affaires étrangères. 3 vol. in-8 raisin. TOME I (1577-1700). *Épuisé.* — TOME II (1700-1770). 20 fr. — TOME III (1770-1830). 20 fr.

Les introducteurs des Ambassadeurs (1589-1900). 1 vol. in-4, avec figures dans le texte et planches hors texte. 20 fr.

*REVUE PHILOSOPHIQUE

DE LA FRANCE ET DE L'ÉTRANGER

Dirigée par Th. RIBOT, Membre de l'Institut, Professeur honoraire au Collège de France.
(30e année, 1905.) — Paraît tous les mois.

Abonnement : Un an : Paris, **30** fr. — Départements et Etranger, **33** fr.
La livraison, **3** fr.

Les années écoulées, chacune **30** francs, et la livraison, **3** fr.
Tables des matières (1876-1887), in-8...... 3 fr. — (1888-1895), in-8...... 3 fr.

---

*REVUE GERMANIQUE (ALLEMAGNE — ANGLETERRE ÉTATS-UNIS — PAYS SCANDINAVES)

Première année, 1905. — Paraît tous les deux mois (*Cinq numéros par an*).
Secrétaire général : M. H. LICHTENBERGER, professeur à l'Université de Nancy.
Secrétaire de la rédaction : M. AYNARD, agrégé d'anglais.

Abonnement : Paris, **14** fr. — Départements et Etranger, **16** fr.
La livraison, **4** fr.

Journal de Psychologie Normale et Pathologique

DIRIGÉ PAR LES DOCTEURS

Pierre JANET, Professeur au Collège de France, et Georges DUMAS, Chargé de cours à la Sorbonne.

(2e année, 1905.) — Paraît tous les deux mois.

Abonnement : France et Etranger, **14** fr. — La livraison, **2** fr. **60**.
Le prix d'abonnement est de 12 fr. pour les abonnés de la Revue philosophique.

---

*REVUE HISTORIQUE

Dirigée par G. MONOD, Membre de l'Institut, Professeur à la Sorbonne, Président de la section historique et philologique à l'École des hautes études.
(29e année, 1905.) — Paraît tous les deux mois.

Abonnement : Un an : Paris, **30** fr. — Départements et Etranger, **33** fr.
La livraison, **6** fr.

Les années écoulées, chacune **30** fr.; le fascicule, **6** fr. Les fascicules de la 1re année, **9** fr.

TABLES GÉNÉRALES DES MATIÈRES

I. 1876 à 1880. 3 fr.; pour les abonnés, 1 fr. 50 | III. 1886 à 1890. 5 fr.; pour les abonnés, 2 fr. 50
II. 1881 à 1885. 3 fr.; — 1 fr. 50 | IV. 1891 à 1895. 3 fr.; — 1 fr. 50
V. 1896 à 1900. 3 fr.; pour les abonnés, 1 fr. 50

ANNALES DES SCIENCES POLITIQUES

Revue bimestrielle publiée avec la collaboration des professeurs et des anciens élèves de l'Ecole libre des Sciences politiques
(20e année, 1905.)

Rédacteur en chef : M. A. VIALLATE, Prof. à l'Ecole.

Abonnement. — Un an : Paris, **18** fr.; Départements et Etranger, **19** fr.
La livraison, **3** fr. **50**.

Les trois premières années (1886-1887-1888), *chacune* **16** *francs; les livraisons, chacune* **5** *francs; la quatrième* (1889) *et les suivantes, chacune* **18** *francs; les livraisons, chacune* **3** *fr.* **50**.

Revue de l'École d'Anthropologie de Paris

Recueil mensuel publié par les professeurs. — (15e année, 1905).

Abonnement : France et Étranger, **10** fr. — Le numéro, **1** fr.

TABLE GÉNÉRALE DES MATIÈRES, 1891-1900. . . . 2 fr.

REVUE ÉCONOMIQUE INTERNATIONALE

(1e année, 1905) Mensuelle

Abonnement : Un an, France et Belgique, **50** fr.; autres pays, **56** fr.

Bulletin de la Société libre

POUR L'ÉTUDE PSYCHOLOGIQUE DE L'ENFANT

10 numéros par an. — **Abonnement** du 1er octobre : **3** fr.

BIBLIOTHÈQUE SCIENTIFIQUE
INTERNATIONALE

Publiée sous la direction de M. Émile ALGLAVE

Les titres marqués d'un astérisque * sont adoptés par le *Ministère de l'Instruction publique de France* pour les bibliothèques des lycées et des collèges.

LISTE DES OUVRAGES

105 VOLUMES IN-8, CARTONNÉS A L'ANGLAISE, OUVRAGES A 6, 9 ET 12 FR.

1. TYNDALL (J.). * **Les Glaciers et les Transformations de l'eau,** avec figures. 1 vol. in-8. 7ᵉ édition. 6 fr.
2. BAGEHOT. * **Lois scientifiques du développement des nations** dans leurs rapports avec les principes de la sélection naturelle et de l'hérédité. 1 vol. in-8. 6ᵉ édition. 6 fr.
3. MAREY. * **La Machine animale,** locomotion terrestre et aérienne, avec de nombreuses fig. 1 vol. in-8. 6ᵉ édit. augmentée. 6 fr.
4. BAIN. * **L'Esprit et le Corps.** 1 vol. in-8. 6ᵉ édition. 6 fr.
5. PETTIGREW. * **La Locomotion chez les animaux,** marche, natation et vol. 1 vol. in-8, avec figures. 2ᵉ édit. 6 fr.
6. HERBERT SPENCER. * **La Science sociale.** 1 v. in-8. 13ᵉ édit. 6 fr.
7. SCHMIDT (O.). * **La Descendance de l'homme et le Darwinisme.** 1 vol. in-8, avec fig. 6ᵉ édition. 6 fr.
8. MAUDSLEY. * **Le Crime et la Folie.** 1 vol. in-8. 7ᵉ édit. 6 fr.
9. VAN BENEDEN. * **Les Commensaux et les Parasites dans le règne animal.** 1 vol. in-8, avec figures. 4ᵉ édit. 6 fr.
10. BALFOUR STEWART. * **La Conservation de l'énergie,** suivi d'une *Étude sur la nature de la force*, par M. P. de SAINT-ROBERT, avec figures. 1 vol. in-8. 6ᵉ édition. 6 fr.
11. DRAPER. **Les Conflits de la science et de la religion.** 1 vol. in-8. 10ᵉ édition. 6 fr.
12. L. DUMONT. * **Théorie scientifique de la sensibilité. Le plaisir et la douleur.** 1 vol. in-8. 4ᵉ édition. 6 fr.
13. SCHUTZENBERGER. * **Les Fermentations.** 1 vol. in-8, avec fig. 6ᵉ édit. 6 fr.
14. WHITNEY. * **La Vie du langage.** 1 vol. in-8. 4ᵉ édit. 6 fr.
15. COOKE et BERKELEY. * **Les Champignons.** 1 vol. in-8, avec figures. 4ᵉ édition. 6 fr.
16. BERNSTEIN. * **Les Sens.** 1 vol. in-8, avec 91 fig. 5ᵉ édit. 6 fr.
17. BERTHELOT. * **La Synthèse chimique.** 1 vol. in-8. 8ᵉ édit. 6 fr.
18. NIEWENGLOWSKI (H.). * **La photographie et la photochimie.** 1 vol. in-8, avec gravures et une planche hors texte. 6 fr.
19. LUYS. * **Le Cerveau et ses fonctions.** *Épuisé.*
20. STANLEY JEVONS. * **La Monnaie et le Mécanisme de l'échange.** 1 vol. in-8. 5ᵉ édition. 6 fr.
21. FUCHS. * **Les Volcans et les Tremblements de terre.** 1 vol. in-8, avec figures et une carte en couleurs. 5ᵉ édition. 6 fr.
22. GÉNÉRAL BRIALMONT. * **Les Camps retranchés et leur rôle dans la défense des États.** *Épuisé.*
23. DE QUATREFAGES. * **L'Espèce humaine.** 1 v. in-8. 13ᵉ édit. 6 fr.

24. BLASERNA et HELMHOLTZ. * **Le Son et la Musique.** 1 vol. in-8, avec figures. 5ᵉ édition. 6 fr.
25. ROSENTHAL. * **Les Nerfs et les Muscles.** *Épuisé.*
26. BRUCKE et HELMHOLTZ. * **Principes scientifiques des beaux-arts.** 1 vol. in-8, avec 39 figures. 4ᵉ édition. 6 fr.
27. WURTZ. * **La Théorie atomique.** 1 vol. in-8. 8ᵉ édition. 6 fr.
28-29. SECCHI (le père). * **Les Étoiles.** 2 vol. in-8, avec 63 figures dans le texte et 17 pl. en noir et en couleurs hors texte. 3ᵉ édit. 12 fr.
30. JOLY. * **L'Homme avant les métaux.** 1 v. in-8, avec fig. 4ᵉ éd. *Épuisé.*
31. A. BAIN. * **La Science de l'éducation.** 1 vol. in-8. 9ᵉ édit. 6 fr.
32-33. THURSTON (R.). * **Histoire de la machine à vapeur,** précédée d'une Introduction par M. HIRSCH. 2 vol. in-8, avec 140 figures dans le texte et 16 planches hors texte. 3ᵉ édition. 12 fr.
34. HARTMANN (R.). * **Les Peuples de l'Afrique.** *Épuisé.*
35. HERBERT SPENCER. * **Les Bases de la morale évolutionniste.** 1 vol. in-8. 6ᵉ édition. 6 fr.
36. HUXLEY. * **L'Écrevisse,** introduction à l'étude de la zoologie. 1 vol. in-8, avec figures. 2ᵉ édition. 6 fr.
37. DE ROBERTY. * **La Sociologie.** 1 vol. in-8. 3ᵉ édition. 6 fr.
38. ROOD. * **Théorie scientifique des couleurs.** 1 vol. in-8, avec figures et une planche en couleurs hors texte. 2ᵉ édition. 6 fr.
39. DE SAPORTA et MARION. * **L'Évolution du règne végétal** (les Cryptogames). *Épuisé.*
40-41. CHARLTON BASTIAN. * **Le Cerveau, organe de la pensée chez l'homme et chez les animaux.** 2 vol. in-8, avec figures. 2ᵉ éd. 12 fr.
42. JAMES SULLY. * **Les Illusions des sens et de l'esprit.** 1 vol. in-8, avec figures. 3ᵉ édit. 6 fr.
43. YOUNG. * **Le Soleil.** 1 vol. in-8, avec figures. *Épuisé.*
44. DE CANDOLLE. * **L'Origine des plantes cultivées.** 4ᵉ éd. 1 v. in-8. 6 fr.
45-46. SIR JOHN LUBBOCK. * **Fourmis, abeilles et guêpes.** 2 vol. *Épuisé.*
47. PERRIER (Edm.). **La Philosophie zoologique avant Darwin.** 1 vol. in-8. 3ᵉ édition. 6 fr.
48. STALLO. * **La Matière et la Physique moderne.** 1 vol. in-8. 3ᵉ éd., précédé d'une introduction par CH. FRIEDEL. 6 fr.
49. MANTEGAZZA. **La Physionomie et l'Expression des sentiments.** 1 vol. in-8. 3ᵉ édit., avec huit planches hors texte. 6 fr.
50. DE MEYER. * **Les Organes de la parole et leur emploi pour la formation des sons du langage.** 1 vol. in-8, avec 51 figures, précédé d'une Introd. par M. O. CLAVEAU. 6 fr.
51. DE LANESSAN. * **Introduction à l'Étude de la botanique** (le Sapin). 1 vol. in-8. 2ᵉ édit., avec 143 figures. 6 fr.
52-53. DE SAPORTA et MARION. * **L'Évolution du règne végétal** (les Phanérogames). 2 vol. in-8, avec 136 figures. *Épuisé.*
54. TROUESSART. * **Les Microbes, les Ferments et les Moisissures.** 1 vol. in-8. 2ᵉ édit., avec 107 figures. 6 fr.
55. HARTMANN (R.). * **Les Singes anthropoïdes.** *Épuisé.*
56. SCHMIDT (O.). * **Les Mammifères dans leurs rapports avec leurs ancêtres géologiques.** 1 vol. in-8, avec 51 figures. 6 fr.
57. BINET et FÉRÉ. **Le Magnétisme animal.** 1 vol. in-8. 4ᵉ édit. 6 fr.
58-59. ROMANES. * **L'Intelligence des animaux.** 2 v. in-8. 3ᵉ édit. 12 fr.
60. LAGRANGE (F.). **Physiol. des exerc. du corps.** 1 v. in-8. 7ᵉ éd. 6 fr.
61. DREYFUS. * **Évol. des mondes et des sociétés.** 1 v. in-8. 3ᵉ édit. 6 fr.
62. DAUBRÉE. * **Les Régions invisibles du globe et des espaces célestes.** 1 vol. in-8, avec 85 fig. dans le texte. 2ᵉ édit. 6 fr.
63-64. SIR JOHN LUBBOCK. * **L'Homme préhistorique.** 2 vol. in-8, avec 228 figures dans le texte. 4ᵉ édit. 12 fr.
65. RICHET (CH.). **La Chaleur animale.** 1 vol. in-8, avec figures. 6 fr.
66. FALSAN (A.). * **La Période glaciaire.** *Épuisé.*

67. BEAUNIS (H.). **Les Sensations internes.** 1 vol. in-8. 6 fr.
68. CARTAILHAC (E.). **La France préhistorique**, d'après les sépultures et les monuments. 1 vol. in-8, avec 162 figures. 2ᵉ édit. 6 fr.
69. BERTHELOT. * **La Révol. chimique, Lavoisier.** 1 vol. in-8. 2ᵉ éd. 6 fr.
70. SIR JOHN LUBBOCK. * **Les Sens et l'instinct chez les animaux**, principalement chez les insectes. 1 vol. in-8, avec 150 figures. 6 fr.
71. STARCKE. * **La Famille primitive.** 1 vol. in-8. 6 fr.
72. ARLOING. * **Les Virus.** 1 vol. in-8, avec figures. 6 fr.
73. TOPINARD. * **L'Homme dans la Nature.** 1 vol. in-8, avec fig. 6 fr.
74. BINET (Alf.). * **Les Altérations de la personnalité.** 1 vol. in-8, avec figures. 2ᵉ édit. 6 fr.
75. DE QUATREFAGES (A.). * **Darwin et ses précurseurs français.** 1 vol. in-8. 2ᵉ édition refondue. 6 fr.
76. LEFÈVRE (A.). * **Les Races et les langues.** 1 vol. in-8. 6 fr.
77-78. DE QUATREFAGES (A.). * **Les Émules de Darwin.** 2 vol. in-8, avec préfaces de MM. E. PERRIER et HAMY. 12 fr.
79. BRUNACHE (P.). * **Le Centre de l'Afrique. Autour du Tchad.** 1 vol. in-8, avec figures. 6 fr.
80. ANGOT (A.). * **Les Aurores polaires.** 1 vol. in-8, avec figures. 6 fr.
81. JACCARD. * **Le pétrole, le bitume et l'asphalte** au point de vue géologique. 1 vol. in-8, avec figures. 6 fr.
82. MEUNIER (Stan.). * **La Géologie comparée.** 2ᵉ éd. In-8, avec fig. 6 fr.
83. LE DANTEC. * **Théorie nouvelle de la vie.** 3ᵉ éd. 1 v. in-8, avec fig. 6 fr.
84. DE LANESSAN. * **Principes de colonisation.** 1 vol. in-8. 6 fr.
85. DEMOOR, MASSART et VANDERVELDE. * **L'évolution régressive en biologie et en sociologie.** 1 vol. in-8, avec gravures. 6 fr.
86. MORTILLET (G. de). * **Formation de la Nation française.** 2ᵉ édit. 1 vol. in-8, avec 150 gravures et 18 cartes. 6 fr.
87. ROCHÉ (G.). * **La Culture des Mers** (piscifacture, pisciculture, ostréiculture). 1 vol. in-8, avec 81 gravures. 6 fr.
88. COSTANTIN (J.). * **Les Végétaux et les Milieux cosmiques** (adaptation, évolution). 1 vol. in-8, avec 171 gravures. 6 fr.
89. LE DANTEC. **L'évolution individuelle et l'hérédité.** 1 vol. in-8. 6 fr.
90. GUIGNET et GARNIER. * **La Céramique ancienne et moderne.** 1 vol., avec grav. 6 fr.
91. GELLÉ (E.-M.). * **L'audition et ses organes.** 1 v. in-8, avec gr. 6 fr.
92. MEUNIER (St.). * **La Géologie expérimentale.** 2ᵉ éd. In-8, av. gr. 6 fr.
93. COSTANTIN (J.). * **La Nature tropicale.** 1 vol. in-8, avec grav. 6 fr.
94. GROSSE (E.). * **Les débuts de l'art.** Introduction de L. MARILLIER. 1 vol. in-8, avec 32 gravures dans le texte et 3 pl. hors texte. 6 fr.
95. GRASSET (J.). **Les Maladies de l'orientation et de l'équilibre.** 1 vol. in-8, avec gravures. 6 fr.
96. DEMENŸ (G.). * **Les bases scientifiques de l'éducation physique.** 1 vol. in-8, avec 198 gravures. 2ᵉ édit. 6 fr.
97. MALMÉJAC (F.). * **L'eau dans l'alimentation.** 1 v. in-8, av. grav. 6 fr.
98. MEUNIER (Stan.). * **La géologie générale.** 1 v. in-8, av. grav. 6 fr.
99. DEMENŸ (G.). **Mécanisme et éducation des mouvements.** 2ᵉ édit. 1 vol. in-8, avec 565 gravures. 9 fr.
100. BOURDEAU (L.). **Histoire de l'habillement et de la parure.** 1 vol. in-8. 6 fr.
101. MOSSO (A.). **Les exercices physiques et le développement intellectuel.** 1 vol. in-8. 6 fr.
102. LE DANTEC (F.). **Les lois naturelles.** 1 vol. in-8, avec grav. 6 fr.
103. NORMAN LOCKYER. **L'évolution inorganique.** 1 vol. in-8, avec gravures. 6 fr.
104. COLAJANNI (N.). **Latins et Anglo-Saxons.** 1 vol. in-8. 9 fr.
105. JAVAL (E.). **Physiologie de la lecture et de l'écriture.** 1 vol. in-8, avec 90 gravures. 6 fr.

BIBLIOTHEQUE

SCIENTIFIQUE INTERNATIONALE

(105 volumes parus)

LISTE PAR ORDRE DE MATIÈRES DES VOLUMES

PHYSIOLOGIE

LE DANTEC. Théorie nouvelle de la vie.
GELLÉ (E.-M.). L'audition et ses organes, *ill.*
BINET et FÉRÉ. Le Magnétisme animal, *illustré.*
BINET. Les Altérations de la personnalité, *illustré.*
BERNSTEIN. Les Sens, *illustré.*
MAREY. La Machine animale, *illustré.*
PETTIGREW. La Locomotion chez les animaux *ill.*
JAMES SULLY. Les Illusions des sens et de l'esprit, *illustré.*
DE MEYER. Les Organes de la parole, *illustré.*
LAGRANGE. Physiologie des exercices du corps.
RICHET (Ch.). La Chaleur animale, *illustré.*
BEAUNIS. Les Sensations internes.
ARLOING. Les Virus, *illustré.*
DEMENY. Bases scientifiques de l'éducation physique, *illustré.*
DEMENY. Mécanisme et éducation des mouvements, *illustré.* 9 fr.

PHILOSOPHIE SCIENTIFIQUE

ROMANES. L'Intelligence des animaux. 2 vol. *illust.*
LUYS. Le Cerveau et ses fonctions, *illustré.*
CHARLTON BASTIAN. Le Cerveau et la Pensée chez l'homme et les animaux. 2 vol. *illustrés.*
BAIN. L'Esprit et le Corps.
MAUDSLEY. Le Crime et la Folie.
LÉON DUMONT. Théorie scientifique de la sensibilité.
PERRIER. La Philosophie zoologique avant Darwin.
STALLO. La Matière et la Physique moderne.
MANTEGAZZA. La Physionomie et l'Expression des sentiments, *illustré.*
DREYFUS. L'Évolution des mondes et des sociétés.
LUBBOCK. Les Sens et l'Instinct chez les animaux, *illustré.*
LE DANTEC. L'évolution individuelle et l'hérédité.
LE DANTEC. Les lois naturelles, *illustré.*
GRASSET. Les maladies de l'orientation et de l'équilibre, *illustré.*
NORMAN LOCKYER. L'évolution inorganique.
JAVAL (E.). Physiologie de la lecture et de l'écriture.

ANTHROPOLOGIE

MORTILLET (G. DE). Formation de la nation française, *illustré.*
DE QUATREFAGES. L'Espèce humaine.
LUBBOCK. L'Homme préhistorique. 2 vol. *illustrés.*
CARTAILHAC. La France préhistorique, *illustré.*
TOPINARD. L'Homme dans la nature, *illustré.*
LEFÈVRE. Les Races et les langues.
BRUNACHE. Le Centre de l'Afrique. Autour du Tchad, *illustré.*

ZOOLOGIE

ROCHÉ (G.). La Culture des mers, *illustré.*
SCHMIDT. Les Mammifères dans leurs rapports avec leurs ancêtres géologiques, *illustré.*
SCHMIDT. Descendance et Darwinisme, *illustré.*
HUXLEY. L'Écrevisse (Introduction à la zoologie), *illustré.*
VAN BENEDEN. Les Commensaux et les Parasites du règne animal, *illustré.*
LUBBOCK. Fourmis, Abeilles et Guêpes. 2 vol. *illustrés.*
TROUESSART. Les Microbes, les Ferments et les Moisissures, *illustré.*
HARTMANN. Les Singes anthropoïdes et leur organisation comparée à celle de l'homme, *illustré.*
DE QUATREFAGES. Darwin et ses précurseurs français.
DE QUATREFAGES. Les Émules de Darwin. 2 vol.

BOTANIQUE — GÉOLOGIE

DE SAPORTA et MARION. L'Évolution du règne végétal (les Cryptogames), *illustré.*
DE SAPORTA et MARION. L'Évolution du règne végétal (les Phanérogames). 2 vol. *illustrés.*
COOKE et BERKELEY. Les Champignons, *illustré.*
DE CANDOLLE. Origine des plantes cultivées.
DE LANESSAN. Le Sapin (Introduction à la botanique), *illustré.*
FUCHS. Volcans et Tremblements de terre, *illustré.*
DAUBRÉE. Les Régions invisibles du globe et des espaces célestes, *illustré.*
JACCARD. Le Pétrole, l'Asphalte et le Bitume, *ill.*
MEUNIER (ST.). La Géologie comparée, *illustré.*
MEUNIER (ST.). La Géologie expérimentale, *ill.*
MEUNIER (ST.). La Géologie générale, *illustré.*
COSTANTIN (J.). Les Végétaux et les milieux cosmiques, *illustré.*
COSTANTIN (J.). La Nature tropicale, *illustré.*

CHIMIE

WURTZ. La Théorie atomique.
BERTHELOT. La Synthèse chimique.
BERTHELOT. La Révolution chimique : Lavoisier.
SCHUTZENBERGER. Les Fermentations, *illustré.*
MALMÉJAC. L'Eau dans l'alimentation, *illustré.*

ASTRONOMIE — MÉCANIQUE

SECCHI (le Père). Les Étoiles. 2 vol. *illustrés.*
YOUNG. Le Soleil, *illustré.*
ANGOT. Les Aurores polaires, *illustré.*
THURSTON. Histoire de la machine à vapeur. 2 v. *ill.*

PHYSIQUE

BALFOUR STEWART. La Conservation de l'énergie, *illustré.*
TYNDALL. Les Glaciers et les Transformations de l'eau, *illustré.*

THÉORIE DES BEAUX-ARTS

GROSSE. Les débuts de l'art, *illustré.*
GUIGNET et GARNIER. La Céramique ancienne et moderne, *illustré.*
BRUCKE et HELMHOLTZ. Principes scientifiques des beaux-arts, *illustré.*
ROOD. Théorie scientifique des couleurs, *illustré.*
P. BLASERNA et HELMHOLTZ. Le Son et la Musique, *illustré.*

SCIENCES SOCIALES

HERBERT SPENCER. Introduction à la science sociale.
HERBERT SPENCER. Les Bases de la morale évolutionniste.
A. BAIN. La Science de l'éducation.
DE LANESSAN. Principes de colonisation.
DEMOOR, MASSART et VANDERVELDE. L'Évolution régressive en biologie et en sociologie, *illustré.*
BAGEHOT. Lois scientifiques du développement des nations.
DE ROBERTY. La Sociologie.
DRAPER. Les Conflits de la science et de la religion.
STANLEY JEVONS. La Monnaie et le Mécanisme de l'échange.
WHITNEY. La Vie du langage.
STARCKE. La Famille primitive, ses origines, son développement.
BOURDEAU. Hist. de l'habillement et de la parure.
MOSSO (A.). Les exercices physiques et le développement intellectuel.
COLAJANNI. Latins et Anglo-Saxons 9 fr.

Chaque volume 6 fr., sauf DEMENY, *Mécanisme*, et COLAJANNI, *Latins et Anglo-Saxons*, à 9 fr.

RÉCENTES PUBLICATIONS

HISTORIQUES, PHILOSOPHIQUES ET SCIENTIFIQUES

qui ne se trouvent pas dans les collections précédentes.

ALAUX. **Esquisse d'une philosophie de l'être.** In-8. 1 fr.
— **Les Problèmes religieux au XIX° siècle.** 1 vol. in-8. 7 fr. 50
— **Philosophie morale et politique.** In-8. 1893. 7 fr. 50
— **Théorie de l'âme humaine.** 1 vol. in-8. 1895. 10 fr. (Voy. p. 2.)
— **Dieu et le Monde.** *Essai de phil. première.* 1901. 1 vol. in-12. 2 fr. 50
ALTMEYER. **Les Précurs. de la réforme aux Pays-Bas** 2 v. in-8. 12 fr.
AMIABLE (Louis). **Une loge maçonnique d'avant 1789.** 1 v. in-8. 6 fr.
Annales de sociologie et mouvement sociologique (Première année, 1900-1901), publ. par la Soc. belge de Sociologie. 1 vol. in-8. 1903. 12 fr.
ANSIAUX (M.). **Heures de travail et salaires.** In-8. 1896. 5 fr.
ARNAUNÉ (A.), directeur de la Monnaie. **La monnaie, le crédit et le change,** 2° édition, revue et augmentée. 1 vol. in-8. 1902. 8 fr.
ARRÉAT. **Une Éducation intellectuelle.** 1 vol. in-18. 2 fr. 50
— **Journal d'un philosophe.** 1 vol. in-18. 3 fr. 50 (Voy. p. 2 et 5.)
*__Autour du monde__, par les BOURSIERS DE VOYAGE DE L'UNIVERSITÉ DE PARIS. (*Fondation Albert Kahn*). 1 vol. gr. in-8. 1904. 5 fr.
AZAM. **Hypnotisme et double conscience.** 1 vol. in-8. 9 fr.
BALFOUR STEWART et TAIT. **L'Univers invisible.** 1 vol. in-8. 7 fr.
BARTHÉLEMY-SAINT-HILAIRE. (Voy. pages 5 et 11, ARISTOTE.)
— ***Victor Cousin,** sa vie, sa correspondance. 3 vol. in-8. 1895. 30 fr.
BELLANGER (A.), docteur ès lettres. **Les concepts de cause et l'activité intentionnelle de l'esprit.** 1 vol. in-8. 1905. 5 fr.
BENOIST-HANAPPIER (L), docteur ès lettres, professeur au lycée de Caen. **Le drame naturaliste en Allemagne.** 1 vol. in-8 1905. 7 fr. 50
BERNATH (de). **Cléopâtre.** *Sa vie, son règne.* 1 vol in-8. 1903. 8 fr.
BERTON (H.), docteur en droit. **L'évolution constitutionnelle du second empire.** Doctrines, textes, histoire. 1 fort vol. in-8. 1900. 12 fr.
BLONDEAU (C.). **L'absolu et sa loi constitutive.** 1 vol. in-8. 1897. 6 fr.
BLUM (E.), agrégé de philosophie. ***La Déclaration des Droits de l'homme.** Texte et commentaire. Préface de M. G. COMPAYRÉ, Inspecteur général. *Récompensé par l'Institut.* 3° édit. 1 vol. in-8. 1905. 3 fr. 75
BOILLEY (P.). **La Législation internationale du travail.** In-12. 3 fr.
— **Les trois socialismes** : anarchisme, collectivisme, réformisme. 3 fr. 50
— **De la production industrielle.** In-12. 1899. 2 fr. 50
BOURDEAU (Louis). **Théorie des sciences.** 2 vol. in-8. 20 fr.
— **La Conquête du monde animal.** In-8. 5 fr.
— **La Conquête du monde végétal.** In-8. 1893. 5 fr.
— **L'Histoire et les historiens.** 1 vol. in-8. 7 fr. 50
— ***Histoire de l'alimentation.** 1894. 1 vol. in-8. 5 fr.
BOUTROUX (Em.). ***De l'idée de loi naturelle dans la science et la philosophie.** 1 vol. in-8. 1895. 2 fr. 50.
BRANDON-SALVADOR (Mme). **A travers les moissons.** *Ancien Test. Talmud. Apocryphes. Poètes et moralistes juifs du moyen âge.* In-16. 1903. 4 fr.
BRASSEUR. **La question sociale.** 1 vol. in-8. 1900. 7 fr. 50
BROOKS ADAMS. **Loi de la civilisat. et de la décad.** In-8. 1899. 7 fr. 50
BROUSSEAU (K.). **Éducation des nègres aux États-Unis.** 1904. In-8. 7 fr. 50
BUCHER (Karl). **Etudes d'histoire et d'économie polit.** In-8. 1901. 6 fr.
BUDÉ (E. de). **Les Bonaparte en Suisse.** 1 vol. in-12. 1905. 3 fr. 50
BUNGE (N.-Ch.). **Littérature poli-économique.** 1 vol. in-8. 1898. 7 fr. 50
BUNGE (C.-O.). **Psychologie individuelle et sociale.** In-16. 1904. 3 fr.
CANTON (G.). **Napoléon antimilitariste.** 1902. In-16. 3 fr. 50

GARDON (G.). ***Les Fondateurs de l'Université de Douai.** In-8. 10 fr.
CELS (A.). **Science de l'homme et anthropologie.** 1904. 1 vol. in-8. 7 fr. 50
CHARRIAULT (H.). **Après la séparation.** *Enquête sur l'avenir des Eglises* 1 vol. in-12. 1905. 3 fr 50
CLAMAGERAN. **La Réaction économique et la démocratie.** In-18. 1 fr. 25
— **La lutte contre le mal.** 1 vol. in-18. 1897. 3 fr. 50
— **Études politiques, économiques et administratives.** Préface de M. Berthelot. 1 vol. gr. in-8. 1904. 10 fr.
— **Philosophie religieuse.** *Art et voyages.* 1 vol. in-12. 1904. 3 fr. 50
— **Correspondance (1849-1902).** 1 vol. gr. in-8. 1905. 10 fr.
COMBARIEU (J.). ***Les rapports de la musique et de la poésie** considérés au point de vue de l'expression. 1 vol. in-8. 1893. 7 fr. 50
Congrès de l'Éducation sociale, Paris 1900. 1 vol. in-8. 1901. 10 fr.
IVe Congrès international de Psychologie, Paris 1900. 1 vol. in-8. 1901. 20 fr.
Congrès de l'enseignement des Sciences sociales, Paris 1900. 1 vol. in-8. 1901. 7 fr. 50.
COSTE (Ad.). **Hygiène sociale contre le paupérisme.** In-8. 6 fr.
— **Économie politique et physiologie sociale.** In-18. 3 fr. 50.
(Voy. p. 2, 6 et 30.)
COUBERTIN (P. de) **La gymnastique utilitaire.** *Défense. Sauvetage. Locomotion.* 1 vol. in-12. 2 fr. 50
COUTURAT (Louis). ***De l'infini mathématique.** In-8. 1896. 12 fr.
DANY (G.), docteur en droit. ***Les Idées politiques en Pologne à la fin du XVIIIe siècle.** *La Constit. du 3 mai* 1793, in-8, 1901. 6 fr.
DAREL (Th.). **La Folie.** *Ses causes. Sa thérapeutique.* 1901, in-12. 4 fr.
— **Le peuple-roi.** *Essai de sociologie universaliste.* In-8. 1904. 3 fr. 50
DAURIAC. **Croyance et réalité.** 1 vol. in-18. 1889. 3 fr. 50
— **Le Réalisme de Reid.** In-8. 1 fr.
DAUZAT (A.), docteur en droit. **Du Rôle des Chambres en matière de traités internationaux.** 1 vol. grand in-8. 1899. 5 fr. (V. p. 18.)
DEFOURNY (M.). **La sociologie positiviste.** *Auguste Comte.* In-8. 1902. 6 fr.
DERAISMES (Mlle Maria). **Œuvres complètes.** 4 vol. Chacun. 3 fr. 50
DESCHAMPS. **Principes de morale sociale.** 1 vol. in-8. 1903. 3 fr. 50.
DESPAUX. **Genèse de la matière et de l'énergie.** In-8. 1900. 4 fr.
— **Causes des énergies attractives.** 1 vol. in-8. 1902. 5 fr.
— **Explication mécanique de la matière, de l'électricité et du magnétisme.** 1 vol. in-8. 1905. 4 fr.
DOLLOT (R.), docteur en droit. **Les origines de la neutralité de la Belgique** (1609-1830). 1 vol. in-8. 1902. 10 fr.
DROZ (Numa). **Etudes et portraits politiques.** 1 vol. in-8. 1895. 7 fr. 50
— **Essais économiques.** 1 vol. in-8. 1896. 7 fr. 50
— **La démocratie fédérative et le socialisme d'État.** In-12. 1 fr.
DUBUC (P.). ***Essai sur la méthode en métaphysique.** 1 vol. in-8. 5 fr.
DUGAS (L.). ***L'amitié antique.** 1 vol. in-8. 1895. 7 fr. 50
DUNAN. ***Sur les formes a priori de la sensibilité.** 1 vol. in-8. 5 fr.
DUNANT (E.). **Les relations diplomatiques de la France et de la République helvétique** (1798-1803). 1 vol. in-8. 1902. 20 fr.
DU POTET. **Traité complet de magnétisme.** 5e éd. 1 vol. in-8. 8 fr.
— **Manuel de l'étudiant magnétiseur.** 6e éd., gr. in-18, avec fig. 3 fr. 50
— **Le magnétisme opposé à la médecine.** 1 vol. in-8. 6 fr.
DUPUY (Paul). **Les fondements de la morale.** In-8. 1900. 5 fr.
— **Méthodes et concepts.** 1 vol. in-8. 1903. 5 fr.
Durée légale du travail (La), par MM. Faunot, Millerand et Strohl. 1 vol. in-12. 1905. 3 fr. 50
***Entre Camarades**, par les anciens élèves de l'Université de Paris. *Histoire, littérature, philologie, philosophie*, 1901, in-8. 10 fr.
ESPINAS (A.) ***Les Origines de la technologie.** 1 vol. in-8. 1897. 5 fr.
FEDERICI. **Les Lois du progrès.** 2 vol. in-8. Chacun. 6 fr.

FERRÈRE (F.). **La situation religieuse de l'Afrique romaine depuis la fin du IVe siècle jusqu'à l'invasion des Vandales.** 1 v. in-8. 1898. 7 fr. 50
FERRIÈRE (Em.). **Les Apôtres, essai d'histoire religieuse.** 1 vol. in-12. 4 fr. 50
— **L'Ame est la fonction du cerveau.** 2 volumes in-18. 7 fr.
— **Le Paganisme des Hébreux.** 1 vol. in-18. 3 fr. 50
— **La Matière et l'Énergie.** 1 vol. in-18. 4 fr. 50
— **L'Ame et la Vie.** 1 vol. in-18. 4 fr. 50
— **Les Mythes de la Bible.** 1 vol. in-18. 1893. 3 fr. 50
— **La Cause première d'après les données expérim.** In-18. 1896. 3 fr. 50
— **Étymologie de 400 prénoms.** In-18. 1898. 1 fr. 50 (V. p. 11 et 30).
Fondation universitaire de Belleville (La). Ch. GIDE. *Travail intellect. et travail manuel;* J. BARDOUX. *Prem. efforts et prem. année.* In-16. 1 fr. 50
GELEY (G.). **Les preuves du transformisme et les enseignements de la doctrine évolutionniste.** 1 vol. in-8. 1901. 6 fr.
GILLET (M.). **Du fondement intellectuel de la morale.** In-8. 3 fr. 75
GIRAUD-TEULON. **Les origines de la papauté** *d'après Dollinger.* 1 vol. in-12. 1905. 2 fr.
GOBLET D'ALVIELLA. **L'Idée de Dieu,** d'après l'anthr. et l'histoire. In-8. 6 fr.
— **La représentation proportionnelle en Belgique,** 1900. 4 fr. 50
GOURD. **Le Phénomène.** 1 vol. in-8. 7 fr. 50
GREEF (Guillaume de). **Introduction à la Sociologie.** 2 vol. in-8. 10 fr.
— **L'évol. des croyances et des doctr. polit.** In-12. 1895. 4 fr. (V. p. 3 et 7.)
GRIVEAU (M.). **Les Éléments du beau.** In-18. 4 fr. 50
— **La Sphère de beauté,** 1901. 1 vol. in-8. 10 fr.
GUYAU. **Vers d'un philosophe.** In-18. 3e édit. 3 fr. 50
HALLEUX (J.). **L'Évolutionnisme en morale** (*H. Spencer*). In-12. 1901. 3 fr. 50
HALOT (C.). **L'Extrême-Orient.** *Études d'hier. Événements d'aujourd'hui.* 1 vol. in-16. 1905. 4 fr.
HARRACA (J.-M.). **Contribution à l'étude de l'Hérédité et des principes de la formation des races.** 1 vol. in-18. 1898. 2 fr.
HIRTH (G.). **Pourquoi sommes-nous distraits?** 1 vol. in-8. 1895. 2 fr.
HOCQUART (E.). **L'Art de juger le caractère des hommes sur leur écriture,** préface de J. CRÉPIEUX-JAMIN. Br. in-8. 1898. 1 fr.
HORVATH, KARDOS et ENDRODI. ***Histoire de la littérature hongroise,** adapté du hongrois par J. KONT. Gr. in-8, avec gr. 1900. Br. 10 fr. Rel. 15 fr.
ICARD. **Paradoxes ou vérités.** 1 vol. in-12. 1895. 3 fr. 50
JAMES (W.). **L'Expérience religieuse,** traduit par F. ABAUZIT, agrégé de philosophie. 1 vol. in-8°. 1905. (*Sous presse*).
JANSSENS. **Le néo-criticisme de Ch. Renouvier.** In-16. 1904. 3 fr. 50
JOURDY (Général). **L'instruction de l'armée française,** de 1815 à 1902. 1 vol. in-16. 1903. 3 fr. 50
JOYAU. **De l'Invention dans les arts et dans les sciences.** 1 v. in-8. 5 fr.
— **Essai sur la liberté morale.** 1 vol. in-18. 3 fr. 50
KARPPE (S.), docteur ès lettres. **Les origines et la nature du Zohar,** précédé d'une *Etude sur l'histoire de la Kabbale.* 1901. In-8. 7 fr. 50
KAUFMANN. **La cause finale et son importance.** In-12. 2 fr. 50
KINGSFORD (A.) et MAITLAND (E.). **La Voie parfaite ou le Christ ésotérique,** précédé d'une préface d'Edouard SCHURÉ. 1 vol. in-8. 1892. 6 fr.
KOSTYLEFF. **Esquisse d'une évolution dans l'histoire de la philosophie.** 1 vol. in-16. 1903. 2 fr. 50
LAFONTAINE. **L'art de magnétiser.** 7e édit. 1 vol. in-8. 5 fr.
— **Mémoires d'un magnétiseur.** 2 vol. gr. in-18. 7 fr.
LANESSAN (de). **Le Programme maritime de 1900-1906.** In-12. 2e éd. 1903. 3 fr. 50
— **L'action républicaine dans la marine,** 1 brochure in-12. 1 fr.

LAVELEYE (Em. de). **De l'avenir des peuples catholiques.** In-8. 25 c.
— **Essais et Études.** Première série (1861-1875). — Deuxième série (1875-1882). — Troisième série (1892-1894). Chaque vol. in-8. 7 fr. 50
LEFÉBURE (Cᵗ). **Méthode de gymnastique éducative.** 1905. 1 vol. in-8 avec planches. 5 fr.
LEMAIRE (P.). **Le cartésianisme chez les Bénédictins.** In-8. 6 fr. 50
LEMAITRE (J.), professeur au Collège de Genève. **Audition colorée et phénomènes connexes observés chez des écoliers.** In-12. 1900. 4 fr.
LETAINTURIER (J.). **Le socialisme devant le bon sens.** In-18. 1 fr. 50
LEVI (Eliphas). **Dogme et rituel de la haute magie.** 3ᵉ édit. 2 vol. in-8, avec 24 figures. 18 fr.
— **Histoire de la magie.** Nouvelle édit. 1 vol. in-8, avec 90 fig. 12 fr.
— **La clef des grands mystères.** 1 vol. in-8, avec 22 pl. 12 fr.
— **La science des esprits.** 1 vol. 7 fr.
LÉVY (Albert). ***Psychologie du caractère.** In-8. 1896. 5 fr.
LEVY (L.-G.), docteur ès lettres. **La famille dans l'antiquité israélite.** 1 vol. in-8. 1905. 5 fr.
LÉVY-SCHNEIDER (L.), docteur ès lettres. **Le conventionnel Jeanbon Saint-André** (1749-1813). 1901. 2 vol. in-8. 15 fr.
LICHTENBERGER (A.). **Le socialisme au XVIIIᵉ siècle.** In-8. 1895. 7 fr. 50
LIESSE (A.), prof. au Conservatoire des Arts et Métiers. **La statistique.** *Ses difficultés. Ses procédés. Ses résultats.* In-16, 1905. 2 fr. 50
MABILLEAU (L.). ***Histoire de la philos. atomistique.** In-8. 1895. 12 fr.
MAINDRON (Ernest). ***L'Académie des sciences** (Histoire de l'Académie; fondation de l'Institut national; Bonaparte, membre de l'Institut). In-8 cavalier, 53 grav., portraits, plans. 8 pl. hors texte et 2 autographes. 6 fr.
MANACÉINE (Marie de). **L'anarchie pass[ive] et Tolstoï.** In-18. 2 fr.
MANDOUL (J.) **Un homme d'État italien : J[os]eph de Maistre.** In-8. 8 fr.
MARGUERY (E.). **Le droit de propriété et le régime démocratique.** 1 vol. in-16. 1905. 2 fr. 50
MARIÉTAN (J.). **La classification des sciences, d'Aristote à saint Thomas.** 1 vol. in-8. 1901. 3 fr.
MATAGRIN. **L'esthétique de Lotze.** 1 vol. in-12. 1900. 2 fr.
MATTEUZZI. **Les facteurs de l'évolution des peuples.** In-8. 1900. 6 fr.
MERCIER (Mgr). **Les origines de la psych. contemp.** In-12. 1898. 5 fr.
MICHOTTE (A.). **Les signes régionaux** (répartition de la sensibilité tactile). 1 vol. in-8 avec planches, 1905. 5 fr.
MILHAUD (G.) ***Le positiv. et le progrès de l'esprit.** In-16. 1902. 2 fr. 50
MISMER (Ch.). **Principes sociologiques.** 1 vol. in-8. 2ᵉ éd. 1897. 5 fr.
MONNIER (Marcel). ***Le drame chinois.** 1 vol. in-16. 1900. 2 fr. 50
MORIAUD (P.). **La liberté et la conduite humaine.** In-12. 1897. 3 fr. 50
NEPLUYEFF (N. de). **La confrérie ouvrière et ses écoles**, in-12. 2 fr.
NODET (V.). **Les agnoscies, la cécité psychique.** In-8. 1899. 4 fr.
NOVICOW (J.). **La Question d'Alsace-Lorraine.** In-8. 1 fr. (V. p. 4, 9 et 17.)
— **La Fédération de l'Europe.** 1 vol. in-18. 2ᵉ édit. 1901. 3 fr. 50
— **L'affranchissement de la femme.** 1 vol. in-16. 1903. 3 fr.
PARIS (Comte de). **Les Associations ouvrières en Angleterre** (Trades-unions). 1 vol. in-18. 7ᵉ édit. 1 fr. — Édition sur papier fort. 2 fr. 50
PAUL-BONCOUR (J.). **Le fédéralisme économique**, préf. de M. WALDECK-ROUSSEAU. 1 vol. in-8. 2ᵉ édit[ion]. 1901. 6 fr.
PAULHAN (Fr.). **Le Nouv[eau] [my]sticisme.** 1 vol. in-18. 1891. 2 fr. 50
PELLETAN (Eugène). ***La [naissan]ce d'une ville** (Royan). In-18. 2 fr.
— ***Jarousseau, le paste[ur] du désert.** 1 vol. in-18. 2 fr.
— ***Un Roi philosophe**, *Frédéric le Grand*. In-18. 3 fr. 50
— **Droits de l'homme.** In-16. 3 fr. 50
— **Profession de foi du XIXᵉ siècle.** In-16. 3 fr. 50
PEREZ (Bernard). **Mes deux chats.** In-12, 2ᵉ édition. 1 fr. 50
— **Jacotot et sa Méthode d'émancipation intellect.** In-18. 3 fr.
— **Dictionnaire abrégé de philosophie.** 1893. in-12. 1 fr. 50 (V. p. 9.)

PHILBERT (Louis). **Le Rire.** In-8. (Cour. par l'Académie française.) 7 fr. 50
PHILIPPE (J.). **Lucrèce dans la théologie chrétienne.** In-8. 2 fr. 50
PHILIPPSON (J.). **L'autonomie et la centralisation du système nerveux des animaux.** 1 vol. in-8 avec planches. 1905. 5 fr.
PIAT (C.). **L'Intellect actif.** 1 vol. in-8. 4 fr.
— **L'Idée ou critique du Kantisme.** 2ᵉ édition 1901. 1 vol. in-8. 6 fr.
PICARD (Ch.). **Sémites et Aryens** (1893). In-18. 1 fr. 50
PICARD (E.). **Le Droit pur.** 1 v. in-8. 1899. 7 fr. 50
PICTET (Raoul). **Étude critique du matérialisme et du spiritualisme par la physique expérimentale.** 1 vol. gr. in-8. 1896. 10 fr.
PINLOCHE (A.), professeur honʳᵉ de l'Univ. de Lille. ***Pestalozzi et l'éducation populaire moderne.** In-16. 1902. (*Cour. par l'Institut.*) 2 fr. 50
POEY. **Littré et Auguste Comte.** 1 vol. in-18 3 fr. 50
* **Pour et contre l'enseign. philosophique** (*Enquête*). In-18. 1894. 2 fr.
PRAT (Louis). **Le mystère de Platon (Aglaophamos).** 1 v. in-8. 1900. 4 fr.
— **L'Art et la beauté (Kalliklès).** 1 vol. in-8. 1903. 5 fr.
PRÉAUBERT. **La vie, mode de mouvement.** In-8. 1897. 5 fr.
Protection légale des travailleurs (La). 1 vol. in-12. 1904. 3 fr. 50
On vend séparément les dix conférences composant ce volume, chacune 0 fr. 60
REGNAUD (P.). **L'origine des idées éclairée par la science du langage.** 1904. In-12. 1 fr. 50
RENOUVIER, de l'Inst. **Uchronie.** *Utopie dans l'Histoire.* 2ᵉ éd. 1901. In-8. 7 50
RIBOT (Paul). **Spiritualisme et Matérialisme.** 2ᵉ éd. 1 vol. in-8. 6 fr.
ROBERTY (J.-E.) **Auguste Bouvier,** pasteur et théologien protestant. 1826-1893. 1 fort vol. in-12. 1901. 3 fr. 50
ROISEL. **Chronologie des temps préhistoriques.** In-12. 1900. 1 fr.
ROTT (Ed.). **La représentation diplomatique de la France auprès des cantons suisses confédérés.** T. I (1498-1559). 1 vol. gr. in-8. 1900, 12 fr. — T. II (1559-1610). 1 vol. gr. in-8. 1902. 15 fr.
SAGE (V.). **Le Sommeil naturel et l'hypnose.** 1904. 1 vol. in-18. 3 fr. 50
SAUSSURE (L. de). ***Psychol. de la colonisation franç.** In-12. 3 fr. 50
SAYOUS (E.), ***Histoire générale des Hongrois.** 2ᵉ éd. revisée. 1 vol. grand in-8, avec grav. et pl. hors texte. 1900. Br. 15 fr. Relié. 20 fr.
SCHINZ (W.). **Problème de la tragéd. en Allemagne.** In-8. 1903. 1 fr. 25
SECRÉTAN (H.). **La Société et la morale.** 1 vol. in-12. 1897. 3 fr. 50
SEIPPEL (P.), professeur à l'École polytechnique de Zurich. **Les deux Frances et leurs origines historiques.** 1 vol. in-8. 1905. 7 fr. 50
SKARZYNSKI (L.). ***Le progrès social à la fin du XIXᵉ siècle.** Préface de M. LÉON BOURGEOIS. 1901. 1 vol. in-12. 4 fr. 50
SOREL (Albert), de l'Acad. franç. **Traité de Paris de 1815.** In-8. 4 fr. 50
STOCQUART (Emile). **Le contrat de travail.** In-12. 1895. 3 fr.
TEMMERMAN, directeur d'École normale. **Notions de psychologie** appliquées à la pédagogie et à la didactique. In-8, avec fig. 1903. 3 fr.
VAN BIERVLIET (J.-J.). **Psychologie humaine.** 1 vol. in-8. 8 fr.
— **La Mémoire.** Br. in-8. 1893. 2 fr.
— **Etudes de psychologie.** 1 vol. in-8. 1901. 4 fr.
— **Causeries psychologiques.** 1 vol. in-8. 1902. 3 fr.
— **Esquisse d'une éducation de la mémoire.** 1904. In-16. 2 fr.
VITALIS. **Correspondance politique de Dominique de Gabre.** 1904. 1 vol. in-8. 12 fr. 50
WEIL (Denis). **Droit d'association et Droit de réunion.** In-12. 3 fr. 50
— **Élections législatives,** législation et mœurs. 1 vol. in-18. 1895. 3 fr. 50
ZAPLETAL. **Le récit de la création dans la Genèse.** In-8. 3 fr. 50
ZIESING (Th.). **Érasme ou Salignac.** Étude sur la lettre de François Rabelais. 1 vol. gr. in-8. 4 fr.
ZOLLA (D.). **Les questions agricoles d'hier et d'aujourd'hui.** 1894, 1895. 2 vol. in-12. Chacun. 3 fr. 50

Bibliothèque Utile

Histoire. — Géographie. — Sciences physiques et naturelles. — Enseignem
Économie politique et domestique. — Arts. — Droit usuel.

125 élégants volumes in-32, de 192 pages chacun

Le volume broché, 60 centimes; en cartonnage anglais, 1 franc.

1. **Morand.** Introduction à l'étude des sciences physiques. 6ᵉ édit.
2. **Cruveilhier.** Hygiène générale. 9ᵉ édit.
3. **Corbon.** De l'enseignement professionnel. 4ᵉ édit.
4. **L. Pichat.** L'art et les artistes en France. 5ᵉ édit.
5. **Buchez.** Les Mérovingiens. 6ᵉ édit.
6. **Buchez.** Les Carlovingiens. 2ᵉ édit.
7. **F. Morin.** La France au moyen âge. 5ᵉ édit.
8. **Bastide.** Luttes religieuses des premiers siècles. 5ᵉ édit.
9. **Bastide.** Les guerres de la Réforme. 5ᵉ édit.
10. **Pelletan.** Décadence de la monarchie française. 5ᵉ édit.
11. **Brothier.** Histoire de la terre. 8ᵉ éd.
12. **Bouant.** Les principaux faits de la chimie (avec fig.).
13. **Turck.** Médecine populaire. 6ᵉ édit.
14. **Morin.** La loi civile en France. 5ᵉ édit.
15. **Paul Louis.** Les lois ouvrières.
16. (*Épuisé*).
17. **Catalan.** Notions d'astronomie. 6ᵉ édit.
18. **Cristal.** Les délassements du travail. 4ᵉ édit.
19. **V. Meunier.** Philosophie zoologique. 3ᵉ édit.
20. **J. Jourdan.** La justice criminelle en France. 4ᵉ édit.
21. **Ch. Rolland.** Histoire de la maison d'Autriche. 4ᵉ édit.
22. **Eug. Despois.** Révolution d'Angleterre. 4ᵉ édit.
23. **B. Gastineau.** Les génies de la science et de l'industrie. 2ᵉ édit.
24. **Leneveux.** Le budget du foyer. Economie domestique. 3ᵉ édit.
25. **L. Combes.** La Grèce ancienne. 4ᵉ édit.
26. **F. Lock.** Histoire de la Restauration. 5ᵉ édit.
27. (*Épuisé*).
28. **Elie Margollé.** Les phénomènes de la mer. 7ᵉ édit.
29. **L. Collas.** Histoire de l'empire ottoman. 3ᵉ édit.
30. **F. Zurcher.** Les phénomènes de l'atmosphère. 7ᵉ édit.
31. **E. Raymond.** L'Espagne et le Portugal. 3ᵉ édit.
32. **Eugène Noël.** Voltaire et Rousseau. 4ᵉ édit.
33. **A. Ott.** *L'Asie occidentale et l'Égypte.* 3ᵉ édit.
34. (*Épuisé*).
35. **Enfantin.** La vie éternelle. 5ᵉ édit.
36. **Brothier.** Causeries sur la mécanique. 5ᵉ édit.
37. **Alfred Doneaud.** Histoire de la marine française. 4ᵉ édit.
38. **F. Lock.** Jeanne d'Arc. 3ᵉ édit.
39-40. **Carnot.** Révolution française. 2 vol. 7ᵉ édit.
41. **Zurcher et Margollé.** Télescope et microscope. 2ᵉ édit.
42. **Blerzy.** Torrents, fleuves et canaux de la France. 3ᵉ édit.
43. **Secchi, Wolf, Briot et Delaunay.** Le soleil et les étoiles. 5ᵉ édit.
44. **Stanley Jevons.** L'économie politique. 8ᵉ édit.
45. **Ferrière.** Le darwinisme. 7ᵉ édit.
46. **Leneveux.** Paris municipal. 2ᵉ édit.
47. **Boillot.** Les entretiens de Fontenelle sur la pluralité des mondes.
48. **Zevort (Edg.).** Histoire de Louis-Philippe. 3ᵉ édit.
49. **Geikie.** Géographie physique (avec fig.). 4ᵉ édit.
50. **Zaborowski.** L'origine du langage. 5ᵉ édit.
51. **H. Blerzy.** Les colonies anglaises.
52. **Albert Lévy.** Histoire de l'air (avec fig.). 4ᵉ édit.
53. **Geikie.** La géologie (avec fig.). 4ᵉ édit.
54. **Zaborowski.** Les migrations des animaux. 3ᵉ édit.
55. **F. Paulhan.** La physiologie de l'esprit. 5ᵉ édit.
56. **Zurcher et Margollé.** Les phénomènes célestes. 3ᵉ édit.
57. **Girard de Rialle.** Les peuples de l'Afrique et de l'Amérique. 2ᵉ éd.
58. **Jacques Bertillon.** La statistique humaine de la France.
59. **Paul Gaffarel.** La défense nationale en 1792. 2ᵉ édit.
60. **Herbert Spencer.** De l'éducation. 8ᵉ édit.
61. **Jules Barni.** Napoléon Iᵉʳ. 3ᵉ édit.
62. **Huxley.** Premières notions sur les sciences. 4ᵉ édit.
63. **P. Bondois.** L'Europe contemporaine (1789-1879). 2ᵉ édit.
64. **Grove.** Continents et océans. 3ᵉ éd.
65. **Jouan.** Les îles du Pacifique.
66. **Robinet.** La philosophie positive. 4ᵉ édit.
67. **Renard.** L'homme est-il libre? 4ᵉ édit.
68. **Zaborowski.** Les grands singes.
69. **Hatin.** Le Journal.
70. **Girard de Rialle.** Les peuples de l'Asie et de l'Europe.
71. **Doneaud.** Histoire contemporaine de la Prusse. 2ᵉ édit.
72. **Dufour.** Petit dictionnaire des falsifications. 4ᵉ édit.
73. **Henneguy.** Histoire de l'Italie depuis 1815.
74. **Leneveux.** Le travail manuel en France. 2ᵉ édit.
75. **Jouan.** La chasse et la pêche des animaux marins.
76. **Regnard.** Histoire contemporaine de l'Angleterre.
77. **Bouant.** Hist. de l'eau (avec fig.).
78. **Jourdy.** Le patriotisme à l'école.
79. **Mongredien.** Le libre-échange en Angleterre.
80. **Creighton.** Histoire romaine (avec fig.)
81-82. **P. Bondois.** Mœurs et institutions de la France. 2 vol. 2ᵉ éd.
83. **Zaborowski.** Les mondes disparus (avec fig.). 3ᵉ édit.
84. **Debidour.** Histoire des rapports de l'Eglise et de l'Etat en France (1789-1871). Abrégé par Dubois et Sarthou.
85. **E. Beauregard.** Zoologie ... rale (avec fig.).
86. **Wilkins.** L'antiquité ro... (avec fig.). 2ᵉ édit.
87. **Maigne.** Les mines de la F... et de ses colonies.
88. **Broquère.** Médecine des accid...
89. **E. Amigues.** A travers le c...
90. **H. Gossin.** La machine à v... (avec fig.).
91. **Gaffarel.** Les frontières fr...ses. 2ᵉ édit.
92. **Dallet.** La navigation aér... (avec fig.).
93. **Collier.** Premiers principes... beaux-arts (avec fig.).
94. **Larbalétrier.** L'agriculture ...çaise (avec fig.).
95. **Gossin.** La photographie (...
96. **F. Genevoix.** Les matières ...mières.
97. **Monin.** Les maladies épidém... (avec fig.).
98. **Faque.** L'Indo-Chine frança...
99. **Petit.** Économie rurale et ...cole.
100. **Mahaffy.** L'antiquité gr... (avec fig.).
101. **Bère.** Hist. de l'armée fran...
102. **F. Genevoix.** Les procédé... dustriels.
103. **Quesnel.** Histoire de la con... de l'Algérie.
104. **A. Coste.** Richesse et bon...
105. **Joyeux.** L'Afrique française (... fig.).
106. **G. Mayer.** Les chemins de... (avec gravures).
107. **Ad. Coste.** Alcoolisme ou E...gne. 4ᵉ édit.
108. **Ch. de Larivière.** Les orig... de la guerre de 1870.
109. **Gérardin.** Botanique gén... (avec fig.).
110. **D. Bellet.** Les grands ports ... times de commerce (avec fig...
111. **E. Couvreur.** La vie dans les ... (avec fig.).
112. **A. Larbalétrier.** Les plantes d... partement (avec fig.).
113. **A. Milhaud.** Madagascar. 2ᵉ...
114. **Sérieux et Mathieu.** L'Alcoo... l'alcoolisme. 2ᵉ édit.
115. **Dʳ J. Laumonier.** L'hygiène ... la cuisine.
116. **Adrien Berget.** La viticul... nouvelle. 2ᵉ édit.
117. **A. Acloque.** Les insectes ...bles (avec fig.).
118. **G. Meunier.** Histoire de la l... rature française.
119. **P. Merklen.** La Tuberculose; traitement hygiénique.
120. **G. Meunier.** Histoire de ... (avec fig.).
121. **Larrivé.** L'assistance publi...
122. **Adrien Berget.** La pratique ... vins.
123. **Adrien Berget.** Les vins de Fra...
124. **Vaillant.** Petite chimie de l'... culteur.
125. **Zaborowski.** L'homme préhi...rique (avec gravures). 1ᵉ éd...

TABLE ALPHABÉTIQUE DES AUTEURS

TABLE DES AUTEURS ÉTUDIÉS

L.-Imprimeries réunies, rue Saint-Benoît, 7, Paris. — 1922.

1830-06. — Coulommiers. Imp. Paul BRODARD. — 1-07.

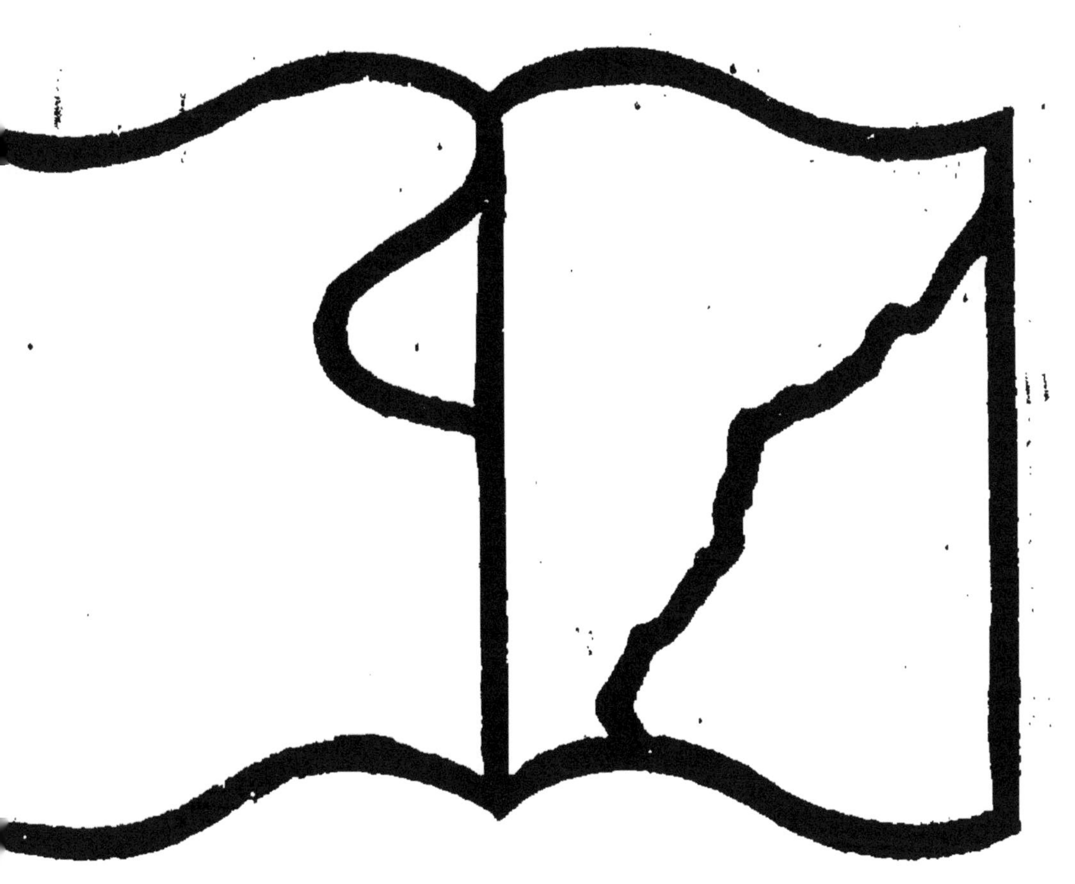

Texte détérioré — reliure défectueuse

NF Z 43-120-11

www.ingramcontent.com/pod-product-compliance
Ingram Content Group UK Ltd.
Pitfield, Milton Keynes, MK11 3LW, UK
UKHW020157250726
13967UKWH00003B/1113